DE MÉMOIRE INDIENNE

TERRE HUMAINE

CIVILISATIONS ET SOCIÉTÉS
COLLECTION D'ÉTUDES ET DE TÉMOIGNAGES DIRIGÉE PAR JEAN MALAURIE

DE MÉMOIRE INDIENNE

La vie d'un Sioux, voyant et guérisseur

PAR

Tahca USHTE et Richard ERDOES

Avec 20 illustrations in texte et 33 illustrations hors texte

Traduction de Jean Queval

Nouvelle édition revue, corrigée et augmentée d'une postface, d'un index et de débats et critiques

FRANCE LOISIRS
123, Boulevard de Grenelle, Paris

Cet ouvrage a paru en langue anglaise
sous le titre :
LAME DEER SEEKER OF VISIONS

Édition du Club France Loisirs, Paris,
avec l'autorisation de la Librairie Plon.

ISBN 2-7242-4647-0

Ce livre est écrit en hommage à

Frank Fools Crow
Pete Catches
George Eagle Elk
Bill Schweigman
Leonard Crow Dog
Wallace Black Elk
John Strike
Raymond Hunts Horse
Charles Kills Enemy
Godfrey Chips

et tous les autres voyants-guérisseurs de la nation Sioux

CHAPITRE PREMIER

SEUL AU SOMMET DE LA COLLINE

J'étais seul au sommet de la colline. J'étais assis dans la fosse de voyance, un trou creusé dans le sol, les genoux entre les mains, à regarder le voyant-guérisseur qui m'avait conduit en ce lieu, le vieil homme Le Torse, disparaître vers le fond de la vallée. Pas plus gros qu'un point noir, il se faufilait parmi les pins ; il fut bientôt hors de vue.

J'en étais désormais réduit à moi-même, quatre jours et quatre nuits à passer au haut de la colline, sans nourriture ni eau, attendant qu'il vienne me chercher. Vous savez, il n'en va pas de nous autres Indiens d'Amérique comme de certains Blancs : dès que les parents sont chez des amis, tous les enfants et la garde ont les yeux vissés sur le récepteur de télévision.

Les enfants des Indiens d'Amérique ne sont jamais seuls. Ils sont environnés de grands-parents, d'oncles, de cousins, de toutes sortes de proches, qui les entourent, chantent pour eux, et leur content des histoires. Si les parents vont quelque part, les enfants les accompagnent.

Je me tenais donc là, accroupi dans la fosse de voyance, livré à moi-même pour la première fois de ma vie. J'avais alors seize ans, je portais encore mon nom de garçon, et, j'aime autant vous le dire, j'avais très peur ; je tremblais et pas seulement en raison du froid. L'être humain le plus proche était à des kilomètres de là, et quatre jours et quatre nuits, c'est bien long. Pour sûr, quand ce serait fini, je ne serais plus un jeune garçon, mais un adulte. La vision serait venue à moi. On me donnerait mon nom d'homme.

Les Sioux n'ont pas peur d'endurer la faim, la soif et la solitude : dans seulement quatre-vingt-seize heures je devais être un homme. La couverture marquée d'une étoile dans laquelle le vieil homme Le Torse avait enveloppé ma nudité m'était une source de consolation. Ma grand-mère l'avait tissée spécialement pour la circonstance — pour ma première *hanblechia,* pour mon ascèse de voyant. C'était une couverture piquée, magnifique, avec, sur le fond blanc, une grande étoile du matin faite de nombreuses pièces d'étoffe de couleurs vives. Cette étoile était à elle seule presque toute la couverture. Que Wakan Tanka, le Grand Esprit, me donne la vision et le pouvoir, et, vêtu d'elle, je deviendrai voyant, guérisseur et célébrerai de nombreuses cérémonies. Je suis vieux désormais, et plusieurs fois grand-père, mais j'ai gardé la couverture étoilée que ma grand-mère m'avait faite. Je la vénère ; un jour on m'en enveloppera et avec elle, je serai enterré.

Le voyant-guérisseur m'avait également laissé un calumet de la paix ainsi qu'une blague à tabac de *kinnickinnick* — notre propre tabac fait avec l'écorce de saule rouge. Ce calumet me fut encore plus secourable que la couverture étoilée. A nos yeux, le calumet est comme une bible ouverte. Aux Blancs il faut l'abri d'une église, un prêcheur et un orgue pour être en humeur de prier. Il y a tellement de distractions pour détourner l'attention : qui d'autre est à l'église, si ces autres gens se sont aperçus de votre présence, les images aux murs, le sermon, l'argent de la quête, et si vous avez la monnaie sur vous. Nous pensons que, de cette manière-là, la vision se dérobe.

Pour nous Indiens, il n'y a que le calumet, la terre sur laquelle nous nous tenons assis et l'immensité du ciel. L'esprit réside quelque part. Parfois il se manifeste dans un animal ou un oiseau, ou dans les collines boisées. Parfois sa parole provient des hauteurs abruptes des Badlands, ou d'une pierre, ou même de l'eau. Cette fumée du calumet de la paix s'élève droit vers le monde de l'esprit. Mais il s'agit d'une force qui existe dans les deux sens. Le pouvoir descend en vous avec la fumée, par le tuyau du calumet. Vous sentez ce pouvoir en tenant le calumet dans la main, et du calumet il se répand dans votre corps. Il fait se dresser les cheveux sur la tête. Ce calumet n'est pas un objet ordinaire ; il est vivant. A fumer le calumet, je me sens mieux et je surmonte mieux mon effroi.

A passer les doigts dans le fourneau de pierre lisse et rouge, rouge comme le sang de mon peuple, mon effroi se dissipait. Ce calumet avait appartenu à mon père et à son père avant lui. Il passerait un jour à mon fils, et par lui à mes petits-enfants. Aussi longtemps qu'il serait en notre possession, survivrait la nation sioux. A presser le calumet sous mes doigts, à le sentir, après un aussi long usage, doux au toucher, je ressentais que mes ancêtres, qui avaient autrefois fumé cette longue pipe, se tenaient à mes côtés sur la colline, ici-même, dans la fosse de voyance. Je n'étais plus seul.

Outre le calumet, le voyant m'avait également laissé une gourde. Il y avait dedans quarante petits carrés de chair que ma grand-mère avait prélevés sur son bras avec une lame de rasoir. Je l'avais vue faire. Le sang avait coulé de l'épaule au coude pendant qu'elle déposait soigneusement chaque morceau de chair dans un mouchoir, seulement attentive à ne pas en perdre un seul. De quoi rendre fous les anthropologues. Imaginez une cérémonie aussi ancienne, accomplie, non avec un couteau en silex, mais avec une lame de rasoir ! Pour moi, aucune importance. Une personne qui m'était chère avait souffert pour moi, pour me donner quelque chose d'elle-même, une partie de son corps, pour m'aider à prier et à m'endurcir le cœur. Comment aurais-je eu peur avec tant d'êtres — vivants et morts — pour me venir en aide ?

Un point me tracassait. Je voulais devenir un voyant-guérisseur, un *yuwipi*, un empirique suivant les anciennes coutumes de la nation sioux. Mais vous n'apprenez pas à devenir voyant-guérisseur comme un Blanc suit des études de médecine. Un saint vieillard peut vous enseigner les herbes et les rites judicieux d'une cérémonie, où chaque objet doit être placé exactement à l'endroit voulu, où chaque mouvement, chaque mot ont leur signification propre. Ces règles-là, vous pouvez les apprendre — comme l'orthographe ou comme le dressage d'un cheval. Mais en elles-mêmes, elles sont dépourvues de la moindre signification. Sans la vision et le pouvoir, une telle connaissance ne sert à rien. Ce n'est pas avec elle qu'on devient un voyant-guérisseur.

Et si jamais j'échouais, si la vision se refusait ? Si je rêvais aux Etres du Tonnerre, ou que la foudre frappe la colline ? Voilà qui ferait de moi sur-le-champ un *heyoka,* un homme à l'envers, un « contraire », un clown rituel. « Tu le sauras, si le pouvoir t'est donné », m'avait dit mon oncle Le Torse. « S'il ne t'est pas donné, tu ne mentiras pas sur ce sujet-là, tu ne prétendras pas le contraire. Sinon cela te tuerait ou tuerait un de tes proches, quelqu'un à qui tu portes de l'affection. »

La nuit venait. La tête me tournait à cause du premier bain de vapeur par lequel je m'étais purifié avant de gravir la colline. Je n'avais pas pénétré jusque-là dans l'étuve consacrée où l'on venait de me faire asseoir. Elle était en forme de ruche mais construite avec des branches de saules recourbées et, pour garder la chaleur, recouverte de couvertures. Le vieux Le Torse et trois autres voyants-guérisseurs étaient là avec moi. Je me tenais le dos au mur, le plus loin possible des pierres chauffées au rouge qui luisaient au milieu de cet abri. Le Torse versa de l'eau sur les pierres. Celles-ci, dans un bruissement, dégagèrent une vapeur blanche dont je fus enveloppé et qui s'infiltra dans mes poumons. Je crus que la chaleur allait me tuer, me brûler les cils, me défigurer ! Mais pendant que la vapeur se dissipait en tourbillonnant, j'entendis Le Torse qui chantait. Ce ne devait donc pas être si terrifiant. Je me retins de m'écrier : « Tous les miens ! » — ce qui aurait eu pour effet de lui faire entrouvrir la fente de la hutte, pour laisser passer l'air frais. Je fus fier d'avoir résisté à la tentation. J'entendis Le Torse prier pour moi : « O, saintes pierres, nous recueillons votre souffle blanc, la vapeur. Elle est l'haleine de la vie. Que ce jeune garçon la respire. Qu'elle le rende fort. »

Le bain de vapeur m'avait préparé à mon ascèse de voyance. Et même alors, une heure plus tard, la peau m'en cuisait toujours. Et on aurait dit que j'avais la tête vide. Peut-être était-ce bien ainsi, peut-être était-ce faire place à des intuitions nouvelles.

L'obscurité était tombée sur la colline. Je savais que s'était levé le *hanhepi-wi,* le soleil nocturne — la lune, ainsi qu'on l'appelle. Replié sur moi-même, comme dans une caverne exiguë, je ne le voyais pas. Les ténèbres m'enveloppaient tel un manteau de velours. Elles semblaient me couper du monde extérieur, et même de mon propre corps. Aussi je me mis à écouter mes voix intérieures. Je pensais à mes ancêtres qui s'étaient accroupis sur cette colline avant moi, parce que les voyants-guérisseurs de ma famille avaient choisi cet endroit comme lieu de méditation et de voyance — cela, depuis le jour où ils avaient franchi le Mississippi pour chasser le bison au pays du Fleuve Blanc, à peu près deux cents années plus tôt. J'avais l'impression d'éprouver leur présence à même la terre sur laquelle je reposais. Je pouvais les sentir dans mon corps, les sentir s'agiter dans mon esprit et dans mon cœur.

A travers les ténèbres, des sons me parvenaient : les mugissements du vent, le murmure des arbres, les voix de la nature, les cris des animaux, le hululement d'une chouette. Soudain, je sentis une présence irrésistible. Là, dans mon antre étroit, à mes côtés se tenait un grand oiseau. Le trou était à mes dimensions, et j'étais un garçon avec tout juste la peau sur les os, et cet oiseau immense voltigeait autour de moi comme si le ciel lui appartenait. Je pouvais entendre ses cris, parfois très proches, parfois très lointains. Je sentais des plumes ou une aile me frôler le dos ou la tête. Cette impression était si forte que j'en tremblais, mes os se glaçaient. Je m'emparai de la gourde qui résonnait des quarante morceaux de chair de ma grand-mère. Il s'y trouvait aussi de nombreuses pierres minuscules, des restes de fossiles ramassés sur une fourmilière. Les fourmis les accumulent. Personne ne sait pourquoi. On attribue un pouvoir à cette menue pierraille. Je secouai la gourde qui résonna comme une douce crécelle. Elle émettait un son apaisant, comme celui de la pluie sur les rochers. Ce bruit me parlait, mais sans calmer ma peur. Je pris de l'autre main le calumet sacré et me mis à chanter et à prier : « Tunkashila, esprit grand-paternel, secours-moi. » Mais en vain. Je n'aurais pas su dire ce qui m'arrivait ;

je n'étais pourtant plus moi-même. Je commençai à pleurer. A pleurer, ma voix s'altéra. On aurait dit celle d'un homme âgé, je ne pouvais même pas reconnaître cette voix étrange. Je me servis dans mes prières des expressions d'autrefois — des mots qui ne sont plus en usage aujourd'hui. J'essayai d'essuyer mes larmes, mais je ne pouvais me retenir de pleurer. A la fin, je m'enveloppai complètement dans la couverture. Pourtant je ne cessais de sentir les ailes de l'oiseau qui me frôlaient.

Peu à peu, je percevais une voix qui voulait entrer en communication avec moi. C'était le cri d'un oiseau, mais laissez-moi vous dire, je commençais à le comprendre un peu. Cela se produit quelquefois. Je connais une femme qui avait un papillon sur l'épaule. Ce papillon lui parlait. C'est ce qui a fait d'elle une guérisseuse remarquable.

J'entendis aussi une voix humaine, bizarre et haut perchée, une voix qui ne pouvait pas émaner d'un être ordinaire, bien en vie. Je fus, d'un coup, transporté dans les airs parmi les oiseaux. La colline et sa fosse de voyance se tenaient incroyablement loin au-dessus de tout. Je pouvais même baisser les yeux vers les étoiles, et voir la lune proche, à ma gauche. C'était à croire que la terre et les étoiles se mouvaient au-dessous de moi. Une voix me disait : « Tu te sacrifies afin de devenir un voyant-guérisseur. Tu en seras un le moment venu. Tu enseigneras ceux qui, à leur tour, le deviendront. Nous sommes le peuple des oiseaux, le peuple ailé, les chouettes et les aigles. Nous sommes une nation et tu seras notre frère. Tu ne tueras jamais ni ne blesseras aucun des nôtres. Tu peux t'attendre à être compris de nous chaque fois que sur cette colline tu exerceras ton don de voyance. Tu apprendras les herbes et les racines, et tu guériras tes semblables. En retour tu ne leur demanderas rien. La vie d'un homme est brève. Que la tienne soit noble et féconde. »

Je me rendais compte que ces voix me faisaient du bien, et lentement la frayeur se retira de moi. J'avais perdu le sens du temps. Je ne savais plus si c'était le jour ou la nuit. Je dormais, et pourtant j'étais éveillé. Puis je distinguai une forme devant moi. Je me dressai dans l'obscurité et le brouillard tourbillonnant qui envahissaient mon antre. Je reconnus mon arrière-grand-père, Tahca Ushte, Cerf

Boiteux, le vieux chef des Minneconjou. Je pouvais voir le sang s'écouler de sa poitrine, là où un soldat blanc l'avait tué. Je compris que mon arrière-grand-père souhaitait que je prenne son nom. J'en conçus une joie indicible.

Nous autres Sioux, croyons qu'il y a dans le plus profond de notre être quelque chose qui nous gouverne, quelque chose de presque semblable à une personne. Nous l'appelons *nagi,* d'autres parlent d'âme, ou d'esprit ou d'essence. On ne peut le voir, le sentir ou le goûter, mais cette fois-là sur la colline — cette fois seulement — je sus que *nagi* se tenait en moi. Je le sentis se répandre dans mon corps, m'inonder. Cela, je ne peux pas le décrire, mais j'en fus pénétré jusqu'au plus intime de mon être. J'étais sûr désormais de devenir un *wicasa wakan*, un voyant-guérisseur. Je me repris à sangloter, mais de joie cette fois.

Je n'aurais pas pu dire combien de temps je m'étais tenu sur cette colline — une minute ou le temps d'une vie.

Je sentis soudain une main se poser doucement sur mon épaule. C'était le vieux Le Torse qui était venu me chercher. Il me dit que j'étais resté quatre jours et quatre nuits dans la fosse de voyance et qu'il était temps de redescendre. Il allait me donner à manger et de l'eau à boire, et ensuite j'aurais à lui dire tout ce qui m'était advenu pendant ma *hanblechia.* Il interpréterait mes visions pour moi. Il me déclara qu'elles m'avaient transformé d'une façon que je ne pouvais comprendre sur le moment. Il me dit que désormais je n'étais plus un jeune garçon, mais un homme. J'étais Tahca Ushte, Cerf Boiteux.

CHAPITRE II

CE FUSIL DU MUSEE DE NEW YORK EST A MOI

Au *Museum of the American Indian* à New York, se trouvent deux vitrines ainsi présentées : « Fusils ayant appartenu à des chefs indiens illustres ». On peut voir six fusils, dont celui de Sitting Bull. Une légende concernant une de ces armes détenues en violation de la loi dit qu'elle appartint au célèbre chef Cerf Boiteux, tué dans une bataille avec le général Miles, qui en fit généreusement don au musée de New York. Je me demande ce qui put autoriser ce vieux Miles le Manteau d'Ours à disposer ainsi du bien d'autrui. Ce fusil ne lui appartenait pas. Il m'appartient à moi, le seul Cerf Boiteux en vie en ce moment.

Je suis un voyant-guérisseur et je désire parler de visions, d'esprits et de choses sacrées. Mais il faut que vous compreniez quelque chose de l'homme Cerf Boiteux avant de comprendre le voyant Cerf Boiteux. Aussi je vais commencer par l'homme, et le garçon en lui, et plus tard nous en viendrons au voyant-guérisseur.

Tahca Ushte — le premier Cerf Boiteux — était mon arrière-grand-père du côté paternel. Il fut tué par erreur. Vous pourriez dire aussi bien qu'il fut assassiné. Un an avant cette soi-disant bataille avec le général Miles, Cerf

Boiteux avait conclu avec l'homme blanc une paix définitive. Un accord avec le gouvernement des Etats-Unis. D'après ce traité, un territoire de quatre miles carrés à l'ouest de ce qui est devenu la ville de Rapid City, dans le Sud Dakota, devait être préservé. Il devait tenir lieu de réserve pour le chef et pour son peuple, et cette réserve porterait son nom. Cette terre devait nous appartenir à jamais — « aussi longtemps que le soleil brille et que l'herbe pousse ». Aujourd'hui, la fumée des villes cache le soleil, et désormais l'herbe ne pousse plus beaucoup à Rapid City. Peut-être les Blancs pouvaient-ils prévoir ce qu'il en serait quand ils s'emparèrent de notre terre alors que l'encre du traité n'était même pas sèche.

Cerf Boiteux déclara qu'il signerait le traité une fois qu'on lui aurait laissé chasser le bison, à lui et à son peuple, comme au bon vieux temps, pendant un dernier été. Après cela, ils s'établiraient dans la nouvelle réserve et « emprunteraient la route de l'homme blanc ». Les représentants de l'administration gouvernementale dirent que ça leur convenait ainsi, et accordèrent à Cerf Boiteux la permission de chasser une dernière fois. Une poignée de main scella l'accord.

Le gouvernement des Etats-Unis est un étrange monstre à nombreuses têtes. Chaque tête ne sait pas ce que veulent faire les autres. L'armée avait donné à Cerf Boiteux sa parole qu'il pourrait chasser en paix. Au même moment, elle déclarait à Miles le Manteau d'Ours que tous les Indiens pris en train de chasser hors des limites de la réserve devaient être considérés comme « hostiles » et attaqués. Au printemps 1877, Cerf Boiteux avait gagné le Nord pour chasser le bison dans son domaine de prédilection, entre les rivières Rosebud et Bighorn. Il avait campé dans les Montagnes du Loup, dans la petite vallée de Fat Horse Creek. Les Anciens disaient que la prairie n'avait jamais été aussi belle que ce printemps-là. L'herbe avait poussé haute et verte. Des pentes couvertes de fleurs, l'air empli de bonnes odeurs et de chants d'oiseaux. Si les Indiens ne devaient plus avoir droit qu'à une seule chasse, c'était bien ainsi qu'ils la désiraient. Cerf Boiteux savait qu'il y avait des soldats dans les parages, mais il n'en ressentait pas d'inquiétude. Il était dans son droit là où il était. En outre, n'importe quel abruti pouvait voir qu'il ne pouvait pas faire la guerre à qui que ce fût. Il avait avec lui toutes les femmes et tous les enfants. Ses cinquante tipis [1] étaient pleins de nourriture et de peaux de bêtes. C'est à un festin que les siens se préparaient. Ils avaient revêtu leurs beaux habits et leurs bijoux. Ils jouissaient de leurs dernières vacances sans souci de l'homme blanc.

Ne pas s'en rendre compte fut stupide de la part du général Miles, mais je crois qu'il était de bonne foi. Personne ne l'avait mis au courant du traité. Il avait sous ses ordres six compagnies de fantassins et plusieurs escadrons de cavalerie ; bien plus de soldats que la totalité des Indiens, femmes et enfants compris. La troupe montée a fait irruption dans le campement en hurlant, semant la panique parmi les chevaux et renversant tout sur son passage. Simultanément, l'un des cavaliers tenait haut le pavillon blanc, symbole de paix.

Découvrant un campement pacifique, Miles le Manteau d'Ours a dû, je crois, changer d'avis et regretter ce qui était en train d'arriver. Il a commencé à agiter les bras, pour essayer de mettre fin au massacre, criant à n'en plus finir, « *kola, kola* — ami, ami ! ». Ses éclaireurs ont à leur tour repris le cri. « Nous sommes des amis ! » Etrange intrusion de la part d'amis, mais mon arrière-grand-père voulut les croire. Il ne désirait pas le massacre de son peuple. Il jeta son fusil à terre, en signe de paix.

Le général Miles se précipita vers lui et prit sa main dans la sienne. Il ne cessait de crier « *kola, kola* ». Mais ce n'était pas la paix que voulaient ses soldats. Ils voulaient se procurer des scalps d'Indiens, des souvenirs. Sans doute aussi désiraient-ils s'en prendre aux femmes et aux jeunes filles. L'un des cavaliers tira un coup de carabine en direction de Cerf Boiteux. Miles agrippa des deux mains le manteau de mon arrière-grand-père, mais mon arrière-grand-père lui échappa, ramassa son fusil et visa celui qui avait tiré sur lui. A ce moment-là, les soldats ouvrirent le feu avec ce qu'ils avaient sous la main, tuant Cerf Boiteux, son lieutenant Etoile de Fer, et une douzaine

1. Tipi : tente conique en peau de bison, caractéristique des Indiens des Plaines. N.d.E.

environ d'autres guerriers. Puis ils mirent le camp à sac, emportant ce qui leur plaisait et détruisant le reste. Même le général Miles ne jugea pas au-dessous de sa dignité d'emporter pour lui différents objets ; c'est pourquoi le fusil de mon ancêtre se trouve au musée de New York au lieu d'être accroché à mon mur.

Au sujet de ce territoire de quatre miles carrés le long de Rapid River, Cerf Boiteux déclara quand fut signé le traité : « Si jamais je meurs, ou si l'école ferme ses portes, cette terre reviendra en premier lieu à mon fils, et s'il meurt, à son fils, et ainsi de suite en suivant la lignée de la famille. » J'ai intenté au gouvernement un procès en restitution, mais ils ont dit : « Les requêtes personnelles des Indiens ne sont pas admises. » Peut-être fut-ce une bonne chose qu'ils aient privé les Indiens de leur terre. Pensez à ce qu'on aurait perdu : les motels avec leurs enseignes au néon, les officines des prêteurs sur gages, le paradis des amateurs d'escalade, le studio de l'empailleur des bêtes à cornes, les boutiques de souvenirs, le magasin « d'authentique » artisanat indien avec ses colliers en perle de Taiwan et de Hong Kong, de quoi se souvenir des années durant —, le saloon du Baquet de Sang, le dinosaure grandeur nature en béton vert, les filles à gogos et les bordels, le Jardin des Reptiles, où l'on ne nourrit pas les serpents parce que cela donnerait trop de mal : quand ils meurent il n'y a qu'à s'en procurer d'autres. Pensez donc, si cette terre nous avait appartenu, on n'y trouverait rien du tout, seulement des arbres, de l'herbe et des animaux en liberté. Toute cette *propriété immobilière* si mal utilisée !

Mon arrière-grand-père Cerf Boiteux était l'un des chefs de la tribu des *Mni Owoju* — les Semeurs près de l'Eau —, l'une des sept tribus occidentales de la nation sioux. Il avait trois femmes. La première eut trois fils : N'Egorgea Pas, Rapide Comme l'Eclair et, engendré par mon propre grand-père, Cante Witko, ce qui veut dire Cœur Fou. Sa seconde femme eut une fille. Sa troisième n'eut pas d'enfants. Mon autre grand-père reçut le nom de Fin Renard.

Cœur Fou et Fin Renard devinrent de célèbres guerriers et prirent part l'un et l'autre au combat contre Custer. Fin Renard fut de plus l'un des survivants du massacre de Wounded Knee. Cœur Fou était, par distinction toute spéciale, autorisé au port de la chemise de guerre. Cette chemise était jaune et bleue avec une frange de cheveux humains. On prêtait attention à ce qu'il disait dans nos conseils, et le peuple sollicitait son avis sur toutes les affaires d'importance. Fin Renard, également, était respecté pour sa sagesse. Jusqu'à sa dernière heure, survenue en 1928, c'est à lui qu'était attribuée la fonction de superviser nos cérémonies et de niveler le sol consacré des danses rituelles.

Je n'ai jamais connu Cœur Fou, mais mon grand-père Fin Renard a tenu un grand rôle dans ma vie, et j'avais pour lui de la vénération. Malgré sa haute réputation de guerrier, ce n'était pas un tueur. Il a surtout dû sa gloire aux « coups » qu'il porta [1], à ses exploits de cavalier fonçant sur les ennemis, caracolant parmi eux, les touchant de son « bâton à coups », incurvé et enveloppé de peau de loutre. Il était le spécialiste des coups. C'était sa façon de montrer sa bravoure. Comparés à nos grands-pères, nous, ceux de la réserve, ne sommes plus qu'un peuple de poules mouillées. Nous déclarons : « Custer est mort pour vos péchés. » Je dis que Custer vit toujours. Il y a encore trop de Custer et de Miles parmi les Blancs mais où est notre Cheval Fou ? Un voyant-guérisseur des environs m'a affirmé avoir reçu la vision de Cheval Fou de retour parmi nous en homme noir. Voilà qui serait capital.

J'ai souvent demandé à mon grand-père Fin Renard de me raconter la bataille contre Custer [2]. « Je ne peux pas être un bon témoin », disait-il, « parce que j'étais trop pris par la lutte pour accorder grande attention à ce qui se passait. Je me suis porté à cheval au beau milieu d'un grand nuage de poussière où le combat faisait rage, m'écriant : « C'est un bon jour pour mourir, un bon jour pour se battre ! », mais c'était un jour où les « vestes

---

1. Chez les Indiens des Plaines, les Sioux en particulier, le plus grand exploit guerrier consistait à s'approcher assez près de l'ennemi pour pouvoir lui porter un « coup » (terme emprunté au français et utilisé par les Sioux) avec un « bâton à coups » tel que le décrit Cerf Boiteux. N.d.E.

2. Le général George Armstrong Custer fut tué à Little Bighorn, dans le Montana. Il commandait un détachement de cavalerie de 600 hommes, dont 224 subirent son sort. Les historiens nomment cet engagement *Custer's Last Stand*. N.d.T.

bleues » devaient mourir ; l'un d'eux m'a blessé au bras avec sa carabine. La balle n'a pas traversé le bras. On m'a dit qu'après la bataille, deux femmes cheyennes se sont approchées du corps de Custer. Elles le connaissaient parce qu'il avait attaqué, sur la Washita, leur village pacifique. Les femmes dirent : « Tu as fumé avec nous le calumet de la paix. Nos chefs t'ont dit que tu serais tué si jamais tu recommençais à nous faire la guerre. Mais tu n'as pas voulu écouter. Voilà pour que tu entendes mieux. » Chaque femme tira de son écrin à bijoux une alène, et elles enfoncèrent ces alènes dans les oreilles de Custer. Un témoin qui a vu comment cela s'était passé m'en a parlé ensuite. Petit, crois-moi, des centaines de livres ont été écrits sur cette bataille par des hommes qui n'y étaient pas. J'étais là, mais tout ce dont je me souviens, c'est d'un grand nuage de poussière. »

Au sujet du massacre de Wounded Knee, mon grand-père Fin Renard me dit : « Il se peut que chez les Blancs, il y ait de braves gens, mais leur faire confiance, c'est le moyen le plus rapide d'être tué. Chaque fois que j'entends une femme ou un enfant hurler de douleur, je repense à ce jour de massacre. Les prêtres et les missionnaires nous disent de tendre l'autre joue et d'aimer son prochain comme soi-même. Mon petit, je ne sais pas comment les Blancs se comportent entre eux, mais je ne crois pas qu'ils nous aiment plus qu'ils ne s'aiment eux-mêmes. Il y en a surtout qui ne nous aiment pas du tout. » Mon grand-père mourut en 1928. Il était presque aveugle à la fin.

Mon père venait de Standing Rock. Il s'appelait Wawi-Yohi Ya, ce qui veut dire « Qu'ils Aient Leur Content. » Son prénom était Silas. Ce sont les missionnaires qui l'avaient baptisé. Il invitait toujours à des festins, à des cérémonies du « give away » [1]. Il avait constamment peur que quelqu'un n'ait pas assez à manger ou pas assez de présents. C'est pour cette raison que chez les Indiens on l'appelait « Qu'ils Aient Leur Content ».

Chez les Blancs, il était connu sous le nom de Silas Fire. On fit un recensement ; chacun devait se rendre à

1. Potlach des Indiens des Plaines au cours duquel l'hôte, par souci de prestige, donnait tous ses biens. N.d.E.

Rosebud pour être consigné dans un grand registre noir. Le directeur dit à mon père : « Signe ici. » Mon père ne pouvait pas écrire son nom. Il répond au directeur que son nom est en indien. Le directeur dit que c'était long et trop compliqué. Papa lui dit : « O.K., donne-moi un nom plus court. » De nombreuses personnes étaient venues se procurer leurs rations et avaient dressé leurs tentes. A cet instant précis l'une des tentes prit feu. Ce fut la panique. Les gens couraient de tous les côtés, hurlant : « Au feu ! Au feu ! » Le directeur entendit leurs cris et dit : « Voilà qui fera l'affaire. Tu es Silas Fire, c'est bref et joli à entendre. »

Si cette tente n'avait pas pris feu, je me serais appelé « Qu'ils Aient Leur Content. » Maintenant je suis John Fire dans les registres des Blancs, mais mon nom d'Indien est Tahca Ushte, comme mon arrière-grand-père, et c'est ainsi qu'il en doit être. Mon père était aimé de tous. C'était un homme bon et souriant. Il avait une patience infinie, il en fallait vraiment beaucoup pour qu'il se mette en colère. Il était du genre silencieux, n'ouvrait guère la bouche, on ne l'entendait pas beaucoup. Il y en a qui déblatèrent à longueur de journée, mais ils ne possèdent qu'un cheval, ou pas de cheval du tout. Mon papa avait plus de deux cents chevaux. Il avait coutume de me taquiner, me donnait sur la tête de petites tapes d'affection, me montrant qu'il tenait à moi de cent façons différentes, mais pendant des semaines d'affilée, il ne m'adressait pas un traître mot.

Mon père n'était jamais allé à l'école, il ne savait ni lire ni écrire, mais on pouvait apprendre beaucoup rien qu'à le regarder. Il m'apprit à harnacher un cheval et la façon de le calmer avant de grimper dessus. D'abord je l'observais, puis il me faisait signe d'y aller, de la main. Je trouvais que c'était facile et j'allais bien plus vite que lui. Une fois le cheval m'a jeté bas. Je m'étais fait vraiment mal en tombant. Mon père me dit : « Il ne faut pas te tuer, petit. » Ce fut une des rares fois qu'il m'adressa la parole. C'est pourquoi je m'en souviens.

Ma mère s'appelait Sally Couverture Rouge. Une femme belle à voir, avec une longue chevelure bouclée. Elle était très adroite de ses mains et excellait aux travaux de parure. Elle se servait des perles les plus fines, de celles qu'on ne trouve plus. Plus tard, quand j'étais encore un garçonnet, je m'aperçus que chaque fois qu'un négociant se servait d'une loupe ou tenait longuement son travail entre ses doigts, il finissait par proposer un prix plus élevé. Ma mère mourut quand j'avais dix-sept ans.

Je suis né pur Indien dans une case construite en billes de bois, de douze pieds sur douze, entre Pine Ridge et Rosebud. *Maka tanhan wicasa wan* — je suis un homme de la terre, comme nous disons. Notre peuple ne se nomme pas sioux ou dakota. Ce sont les Blancs qui s'expriment de cette manière. Nous nous appelons *Ikce Wicasa* — les humains de la nature, le peuple ordinaire sauvage et libre. Il me plaît d'être ainsi appelé.

Comme la plupart des enfants indiens, j'ai été élevé surtout par mes grands-parents — par Fin Renard et son épouse, Pte-Sa-Ota-Win, « Beaucoup de Bisons Blancs ». Chez notre peuple, les relations entre l'enfant et ses grands-parents sont aussi fortes que celles de l'enfant avec ses parents. Nous vivions dans cette petite cabane, au cœur de la prairie, loin de tout, et pendant mes premières années je n'eus aucun contact avec le monde extérieur. Naturellement, nous possédions différentes choses dont se servent les Blancs — du café, des marmites en fonte, un fusil de chasse, une carriole. Mais je ne me souciais guère de leur provenance, ou de qui avait pu les faire.

Quand j'eus à peu près cinq ans, ma grand-mère m'emmena en visite chez des voisins. Nous marchions sur la route quand je vis approcher un cavalier. Il me parut bizarre, aussi je me cachai derrière ma grand-mère, et mon petit chien se cacha derrière moi. J'en savais assez déjà sur la façon de monter à cheval pour voir qu'il ne savait pas s'y prendre. Ses pieds touchaient presque terre. Il avait, attachés aux talons de ses souliers, des sortes de minuscules moulins à vent qui tintaient. Il approchait et je pus mieux le détailler. Jamais je n'avais vu un homme aussi poilu. Il avait le visage couvert de poils, qui lui tombaient sur la poitrine et peut-être plus bas encore, et avec cela il n'avait pas de cheveux, il avait le crâne nu. Ses poils étaient châtain clair, on aurait dit un matelas. Il avait des yeux de chouette morte, d'un bleu délavé. Il mâchonnait quelque chose qui ressemblait à une sucette qui fume. Plus tard je sus qu'il s'agissait d'un cigare. Mais cet homme aimait brûler la chandelle par les deux bouts, en quelque sorte. Car il avait aussi une blague à tabac, et chiquait, et de temps à autre il ôtait de sa bouche sa sucette et crachait une longue traînée de salive brune. Je me demandais pourquoi il persistait à manger quelque chose d'un goût si abominable qu'il lui était impossible de l'ingurgiter.

Cet humain bizarre portait aussi une drôle de coiffure, tenant de la poêle et du tuyau de cheminée. Sur les flancs de son pauvre cheval ballait, de part et d'autre, une grande pièce de cuir. Juste devant la braguette du cavalier, le cuir était en forme de corne et je me dis que de cette façon-là, il devait avoir le membre bien protégé. C'était la première fois qu'il m'était donné de voir une selle. Le pauvre cheval avait aussi des lanières de cuir sur la tête et un morceau de fer dans la bouche. Chaque fois que le cheval montrait sa langue, on aurait cru que c'était le bruit de tout cet accoutrement qui, tant bien que mal, lui sortait de la bouche. Ce drôle d'homme portait des culottes de cuir. Fixés aux hanches, il avait deux marteaux d'une forme singulière. Plus tard j'appris qu'il s'agissait de pistolets, de colts 45.

L'homme se mit à émettre des sons bizarres. Il parlait mais nous ne pouvions pas le comprendre parce que c'était de l'anglais. Il désigna du doigt les jolis mocassins ornés de perles de ma grand-mère, en même temps il mit la main à sa poche, tirant quelques coupures de leur cachette. Je suppose qu'il s'agissait de dollars. Il voulait faire une affaire. Mais grand-maman refusa l'échange parce que dans ses mocassins elle avait quatre grandes pièces d'or. Le cavalier avait dû en sentir l'odeur. C'était le premier homme blanc que je rencontrai.

De retour à la maison, une nouvelle surprise m'attendait. Grand-papa égorgeait une bête comme je n'en avais jamais vu, un animal avec des sabots, comme un cheval, mais qui aurait eu le corps d'un chien. Quelqu'un avait peut-être accouplé les deux espèces, donnant naissance à cette créature bizarre ? A voir le corps rose et sans poils, il me revint en mémoire de vieux contes, à faire dresser les cheveux sur la tête, d'humains et d'animaux engendrant des monstres terrifiants. Grand-papa y allait à la hachette, mettant la viande de côté et rejetant les entrailles. Mon petit chien était tout content, il n'avait jamais vu de cochon jusque-là. J'étais content moi aussi, mais l'odeur de la bête m'écœurait. Grand-papa dit qu'on mettrait la graisse de côté, pour lubrifier les essieux.

Les jours de mon enfance se déroulaient sans histoire, en général, mais ça ne me dérangeait pas. Nous menions une vie agréable et très simple. Chaque jour ressemblait à la veille. Je n'étais différent des autres enfants que d'une seule façon. Je n'avais jamais faim parce que mon papa avait beaucoup de bétail et de chevaux. Grand-maman se levait de bonne heure, avant tout le monde. Elle s'emparait de la grande boîte de fer-blanc contenant la ration de café allouée par le gouvernement. Elle commençait par griller les grains dans une poêle, et elle les moulait ensuite. Elle se servait d'une immense marmite, où elle versait sept litres d'eau et deux très grandes cuillerées de poudre, puis elle faisait bouillir le tout, non sans avoir ajouté un adoucissant, de la mélasse ou du sirop d'érable. Nous n'aimions pas le sucre. Nous ne mettions pas de lait ou de crème dans notre *pejuta sapa* — notre remède noir.

Grand-maman versait d'abord une grande cuillère à soupe de café en offrande aux esprits, puis la marmite demeurait sur le feu durant la journée. Quand elle apercevait quelqu'un près de la maison, elle l'appelait sans se demander qui c'était : « Entrez, il y a du café. » Le café épuisé, elle reversait de l'eau dans la marmite, ainsi qu'une bien plus grande quantité de poudre, et de nouveau faisait bouillir le tout. Le café était de plus en plus fort. A la fin, une cuillère pouvait presque se tenir droite dans le café, tant il s'était épaissi. « Maintenant on peut dire qu'il est bon », déclarait grand-mère.

Pour aller avec le café, grand-maman cuisait son pain au four, et elle le faisait lever au bicarbonate de soude. Elle cuisait du pain de squaw. Ce pain remplissait l'estomac, on aurait même dit qu'il y tenait toujours plus de place. A chaque printemps, quand il commençait à faire chaud, les hommes remettaient en place l'abri couvert pour faciliter le travail de grand-maman. On dressait droit, à hauteur égale, quatre troncs d'arbres, que des perches horizontales reliaient par le haut. Puis le tout était recouvert de branchages de pin. Les hommes rafistolaient un vieux poêle à bois pour que grand-maman puisse y faire la cuisine ; ils disposaient aussi une table grossière dans l'abri couvert, ainsi que des souches où s'asseoir. En été, c'est principalement là que notre vie s'écoulait, et on y sentait la fraîcheur d'une brise. Ce genre de hutte est resté très populaire dans la réserve.

Grand-maman se plaisait à fumer une petite pipe. Elle adorait son *kinnickinnick* — le tabac d'écorce rouge de saule. Un jour, elle laissa, par accident, tomber des braises sur les cuisses d'un visiteur âgé. Celui-ci avait les reins ceints d'une bande-culotte, la bande-culotte prit feu, et le pauvre vieux faillit avoir les parties brûlées. Vu son grand âge, la différence n'aurait pas été grande. Mais il fut encore capable de faire un saut de côté.

L'un de mes oncles s'était taillé un bâton à compter les phases de la lune. C'est là notre seul calendrier, mais un bon calendrier. Chaque nuit, l'oncle faisait une entaille à son bâton, jusqu'à ce que la lune « meure », c'est-à-dire jusqu'à ce qu'elle disparaisse. De l'autre côté du bâton, chaque entaille correspondait à un mois écoulé. Il se taillait un bâton neuf à chaque retour du printemps. De cette façon, il était à même de désigner nos jours de célébration avec exactitude.

De temps en temps, mes grands-parents m'emmenaient assister à une petite cérémonie tenue au bord de la rivière. Grand-papa montait encore son vieux cheval bai, qui était populaire parmi les tribus. Nous apportions en abondance de la nourriture pour tous, du pain de squaw, de la viande de bœuf, et de cette mixture séchée que nous appelons *papa* ou *washa,* ou pemmican — un mélange de viande séchée et pulvérisée, de baies et de graisse de reins. Nous apportions aussi une pleine marmite de café, du thé à la menthe sauvage, de la soupe, des nourritures de ce genre. C'est à grand-papa qu'il revenait de préparer le *owanka osnato* — le terrain où se déroulerait la répétition. Il s'y prenait minutieusement. Seuls les vrais guerriers avaient le droit de danser là — des hommes tels que Poisson Rouge ou Elan Maigre, qui avaient participé au combat contre Custer. Avec les années, les danseurs prenaient de l'âge et il y en avait de moins en moins. Grand-papa dansait aussi. Chacun pouvait voir qu'il avait le bras couvert de cicatrices, celles des blessures infligées par les soldats blancs.

Certaines femmes portaient aussi des cicatrices. Le frère de grand-papa, Grue Blanche en Marche, avait trois épouses. Il n'y avait pas de jalousie entre elles. Elles étaient comme des sœurs. Elles s'aimaient et elles aimaient leur mari. Ce vieillard avait la vie douce, les femmes faisant l'essentiel du travail. Il se contentait de paresser, ici et là, à longueur de journée, sans rien faire. De temps à autre, certains le traitaient de paresseux, mais il se bornait à rire, leur disant : « Qu'est-ce qui vous empêche de prendre une seconde épouse ? » Mais leurs épouses à eux étaient jalouses et elles n'auraient pas toléré le partage. Quand il se fut éteint, laissant deux veuves, celles-ci l'enterrèrent sur le flanc de la colline. Elles se saisirent du couteau à dépiauter et se firent de sérieuses estafilades aux bras et aux jambes en signe de douleur. Elles allaient se trancher le petit doigt, mais quelqu'un leur fit observer que cette coutume n'était plus autorisée par le gouvernement, et qu'elles seraient punies si elles passaient outre. En compensation, elles se rasèrent le crâne, s'agenouillèrent et pleurèrent pendant quatre jours et quatre nuits ; elles aimaient leur mari à ce point.

J'étais le *takoja* — le petit-fils choyé — et comme tous les enfants indiens, on me gâtait. On ne me tançait jamais, on ne m'adressait jamais une parole dure. Au pire : « *Ajustan,* ne t'occupe pas de ça. » On ne m'a jamais battu. Nous ne maltraitons pas les enfants. Les petits Indiens sont si habitués à être élevés avec douceur que souvent ils ne font pas très attention à ce que les adultes leur disent. Je suis moi-même grand-père maintenant, et parfois j'ai envie de crier à ces effrontés : « Dis donc, sale petit galopin, écoute-moi bien ! » Et ils écouteraient, ça oui, mais les mots ne me viennent pas.

Quand je refusais de m'endormir, ma grand-mère essayait de me faire peur en évoquant le *ciciye* — une sorte de croque-mitaine. « Endors-toi, mon petit », disait-elle, « ou le *ciciye* va venir ». Personne ne savait à quoi ressemblait le *ciciye*, mais il devait être effrayant. Si le *ciciye* ne suffisait plus, j'étais menacé du *siyoko* — une autre sorte de monstre. Personne non plus ne savait à quoi ressemblait le *siyoko,* mais il était dix fois plus terrible encore que le *ciciye*. Grand-maman n'avait pas de chance. Ni le *ciciye* ni le *siyoko* ne me firent peur longtemps. Quand elle ne pouvait vraiment plus se faire écouter, grand-maman me menaçait : « *Wasicun anigni kte* » — l'homme blanc va venir et il va t'emmener dans sa maison —, et là j'étais terrifié. *Wasicun,* c'était du sérieux.

On disait que je ne tenais pas de mon grand-père Fin Renard, mais de mon autre grand-père, Cœur Fou, que je n'ai jamais connu. On disait que je prenais le relais, étant à ce point diable et téméraire. On me racontait que Cœur Fou avait été comme ça. Ce qui pouvait arriver aux autres, ou à lui-même, lui était bien égal, une fois sa décision prise. Il avait le sang chaud ; toujours en bataille et sur le sentier de la guerre. En même temps, il venait souvent au secours des autres, se montrait de bon conseil, et préconisait le droit chemin. Il parlait très bien et avait le don de la parole. Tous ceux qui l'écoutaient étaient réconfortés par ses dires. Il recommandait la patience. Mais quand il s'agissait de lui-même, son fichu caractère reprenait le dessus.

J'étais comme ça. Ce qu'on me disait de ne pas faire, je le faisais. Dans les jeux, j'étais un petit dur. Nous jouions une sorte de hockey et fabriquions nous-mêmes la balle et les crosses. Nous jouions au cerceau, tirions à l'arc. Nous organisions des courses à pied, des courses à cheval, des courses de natation. Nous aimions jouer aussi au *mato kiciyapi*, le jeu de l'ours, qui consistait à se battre à bons coups de paquets d'herbe. On pouvait se faire vraiment mal quand le coup portait sur la peau nue. Et il y avait l'*isto kicicastakapi*, le combat aux noyaux, les noyaux des cerises sauvages, par exemple, qu'on tenait dans le poing après avoir dévoré le fruit. On visait le visage de l'adversaire avec ces noyaux. Et naturellement j'aimais beaucoup le jeu d'Attrapez-les-par-les-cheveux-et-balancez-leur-des-coups-de-pied, qui mettaient deux équipes face à face.

J'aimais monter à cheval derrière ma sœur aînée en m'agrippant à elle. Quand je fus un peu plus âgé, ce fut elle qui s'agrippa à moi. A neuf ans, je pus monter mon propre cheval — un beau poney gris dont mon père m'avait fait cadeau, avec une bonne selle et sa couverture mexicaine de couleurs vives. A ce poney allait toute mon affection et j'étais fier de lui. Mais il ne m'appartint pas longtemps. Je le perdis par ma propre faute.

Nonge Pahloka — le percement des oreilles — voilà qui est un grand événement dans la vie d'une petite fille. Par cette cérémonie, sa famille, et spécialement sa grand-mère, veulent lui montrer combien elle est aimée et honorée. La famille demande à un homme respecté pour sa bravoure et sa sagesse de percer les oreilles de la fillette. La grand-mère prépare un vrai festin. La petite fille se tient sur une couverture, entourée des nombreux présents qui vont être faits en son nom. L'homme qui lui percera les oreilles est fort admiré et c'est lui qui emportera le cadeau le plus précieux. Après quoi, on passe au plus sérieux — on se met à manger.

Bon, un jour je regardais quelqu'un percer les oreilles d'une fillette. Je vis tout le cas qu'on faisait de la cérémonie, les présents reçus par l'homme et ainsi de suite. Ma sœur avait à peu près quatre ans à l'époque et moi j'en avais neuf. Je ne sais plus pourquoi j'avais tenu à être là. Peut-être voulais-je me donner de l'importance, à l'image de l'homme adulte qui allait procéder à l'opération. Peut-être voulais-je faire pleurer ma sœur. Je ne me rappelle pas ce qui s'est passé dans mon cerveau de petit garçon. J'avais trouvé un bout de fil de fer avec lequel j'avais prétendu faire des « boucles d'oreilles ». Puis j'ai dit à ma sœur : « Ça te plairait de les porter ? » Elle sourit. « *Ohan* — oh ! oui. » Je n'avais pas sur moi l'os en forme de poinçon dont on se sert pour percer les oreilles et j'ignorais les prières rituelles qui accompagnent l'opération. Je n'avais qu'une vieille alêne mais je me dis qu'elle ferait bien l'affaire. Oh, comme ma sœur s'est mise à hurler ! Il a fallu que je la maintienne au sol, mais je parvins avec cette alêne à lui traverser les lobes des oreilles et à y glisser les « boucles ». J'étais tout fier de mon exploit.

Quand ma mère rentra à la maison et vit ma sœur avec ses boucles d'oreille en fil de fer, elle en resta suffoquée. Mais assez vite elle se reprit et alla prévenir mon père. Ce fut l'une des rares occasions où il m'adressa la parole : « Je devrais te punir et te donner le fouet, mais je ne le ferai pas. Tu rencontreras ton châtiment plus tard. » Quelque temps s'écoula, et j'oubliai ce qui s'était passé. Un matin mon père déclara que nous allions nous rendre à un powwow [1] — à une grande fête. Il avait attelé les chevaux à un chariot où s'entassaient à n'en plus finir boîtes et paquets. A ce powwow, mon père devait, il le laissa entendre, procéder à une grande *otuhan* — une large distribution de tout ce qu'il pouvait donner. Il installa ma sœur sur une jolie couverture navajo et disposa à son idée les cadeaux — des couvertures, de la nourriture, des couvre-pieds, un beau fusil de chasse, un manteau de peau de mouton, sa nouvelle paire de bottes de cow-boy, assez pour satisfaire à tous les besoins de la famille. Papa déclara devant l'assemblée : « Je désire honorer ma fille à qui l'on a percé les oreilles. La cérémonie aurait dû avoir lieu en public, mais mon fils a fait l'opération à la maison. Je pense qu'il est trop petit pour connaître les usages. » De la part de papa, c'était là tout un discours. Il me fit signe de m'approcher de lui. J'étais en selle sur mon joli poney gris. Je trouvais que nous avions grande allure, lui et moi. Eh bien, déjà mon père faisait don de mon cheval, avec sa selle magnifique et sa couverture. A peine avais-je eu le temps de m'en rendre compte. Je dus retourner à la maison dans le chariot et je pleurai le long du chemin. Mon père me dit : « Maintenant tu subis ta punition, mais plus tard tu t'en porteras mieux. Toute ta vie ta sœur te rappellera comment tu t'y es pris pour lui percer les oreilles. Je parie que tu es le seul petit garçon à avoir jamais accompli cette cérémonie importante. »

Ce n'était pas une consolation pour moi. J'avais perdu mon beau poney gris. Pendant trois jours, j'en eus le cœur brisé. Au matin du quatrième, je jetai un coup d'œil devant la porte : là se tenait un petit étalon blanc avec une selle neuve et un mors d'argent plaqué. « C'est à toi », dit mon père. « Monte dessus. » Et de nouveau, je fus heureux.

1. Chez les Indiens, powwow désigne une assemblée ou cérémonie accompagnée parfois de rites magiques ; aussi (mais non dans la bouche de Cerf Boiteux) : le devin, le guérisseur. De nos jours, l'on entend surtout par powwow des fêtes de chants et de danses, pratiquées principalement par les Indiens de l'ouest des Etats-Unis et de certaines régions du sud du Canada. N.d.E.

Après ma sixième année, il devint très difficile de me faire obéir. La seule façon de s'y prendre pour que je me tienne tranquille était de me raconter une histoire. Je me passionnais pour les contes d'autrefois de mes grands-parents qui excellaient à rapporter les anciennes légendes de mon peuple. Ils me parlaient des grands dieux Wi et Hanwi, du soleil et de la lune, qui étaient mariés l'un à l'autre. Ils me parlaient de Waziya, le vieil homme, dont les prêtres ont fait le père Noël. Waziya avait pour épouse une sorcière fameuse. Ensemble, ils avaient une fille nommée Ite, le visage, qui était la plus belle femme de l'univers. Ite était elle-même mariée à Tate, le vent.

L'ennui pour ce couple, c'est qu'Ite s'était mise en tête que le soleil, Wi, était bien plus beau que son propre mari, le vent. Wi, de son côté, trouvait Ite bien plus belle que sa propre épouse la lune. Wi eut une liaison avec Ite, et chaque fois que la lune les surprenait, elle se voilait la face de honte. « C'est pour cette raison », me disait grand-maman, « que certaines nuits nous ne voyons pas la lune. »

Le Grand Esprit réprouvait ces façons et il châtia Ite. Elle demeura la plus belle créature du monde, mais d'un côté seulement, car l'autre moitié de son visage était si hideuse qu'il n'existe pas de mot pour la décrire. De ce moment, elle fut connue sous le nom de Anunk-Ite, ce qui veut dire Double Visage. En amour, ce sont toujours les femmes qui paient les pots cassés.

Nombre de ces légendes se rapportaient aux animaux. Grand-maman me parla de la chauve-souris mâle cachée sur le dos de l'aigle, et qui s'écrie : « Je peux voler plus haut que tout autre oiseau. » Voilà qui était bien vrai. Même l'aigle ne peut pas voler plus haut que l'oiseau perché sur son dos. Pour punir la chauve-souris, les autres oiseaux l'obligèrent à ne plus voler et à vivre dans un trou ; il y tomba amoureux d'une souris. Aussi, depuis lors, les chauves-souris sont moitié souris et moitié oiseau.

Grand-papa Fin Renard me raconta l'histoire des jeunes chasseurs qui tuèrent un bison pourvu d'une queue ressemblant à un serpent à sonnette. Quand ils eurent mangé la chair du bison, ces garçons furent changés en serpents à sonnette géants à tête et voix humaines. Ils vécurent dans une caverne et régnèrent sur le monde des ténèbres.

Les histoires que je préférais étaient celles où figurait Iktome, l'homme-araignée maléfique, un sacré malin qui jouait des tours à tout le monde. Un jour qu'il se promenait, il aperçut de nombreux canards en train de s'ébattre dans un lac. Cette vue lui donna un vif appétit de canard rôti. Il remplit d'herbe son grand sac de loup-garou, puis se montra aux canards, et, le voyant, ceux-ci l'interpellèrent :

— Iktome, où vas-tu comme ça ?

— Je me rends à un grand powwow.

— Qu'est-ce qu'il y a dans ton sac, Iktome ?

— Il est plein de chansons que j'emporte à cette assemblée, des chansons à danser, de bonnes chansons.

— Tu ne veux pas les chanter pour nous ? demandèrent les canards.

Le rusé homme-araignée refusa, faisant mille manières. Il dit aux canards qu'il n'avait pas de temps à leur accorder, mais à la fin, il fit semblant d'accéder à leur demande, vu qu'ils étaient de si plaisants volatiles.

— Je chanterai pour vous, dit-il aux canards. Mais vous devez m'aider.

— Nous ferons ce que tu voudras, Iktome. Dis-donc ce qu'il faut faire.

— Bon, eh bien, mettez-vous sur trois rangs. Au premier rang, les canards bien gras. Allez, venez. Au second rang, ceux qui ne sont ni gras ni maigres. Les entre-les-deux. Quant aux pauvres maigrichons, mettez-vous là-bas, au troisième rang. Bon, maintenant il faut mimer les paroles de la chanson et faire comme elles disent. Et les paroles de ma première chanson, c'est : « Fermez les yeux et dansez ! »

Les canards se mirent en rangs et fermèrent les yeux, les plus gras au premier rang. Tous battaient des ailes. Iktome s'empara d'un gourdin caché sous son manteau. Il ordonna :

— Chantez le plus fort que vous pourrez, et gardez les yeux bien fermés.

Il précisa qu'ils devaient chanter très fort : exactement au point d'étouffer le bruit d'un gourdin quand il s'abat sur une tête. Alors il abattit les malheureux un par un ; sa besogne était déjà à moitié faite quand un des canards maigrichons du troisième rang ouvrit les yeux et découvrit ce qu'Iktome faisait.

— Holà ! s'écria-t-il. Réveillez-vous ! Cet Iktome est en train de nous massacrer tous !

Les canards encore en vie ouvrirent les yeux et s'enfuirent. Mais Iktome s'en moquait bien. Il emportait plus de canards bien gras qu'il n'en pourrait manger.

Iktome est comme ces politiciens merdeux qui nous font fermer les yeux, chanter et danser pendant qu'ils nous estourbissent. Canards du parti républicain, canards du parti démocrate, c'est du pareil au même. Les gras et les stupides passent les premiers à la casserole. Ce sont les maigres et les sans-grade, les canards des classes inférieures, ceux du dernier rang, qui ne se tiennent pas tranquilles. Un bon Indien est celui qui garde les yeux ouverts. Iktome, disait grand-père, est un combinard maléfique, mais heureusement si vorace qu'il se fait prendre à son propre piège.

Il est difficile aujourd'hui de faire entendre de telles histoires à nos petits-enfants. Certains d'entre eux ne comprennent plus la langue. La télévision qui les abrutit, ainsi que la radio et le pick-up, voilà ce qu'ils écoutent. Les contes d'antan ne les intéressent plus.

J'ai eu de la chance de vivre avec mes grands-parents dans un monde qui nous appartenait encore en propre. Ce bonheur ne pouvait pas durer. « Chut, *wasicun anigni kte* — tiens-toi tranquille ou l'homme blanc va venir. » Combien de fois n'ai-je pas entendu ces paroles quand j'avais fait une bêtise ou une autre, mais je ne pouvais pas croire que cette menace se réaliserait, pas plus que je ne croyais à l'existence des monstres *ciciye* et *siyoko*.

Seulement, un jour le monstre est venu — l'homme blanc du Bureau des Affaires indiennes. Je suppose que mon nom devait figurer sur une liste. Il déclara à ma famille : « Ce garçon doit aller à l'école. Si vos enfants n'y vont pas d'eux-mêmes, la police des Indiens les trouvera et leur donnera une bonne correction. » Je me cachais derrière grand-maman. Mon père était pour moi comme un grand dieu et grand-papa était l'un des guerriers qui s'étaient opposés à Custer. Mais ils ne pouvaient rien pour moi dans ces circonstances.

En ce temps-là, les écoles pour les Indiens étaient des sortes de casernes, soumises à une discipline militaire, avec l'appel quatre fois par jour. On devait se tenir au garde-à-vous et marcher au pas. Ceux de l'administration voyaient là le meilleur moyen de nous détourner de notre destin d'Indiens. Il nous était interdit de parler notre langue ou de chanter nos chansons. En cas de désobéissance, il fallait aller au coin, ou face au mur, les bras croisés dans le dos, le nez et les genoux contre le plâtre. Certains maîtres nous donnaient des coups de règle sur les doigts. Il y avait des règles avec des clous en cuivre. Pourtant ils n'ont quand même pas réussi à faire de moi quelqu'un d'autre. Ils ont pu m'obliger à m'habiller comme un Blanc, mais sur ce qu'il y avait à l'intérieur de la chemise et du pantalon ils n'ont rien pu.

J'ai d'abord été dans une classe dirigée par un homme, et c'était une classe effrayante. Tous les visages des élèves offraient la même expression figée — ou plutôt, une absence complète d'expression : autant de têtes de bois. Je me rendais compte que pour moi il en était de même. Je ne pouvais rien exprimer dans la langue de l'homme blanc, je ne comprenais rien à ses façons d'agir. Je croyais que tout le monde avait de l'argent à volonté. Le maître, lui, ne savait pas un mot de lakota [1]. Il me montra ma place. J'étais pétrifié.

Le maître disait : « Debout ! », « Assis ! » Il le répétait jusqu'à ce que nous obéissions. « Debout, assis, debout, assis. Marchez, stop. Oui et non. » Sans orthographe, seulement le son.

On avait aussi une maîtresse. Elle usait de la même méthode. Elle nous montrait un bâton et disait : « Un », puis deux bâtons : « Deux », et ainsi à n'en plus finir. Des semaines durant, elle nous fit voir des images d'animaux, disant : « chien », « chat ». Il me fallut trois années pour apprendre à dire : « Je veux ci ou ça. »

Pour mon premier jour à l'école, on me donna à manger des haricots, pour la première fois aussi, et avec eux quelque chose de blanchâtre, que je supposai être de la graisse de porc. Ce soir-là, quand je suis rentré à la maison,

1. Langue sioux. N.d.E.

mes parents ont dû ouvrir la fenêtre. Ils disaient que je ramenais un air qui n'était pas bon. Jusque-là, je n'avais mangé que de la viande séchée, *wasna, papa,* des grains de maïs secs avec des baies. Je ne connaissais pas le fromage, les œufs, le beurre ou la crème. Le sucre et les bonbons, j'en consommais très peu. Aussi j'avais peu d'appétit à l'école. Des jours durant, on nous donna des sandwiches au fromage ; cela fit renifler maman qui me dit : « Petit, t'es-tu approché des boucs ? »

Au bout de quelque temps, ma peur se dissipa un peu et l'audace me revint. Je donnais au maître les noms grossiers qu'il y a dans ma langue, en lui souriant de toutes mes dents. Rayonnant, il me tapotait la tête avec affection, croyant à des compliments de ma part. Une fois, je trouvai dans la classe l'image d'un grand singe, un animal étrange avec des favoris blancs très raides. Je me dis qu'il devait être l'ancêtre tutélaire de l'homme blanc. Vraiment, c'est ce que j'ai cru.

Je fréquentais chaque jour l'école de la réserve de Rosebud, à près de vingt kilomètres au sud de Norris, dans le Sud Dakota. Tous nos enseignants étaient chargés des trois premières années du cours élémentaire. La troisième année était le couronnement des études. J'ai passé six ans dans cette foutue classe de troisième année. Il n'y en avait pas d'autre. Les Indiens de ma génération vous diront qu'il en était ainsi dans toutes les écoles des réserves. La même classe était faite année après année. Si l'on s'enfuyait, la police vous ramenait. Ça n'avait de toute façon aucune importance. Là, je n'ai jamais appris l'anglais, jamais appris à lire et à écrire. C'est bien des années plus tard que je devais apprendre tout cela dans les saloons, à l'armée et en prison.

A quatorze ans, on me dit que je devrais aller en pension. Il est difficile pour un non-Indien de se représenter ce que pouvaient ressentir certains de nos enfants, une fois en pension. Chez eux, les petits Indiens sont entourés de leur famille qui les couve. Parents, grands-parents, oncles, tantes, frères aînés et cousins les choient de leur mieux, jouant avec eux et écoutant ce qu'ils peuvent avoir à dire. Les enfants appellent leur tante « mère », non par politesse ni parce que c'est l'usage mais parce qu'une tante traite ses neveux comme une mère. Les jeunes Indiens ne restent jamais seuls. Si les parents doivent aller quelque part, ils les emmènent. Un enfant a autant de droits qu'un adulte. Il est rare qu'on le fasse agir à contrecœur, même pour son bien. Les parents pensent : « S'il déteste telle chose à ce point, on n'a pas le droit de le forcer. »

Pour l'enfant indien, la pension chez les Blancs est une épreuve affreuse. On l'arrache à l'intimité familiale de son foyer et on l'introduit dans un endroit bizarre et glacial. C'est comme de quitter la chaleur d'une cuisine pour être jeté dans une tempête de neige. Les écoles sont mieux maintenant que de mon temps. L'extérieur donne au moins bonne impression — ça fait meilleur effet, ça a dû coûter cher. Les maîtres comprennent un peu mieux les enfants, ils ont recours davantage à la psychologie et moins au bâton. Mais derrière ces beaux bâtiments, il y a encore de jeunes Indiens qui se suicident, parce que dans ce tohu-bohu et cette activité, ils se sentent trop seuls. Je connais un garçon de dix ans qui s'est pendu. Ces écoles sont en fait de grandes prisons bourrées de pauvres petits qui ont le mal du pays. Les écoles laissent une cicatrice. Nous y entrons hébétés et en sortons abrutis. Nous savons que nous sommes des Indiens quand nous y arrivons. Quand nous en sortons, nous sommes quoi ? demi-Rouges, demi-Blancs ? Nous ne savons absolument plus qui nous sommes.

Quand j'étais petit, ces écoles étaient vraiment l'horreur. Demandez aux Anciens. J'enviais mon père qui n'avait pas eu à les fréquenter. Je me sentais si exilé que je pleurais, mais je ne voulais pas contribuer à ma propre métamorphose. Je jouais le rôle de l'Indien idiot. Ils ne sont pas parvenus à me changer en pomme — rouge à l'extérieur, blanche à l'intérieur. De leur point de vue, j'étais un bon à rien et une mauvaise tête. Je prenais sur les doigts pour ce qui allait de travers à l'école. Qu'il y ait quoi que ce soit et c'était : « Avez-vous vu John faire encore un de ses tours ? » On nous corrigeait avec une courroie, et j'étais celui qu'on corrigeait le plus souvent.

Ma maîtresse était une vieille fille acariâtre. Une fois, je lui balançai un poulet vivant en plein visage, comme une boule de neige. Pour se venger, elle me frappa la paume des mains avec une règle. Une autre fois, je plaçai un encrier de telle façon qu'en le touchant il lui éclate au visage. Elle avait de l'encre noire partout. Je fus le premier à sourire et elle reconnut aussitôt le coupable. Cette fois-là, ils m'ont fouetté le dos avec une longe de harnais puis m'ont enfermé dans le sous-sol. Nous autres durs fréquentions assidûment le sous-sol. J'y ai appris de jolies chansons, dans ce sous-sol.

J'étais un athlète doué. Un jour, j'ai cassé une fenêtre de cuisine en jouant à la balle au chasseur. Je n'ai plus jamais visé aussi bien ensuite. Ils ont voulu m'apprendre le trombone à coulisse. Je l'ai réduit à l'état de bretzel. Cette vieille fille acariâtre avait une bouche comme une gueule de brochet et des yeux pour aller avec. On a, elle et moi, à la « Sioux », échangé tant de « coups » ; je n'ai pas tenu le compte, je ne sais toujours pas qui a gagné. Une fois, alors qu'ils en avaient encore après moi, mais pour quelque chose que je n'avais pas fait, je me suis enfui. Je suis revenu à la maison et j'ai sauté sur mon cheval. Je savais que la Police indienne se lancerait à mes trousses. Je filai dans le Nebraska où je vendis le cheval et la selle, et je pris un billet pour Rapid City. J'avais encore vingt dollars en poche. Je pouvais vivre deux jours avec un dollar, mais la police m'a rattrapé et m'a ramené à l'école. En la quittant, j'étais plus indien qu'en y entrant. Mon dos avait mieux tenu le coup que les nombreuses lanières de cuir qui s'étaient acharnées sur lui.

Certains médecins disent que les Indiens doivent être en meilleure santé que les Blancs parce qu'ils souffrent moins d'affections cardiaques. D'autres disent que cela tient à ce qu'ils ont plus d'appétit, ayant moins à manger, ce qui fait que nous avons moins de graisse et sommes plus sains. Mais c'est faux. La raison pour laquelle les Indiens sont moins sujets aux affections cardiaques, c'est qu'ils ne vivent pas assez longtemps pour en souffrir. Il s'agit d'une maladie de vieux. De la manière dont nous vivons maintenant, nous avons de la chance si nous atteignons la quarantaine. On compte beaucoup de morts parmi les individus robustes. Vous parlez à quelqu'un aujourd'hui : demain il est mort. Le gouvernement continue ses ravages, il parachève le travail de Custer. Ces comprimés d'apparence bizarre qu'on nous donne pour rester en vie dans les services de santé publique des hôpitaux ne nous font pas grand bien. A mon école le dentiste venait une fois l'année dans son petit cabriolet découvert avec ses tenailles, pour faire son travail d'arracheur, et le costaud qui se trouvait sur place était chargé de nous maintenir les bras au corps. C'était ça l'anesthésie.

Nous étions douze dans la famille, mais maintenant tous sont morts, sauf une de mes sœurs et moi. Mon grand frère Tom et sa femme sont morts de la grippe de 1917. J'ai perdu il y a vingt-cinq ans mon petit garçon. J'étais à cent miles de là, en pleine tempête. On n'a pas pu trouver un médecin en temps voulu. On m'a dit que c'était la rougeole. L'année dernière j'ai perdu un autre garçon en bas âge, un enfant adopté. Cette fois-là on m'a dit que c'était dû aux intestins. Ainsi, dans le cours d'une vie on ne constate pas tellement de progrès. Nous autres guérisseurs faisons de notre mieux pour nos malades, mais nous souffrons des maux de l'homme blanc, qui tiennent à sa nourriture et à sa façon de vivre, et pour cela nous n'avons pas de médecines.

Quand notre sœur aînée mourut en 1914, les miens en furent très affectés au point que toute notre vie en fut bouleversée. Pour honorer sa mémoire, ils donnèrent la plus grande partie de leurs biens, même les lits et les matelas, même les objets sans lesquels la famille avait du mal à continuer de vivre. Ma mère mourut de tuberculose en 1920, quand j'avais dix-sept ans ; avec elle, notre dernière ligne de résistance s'effondrait. A son dernier jour, je compris que son corps n'était déjà plus de ce monde ; seule son âme était là, parmi nous. Je lui tenais la main et elle avait les yeux fixés sur moi. De grands yeux pleins de tristesse, comme si elle savait quelles épreuves m'attendaient. Elle dit : « *Onsika, onsika* » — pitoyable, pitoyable. » Ce furent ses dernières paroles. Ce n'était pas elle-même qu'elle plaignait, c'était moi. Tout seul je gagnai le haut d'une colline, et ne pus retenir mes pleurs.

Quand mourut grand-papa Cœur Fou, on sacrifia ses deux poneys — la tête vers l'ouest et la queue à l'est. On avait déclaré à chaque cheval : « Petit-fils, celui à qui tu appartenais t'aimait. Il aura besoin de toi là où il est maintenant. » Grand-père savait assurément son lieu de destination, tout comme le savaient ceux qui l'ont inhumé suivant notre coutume ancienne, en haut d'un échafaud où le vent et l'air, le soleil, la pluie et la neige prendraient soin de lui. Je crois qu'ils ont redescendu le cercueil et l'ont déposé dans un cimetière, mais cela se produisit des années plus tard, et il y avait belle lurette que lui et ses poneys étaient allés où ils désiraient être.

Mais en 1920, ils ne voulaient même pas nous autoriser à mourir à notre manière. Nous devions être inhumés à la façon chrétienne. C'était vouloir emmener ma mère de force, là-haut, dans un pensionnat pour Blancs. Pendant quatre jours, je sentis la *nagi* de ma mère — sa présence, son âme —, à mes côtés. Le prêtre parla d'éternité. Je lui déclarai que nous autres Indiens ne croyons pas en un « à jamais ». Nous pensons que seuls les rochers et les montagnes perdurent, mais même rochers et montagnes disparaissent à un moment donné. Il y a une nouvelle aube, mais pas d'éternité. C'est ce que je dis au prêtre. « Quand viendra mon temps, je veux aller où sont allés mes ancêtres. » Le prêtre rétorqua : « Peut-être est-ce l'enfer. » Je lui dis que je préférerais rôtir en compagnie de ma grand-mère sioux ou d'un de mes oncles plutôt que de m'asseoir sur un nuage à jouer de la harpe avec un visage pâle inconnu. Je lui dis : « Ce nom chrétien de John, ne me le donnez pas quand je ne serai plus. Appelez-moi *Tahca Ushte* — Cerf Boiteux. »

Avec la mort de ma mère, tout un monde s'écroula pour moi. Cet écroulement coïncida avec les nouvelles dispositions du gouvernement sur la répartition et les taxes des terres de pâturage. On nous imposa des clôtures de fil de fer barbelé. Mon père me dit : « Autant abandonner... » Il regagna Standing Rock, d'où il était originaire. Il laissa à ma sœur à peu près soixante chevaux, quarante vaches étiques et un taureau. Je reçus environ soixante chevaux dressés et cinquante vaches. Mon père ne me retint pas. « Toi, je te donne la libre disposition de ces chevaux, fais à ta guise. Si tu veux vivre comme un homme blanc, va t'acheter une voiture jusqu'à ce que tu sois fauché, tu iras à pied après. » Je crois qu'il savait ce que j'avais en tête.

Je commençai par échanger mon bétail contre une Ford modèle T et, avec le surplus d'argent, me procurai le bazar nécessaire pour me lancer avec panache dans le rodéo — coiffure à larges bords, bottes de fantaisie, éperons d'argent, harnachements criards. Je suivis le circuit des villes de rodéo. Je ne désirais pas me faire un nom de cavalier, je cherchais surtout une excuse pour visiter les différentes réserves. Ma vie était transformée et j'étais moi-même changé. C'est à peine si je me reconnaissais. J'étais un vagabond, un hippie indien. Je ne savais rien à ce moment-là. Le bien et le mal n'étaient que des mots pour moi. Ma vie serait ce que je découvrirais. Si quelqu'un disait : « Ça, c'est mal », je voulais quand même faire l'expérience. Peut-être qu'à l'épreuve ce ne serait pas si mal. Je ne buvais pas à ce moment-là, mais ça n'allait pas tarder. Je n'avais plus mes chevaux ni mes vaches. A la place, je possédais une demi-douzaine de tacots. Pourtant je sentais l'influence des esprits. La nuit venue, ils ne cessaient de me harceler. C'était un peu comme le sifflement de l'appareil que je porte maintenant pour mieux entendre. Je ressentais leur contact, comme celui d'une plume effleurant un endroit malade. Je ne manquais jamais de brûler un peu de glycérie [1] à leur intention. J'avais beau vivre comme un trimard, je rendais visite aux vieux voyants-guérisseurs, essayant d'apprendre leurs façons de faire.

Je n'avais pas besoin alors de maison ou de pâturage. Il se trouverait bien une grotte, une fissure dans la roche, où je pourrais me terrer pendant les averses. Il me fallait des plantes et des pierres pour leur confier mes secrets. J'avais été dépouillé de tout sauf de moi-même. De temps en temps, ici et là, je me regardais dans une glace pour me ressouvenir de qui j'étais. La pauvreté, la vie dure, le rire, la honte, l'aventure — je voulais tout connaître. Parfois je me sentais comme un chat sans griffes, ou comme un coyote solitaire que menacent les pièges, la viande empoisonnée et le fusil d'un garde forestier. Mais ça m'était égal. Je n'étais ni triste ni heureux. J'étais, sans plus.

---

1. *Glyceria sp.* : Plante herbacée de la famille des Graminacées que l'on trouve dans les prés très humides. Utilisée par les Indiens d'Amérique du Nord pour certains rites et en artisanat. N.d.E.

Je connus un Indien à cette époque qu'on obligea à quitter sa tente pour aller vivre dans une maison neuve. Ils lui disaient qu'il serait mieux là, et qu'ils devaient brûler sa vieille tente à cause du manque d'hygiène et de la vermine. Il avait l'air maigre et débile, mais il s'est défendu à ne pas croire. Ils ont eu un mal fou à l'extirper de là. Il les envoyait à tous les diables : « J'en veux pas de votre foutue maison. Je veux pas vivre dans une boîte. Allez vous faire foutre, avec vot'bon dieu de réfrigérateur. Balancez-moi c'teu chaise par la fenêtre, sciez les pieds, s'asseoir sur la terre, y a que ça. Balancez-moi ce machin-pissoir. J'm'en servirai pas. Et vot'poisson rouge, au cul vous pouvez vous le foutre, le poisson rouge. Tuez-moi cette vache, mangez-la. Demain est un autre jour. Y a pas de lendemains dans votre foutue boîte de nom de dieu ! »

Je me sentais fier de ce vieillard. Il exprimait ce que je sentais. Il me redonnait courage. J'étais sans attaches, dérivant comme la feuille que le vent arrache à l'arbre. J'écoutais les prêches des hommes blancs, de toutes confessions, par curiosité, affaire de savoir où ils voulaient en venir. Mais je n'avais aucun besoin de leurs églises. J'emportais mon église avec moi. Je me joignais aux adeptes du peyotl et il me venait des visions [1]. Je voulais éprouver des sensations, sentir des odeurs, entendre et voir, mais pas seulement avec les yeux et le cerveau. Je voulais voir avec *cante ista* — l'œil du cœur. Cet œil a sa propre vision. Un changement s'opérait en moi. Je n'y résistais pas. Je m'y abandonnais entièrement. Toujours j'allais à la découverte. Je rencontrai un voyant-guérisseur, un de mes oncles. « Parlez-moi du Grand Esprit », lui demandai-je. « Il n'est pas comme un être humain, comme le dieu blanc. Il est un pouvoir. Ce pouvoir peut se tenir dans une tasse de café. Le Grand Esprit n'est pas un vieil homme barbu. » Cette réponse me rendit heureux, mais je me dis que je poserais la même question à d'autres.

J'étais un sacré coureur. Je voulais toutes les connaître. Je

---

1. Peyotl : *Echinocactus Williamsii,* cactacée non épineuse du Mexique utilisée à des fins religieuses par de nombreux Indiens d'Amérique du Nord adeptes de *The Native American Church.* N.d.E.

fis l'amour avec beaucoup de filles, plus d'une centaine. Leur doux gémissement avait quelque chose à m'apprendre. A l'occasion d'un bal, dans une réserve — je ne mentionnerai pas le nom de l'endroit parce qu'ils pourraient rappliquer et me tirer dessus de nouveau — je rencontre une fille et l'emmène dehors avec moi, jusqu'à ma cachette, pas loin de là. A ce moment, je m'aperçois que j'ai oublié mon manteau. Je retourne le chercher. Mais là, je tombe sur le mari qui fait les cent pas, l'air sinistre. Et, nom d'un chien, c'est un policeman, un costaud ; et il m'a aperçu en train de filer avec sa femme. Il a son revolver sur lui, et ni une ni deux il se met à tirer, me traitant de tous les noms. Bon Dieu ! je ne me suis pas arrêté pour l'écouter, j'ai sauté sur le premier cheval venu et j'ai filé. Il a fait feu six fois, et atteint le cheval dans l'arrière-train. Pauvre cheval, il n'avait rien fait !

En 1930, il m'arriva ce que j'avais bien mérité. Je fus marié de force. Le père de la fille était un gros bonnet, un chrétien avec des tas de relations. Ils ont fait pression sur moi. Je n'avais pas le choix. Le fil à la patte, comme un coyote pris au piège. Le moment viendrait où je casserais le fil.

C'étaient des catholiques et je me mis à fréquenter leur église. Ça n'a pas marché. On m'accordait plus d'intérêt qu'au prédicateur. Certains Blancs ne voulaient pas s'asseoir à côté de moi. Je me retrouvais comme en pension. Au bout de trois ans, ma femme obtint le divorce. Elle disait que j'étais bien le jour ; mais la nuit, non.

J'étais tiré du piège. De toute façon, je n'étais pas prêt à me ranger. Il fallait que je sois bien des choses encore, du déjà vu et de l'inédit — hors-la-loi et homme de loi, prisonnier et vagabond, gardeur de moutons et bootlegger, cavalier de rodéo et voyant-guérisseur. J'avais toujours envie de vivre d'autres vies, de découvrir qui j'étais. Une fièvre excessive me tenait encore. Comme mon grand-père Cerf Boiteux, je voulais continuer, je voulais ma grande chasse, même si alors je ne savais pas ce que je chassais ni combien de temps durerait la chasse, ni si j'y laisserais la vie, comme mon aïeul y avait laissé la sienne. Je cherchais peut-être son fusil. Aujourd'hui encore je dis qu'il est à moi.

CHAPITRE III

LA PEAU DE GRENOUILLE VERTE

La peau de grenouille verte — c'est le nom que je donne au dollar de papier. L'idée que s'en font les Indiens et les Blancs est bien ce qui les éloigne le plus les uns des autres. Mes grands-parents ont grandi dans un monde indien où l'argent n'existait pas. Juste avant le combat contre Custer, les soldats blancs avaient touché leur paye. Leurs poches étaient pleines de billets verts et ils ne savaient pas où les dépenser. Quelles étaient leurs pensées dernières quand venait les frapper une balle ou une flèche des nôtres ? Je suppose qu'ils pensaient à cet argent inutile, qui ne leur permettrait plus d'avoir du bon temps, ou qu'ils se représentaient une bande de sauvages et d'abrutis faisant main basse sur leur paye bien méritée. Cela a dû les faire souffrir plus qu'une flèche plantée dans les côtes.

Le combat corps à corps, avec autour mille chevaux caracolant et hennissant, avait recouvert le champ de bataille d'un immense nuage de poussière où les peaux de grenouille verte des soldats tourbillonnaient comme des flocons dans la tempête. Et que firent donc les Indiens de cet argent ? Ils le donnèrent à leurs enfants pour qu'ils s'amusent à plier de toutes sortes de manières ces bizarres morceaux de papier coloré, pour qu'ils en fassent des jouets, de petits chevaux, de petits bisons. Au moins cette fois l'argent servait à se distraire. Les livres disent qu'un soldat survécut. Il s'échappa, mais devint fou. Les femmes le regardaient à distance et le virent se suicider. Ceux qui ont écrit sur cette bataille disent qu'il avait peur d'être pris et torturé, mais c'est parfaitement faux.

Imaginez un peu la scène. Le voici, accroupi dans un ravin, à observer ce qui se passe autour de lui. Il voit les gosses jouer avec l'argent et en faire des papillotes, les femmes s'en servir pour chauffer de la bouse de bison, ce qui les aidera à faire la cuisine, les hommes allumer leurs pipes avec les peaux de grenouille verte, et, par-dessus tout, il voit ces beaux billets de banque voleter dans la poussière, puis s'éloigner au gré des vents. C'est d'assister à ça qui rend le pauvre soldat fou. Il se prend la tête à deux mains, se lamente : « Sacré bon sang de bon Dieu, Jésus tout-puissant, regardez-moi ces abrutis de sauvages, ces peaux-rouges de mes deux, qui saccagent un fric pareil ! » Il a dû regarder le spectacle jusqu'à ce qu'il n'y puisse plus tenir, et puis il s'est fait sauter la cervelle avec son gros revolver. Voilà qui ferait une scène fameuse au cinéma, mais il faudrait un esprit d'Indien pour en saisir l'esprit.

La peau de grenouille verte, ce fut le véritable enjeu du combat. L'or des Black Hills, l'or dans chaque poignée d'herbe. Chaque jour, on peut voir à cheval sur cette terre les ouvriers agricoles des ranchs. Ils ont un sac de grain fixé à la selle, et chaque fois qu'ils aperçoivent un trou creusé par les chiens de prairie [1], ils y déposent une poignée d'avoine, tout comme une vieille dame charitable qui apporte à manger aux pigeons dans le parc d'une de nos villes. Seulement, cette avoine destinée aux chiens de prairie contient de la strychnine. Ce qui leur advient après avoir mangé ces graines n'est pas beau à voir. Les chiens de prairie sont empoisonnés parce qu'ils se nourrissent d'herbe. Un millier d'entre eux mangent en une

1. Rongeur qui creuse son terrier, le chien de prairie est comparable à la marmotte. Il forme un monticule de terre devant son terrier et se nourrit d'herbe, endommageant les pâturages. Il vit en colonies. Sa fourrure est rougeâtre, mais noire à l'extrémité de la queue. N.d.T.

année autant d'herbe qu'une vache. Si donc le propriétaire du ranch peut tuer mille chiens de prairie, c'est une tête de bétail de plus qu'il peut nourrir, et un petit bénéfice supplémentaire dans sa poche. Quand il jette les yeux sur un chien de prairie, il voit seulement de la peau de grenouille verte qui lui échappe.

Pour l'homme blanc, chaque brin d'herbe et chaque source d'eau sont étiquetés selon leur prix. Et c'est ce qui est grave, car voyez ce qui arrive. Le *Bobcat* [1] et le coyote auxquels le chien de prairie tenait lieu de proie s'attaquent maintenant à l'agneau égaré ou au petit veau estropié. Le propriétaire fait venir le spécialiste en pesticides pour tuer ces animaux. Cet homme-là tire quelques lapins, leur enfonce dans le corps un morceau de bois, et dans cet état se sert d'eux comme d'un appât. Mais au morceau de bois est attaché un explosif, et le coyote qui tire sur le bois écope d'une décharge de cyanide. On a recommandé à l'homme de faire attention. Aussi un avertissement imprimé est fixé au bois : « Danger, Explosif, Poison ! » Le malheur est que les chiens de prairie ne savent pas lire, ni certains de nos enfants.

Et nos prairies agonisent — plus de chiens de prairie, plus de blaireaux, de renards, de coyotes. Les grands oiseaux de proie se nourrissaient également de chiens de prairie. Aussi est-il aujourd'hui très rare d'apercevoir un aigle. L'aigle à tête blanche [2] est votre symbole. Il figure sur vos billets de banque, mais votre argent le tue. Quand un peuple se met à exterminer ses propres symboles, il est mal parti.

Les Sioux ont un nom pour les hommes blancs. Ils les appellent *wasicun* — rafleurs de graisse. C'est un nom qui fait l'affaire parce que de la terre vous vivez grassement. Mais ça n'a pas l'air de vous avoir réussi. En ce moment même vous ne paraissez pas tellement bien portants — bien gros, oui, mais pas bien portants. Les Américains sont élevés comme on gave les oies — pour faire des consom-

1. Variété de lynx. N.d.T.

2. Aigle à tête blanche (*Haliacetus leucocephaleus*) : du nord-ouest de l'Alaska et le centre du Canada jusqu'au sud des Etats-Unis et la Californie. Rapace. Il est le symbole des Etats-Unis d'Amérique. N.d.E.

mateurs, pas pour faire des êtres humains. Du moment qu'ils cessent d'acheter et de consommer, le monde de la peau de grenouille ne les intéresse plus. Ils sont devenus grenouilles eux-mêmes. Un enfant cruel leur a planté un cigare dans la bouche et ils ont à tirer dessus et à tirer dessus jusqu'à ce qu'ils éclatent. Engraisser est chose néfaste, même pour le rafleur. C'est particulièrement néfaste pour les Indiens qui sont forcés de vivre dans le monde de la peau de grenouille qu'ils n'ont pas fait et dont ils n'ont rien à faire.

Vous, Richard, vous êtes un artiste. C'est une raison qui nous permet de nous entendre. Les artistes sont les Indiens du monde blanc. On dit que ce sont des rêveurs, qu'ils vivent dans les nuages, que ce sont des paniers percés, qu'ils n'ont pas le sens de la réalité. C'est aussi ce qu'ils disent des Indiens. Mais, comment diable ces pauvres types en peau de grenouille sauraient-ils ce qu'est la réalité ? Le monde dans lequel vous peignez un tableau qui vous est venu à l'esprit, qui montre autre chose que ce que vos yeux voient, c'est le monde même de mes visions. Je vous dis que c'est le monde vrai, pas le monde de la peau de grenouille verte. Celui-là est seulement un sale cauchemar, l'enfer de l'uniformité rempli du brouillard opaque des villes.

Parce que nous refusons de quitter notre réalité pour entrer dans cette illusion de peau de grenouille, on nous déclare bornés, feignants, paniers percés ; des attardés, sans contact avec le monde ; bref, des lunaires. Moi, je me sens tout heureux qu'on me dise « d'un autre monde », et l'expression doit avoir le même effet sur vous. C'est une bonne chose que notre réalité diffère de la leur. Je me souviens d'un homme blanc les yeux fixés sur le gilet de mon grand-père. C'était un gilet de velours noir avec pour boutons des pièces d'or de dix dollars. L'homme blanc en était tout révulsé, il n'arrêtait pas de se récrier : « Il faut être dingue comme un Indien pour avoir des idées pareilles, prendre du bon argent pour en faire des boutons, un homme qui n'a pas un pot de chambre pour pisser d'dans ! » Mais grand-papa n'était pas fou, pas le moins du monde, et il avait appris à connaître comme tout le monde la valeur de l'argent. L'argent est-il là oui ou non pour donner du plaisir aux hommes ? Bon, alors si ça faisait plaisir à grand-papa de mettre à son gilet des pièces d'or montrant des visages d'Indiens, ça avait un sens.

J'ai connu un Indien qui avait fait de bonnes études et qui avait regagné sa réserve après bien des années dans une grande ville. Avec les économies d'une vie de travail, il ouvrit une cafétéria et un poste à essence. C'était la queue à longueur de journée. « Dis donc, oncle, fais le plein. Je peux pas payer, mais tu es riche. Donne-la moi pour rien. » La même chose à la cafétéria : « Eh, oncle, donne-moi un de tes sandwiches de steak-barbecue. Et puis, s'il te plaît, ne prends pas la peine de faire l'addition pour quelqu'un de la famille. »

Le propriétaire s'était très bien tiré d'affaire à vivre à la façon de l'homme blanc parmi les Blancs. Mais désormais il était redevenu indien parmi les Indiens. Il ne pouvait pas dire non aux pauvres de la famille dont la réserve était pleine et qui l'appelaient tous oncle ou cousin, sans souci de parenté exacte. Il ne pouvait pas leur refuser et son éducation ne lui venait pas en aide, dans pareilles circonstances. Nous, Indiens, ne sommes pas divisés en petites familles bien distinctes — papa, maman, les enfants, et au diable les autres, tous les autres. Notre tribu sacrée est une grande famille ; et c'est là notre réalité.

Avant longtemps, l'Indien homme d'affaires n'eut plus un sou vaillant et fit des dettes. Mais il était malin, il avait reçu l'éducation des Blancs. Il trouva le moyen de s'en sortir. Il fit venir deux Blancs, une serveuse et un pompiste, et fit savoir qu'il avait dû céder son commerce à des Blancs. Et chacun paya, sachant que les hommes blancs ne donnent rien pour rien.

J'ai entendu parler une fois d'un Indien qui avait perdu une jambe dans un accident de travail. Il toucha de l'assurance quinze mille dollars. En un rien de temps, plus de cent personnes pauvres de sa famille sont arrivées chez lui. Ils venaient en carriole, à cheval ou à pied. Du matin au soir, un camion faisait l'aller et retour entre son domicile et le magasin le plus proche, trimbalant la viande de bœuf, le pain et les caisses de bière pour remplir ces nombreux estomacs affamés. Ils finirent par se procurer quelques bœufs étiques et ils s'en firent eux-mêmes les bouchers.

Leur plaisir fut de courte durée : quelques semaines. Puis un jour, il n'y eut plus un sou en caisse. Le lendemain, les parents se retirèrent. L'accidenté ne regretta rien. Il dit que si seulement il pouvait perdre son autre jambe, on pourrait recommencer. Cet homme était devenu une sorte de héros, même dans les autres tribus, et il était bien reçu partout.

J'ai fabriqué un nouveau proverbe : « Les Indiens traquent la vision, les Blancs le dollar. » Comme matière première de capitaliste, nous sommes tout ce qu'il y a de pouilleux. Nous pourrions facilement réussir à devenir des capitalistes, mais alors nous ne serions plus des Indiens. Nous serions seulement des citoyens quelconques, à la peau un peu bronzée. Ce serait cher payé, ça, mon ami, trop cher payé. Nous faisons aussi des fermiers lamentables parce qu'au fond de nous persiste le sentiment que l'eau, l'air, la terre elle-même et ce qui repose sous elle ne peuvent pas devenir la propriété privée de quelqu'un. C'est là le bien de tous, et l'homme qui veut survivre a intérêt à se rallier à notre point de vue ; le plus tôt sera le mieux, parce qu'il ne reste plus beaucoup de temps pour y penser.

Je me rappelle encore la première fois que j'ai écouté la radio. C'était dans une petite ville, Interior, il y a un bail de ça, dans les années vingt. Il y avait une inscription sur la porte : « Ecoutez la musique par T.S.F. — en provenance de Sioux Falls [1] — à 300 miles d'ici ! 1,50 dollar par personne. » C'est ce qu'il fallait poser sur le comptoir pour être admis dans ce café — pour se régaler l'oreille. On voyait un type qui s'agitait avec une aiguille et un poste à galène et on entendait une voix métallique et cassée blablatant nourriture d'hiver, graines, prix du porc, premier choix. A ce moment, un vieil Indien s'est levé et a dit : « Ils nous ont pris la terre et l'eau, maintenant ils nous prennent l'air aussi. » Ainsi en est-il du monde de la peau de grenouille verte, où tout est étiqueté à son prix.

Les Indiens n'aiment pas marchander. Une longue discussion d'argent est pénible. Mais nous sommes capables de réussir une bonne affaire. Mon oncle Pauvre Tonnerre

1. Ville du Sud Dakota. N.d.T.

élevait une espèce à lui d'Appaloosas. A l'époque, vous pouviez vous procurer un cheval de selle pour vingt dollars, mais pas dans le cas des Appaloosas de l'oncle Pauvre Tonnerre. Si un Blanc se présentait et demandait le prix, mon oncle disait soixante-quinze dollars par tête. D'habitude, l'acheteur commençait par se gratter la tête, déclarant le prix trop élevé. Mais il revenait toujours un ou deux jours plus tard, parce que les chevaux étaient vraiment remarquables. Alors, quand il réapparaissait avec l'argent en espèces, mon oncle lui disait : « C'est le prix d'hier. Aujourd'hui j'en demande cent dollars. » S'il était assez borné pour se gratter la tête une seconde fois, le prix montait à cent vingt-cinq dollars. Mais l'acheteur de bonne composition, celui qui ne marchandait pas, qui se décidait sur-le-champ, celui-là se voyait offrir une réduction de vingt-cinq dollars. L'oncle adorait ses chevaux. Il me dit une fois : « Un Indien peut aimer un cheval au point de mourir pour lui. » Il était sacrément doué en affaires, un maquignon du diable, — mais la plus grande partie du gain faisait retour aux siens dans la débine. Le commerçant en lui n'a jamais pris le pas sur l'Indien.

Mon vieil oncle abandonnait quelquefois une génisse ou un veau devant la maison d'un parent pauvre. Il me disait souvent : « La nourriture, ce n'est pas seulement pour qu'elle vous traverse le corps. Il y a des esprits dans la nourriture et ils nous regardent. Si vous êtes chiche, l'esprit se retirera, disant : « Cet individu les attache avec des saucisses, je n'ai rien à faire avec lui. » Mais si vous partagez votre nourriture avec autrui, l'esprit bénéfique ne vous quittera pas. J'ai été élevé dans le respect de la nourriture, on la regardait comme sacrée. Je vois venir le jour où ce qu'on nous donnera, ce ne sera plus de la nourriture, seulement des comprimés chimiques vitaminés, et les missionnaires nous feront joindre les mains au-dessus des comprimés, en disant : « Notre père qui êtes aux cieux, bénissez notre comprimé quotidien. » Je ne serai plus là pour voir ça, heureusement.

Je préfère boire un verre de *mini-sha*, « d'eau rouge », avec mon voisin. C'est un vieil aviné, mais très généreux. Il sait partager sa dernière bouteille avec un ami. Il me disait : « Le whisky ne peut pas me quitter. Plus j'en donne, plus il en arrive. Il faut que je fasse attention, sinon je vais m'y noyer. »

Les anthropologues affirment que nous sommes encore trop semblables aux anciens chasseurs de bisons. Partagez votre nourriture, partagez vos biens, ou la tribu périra. C'était bon pour hier. Aujourd'hui on dit : « Non, non, non » au cousin dans la dèche. C'est plus pratique. Essayer de refaire autrui à sa propre image, c'est la maladie de l'homme blanc. Je ne peux pas guérir cette maladie-là. Je dis à ces anthropologues : « La peau de grenouille verte vous dérange la cervelle. Si nous Indiens étions d'aussi répugnants sauvages que vous nous le dites, nous vous aurions dévorés quand vous avez mis le pied sur ce continent primitif. » Après ça, ils la bouclent pendant un bout de temps.

Autre chose, ils nous menacent du doigt quand nous festoyons. Ce qu'ils essaient de nous faire avaler, c'est que les pauvres ne doivent pas se permettre d'être généreux. Mais si nous continuons à nous faire des dons, c'est que donner nous affirme dans notre nature d'Indiens. Chez nous, les grandes circonstances de la vie — la naissance et la mort, la joie et la tristesse — sont prétextes à des dons. Nous ne croyons pas à la fortune familiale transmise par héritage. Mieux vaut faire cadeau des possessions du défunt. De cette façon-là, sa mémoire est préservée.

Si un homme perd sa femme, ses amis viennent pleurer à ses côtés. Il pleure pendant quatre jours, mais pas plus, parce que la vie continue, et s'il se lamente trop les esprits lui donneront de nouvelles causes de chagrin. Il n'y a pas si longtemps, j'ai vu une vieille femme qui avait gardé les cheveux coupés, en deuil de son petit-fils défunt. Au bout de quatre jours, elle et son mari ont vidé leur maison. Ils ont fait don de leur piano, de leur récepteur de TV, et jusqu'à leur lit. Ils se tenaient assis sur le sol, et aux parents qui venaient présenter leurs condoléances, ils disaient : « Dites donc, frère, sœur, ça vous arrangerait d'avoir ci ou ça ? Si ça peut vous rendre service, emportez-le. » A la fin de la journée, il ne leur restait plus que les murs nus. Des amis leur ont procuré un nouveau lit. La *wopila* — une journée d'action de grâces pour célébrer le bonheur survenu à quelqu'un — est également l'occasion de disposer de ce qu'on possède au bénéfice d'autrui. Mais le jour d'action de grâces de l'homme blanc — ce jour-là est un jour de deuil pour les Indiens, il n'y a pas lieu pour nous à remerciements.

Sur votre monnaie, vous inscrivez : « Nous nous en remettons à Dieu. » Je me réjouis que vous ne mêliez pas le Grand Esprit à vos affaires. Ce que vous entendez faire de votre Dieu vous regarde. J'ai essayé de vous montrer que la peau de grenouille verte est bien ce qui sépare les Blancs des Indiens. Mais même un voyant-guérisseur tel que moi est forcé d'avoir quelque argent, parce que vous m'obligez à vivre dans votre monde du faire-accroire où, à défaut d'argent, je ne peux pas subsister. Ce qui signifie qu'il me faut être deux personnes vivant dans deux mondes différents. Ça ne me plaît pas, mais je n'y peux rien. Je vais essayer de vous dire comment je m'y suis pris. Si c'est une réussite ou pas, c'est vous qui en jugerez.

Aussi longtemps qu'il me resta quelque chose des chevaux et du bétail que mon père m'avait cédés, je n'eus pas à me préoccuper de gagner de l'argent. J'errais. Je ne me laissais pas engloutir par le monde de la peau de grenouille, mais j'étais curieux de l'explorer. J'avais coutume de me rendre en ville à cheval. En chemin, je faisais monter les copains, comme Ben Rifle, qui devint un jour membre du Congrès. On s'amusait aux alentours des petites villes des réserves d'Indiens, comme Wososo ou Upper Cut Meat. Tel le visionnaire de l'élan, je possédais le don de charmer les filles. J'avais une bonne voix et j'aimais chanter dans ma langue. Mes grands-parents m'avaient appris les vieilles chansons. Je n'avais pas d'éducation, mais je pensais tout le temps, et essayais de m'instruire, m'efforçant d'incorporer à la réalité, telle que je la ressens, ce que je voyais et entendais.

Puis le jour vint où j'échangeai ou vendis ce qui restait de mon cheptel. J'étais presque heureux. Je n'avais plus de biens sur lesquels veiller, plus rien ne me retenait. Désormais je pouvais être ce que j'avais envie d'être — un vrai Sioux, un *ikce wicasa,* un être humain ordinaire, un enfant de la nature. Comment une créature pareille peut survivre au pays de la peau de grenouille, c'est ce que j'aurais à découvrir. Je me dis que je me livrerais un peu à la chasse pour avoir de la viande sur ma table. Je m'aperçus que si je voulais tirer le cerf ou l'antilope il me fallait un permis de chasse. L'idée d'un Indien devant verser de l'argent pour le bout de papier qui l'autorise à chasser sur ses propres terres quand il veut remplir son propre estomac d'Indien me parut une mauvaise plaisanterie. Elle me faisait rire autant qu'elle me mettait en colère. Ceux-là mêmes qui avaient exterminé le bison, qui débitaient les derniers chevaux libres en viande pour les chiens, osaient prétendre que j'attentais à la préservation des animaux sauvages en me procurant de la viande rouge pour ma subsistance. Je devais me soumettre au règlement. Ne pouvais-je pas me contenter des féculents qu'on nous accordait ? Ils me dirent que je devrais me sentir flatté d'avoir à me procurer un permis : un tel permis me mettait en effet sur un pied d'égalité avec le gentleman blanc, paraît-il chasseur lui aussi. Je répondis, par l'intermédiaire d'un interprète, qu'il ne fallait quand même pas me confondre avec un tueur du dimanche, un sportsman : j'étais un Indien ordinaire, un homme de la nature, qui veut apaiser sa faim, et qui n'a aucun goût pour ces papiers avec leurs cachets, dont il n'a l'habitude de se servir qu'après certains besoins.

Je n'étais pas le seul à sentir les choses de cette façon-là. La plupart des Indiens auraient eu honte de chasser avec un permis. Aussi nous en passions-nous. Le seul ennui est qu'il ne subsistait plus beaucoup de gibier. Quelques Indiens affamés, quand ils se trouvaient en présence d'un bœuf étique appartenant à l'homme blanc, prétendaient lui trouver des bois à la place de cornes ; dans la réserve, on pratiquait un peu l'abattage clandestin, la nuit venue, et certains d'entre nous étaient censés se nourrir « d'élan lourdaud ». Nous en éprouvions une certaine satisfaction, comme, au bon vieux temps, d'avoir volé les chevaux des Indiens Crow.

J'avais beau exécrer l'idée, il me fallait gagner un peu d'argent. J'étais comme beaucoup d'autres Indiens de sang pur. Je ne voulais pas d'un travail régulier dans un bureau ou une usine. Je me trouvais au-dessus d'un travail pareil, non par arrogance, mais simplement parce que tout être humain mérite mieux que ce genre de non-vie, même les Blancs. Je m'habituais à réduire mes besoins pour ne pas avoir à travailler, sauf quand j'en avais envie. De cette façon, je me trouvais bien, avec le loisir voulu pour penser, poser des questions, apprendre, écouter, ou, avec les filles, compter le nombre de fois.

Je me joignis aux gars du rodéo. Je me sentais à mon affaire sur un cheval et ça me remplissait un peu les poches. J'avais toujours ma selle de fantaisie et le costume adéquat, et, vêtu à faire peur, je m'embarquai sur le circuit. J'étais doué pour ce genre de vie. J'avais été élevé parmi les chevaux, j'étais à moitié cheval moi-même. J'avais fait mon apprentissage avec mes fesses. Dans ce temps-là, quand j'ai commencé, les rodéos c'était quelque chose. La plupart des spectateurs pouvaient monter aussi bien que nous dans l'arène. Ils comprenaient ce que nous faisions et il n'y avait pas de truquage.

Aujourd'hui, les rodéos c'est du commerce, de la peau de grenouille ; les cavaliers font leur boulot, voilà tout. Ils pourraient être aussi bien réparateurs de télévision, à mon avis. Il n'y a plus de chevaux sauvages qui jettent bas leur cavalier, comme je comprends la chose. Les chevaux sont entraînés à les désarçonner comme les éléphants à faire le tour de la piste de cirque. Les mêmes chevaux réapparaissent à n'en plus finir. Les cavaliers les filment, et comme ça, quand ils ont à monter tel cheval, ils savent déjà sa façon de s'y prendre pour se débarrasser de lui. A ce compte-là, autant tenir les rênes du camion de lait. Il n'y a plus de sel dans cette bouillie-là.

Autrefois, vous vous trouviez devant un cheval sauvage ou une bête à cornes qui n'avait jamais été montée, qui n'avait jamais senti le lasso, et ça donnait du tintouin. Quand vous en aviez fini avec un cheval, ou qu'il en avait fini avec vous, il y avait de grandes chances pour que vous ne le revoyiez plus. Les « spécialistes » n'existaient pas. Je faisais des tas de fichus trucs impensables —, la monte des taureaux et des chevaux sauvages, le « bull dogging [1] ». Les chevaux, c'étaient de vraies bêtes sau-

1. Dans cette épreuve classique du rodéo, le cow-boy galope à côté d'un bouvillon lâché sur la piste. Il se laisse tomber sur l'encolure du jeune bœuf qu'il freine dans sa course et empoigne par les cornes pour le faire chuter. Un autre cavalier chevauche de l'autre côté pour maintenir le bouvillon en ligne. Comme dans les autres

vages, des chasseurs de nuages, des pêcheurs de soleil. Parfois, vous étiez le premier homme à les monter. Il fallait les aveugler pour qu'ils empruntent le passage. Après ça, vous les attrapiez par les oreilles, et en avant. Vous vous portiez volontaires pour monter les plus rétifs — « Amenez-moi ce tueur d'homme » — rien que pour les beaux yeux de la fille qui vous regardait.

Vous aviez le bétail sauvage venu des domaines sans barrières et qu'il vous fallait prendre au lasso et « tomber ». Et, de mon temps, vous preniez le veau au lasso par les cornes, vous montiez votre cheval de façon qu'il se renverse en l'air, comme une crêpe. En général, ça le mettait hors circuit assez longtemps pour vous permettre de lui lier les quatre pattes. Quelques cavaliers de rodéo mordaient le mufle du veau et levaient les bras pour que le public comprenne qui était le patron. Mais à faire sauter la bête comme je viens de dire, vous pouviez lui rompre le cou, ou vous rompre le cou vous-même. C'est interdit maintenant, ce qui est une bonne chose pour l'homme comme pour l'animal.

Ce que j'ai fait de plus excitant, c'était la monte des bisons. Ces bisons ont l'air de lourdauds, mais ils filent aussi vite que le billet d'un dollar. Je ne sais pas d'où venaient ces créatures, probablement de *Custer State Park*. Une fois j'en ai monté sept le même jour. Monté, c'est une façon de parler. Avec les bisons, on ne sait jamais comment ça va finir. Le premier, je n'ai fait qu'un bond en l'air. Une vraie terreur sous les fesses, c'était. Sur le second, deux. Le quatrième, six. Le septième a fait son entrée si vite que je l'ai manqué tout à fait. Je me suis drôlement étalé, mais sur du sable doux, heureusement.

Je me dis que les esprits devaient veiller sur moi, parce que je ne me suis jamais cassé un bras ou une jambe, sauf une fois, à Martin, dans le Sud Dakota. Là, je me suis luxé l'épaule droite en montant à cru. Il n'y avait pas de médecins de service, à l'époque. Ils m'ont placé un oreiller sous le bras puis se sont tirés. J'en ai encore l'épaule amochée, après tant d'années.

épreuves, c'est le temps total pour assurer l'opération qui détermine le classement des concurrents. N.d.T.

J'avais coutume de prendre part aux *White River Frontier Days,* une grande affaire dans nos parages. Je suis allé à Gillette, dans le Wyoming, dans l'Oregon, puis vers le sud, jusqu'à la frontière. Quelquefois, nous n'avions pas de véritable arène à notre disposition. Les Ford modèle T, les carrioles, les camions formaient un grand cercle, qui nous tenait lieu de piste. Les spectateurs restaient dans leurs voitures ou leurs camions, et si quelque chose forçait leur admiration, ils cornaient tant que ça pouvait. Les prix en argent n'étaient pas élevés à l'époque, mais c'était passionnant. Aujourd'hui, c'est comme d'aller au cinéma.

Je me dis qu'il me fallait quitter ce métier de casse-cou pendant que j'étais encore d'une seule pièce. En outre, je m'ennuyais chaque fois que je devais faire le même boulot trop longtemps. Néanmoins, je continuai à courir les rodéos, mais comme clown. C'était moins dangereux, enfin seulement un peu moins. En indien, le mot pour clown c'est *heyoka.* Pour nous le clown est quelqu'un d'étrange, qui fait toujours le contraire de ce qu'on attend de lui. Ce qu'accomplit le clown est sacré ; c'est un travail de voyant-guérisseur. J'en dirai plus quand nous en viendrons à la partie *heyoka* de mon récit, quand nous parlerons de visions provoquées par les êtres du tonnerre, d'hallucinations, de guérisons et de chien bouilli.

Comme clown, j'avais à détourner l'attention des taureaux pour qu'ils n'éventrent pas les cavaliers jetés à terre. Il fallait s'y prendre de façon à amuser les spectateurs, en agitant des couvertures et en sautant, le moment venu, dans l'un ou l'autre des tonneaux disposés autour du clown — comme dans une caricature montrant le mauvais contribuable poursuivi par un agent du fisc. Si le taureau m'attaquait, je me réfugiais dans un tonneau comme l'escargot se réfugie dans sa coquille, cornes repliées. Je n'avais plus qu'à laisser le taureau me bousculer tout autour de l'arène.

J'avais un numéro à faire. J'étais habillé en femme, je portais une grande perruque jaune, et j'avais deux coussins fixés sur la poitrine pour simuler le « bar des bébés » — du nom que les cow-boys donnent aux « pare-chocs » des filles. Je me présentais sous le nom d'Alice Jitterburg. Je faisais mon entrée monté sur une vache au sang chaud, l'œil allumé. Une fois nous avons été poursuivis par un taureau qui s'était épris de cette excitée. Les spectateurs trouvaient ça très drôle, mais ça l'était moins pour moi.

Mon rôle était de soulever mes dessous rouges pour que le taureau renonce à s'en prendre aux cavaliers à terre, et il m'arriva de me précipiter dans un tonneau la tête en avant, laissant le public admirer les dentelles de ma culotte. Souvent, il s'agissait d'un numéro à deux. Mon partenaire était un autre clown indien, Jake Herman, célèbre pour ses histoires drôles et ses contes. Il est mort depuis quelques années — parti pour le sud, comme nous disons.

Mon numéro m'a beaucoup diverti, et m'a aussi rapporté un peu d'argent. Les Anciens des petites villes de cow-boys, sur cent miles à la ronde, se le rappellent encore. Ils ne se souviennent pas de moi à cheval, parce que dans ce domaine nous étions nombreux à exceller, mais il n'y avait qu'une seule Alice Jitterburg.

Cow-boy de rodéo et clown, ce n'était pas la mauvaise vie. Il se trouvait toujours quelqu'un pour vous offrir un verre de whisky pas ordinaire, des types avec qui faire amitié, des Indiens d'autres tribus à qui parler. Je dormais sous les gradins, quand il y en avait, ou dans mon sac de couchage, dans les fourrés des environs. Et rarement seul. Les fois où je n'avais pas de fille, on pouvait les compter. Le pouvoir de l'élan devait s'exercer en moi avec force.

Pour ce qui était des femmes, je voyais quelque chose en elles de la Terre, notre mère à tous, qu'aucun homme ne doit traiter comme une parcelle de propriété fermière, à entourer d'un grillage. Si mon sac de couchage paraissait doux et attrayant à une fille, si elle avait envie de se reposer un peu, et venait me demander de prendre un verre avec elle, qui aurais-je été pour lui dire non, et lui faire jurer sur une pile de bibles qu'elle ne portait pas le nom de son mari ? J'estimais que ce n'était pas mon affaire.

Il y avait des hommes qui ne partageaient pas mon point de vue là-dessus. J'ai dû me bagarrer dur à plusieurs reprises. Je n'allais pas laisser tomber les filles à ce moment-là. Je disais à ces jaloux : « Garder une fille qui n'est pas d'accord, c'est comme surveiller des puces dans une chaussette. Ça sert à quoi ? »

On avait de la compagnie, mais en même temps on se sentait seul, heureux et triste à la fois. C'était ce que je voulais. Je me souviens d'un cow-boy indien, qui chantait une complainte : *Pas de père, pour payer les bottes que je porte, pas de mère, pour recoudre mes chaussettes, pas de fille pour embrasser mon sexe si laid, telle est la vie du pauvre Sioux déraciné.* C'est ce qu'il chantait, et je ressentais les mêmes choses que lui [1], sauf que de temps en temps il se trouvait une fille pour embrasser mon affreuse bite. Je faisais en duo avec ce garçon-là, « *Tokiya blahe ?* — cow-boy, où vas-tu chevauchant ? » Je n'en savais rien et ça m'était égal.

C'était le rodéo l'été et la danse l'hiver — les quadrilles. Nous admirions cette danse de l'homme blanc, parce que le garçon est au contact de la fille, il a l'impression de sentir son corps. Dans le powwow indien, les filles et les garçons forment deux groupes distincts, évoluant en sens opposés. Aussi un Indien eut l'idée du quadrille, version western. Il rassembla un violoneux, un joueur de harpe vocale, un bon joueur d'harmonica. Lui-même tenait le rôle d'animateur. Nous nous y sommes mis rapidement. J'ai essayé de faire l'animateur à mon tour, de tenir le rôle de celui qui indique les mouvements — c'était mon habitude de toujours me mettre en avant. Quelquefois le type avait mal à la gorge, il me disait de m'occuper de la fille. J'étais tout excité et timide à la fois et je faisais des tas d'erreurs. Tout ça tournait à la confusion, affreux — les danseurs se heurtaient entre eux, ou filaient dans n'importe quel sens, comme les poules dans un poulailler à l'arrivée du renard. Je n'ai jamais bien parlé l'anglais, et à l'époque je pouvais à peine prononcer les mots, même si je comprenais le sens, ce qui n'était pas le cas la plupart du temps. J'essayais de me rappeler les sons. L'homme qui avait la haute main sur ces danses me dit : « Du moment que ça

---

1. Traduire la complainte en évaporerait le sens ; d'où le résumé qu'on a pu lire. Mais voici l'original : *I ain't got no father / I ain't got no father / To pay for the boots I wear. / I ain't got no ma / I ain't got no ma / to mend my socks. / I ain't got no pal / I ain't got no pal / To kiss my ugly puss. / I'm just a « pteole Lakota boksila » / A poor Sioux cow-boy / A long ways from home.* N.d.T.

marche à fond, t'as pas à t'en faire. » Je m'égosillais à m'en faire sauter les cordes vocales. Au bout d'un certain temps je m'y retrouvais. Ça ne m'a pas rapporté de peaux de grenouille, juste des repas gratis [1].

Un bal réussi commençait au coucher du soleil et ne finissait pas avant le lever. On rentrait chez soi les yeux rougis mais on accumulait des souvenirs. Nous dormions toute la journée du dimanche. Certains des anciens violoneux finissaient sur une valse très, très lente, si lente qu'on entendait filer les escargots. Je serrais fort la fille du moment, les yeux fermés, l'imaginant, d'une manière qui, pour moi, avait plus de sens que la musique. Cette manière n'était guère chaste, mais elle était bien agréable, ça oui. Ces bals nous ont occupés pendant sept ans, hélas, il n'y en a plus. Dans notre petite ville, le dernier violoneux est mort il n'y a pas longtemps et les danseurs sont mariés depuis belle lurette — des hommes aux cheveux blancs, s'ils sont encore en vie.

Enfin, voilà ce que nous faisions l'hiver. Les étés je voulais les vivre au grand air. L'été, c'est le temps du powwow, des danses indiennes. Mais le powwow aussi est devenu l'affaire de la peau de grenouille verte. Quand j'étais jeune, on n'avait jamais à payer l'entrée. On ne venait pas pour regarder les autres mais pour participer. Maintenant il y a des prix en argent. C'est décourager ceux qui ne veulent pas concourir, qui sont seulement venus pour s'amuser. Au début, les juges donnaient le prix au pauvre qui en avait bien besoin ; mais maintenant il va aux personnes de la famille. Une fois que l'argent s'en mêle, tout se gâte.

---

1. Cerf Boiteux reproduit ici les indications versifiées de l'animateur. La traduction les appauvrirait, la transposition les trahirait. Voici l'original : « *Now rope that heifer, swing her high, / Don't get lost, and away you go, / Swap your partners, do-see-do ! / Hug your honey and pat her on the head, / Turn her out to grass, / Don't fall on your... do-see-do, / I swing mine, and you swing yours, / I swing yours, and you swing mine, / Aahaa, get going, hit her hard / All the way round and promenade, / Up the midde, march home.* » La danse se construit, dans un joyeux brouhaha, sur trois idées : la femme comme génisse (prise au lasso dans le premier vers) jetée à terre dans l'herbe, le swing, l'échange des partenaires. N.d.T.

A la dernière danse du soleil de Pine Ridge, le comité d'organisation avait fixé un droit d'entrée d'un dollar et demi. Ils ont écarté du terrain de danse et mis à la porte deux Indiens pauvres parce qu'ils ne pouvaient pas payer. Imaginez ça ! Faire payer un Indien qui veut prendre part à sa danse du soleil. Ça n'a pas plu aux gens, et dans la soirée, quand ils ont demandé aux danseurs indiens de gagner la piste, bon, il y avait bien les danseurs sur le remblai du terrain, se tenant par petits groupes, dans leurs beaux atours — les plumes, les tournures, les clochettes aux chevilles — appuyés à leurs autos et à leurs pick-ups, un beau spectacle, mais personne ne bougea. Ils n'avaient pas le cœur à danser dans un endroit dont on avait refusé l'entrée à deux Indiens pur sang, mais sans le sou. Voir cela nous a mis du baume au cœur. Nous avions gagné la première manche, mais plus tard on a appris que deux hommes du comité d'organisation étaient accusés d'avoir détourné une partie des fonds. La peau de grenouille verte gagne du terrain, même dans notre cérémonie la plus sacrée.

A l'époque de ma *oyumni,* de ma période d'errance, de vagabondage, je me mis à jouer, à me soûler, à dilapider mon argent avec telle ou telle fille. Je dus vendre ma belle selle et mettre en gages mes bottes fantaisie et autres affaires. Je n'avais plus envie d'appartenir à la troupe des rodéos. Un homme me proposa un travail régulier dans un ranch, mais je lui dis : « Je veux faire les quatre cents coups, pas élever du bétail. » Je n'avais pas encore fini de jeter ma gourme. Quelque chose me poussait, m'empêchait de me fixer. J'étais encore jeune, un vrai casse-cou, ou simplement j'avais un grain de folie. Un type me dit que dans le Nebraska on avait besoin de main-d'œuvre pour arracher les pommes de terre. C'était payé cinq cents le boisseau. Je me procure aussitôt un vieux tacot, une Ford en mauvais état, une vraie pièce de musée, même dans ce temps-là. Je paie cash avec mes dernières dix peaux de grenouille. Je prends le cric, je rafistole la bagnole, et en avant pour Pine Ridge, teuf... teuf... teuf... A Pine Ridge, j'embarque trois autres gars et on fait équipe ensemble. On nous avait dit : « Plus vous irez vers le Sud, moins vous trouverez de concurrence, et mieux vous serez payés. » On gagne le Sud, au-delà de Gordon, d'Agate, de Haysprings. Au matin, on débarque dans la ville d'Alliance. Un fermier se présente avec son camion. « Vous cherchez du boulot, les gars, cinq cents le boisseau ? »

Ce fermier avait peut-être une cinquantaine d'hectares de pommes de terre, avec des sillons labourés en rapport. On a compté combien ça pourrait faire de boisseaux par sillon, on a trouvé dans les trente à quarante. Le fermier nous a remis une quantité de sacs et un attelage de chevaux. Vous attachez à une courroie le long sac qui vous pend entre les jambes. Vous suivez le sillon dans un sens puis dans l'autre, du lever au coucher du soleil. Le premier jour, j'ai ramassé soixante-quinze boisseaux et j'en avais le dos rompu. Un peu plus de trois dollars pour douze heures d'un travail éreintant. Le fermier ne nous nourrissait pas, il fallait qu'on mange des pommes de terre crues et qu'on dorme dans la grange à foin. Je suis devenu un champion de l'arrachage. Mon record fut de cent cinquante boisseaux, soit sept dollars et demi par jour.

Plus tard, on a changé de patron. Notre nouveau fermier était plus accueillant. Il nous payait au même tarif que l'autre, mais ce n'était pas un cœur sec, il nous nourrissait — pain et beurre, de la triperie et du café. Toutefois la grange où nous dormions avait son comptant de vie animale — en vermine. Je n'ai pas fait là mes cent cinquante boisseaux parce que je devais m'arrêter sans cesse pour me gratter. Tous les quatre, nous étions indiens, et mettions en commun nos peaux de grenouille pour acheter l'essence. Nous étions payés en fin de journée. Une fois par mois nous nous procurions des conserves, un solide morceau de lard, du sucre plein une sacoche, et buvions l'argent qui restait.

La saison finie, nous sommes allés en ville siffler notre content d'eau-de-vie de contrebande. Ce jour-là, elle était chouette. On s'en est mis jusque-là, et le lendemain on n'a rien senti — pas de gueule de bois. C'est sûrement le meilleur alcool que j'aie jamais bu. L'un des quatre gars de la bande n'avait pas eu de femme depuis longtemps. Il en a fait une chanson : *Je compte les points sur les filles Les filles, une fois sur elles / je suis porté sur la cime du monde / je deviens le plus fort.*

C'était très beau. On n'a pas dû faire beaucoup mieux dans le genre que cette chanson-là. Deux d'entre nous rencontrèrent des filles et nous quittèrent, ce fut la fin de la bande. J'en savais assez en fait de fermiers et de pommes de terre ; le moment était venu d'essayer autre chose.

Je gagnai Standing Rock, au nord. J'éprouvais un grand besoin de me retrouver seul, de réfléchir à ce qui m'était arrivé. Un jour que j'errais sans but dans les rues de Belle Fourche, une femme blanche m'approche, me demandant si je pourrais garder des moutons. Son mari était dans les collines depuis un grand bout de temps, à s'occuper du troupeau, et elle avait grande envie qu'il revienne, elle se sentait des démangeaisons, pour ainsi dire. Je comprenais bien qu'il y avait un point faible en elle, doux, chaud et humide, en attente de son homme.

Elle m'emmena là-bas où il était, dans la plaine où paissait leur grand troupeau de moutons. Le mari était drôlement content de me voir — un gai luron avec le crâne comme un caillou, luisant au soleil chaque fois qu'il ôtait son panama pour s'éponger. Ils avaient hâte de me quitter pour se retrouver seuls. J'avais comme l'idée que ces deux-là n'allaient pas rentrer directement en auto, qu'ils s'arrêteraient même plusieurs fois sous les peupliers. Ce que c'est que de garder les moutons.

Il y avait un camion chargé de ce dont je pouvais avoir besoin, nourriture et le reste — et un tuyau de poêle qui dépassait. Je pouvais tenir six mois au moins. J'étais chez moi. Victuailles à volonté, une bonne paie, et Crâne Dégarni m'avait laissé un fusil, une poignée de cartouches et deux chiens de berger. En fait, les chiens faisaient le travail, ramenant au bercail les bêtes égarées. Je me tenais là, seul, pour la décoration.

Je dormais dans le camion, mais en compagnie des moutons alentour. Chaque matin à cinq heures, j'emmenais pâturer le troupeau, ou plutôt les chiens s'en chargeaient et je suivais à cheval. Il fallait trouver chaque fois un endroit différent avec de l'herbe bien fournie. Les moutons passaient toujours les cinq premières heures à manger, l'heure suivante à boire ; il restait trois heures où ils ne faisaient rien de particulier. C'était le moment où je laissais les chiens chasser les lapins et où moi, je ruminais les idées qui me passaient par la tête. Après s'être reposés, les moutons mangeaient encore un peu et finalement regagnaient, déployés comme pour une parade, le terrain où ils allaient dormir.

Au bout de quelques semaines, quand les moutons avaient mangé toute l'herbe aux alentours du camion sur un rayon accessible dans la journée, il fallait se déplacer vers un autre pacage. En général, je choisissais l'endroit d'où j'aurais une bonne vue de mon camion. Puis on reprenait la routine.

Garder les moutons, on croit que c'est monotone mais quand on les garde soi-même, on s'aperçoit que le bétail peut donner pas mal de travail. La raison en est qu'ils sont élevés par l'homme, cousins dégénérés de leurs semblables des montagnes, tellement stupides qu'ils ne peuvent pas se débrouiller seuls. Par exemple, ils adorent se rouler sur le dos, mais une fois dans cette position, ils n'arrivent plus à se remettre sur leurs pattes. Le saviez-vous ? moi, non. Je ne l'aurais jamais cru, même d'une espèce élevée par l'homme blanc. Mais voilà, ils restent comme ça, les quatre fers en l'air, désemparés et l'air idiot. Et alors, pour quelle raison je l'ignore, mais une fois qu'un mouton s'est tourné sur le dos, il commence à gonfler comme un ballon et meurt peu après, à moins que quelqu'un ne vienne le remettre sur ses pattes. Quelquefois, il faut leur enfiler une alêne dans le corps, et ils font pfftt, pfftt... comme un ballon qui se dégonfle. Ça n'a pas l'air de les troubler autrement. Ils se dégonflent, voilà tout, et quelques minutes plus tard, ils recommencent à mâcher l'herbe indéfiniment, comme avant.

Bref, il y avait des jours où le travail consistait à retourner ces sacrées bêtes comme des crêpes. Une fois, un mouton que je n'avais pas vu les quatre pattes en l'air est mort dans l'heure.

Certaines brebis sont si stupides qu'elles ne reconnaissent pas et ne nourrissent pas leurs propres agneaux, elles en font des orphelins. Nous les appelons des clodos. Le berger doit les élever au biberon, à moins de persuader par la douceur une autre dame brebis de les adopter, ce qui peut se faire si on sait s'y prendre. Ce bétail a beau n'avoir à peu près pas de cervelle, il a cent façons à lui de tenir en alerte son gardien.

La nuit venue, je ramenais les moutons vers le camion et j'allumais deux lampes à huile avec réflecteurs, pour garder l'œil sur eux, au cas où surviendraient des coyotes, des lynx ou un lion des montagnes [1] égaré. Quand les chiens se mettaient à aboyer, je savais que c'étaient les coyotes. Je distinguais leurs yeux tout autour de moi, comme autant de points lumineux. Aussitôt que je jetais une autre bûche sur le feu et que je m'emparais de ma carabine, les coyotes tournaient casaque et je pouvais me rendormir tranquille mais... les coyotes sont malins, plus malins que certaines personnes que je connais.

Ainsi voilà où j'en étais, un Indien, un Sioux, veillant sur le bétail : un Indien-berger. Au matin, je descendais à la rivière pour me procurer de l'eau. Elle était si froide que mes dents en grinçaient. Puis je remplissais mon chapeau de cow-boy et le présentais à mes chiens, pour qu'ils se désaltèrent — parce qu'on m'avait dit qu'un vrai berger s'y prend comme ça. J'étais heureux dans ma solitude : je fermais les yeux, méditant, me représentant le monde, écoutant les voix, laissant venir à moi les esprits. Mais au bout d'à peu près un mois, je commençai à avoir des fourmis dans les jambes. J'en avais assez de ne rien entendre que les bêlements des moutons. J'aurais voulu que revienne cet homme, ou sa femme, pour me trouver un remplaçant. Je me sentais si seul que je priais pour qu'une squaw, même laide, apparaisse pour me tenir compagnie. Mais les jours se suivaient sans que je voie ou entende le moindre être humain.

Je n'avais pas de radio, mais Crâne Dégarni m'avait laissé des numéros de différents magazines en couleur — *Saturday Evening Post* et autres. Je me mis à pratiquer la lecture, en suivant du doigt les lignes imprimées. Les histoires et les images de ces périodiques m'étaient entièrement étrangères, comme issues d'un autre monde. Je découvris encore une Bible dans le camion et me mis à l'étudier aussi. Ainsi mon anglais, avec le temps, s'améliora-t-il.

1. Puma, ou « couguar » (*Felis concolor*). N.d.E.

« De Hénoch naquit Irad ; Irad engendra Mehouyaél ; Mehouyaél engendra Metouchaél ; Metouchaél engendra Lamech. Lamech prit pour lui deux femmes. » Engendra, engendra, engendra ! Ces Hébreux d'autrefois étaient tous bergers, comme moi. Avec tous ces engendrements, qui diable veillait sur la laine de leurs moutons ? Ils n'avaient pas de carabines, et beaucoup de lions rôdaient dans les parages. Mais tous ces engendrements me remirent les femmes en tête, et ça n'arrangea rien. Je me mis à marmonner tout seul.

Je sortais du camion et poussais des cris, rien que pour entendre le son de ma voix. Les bêtes, avec leurs yeux jaunes, me regardaient. Elles devaient penser que j'étais devenu fou. De temps à autre, l'une d'elles mourait pour une raison ou une autre et je devais me mettre au régime, si l'on peut dire, de la côte de mouton. Je perdais toute notion du temps, ne sachant plus les jours de la semaine. Bon sang, je n'étais même plus sûr du mois.

Un jour, j'aperçus un nuage de fumée. C'était Crâne Dégarni qui, avec sa femme, venait dans un camion brinquebalant, s'assurer que j'étais encore en vie. Quand ils s'arrêtèrent, j'avais fait mes bagages, prêt à m'en aller. Ils me demandèrent si quelque chose n'allait pas. Est-ce que c'était la nourriture ? Ou bien la paie ? Je leur répondis qu'ils m'avaient traité vraiment bien mais que je n'étais pas fait pour être indéfiniment berger. Valait mieux que je m'en aille avant d'avoir oublié l'usage de la parole, ou avant d'épouser une brebis.

J'étais resté seul pendant plus de trois mois et je m'en retournais avec une bonne liasse de peaux de grenouille. Il n'y a pas longtemps, je me suis trouvé en présence d'un berger de ces années-ci qui avait un magnétophone dans son camion. Je lui ai demandé ce qu'il en faisait. Il m'a dit qu'il avait pris l'habitude de se parler. Il n'avait qu'une seule bande : quand il était las de discuter avec lui-même sur un sujet donné, il l'effaçait et se mettait à se quereller sur un autre sujet. Je crois que les vieux bergers deviennent *witko* — dingues — à force de solitude. Après cette expérience, je me complus en compagnie pendant quelque temps, mais mon argent fila vite.

Après avoir travaillé pour l'homme blanc ou connu

des aventures à faire dresser les cheveux sur la tête, je me réfugiais chez les anciens de ma tribu, des jours d'affilée, pour apprendre leurs remèdes de guérisseurs et les coutumes d'autrefois. Les visions, le monde au-delà du monde de la peau de grenouille, ont toujours été pour moi d'une grande importance. Vous pourriez presque dire qu'un homme incapable de voyance n'est pas un vrai Indien. Dans nos plaines, nos visions sont sollicitées de façon austère, par le jeûne, ou dans la fosse de voyance, où l'on reste quatre jours et quatre nuits, dans l'attente angoissée d'un rêve. D'autres tribus poursuivent la même quête par d'autres méthodes. Il y a quatre-vingts ans, le rite de la danse des fantômes nous est venu du sud, par un saint homme, un Paiute [1]. Il faut danser jusqu'à entrer en transe, jusqu'à ce que l'on voie apparaître ses parents décédés. Les danseurs de ce rite ont été massacrés à Wounded Knee et leurs rêves ont été balayés par les mitrailleuses. Les rêves constituent un danger pour le monde de la peau de grenouille, qui s'efforce de les tenir à distance par le canon.

Je devais avoir à peu près vingt et un ans quand j'entendis dire à des Anciens : « Il existe un nouvel adjuvant. Il va te donner le vertige. Il te fera voir Dieu. » Comme pour le rite de la danse des fantômes, les hommes qui ont introduit cette nouveauté nous venaient d'autres tribus : l'un était un Arapaho, l'autre un Pied-Noir [2] nommé Ours Solitaire.

Je voulais tenter cette expérience. Je me rendis à la première réunion qui se tenait dans une cabane solitaire. Six hommes étaient assis sur le plancher d'une pièce vide où avait été déposé un solide récipient d'une contenance d'à peu près deux litres. Il était rempli de peyotl découpé en petits morceaux. L'Arapaho et le Pied-Noir parlaient dans leur langue. Je ne m'y retrouvais pas, mais je comprenais ce qu'ils essayaient de dire : « Mange, et tu verras une lumière nouvelle. » Je me sentais bizarre devant cette herbe inconnue et n'en pris d'abord que quelques pincées.

1. Paiutes, Indiens d'Amérique appartenant au groupe Shoshonean. Nomades. Vivaient entre les Rocheuses et les Sierras, sur une partie considérable du territoire des Etats-Unis. N.d.T.

2. Les Arapahos et les Pieds-Noirs appartiennent au même groupe linguistique, l'algonquin. N.d.T.

L'action du peyotl se révéla puissante. Le roulement du tambour me pénétrait. La gourde sacrée était en moi. J'entendais des voix dominant un bruit de crécelle. Je fermai les yeux, regardant au-dedans de moi, accroupi le dos au mur, sentant mes os à travers ma peau. Vers minuit, il me vint des visions. Je vis un carré se transformer en cercle, puis en demi-lune, puis en ceinture de perles — une ceinture verte et bleue — tournant autour de ma taille. Je pouvais, comme du sommet d'une montagne, abaisser les yeux sur moi, et me voir assis en compagnie de ces six hommes accroupis dans un coin de cette maison en rondins.

Soudain je revins à moi, mes yeux étaient fixés sur les poutres qui m'apparaissaient très proches, comme vues à travers une loupe. J'aperçus quelque chose se faufiler dans les interstices. C'était une fourmi géante, de peut-être deux mètres de haut, la plus grande qu'il y ait jamais eu, avec de nombreuses cornes, et luisante comme un homard. La fourmi grandissait en même temps que la pièce. Pris de frayeur, je voulus m'enfuir, mais il m'était impossible de bouger. Le chef, le guide spirituel, put se rendre compte que j'étais en proie à une vision. Il savait ce que je ressentais. Il fit tourbillonner sa gourde sous mes yeux, agita devant moi son éventail de plumes. Je retrouvai mon état normal, mais comme un voyageur au retour d'un pays inconnu.

J'étais abasourdi. J'essayai de penser à un être cher, ma grand-mère, mon oncle — mais rien à faire. Mes pensées s'enfuyaient de moi comme un troupeau pris de panique. J'essayai de penser aux hommes blancs, au monde de la peau de grenouille — mais toujours rien à faire. Je tentai de penser à des animaux, mais fus incapable de me concentrer. Ces hommes m'avaient dit : « Mange ceci, et tu verras Dieu. » Je ne voyais pas Dieu. Je ne pouvais pas m'exprimer en mots, car il ne me venait que des syllabes, une syllabe à la fois.

J'adressai une prière au Grand Esprit, lui demandant de me venir en aide, de me montrer la voie. Une douce odeur gagna, non mes narines, mais mon esprit. Ce n'était pas un parfum, ou une senteur de la nature. L'odeur n'était destinée qu'à moi seul. Je vis un livre changé en rocher et le rocher en caverne. Je ne savais comment interpréter ce que je ressentais, mais il y avait là quelque chose de *wakan*, de sacré. Je savais que j'étais en présence d'un phénomène bénéfique, mais en même temps j'étais effrayé.

Le chef me tendit le bâton et la gourde. C'était à moi de chanter, mais je ne sus comment m'y prendre et dus passer mon tour. Quand le soleil se leva enfin, j'étais épuisé, la tête vide. Et j'étais troublé. Quelque chose m'était arrivé que je ne pouvais expliquer. Il me faudrait repenser à cette expérience, à loisir.

Je m'adonnai au peyotl pendant plusieurs années et assistai régulièrement aux séances, mais je ne m'y livrais pas tout entier. J'approfondissais aussi nos anciennes croyances sioux, et invoquais l'esprit du monde ; j'écoutais les prêcheurs et les empiriques des herbes et les *yuwipi*. J'élaborais lentement l'idée de ce que serait mon itinéraire. Je ne pouvais que vaguement percevoir mon lieu d'arrivée, mais je parvenais à distinguer différentes routes qui m'y mèneraient, quoique sans savoir encore laquelle emprunter. Aussi je les essayais toutes, aboutissant à bien des culs-de-sac.

La police s'efforça de mettre fin au nouveau culte du peyotl, comme elle avait mis fin à la danse du fantôme, non parce que le peyotl était une drogue — à ce moment-là on ne pensait pas à la drogue — mais parce qu'il s'agissait d'une pratique indienne concurrençant l'activité des missionnaires. La police ne m'aimait pas beaucoup et cela indépendamment du peyotl. J'avais un domicile à Pine Ridge et un autre à Rosebud. A Pine Ridge je vivais avec une fille. Nous n'étions pas mariés suivant les idées de l'homme blanc. Les missionnaires parlaient d'une concubine de droit coutumier. Ce n'était pas autorisé à l'époque, cela vous conduisait en prison. On nous disait : « Vous ne pouvez pas vivre ensemble si vous n'êtes pas mariés légitimement — à notre façon. »

J'étais allé à une cérémonie du peyotl et la police se présenta pour perquisitionner. Les policiers vinrent à la nuit tombante. Je suppose qu'ils avaient flairé quelque chose ou que nous avions fait l'objet d'une dénonciation. Ils enfoncèrent la porte, espérant découvrir du peyotl, mais n'en trouvèrent pas. L'herbe était à trois kilomètres de la maison, on ne l'avait pas encore apportée pour la séance. En allumant la lampe à huile, les policiers m'aperçurent. Aussitôt ils oublièrent tout du peyotl et s'en prirent à moi. J'étais à leurs yeux la brebis galeuse, un pernicieux exemple pour le petit troupeau de la réserve.

La cabane n'était qu'à environ deux cents mètres de la ligne de démarcation entre les réserves. Les polices de Pine Ridge et de Rosebud étaient sur mes traces, mais chacune devait rester de son côté de la ligne. Elles n'étaient pas censées la franchir. Je me mis à courir sur la ligne de démarcation, avec la voiture de la patrouille de Rosebud d'un côté et celle de Pine Ridge de l'autre. Ils tiraient pour que je m'arrête, sans essayer de m'atteindre, je savais qu'ils n'auraient pas osé. Si ceux de Rosebud se rapprochaient, je me précipitais sur le territoire de Pine Ridge, et réciproquement, sautant d'un côté et de l'autre de la ligne comme une énorme sauterelle. Quand je me sentis à bout de forces, le cœur battant la chamade, je fuis dans les collines de bois de pins où je savais que leurs voitures ne pourraient pas me suivre. Ils me filèrent le train, revolver à la main, mais je les semai dans l'obscurité. Ils arrêtèrent mon amie, puis, ne retrouvant pas ma trace, la relâchèrent. Ils la surveillaient, espérant qu'elle les conduirait jusqu'à moi. Mais il n'était pas facile de m'attraper. Je me rendis à Standing Rock et y restai un certain temps, en attendant que ça se tasse. J'avais là une excellente cachette dans la prairie, où attendre mon amie.

Je me suis adonné au peyotl pendant six ans. Ensuite j'ai laissé tomber. Je m'étais aperçu que ce n'était pas pour moi. C'était un cul-de-sac, le goulot d'étranglement d'un canyon, et il fallait que j'en sorte. Je ne désire pas rabaisser le culte du peyotl. Beaucoup de tribus indiennes ont cru à ce stimulant. Grand-père peyotl rassemble beaucoup d'adorateurs autour de lui, non seulement comme fervents d'un culte, mais en tant qu'Indiens, et c'est là une bonne chose. Certaines tribus se sont adonnées au peyotl depuis si longtemps qu'il est devenu leur principale ou seule religion. Bien des gens ont oublié leurs anciennes croyances, que les missionnaires ont abolies, et il leur reste seulement le peyotl ; c'est la seule croyance indienne qu'ils connaissent. Mais pour nous autres Sioux, il s'agit là de quelque chose d'assez nouveau, de différent de notre croyance au Grand

Esprit et à la pipe sacrée. Peu à peu j'en vins à me rendre compte que je ne devais pas mêler les deux croyances, que je ne devais pas les confondre. Je ressentais que le moment était venu pour moi de choisir — le calumet ou le peyotl. Je choisis le calumet.

Au moment où je renonçai au peyotl, j'avais découvert ce qu'était la vraie vision du Sioux. Si vous rêvez, il ne s'agit pas d'une vision. Tout le monde peut rêver. Et si vous prenez une herbe — eh bien, même le garçon boucher derrière son comptoir peut accueillir une vision une fois qu'il a mangé le peyotl. La vision véritable doit être provoquée par vous-même. Ce n'est pas un rêve, c'est quelque chose de très réel. La vision s'empare de vous, avec la promptitude foudroyante de l'éclair. Vous êtes tout éveillé, et soudain une personne se tient à vos côtés, alors que vous savez pertinemment qu'elle ne peut pas être là. Ou bien quelqu'un est assis près de vous, et voilà que cette personne vous apparaît sur une colline, à un kilomètre de là. Pourtant vous ne rêvez pas, vos yeux sont ouverts. Il faut travailler pour atteindre ce but, faire en soi le vide mental.

Le peyotl, c'est pour les malheureux. Il les tire du désespoir, leur donne quelque chose dont ils peuvent se saisir, mais moi, je ne devais pas en rester là, il me fallait aller plus avant. Une fois que vous avez fait l'expérience de ce qui compte, en vérité rien d'autre ne peut plus vous satisfaire. A partir de ce moment, pour vous c'est tout ou rien.

La découverte, je l'ai recherchée toute ma vie. En un sens, j'étais sans cesse en train de sautiller de part et d'autre d'une ligne de démarcation mentale. J'ai été *bootlegger* pendant trois années. A Parmelee, je tenais un petit café avec une salle de billard attenante, une table de jeu et un *nickel-odeon*[1]. J'avais le meilleur tord-boyaux du coin. Je jouais au chat et à la souris avec la police. J'avais une bouteille de forme bizarre où je gardais de l'alcool à réveiller les morts, du pipi de serpent à sonnette. Un jour, l'indic s'est pointé, je lui ai donné une bonne rasade de ce tord-boyaux extra et garanti. Ça n'a pas manqué,

1. Appareil à musique précurseur du juke-box, fonctionnant avec des pièces de 5 cents (nickel). N.d.E.

l'instant d'après il revenait avec la police : le corps du délit était resté en vue sur la table. Ils nous ont traînés chez le juge, moi et la bouteille.

Le juge dit : « Qu'est-ce que nous avons là ? Un fameux sirop, à ce qu'on me dit ? » Il se versa un verre, invoquant ses responsabilités de magistrat, puis fit une grimace affreuse. « Brr, du thé froid — quelle horreur ! » C'est que j'avais deux bouteilles de la même forme bizarre et je les avais interverties. Ils ont dû me relâcher. Je leur ai joué tellement de tours qu'il m'ont laissé tranquille pendant un certain temps.

Curieux de changer de face, je voulus voir comment ça se passait de l'autre côté de la barricade. Quand il y eut un poste vacant dans la police tribale du district de Black Pipe, je posai ma candidature. Je fus surpris d'être retenu, étant un casse-cou et pire, mais j'étais populaire auprès des miens. On me remit un insigne et un revolver ; je déposai le revolver dans un tiroir, chargé ou pas. Je ne l'avais jamais sur moi. Je me contentais d'un bon bâton pour les cas d'urgence ; le cas d'urgence ne se présenta jamais. Dès le premier jour où j'exerçais mes fonctions de représentant de l'ordre, je découvris ce qu'on ressent devant un poivrot particulièrement emmerdeur. J'étais connu comme le coq de la famille ; tout le monde était mon parent. Et si votre cousin se saoule la gueule, vous ne l'arrêtez pas ; vous le ramenez chez lui. Je suivis cette politique. Quand je rencontrais un ivrogne, je lui disais : « Cousin, je suis un type vraiment moche. Au lieu de te boucler en taule, je vais te ramener chez ta légitime, comme ça elle te passera au rouleau à pâtisserie. Voilà comme je suis. »

Quand je voyais une jeune squaw fréquenter un gars pas pour elle, je la prenais à part : « Ecoute, mon petit, laisse-moi te ramener chez ta maman. Ce Jules n'est pas fait pour toi. Il a déjà une douzaine de filles. Il veut seulement te faire un enfant. — Comment le savez-vous ? — Parce que c'est comme ça que je m'y prends moi-même. Un salaud qui court après toutes les filles n'a pas de mal à en reconnaître un autre. — Si c'est comme ça vous pouvez me ramener à la maison. Je suppose que vous savez à quoi vous en tenir. »

Je gardai quelque temps mon poste de policier de nuit, puis le charme à nouveau se dissipa. Certains des coqs de la tribu étaient des sang-mêlé assez dégueulasses. Ils ne pouvaient pas avoir le dessus sur l'homme blanc, alors ils s'en prenaient aux Indiens qui sont en bas de l'échelle. Quand j'eus remis mon insigne aux autorités, je crois que quelques poivrots commencèrent à me regretter, mais j'étais incapable de faire longtemps le même boulot.

Les années passaient. Je prenais de l'âge et j'avais à peu près tout essayé. On aurait presque pu me comparer à un puzzle. Chaque année des pièces nouvelles s'ajoutaient aux autres en vue de reconstituer l'image entière. Certaines pièces font toujours défaut. En 1941, je travaillais pour un fermier du Nebraska, un gars gentil, très sociable, avec une femme et beaucoup d'enfants. Il y avait une réelle affection entre moi et cette famille blanche. Cet homme menait une existence proche de la terre, d'une manière très naturelle, sans machines ni gadgets, dans une maison tirée de la terre elle-même, construite de ses mains avec les arbres et les pierres des environs. Il était à sa place parmi les nombreux arbres qui entouraient sa demeure. Dans le Nebraska et le Dakota, un grand nombre de fermiers cultivant le maïs et pratiquant l'élevage du porc faisaient preuve d'une avarice si sordide qu'ils ne toléraient pas plus de quatre arbres sur leur propriété, deux devant le porche de devant, et deux derrière la maison. Tous les autres étaient abattus pour faire place à la culture. Ces fermiers ne perdaient pas un pouce de terre cultivable parce que chaque centime comptait. Et tous ces culs-terreux de la peau de grenouille aux âmes ratatinées vendaient comptant leur récolte, quant à eux, ils vivaient de conserves.

Mon fermier était différent. Il possédait lui-même une petite forêt, et quand nous nous y promenions, il lui arrivait de passer une main affectueuse sur un arbre ou l'autre, tout comme s'il avait caressé son chien ou son chat. Avec un homme comme lui, je m'entendais fameusement. Il m'avait cédé une parcelle de terrain où je cultivais du maïs et des pommes de terre. Il était paralysé et je devais faire la plus grande partie de son travail, le plus dur, et aussi conduire le tracteur, mais il me traitait comme un membre de la famille. Sa femme faisait des pâtés ou des hachis excellents, et chez eux mes os ont profité de bonne viande.

Enfin un jour me parvint un message du gouvernement, du Grand Esprit Blanc lui-même, qui m'adressait ses salutations. On voulait que je tue des hommes blancs. Tout d'un coup, c'était admis, toléré. Incroyable ! Le fermier me donna ma paie, bien plus en fait qu'il ne me devait. Puis ce fut un festin d'adieu, pour moi et mes amis, qui se prolongea deux jours entiers, et qui nous laissa ivres morts. Ils me conduisirent ensuite à la gare. Je pris le train pour Fort Leavenworth, dans le Kansas. J'étais noir comme une bourrique. Il y avait de nombreux jeunes Indiens dans le train, volant vers le même destin.

Les médecins militaires qui m'examinèrent me mirent dans l'auxiliaire. Je suppose qu'ils me croyaient trop vieux. Mais je voulais rester avec mes copains, aller où ils allaient. Aussi je me joignis à quelques-uns des Sioux, dans une autre unité en formation ; cette fois je fus déclaré bon pour le service actif. Je portais le casque et j'étais armé d'un revolver. On m'expédia dans de nombreuses unités différentes. A la maison, quand j'étais petit, la flèche et l'arc étaient des « armes cachées ». La vie militaire me causa une profonde déception. On nous faisait perdre notre temps avec un tas d'ordres idiots : l'exercice, la paperasse, le salut aux officiers ; 90 % du temps passé dans l'armée consistait à faire le pied de grue en attendant les ordres. Le combat de près à l'indienne, à notre ancienne façon, était autrement sensé.

Après le temps de formation élémentaire, un jour on a été passé en revue par un général ou je ne sais plus quel autre gros bonnet. Certains Blancs avaient leurs parents qui étaient là, mais on ne s'était pas soucié de faire venir des réserves les familles des Indiens. Bon, tous se tenaient au garde-à-vous, impeccables, et le grand chef fit son discours : « Vous êtes maintenant des soldats, plus des civils. Est-ce qu'il y en a parmi vous qui n'aiment pas l'armée ? Qui ont des réclamations à faire valoir ? » Il ne s'attendait pas à une réponse quelconque, mais je sortis des rangs. « Merde, je n'aime pas l'armée de l'homme blanc. Apprenez-nous à tirer, mais ne vous occupez pas du reste. Vous nous faites perdre notre temps. » On essaya de me faire rentrer dans le rang, que je la boucle, mais je m'approchai du général. « On nous traite comme des esclaves. Ça m'est égal de me battre, mais vous ne me ferez pas tourner en bourrique. »

Le général me regarda et vit que j'étais un Indien. Il fit un autre discours : « Jeunes soldats, nous savons bien qu'aucun d'entre vous n'aime cette armée-là. Mais vous ne l'avouez pas. Il n'y a que ce gars-ci qui dise la vérité. » Il me donna un galon de plus sur-le-champ, et je pris le commandement de la section. Je la ramenai au cantonnement. Et la paie suivante — le jour où les aigles chient, comme on disait — je me suis saoulé ; du coup on m'a retiré mes galons.

Finalement on m'expédia en Europe. J'étais le plus vieux du groupe, les autres étaient des mômes en comparaison. Quand ça passait les bornes, à vous faire dresser les cheveux sur la tête, ils se mettaient à pleurer, des vraies larmes, et je devenais leur nounou. J'étais une nounou pas commode, notez. Je me sentais prêt à scalper un Allemand, à lui soulever sa toison blonde. Je me disais que ça nous vengerait de Custer et de tout le reste. Pourtant je changeai d'avis. Probable que c'était leur sale vinasse qui me faisait venir ces idées-là.

On dit et on écrit un tas de sottises sur la guerre : le combat pour le pays, pour l'Amérique, pour la démocratie, pour ceux qui vous sont chers. Nom de Dieu, un soldat se bat seulement pour se défendre. Quelqu'un lui tire dessus, alors il rend la pareille avant que l'autre type puisse le tuer. Il se tire à toutes jambes. Il rentre, et il la ramène : « J'ai combattu pour le drapeau. » C'est un tas de *ta-chesli* — un tas de fariboles. Quand on vous tire dessus, vous ne pensez pas à un morceau de chiffon.

Le gouvernement enrôle nos garçons indiens, nos oncles, nos cousins, nos frères, nos fils, nous tous, pour les guerres. Première Guerre mondiale, Deuxième Guerre mondiale, Corée, Viêt-nam. Aussi longtemps qu'on continue de se tirer dessus, nous sommes les héros, comme Ira Hayes, qui a été décoré de la médaille d'honneur du Congrès à Iwo Jima. Et quand nous sommes de retour, nous redevenons les pupilles de l'Etat, les bons à rien, sauf à crever dans la misère. Ce ne sont pas des Blancs qui ont tué Sitting Bull, mais des Indiens, c'est même un Sioux ; on l'avait rencardé, on l'a payé en peaux de grenouille. Un soldat blanc a enfoncé sa baïonnette dans le corps de Cheval Fou, mais la police indienne lui maintenait les bras au corps pour que le troupier blanc puisse se servir de sa baïonnette comme à l'exercice.

Les anthropologues disent que nous sommes venus d'Asie par le pont terrestre de l'Alaska [1], mais pourquoi ne serions-nous pas là depuis longtemps, depuis le commencement ? Si le mouvement s'était opéré dans l'autre sens, de ce continent jusque là-bas ? Peut-être les Vietnamiens sont-ils d'anciens Indiens, peut-être sommes-nous les éclaireurs du combat à venir, des massacres à venir. J'ai vu des photos de Song My et de My Lai, et j'ai vu des photos de Wounded Knee — les mères mortes avec leurs bébés. Et je me rappelle mon grand-père, Fin Renard, évoquant la mère morte allaitant son bébé à son sein refroidi. Le lait de My Lai était chaud, et celui de Wounded Knee glacial, c'est la seule différence.

Ils font joujou avec le feu sacré du soleil, le transformant en bombe atomique. Ils ne réussiront, au bout du compte, qu'à se faire sauter la cervelle. Comment ne pas en arriver là, c'est ce qu'ils pourraient apprendre de nous, mais sans doute ils nous trouvent trop incultes, indignes de leur entendement. Je n'ai gardé qu'un exemplaire de notre journal de tribu, le *Sioux Herald*, un exemplaire vieux de deux ans. Je l'ai gardé parce qu'il s'y trouve un poème écrit au Viêtnam par un de nos gars, Coiffure de Guerre Maculée. J'aurais voulu écrire ce poème parce qu'il exprime ce que moi-même, ce que la plupart d'entre nous ressentons.

Lamentation du Sioux dans une réserve indienne

Ils ont fait captive toute la nation sioux
et dans une réserve l'ont jetée vive
Ils ont brisé notre ligne de vie et le tomahawk et l'arc et le couteau.

1. Aujourd'hui, le détroit de Behring. N.d.T.

Ils ont mis nos enfants dans leurs berceaux
et ils nous ont dénudé de nos peaux
Ils nous ont volé notre langue maternelle
Et ils imposent leur anglais à nos enfants.
Notre vieux tipi qui nous est si cher
Ils le réduisent à une curiosité touristique
Les colliers que nos mains composaient
Ils sont fabriqués au Japon
Si les Blancs veulent nous détourner de notre route
Ils ne changeront jamais nos cœurs et nos âmes
Bien que je porte une chemise ou une cravate d'homme [blanc,
je demeure un Peau Rouge au plus profond de moi-même.
Hi ya hoh, hi ya yoh oh [1]

Dans le mois qui suivit le débarquement en Normandie, quelqu'un s'aperçut que j'avais trente-neuf ans et je fus libéré de mes obligations militaires. Du même coup j'étais affranchi du monde de la peau de grenouille verte. Mes errances touchaient à leur fin, et je m'établis dans ce seul travail à plein temps : être un Indien.

1.

The lament of the Sioux Reservation Indian

They took the whole Sioux Nation / And put it on this reservation / They took away our way of life / The tomahawk, the bow, the knife / They put our papoose in a crib / And took the buckskin from our rib / They took away our native tongue / And talk their English to our young / The old teepee we all love so / They're using now for just a show / And all our beads we made by hand / And nowadays are made in Japan / Altho they'ge changed our ways of old / They'll never change our hearts and souls / Though I wear a man's shirt and tie / I'm still a red man deap inside / Hi ya yoh, hi ya yoh, ho.

CHAPITRE IV

SE SAOULER, ALLER EN TAULE

Les Blancs, si intelligents, essaient avec persévérance de nous enseigner quelque chose de neuf, à nous autres Indiens, pauvres et mentalement débiles. Je voudrais fichtrement qu'ils nous apprennent à boire. Quand vous achetez un appareil photographique ou un magnétophone, on vous remet en même temps la notice explicative qui vous donne le mode d'emploi, mais quand l'homme blanc nous a fait connaître le whisky, il n'y avait pas de notice explicative. Ça nous a causé des ennuis sans fin.

Voyez ce vieux soûlot-là au coin de la rue. Il est en train de ramasser des bouteilles vides de Coca-Cola. Dès qu'il en aura vingt, il se rendra au magasin d'alimentation ; en échange, on lui donnera subrepticement une fiole de mauvais alcool. Avant midi il sera noir.

Mais il a une chose pour lui, cet ivrogne : c'est un Blanc. Nous sommes dans la partie blanche de la ville ; d'où l'abondance des bouteilles vides. Là-bas, c'est la ville indienne avec ses huttes de carton bitumé, ses roulottes rouillées, ses cabanes de bois délabrées, ses cabinets qui tombent en ruine. Vous emménagez dans une carrosserie d'auto antédiluvienne en vous demandant ce qui arrivera si le vent se lève. Il y a des hommes qui vivent de cette façon-là. Il n'y a pas d'autres toits pour eux.

Vous trouverez peu de bouteilles de Coca-Cola dans la ville indienne. Nous n'avons pas les moyens de nous offrir cette pétillante boisson, et quant aux cadavres de bouteilles, les gosses sont les premiers à les rafler. C'est duraille, pour un soûlot indien, de ramasser assez de bouteilles vides pour se procurer en échange sa fiole de remontant. Mais ça, c'est le cadet de ses soucis. Par ici, quand un Blanc se cuite, la police est à ses petits soins quasiment, la voiture de la police le ramène à sa bourgeoise. Il peut être ivre mort, ça n'a aucune importance. J'ai vu des Blancs tituber au sortir de la taverne, le pantalon trempé d'urine, et la chemise souillée de vomi. J'en ai même vu un pisser dans la rue en plein jour, devant un magasin chic et les agents lui remonter la fermeture Eclair, lui faire avaler un café bien tassé, afin de le ramener à la réalité, et lui faire retrouver le chemin de sa maison.

Aucun rapport quand c'est un Indien qui se soûle. Avec nous la police adore jouer au chat et à la souris. Pas seulement ici à Winner, mais dans toutes les petites villes blanches d'élevage qui entourent la réserve. N'importe quel jour vous pouvez voir un couple d'Indiens sortant d'un magasin avec leurs provisions d'épicerie, et le flic qui de la voiture de police les observe du coin de l'œil, essayant de savoir s'ils n'emporteraient pas d'alcool dans leur sac. Il les suit à une certaine distance, hors de la ville, jusqu'aux limites de la réserve ; il se précipite alors sur eux et confisque la bouteille. C'est un moyen pour la police de se procurer à l'œil un fortifiant. Vous pouvez boire de l'alcool en ville, mais pas dans la réserve. La justice pour tous, c'est pas ici qu'il faut la chercher. Quand il s'agit de s'en prendre aux Indiens, la chasse reste ouverte.

La plupart du temps je me tiens du bon côté ; sobre, autrement dit. Mais de loin en loin, je me mets au whisky, pour découvrir ce que ça peut donner, et alors, pour m'y mettre je m'y mets. Quelquefois, je ne dessoûle pas d'une semaine, et ensuite il me faut deux jours pour me remettre. Une fois, il y a longtemps de cela, je ne suis pas rentré d'un powwow de Nouvel An. On m'a retrouvé enseveli sous une épaisse couche de neige ; il n'y avait que les pieds qui dépassaient. Ils ont rempli de neige une vieille baignoire et m'ont installé dedans. En même temps, ils m'ont fait avaler un bon bol d'eau-de-vie pour me réchauffer. Je trouvais la neige bien chaude et ma peau rougissait du haut en bas ; j'étais comme une écrevisse. Au bout d'un moment, j'ai eu froid de nouveau, et j'ai senti que mes oreilles et mes doigts de pied étaient en train de geler. Ils m'ont conduit chez mon oncle et m'ont mis au lit. J'étais si faible que pendant à peu près dix jours, j'ai rien pu faire, j'avais tout juste la force de regarder au plafond. Mes poumons fonctionnaient mal et je ressentais une vive douleur au côté. Mon oncle, qui était un voyant-guérisseur, me remit sur pied grâce à toutes sortes d'herbes. Aujourd'hui encore je ne pourrais pas dire comment j'ai pu faire pour me retrouver sous cette couche de neige. Je devais être fin soûl, je suppose.

Autrefois, quand les Indiens ne pouvaient pas se procurer d'alcool, nous avions pour habitude de boire tout ce qui pouvait passer pour un fameux remontant — alcool de bois, essence de citron, esprit de vin. On se cachait derrière les maisons pour ne pas être vu. On n'avait même pas le temps d'y trouver un plaisir quelconque. On faisait cul sec, et les ennuis ne tardaient pas — dans la demi-heure, c'était réglé. Maintenant, nous sommes libres de boire à volonté. Dans les villes on peut voir des Indiens, garçons et filles, zigzaguer de bar en bar, tendant la main pour boire encore un verre. C'est un problème sérieux. Beaucoup d'entre nous trouvent la mort dans des accidents parce que ces deux inventions des Blancs — le whisky et l'automobile — ne vont pas ensemble. Et les hommes se battent. Ils ne se battent pas contre les Blancs, ils se battent entre eux — pour rien.

Par ici la police blanche trouve plaisir à s'en prendre à l'Indien, simplement parce qu'il est un peu éméché, ou qu'il a lâché un ou deux gros mots. Alors ils le tabassent, et comme il a un coup dans le nez, il ne sent rien. Ils lui cassent la gueule, l'esquintent carrément. Parfois l'Indien ne s'en relève pas, parfois il s'en tire avec la bouche en sang ou une fracture du crâne. Et comme il est soûl, il ne peut pas se défendre. Certains de nos policiers sont des petiots, des maigrichons, des poids légers, des laissés-pour-compte, et ils se servent de leurs revolvers, de leurs gourdins, de leurs matraques pour le rosser — l'Indien poids lourd, le dur de dur, hein ? Alors comme ça, ils se sentent des hommes.

Un soir, il y a plusieurs années, j'étais un peu parti. Je n'étais pas vraiment soûl, juste un rien titubant, disposé à faire ami-ami, et d'humeur à m'amuser. Ce n'est pas ce qui les a gênés pour m'arrêter et me bourrer de gnons. J'essayai de tourner tout ça à la plaisanterie, mais l'un des policiers n'avait pas le sens de l'humour. Il s'est mis à me montrer les dents comme un chien et à m'injurier : « Monte là-dedans, sale cochon de Peau-Rouge », en me cognant avec sa matraque. A ce moment-là, les deux autres m'ont sauté dessus avec leurs matraques. J'ai cogné à mon tour, en plaçant quelques directs, mais à la fin ils m'ont étendu sur le sol, et le plus salaud, celui qui le premier m'avait tabassé, s'est assis sur ma poitrine.

Il me frappait au visage avec sa bague pendant que les deux autres me maintenaient immobile. Je revois encore cette bague d'argent ciselé s'acharnant sur moi. Je suppose qu'il ne la portait que dans des occasions semblables. Bref, il m'a cassé un os sous l'œil ; il l'a vraiment pulvérisé. A la fin, il en a eu le bras fatigué et moi, je suis tombé dans les vaps.

Quand je suis revenu à moi, un médecin s'occupait de mon cas. Je suppose qu'ils craignaient que ça finisse par se savoir. « Ça va », dit le médecin, « tu n'as rien, juste une petite meurtrissure. T'as dû tomber quand t'étais soûl. » Je ne répondis pas. Ils m'ont infligé une amende de dix dollars et m'ont laissé repartir.

Ida, ma femme, a un tempérament emporté. « Qui est-ce qui t'a fait ça ? » s'écria-t-elle. « Lequel t'a cogné ? J'y vais avec ce qu'il faut. » Et elle se mit à chercher la vieille pétoire que je traîne avec moi. Je la ramenai à la réalité : « Ne joue pas les héroïnes. » Mais c'était à moi que je m'adressais surtout.

Une semaine plus tard, je me rendis à Rosebud où le médecin de l'administration m'examina. Il me dit que j'avais une fracture sérieuse. Il ne m'apprenait rien. J'avais le visage complètement enfoncé là-même où le policeman m'avait cogné avec sa bague. Après tant d'années, c'est resté un endroit où je ne sens rien, comme mort. Peut-être que j'aurais dû rendre la pareille, mais ma voix intérieure m'a dit non.

Ces types qui haïssent les Indiens se détruisent eux-mêmes. Ils gagnent l'enfer en super-jet. Pourquoi m'en faire pour l'un d'entre eux ?

Mais chaque fois que je vois ce type avec sa grosse bague en argent, ma joue recommence à me faire mal, alors je pense à ma famille, à ce qui leur arriverait si je le butais. Mais je n'oublie pas. J'attends, j'observe. La voix me dit : « Ne joue pas au justicier, c'est pas ton affaire. Tu es un guérisseur, pas un tueur. » Seulement je m'entends parfois répondre : « Pas de baratin, sois un homme ! » Peut-être un de ces jours, quand ma joue me démangera encore une fois, je me laisserai aller à ma fureur. Enfin bientôt, je serai trop vieux pour flanquer à quiconque un marron sérieux quoique ça, quand je me laisse aller, je me sens rajeuni de trente ans.

Avant que nos frères Blancs viennent nous civiliser, chez nous, pas de prisons. Nous n'avions donc pas de criminels. Vous ne pouvez pas avoir de criminels sans une prison. Nous n'avions ni serrures ni clés, et ainsi n'avions pas de voleurs. Si un homme était trop pauvre pour avoir à lui un cheval, une tente ou une couverture, quelqu'un les lui donnait. Nous étions trop primitifs pour accorder grande valeur à la propriété privée. Les choses que nous désirions, c'était dans le but de nous en débarrasser, d'en faire cadeau. Nous n'avions pas d'argent, et par conséquent la valeur d'un homme ne pouvait pas être mesurée à son argent. Nous n'avions pas de droit écrit, pas de procureurs, pas de politiciens ; par conséquent, nous ne pouvions pas tricher. Nous étions vraiment mal partis quand l'homme blanc est arrivé, et je ne sais vraiment pas comment nous pouvions nous tirer d'affaire sans ses principes fondamentaux, absolument indispensables, paraît-il, dans une société civilisée.

C'est vrai que maintenant le progrès saute aux yeux partout les prisons se multiplient et nous savons que ces prisons sont pour nous, les Indiens. Quel dommage que nous soyons si nombreux à ne pas les apppécier ! Toutes sont de bonnes et joyeuses prisons avec sur leurs murs peints une inscription qui en dit long : « Bienvenue ! » Sur les portes de certaines, on peut lire aussi : *Hôtel du Cœur Déchiré*. Les touristes se plaisent à photographier ça, mais ce qu'ils ne photographient pas, ce sont les cellules d'ivrognes.

Quand les policiers trouvent une Indienne en état d'ivresse, ils s'amusent souvent à l'emmener sous les boqueteaux de la plaine, et à l'y abandonner seule, à des kilomètres de la maison la plus proche. Dans certains endroits, les flics profitent même agréablement de la situation. Les arrestations pour ivresse dans le cas des filles sont souvent une bonne farce. Une fille n'a d'ailleurs pas besoin d'être soûle pour aller en taule ; c'est bien assez qu'elle soit jolie. La police sait que nos filles sont trop pudiques pour raconter ce qui leur est arrivé, et même si elles se plaignaient, qui croirait une « soûlote peau-rouge » ?

Les Blancs propriétaires de bars ont le sens de l'humour, eux aussi. Il n'y a pas si longtemps, on lisait des inscriptions aux fenêtres, « Interdit aux Indiens et aux Chiens ». Elles commencent à disparaître mais pas à la campagne, dans les endroits reculés. Je pourrais vous en montrer encore une ou deux, quoique officiellement l'Etat et les habitants du Sud Dakota n'établissent plus de discrimination à notre égard ; ils ont seulement le sens de l'humour. Aussi placent-ils un petit écriteau où l'on peut lire « Indian Power » précisément au-dessus des tonneaux de bière et entre les bouteilles d'alcool.

Voici un texte paru dans un de nos journaux indiens :

Les Indiens de Wanblee sur le sentier de la guerre !

> « Depuis les jours où l'homme blanc s'est établi sur nos terres, nous n'avons cessé d'être victimes d'un préjugé qui a fait de nous des objets de dérision. Ce préjugé s'est exprimé de bien des façons, de la violence pure et simple aux plaisanteries racistes et au mépris mal dissimulé qui en sont la manifestation plus subtile. Nous, gens de Wanblee, sommes opposés à toutes les formes de prévention et de parti-pris, étant donné que nous en avons souffert, et continuons d'en souffrir, les effets.
>
> « Un exemple flagrant du préjugé racial est apparu récemment. Il s'agit de l'inscription « Indian Power » qu'on peut lire sur les rayonnages de bouteilles au Kadoka Municipal Bar. Nul doute que cette inscription

ait été jugée tout à fait drôle par de nombreux habitués de l'endroit. Nous soutenons que, loin d'être humoristiques, ces mots sont néfastes et insultants. A la vérité, il est navrant qui'l existe encore des hommes en bon nombre pour classer et étiqueter une race humaine à partir d'une expérience personnelle limitée. Ce qui est plus troublant encore, c'est que leurs concitoyens s'avèrent impuissants à leur faire saisir les limites de leur compréhension, et le pitoyable humour d'une plaisanterie de cette nature.

« A travers le pays, un état d'esprit ne cesse de gagner du terrain, qui veut reconnaître que les minorités ethniques sont toutes également composées d'êtres d'humains. Nous partageons ce point de vue et avons confiance qu'avant longtemps les habitants de Kadoka atteindront eux aussi le stade où ils commenceront à traiter leurs voisins en être humains. »

« Communauté de Wanblee, Sud Dakota. »

Wanblee — à peine peut-on trouver cette agglomération sur la carte. Les Blancs diraient qu'il s'agit encore d'un autre ramassis d'Indiens vivant, illettrés et misérables, dans leurs taudis ruraux. Ma foi, ils n'écrivent pas si mal, ces illettrés. Ils peuvent même épeler les mots. Ils ont décidé d'être « reconnus comme des êtres humains ». Voici encore quelques années, aucun Indien n'aurait osé élever la voix sur ce sujet. Tout au plus aurait-il haussé les épaules, avec, sur le visage, une expression résignée : « Qu'est-ce que nous pouvons y faire ? » Mais les temps changent. Je suis heureux d'être en vie pour m'en apercevoir.

L'alcoolisme est un problème pour nous, et aussi longtemps que l'alcool sera facile à trouver, il n'y aura pas d'amélioration. J'ai souvent réfléchi aux effets de l'alcool sur nous, Indiens. Il en est comme de la rougeole et des autres maladies apportées par l'homme blanc. La maladie est la même pour eux et pour nous, mais nous en mourions, alors qu'en général ils se tiraient d'affaire, après quelques jours d'indisposition.

A notre tendance à boire, je crois trouver différentes raisons. Ce ne sont peut-être pas les bonnes, j'essaie seulement d'y voir clair. Nous appelons l'alcool *mni wakan* —

l'eau sainte. Je me dis que, les visions étant pour nous d'importance sacrée, le fait que le whisky altère et trouble le fonctionnement cérébral nous a procuré au début l'impression d'une expérience religieuse — celle du rêve, de la voyance. Il n'en fallait pas beaucoup pour nous soûler ; il n'en faut toujours pas beaucoup. Les marchands français de Saint-Louis avaient le sens des affaires, ils y allaient à l'économie. On peut dire qu'ils ne gaspillaient pas le bon alcool quand ils commerçaient avec nous. En échange de nos peaux de castor, le whisky qu'ils nous procuraient, c'était plutôt de l'eau du Missouri assaisonnée d'herbe de Saint-Christophe, de poudre à canon, et d'une bonne quantité de poivre noir pour relever le goût, avec juste un petit peu de vrai remontant. Mais aucun doute, même sans beaucoup d'alcool, ça nous montait à la tête.

Aujourd'hui notre penchant pour l'alcool ne peut pas trouver son excuse dans le désir de voyance, nous ne pouvons pas non plus prétendre que nous absorbons une eau sacrée — et pourtant je peux vous dire que même aux ivrognes imperturbables, il arrive de recracher sur le sol une première rasade du précieux liquide, pour les esprits disparus. Disant : « Tiens, mon ami, toi qui n'es plus parmi nous, voilà pour toi » ou : « Toi, ma bien-aimée disparue, partage ceci avec moi. »

Alors voici la question. Pourquoi les Indiens boivent-ils ? Je crois qu'ils boivent pour oublier les jours fastes où la terre était à eux, où la terre était belle, sans autoroutes, panneaux d'affichage, clôtures et usines. Ils essaient d'oublier les cabanes misérables et les roulottes délabrées qui leur tiennent lieu de foyers. Ils essaient d'oublier qu'on les traite en enfants, pas en adultes. Dans les constructions sociales qu'on fait maintenant — constructions de taudis, c'est ce que j'en dis, puisqu'elles tombent en morceaux avant même d'être terminées —, vous ne pouvez pas recevoir après dix heures ni héberger un parent pour la nuit. On va jusqu'à nous dicter de quelle couleur peindre les murs et de quelle sorte de rideaux nous avons besoin. De même, nous ne pouvons pas dépenser notre propre argent à notre guise. Alors nous buvons parce que nous sommes pris en tutelle et traités comme des enfants. Nous essayons d'oublier que même nos réserves, bien que clôturées, ne nous appartiennent plus. Nous devons les louer à des Blancs qui, avec notre terre, engraissent leur bétail et s'engraissent eux-mêmes. A Pine Ridge, moins de 1 % de la terre est cultivée par les Indiens.

Nous buvons pour oublier que nous sommes des mendiants, vivant d'allocations de huit sortes différentes, attribuées : aux anciens combattants, aux mutilés, aux veuves, aux mères de familles nombreuses, aux personnes âgées, aux enfants adoptés, aux bénéficiaires de la Sécurité sociale, et aux enfants dont le père a abandonné sa famille. Les mères s'en tirent mieux quand elles ont mis leur mari à la porte. « Je n'ai pas besoin de lui », c'est ce qu'elles disent. « S'il reste avec nous, plus d'argent. Vaut bien mieux toucher l'allocation que de l'avoir avec nous. » Dans ma ville, il y a près de quarante femmes mariées à vivre de cette façon-là.

Nous buvons pour oublier qu'il n'y a rien pour un Indien qui mérite ses soins, rien qui lui permette d'être à l'honneur et de se sentir bien dans sa peau. Il n'y a d'emplois que pour quelques milliers de personnes. Tous ces emplois sont donnés par l'administration, l'administration fédérale ou celle des tribus. Pour avoir un tel emploi, il faut être un Indien soumis, un oncle Tomahawk, pour tout dire une bonne pomme — rouge à l'extérieur, blanche à l'intérieur. Vous devez apprendre à vous tenir, ne pas répliquer quand on vous parle, savoir la boucler. Une fois nanti d'un emploi pareil, vous buvez pour oublier ce qu'il a fait de vous. Si vous ne l'obtenez pas, vous buvez parce que vous n'avez aucune perspective devant vous, sinon celle de l'arrachage des patates, quelques semaines durant — et encore avec de la chance. Vous buvez parce que vous ne vivez pas, vous végétez seulement. Il y en a peut-être qui se contentent de végéter ; nous non.

Quand un Indien est arrêté en état d'ivresse, il est bon pour trente jours de taule. Dès qu'il commence à faire frisquet, vous trouverez toujours trente-cinq à quarante Indiens en taule. Ils se font arrêter pour être au chaud, pour avoir à manger et un endroit où dormir. C'est une façon de résoudre le « problème indien ».

Le soûlot a peut-être chaud dans sa cellule, mais qu'arrive-t-il à sa famille ? C'est le plus triste sans doute de cette affaire — les conséquences pour les enfants. Si brisé que soit un homme, il faut qu'il continue de s'occuper de ceux qui, sans lui, sont démunis de toutes ressources — sa femme, ses gosses. Nous, Indiens, disons toujours que nos enfants sont ce que nous avons de plus précieux — pas les voitures, les maisons, les récepteurs de télé qui comptent pour du beurre — les enfants. Mais la moitié des nôtres n'atteignent pas l'âge adulte.

Par ici il y a un oiseau d'à peu près la grosseur et la forme du pigeon. Il est marqué d'un cercle de chaque côté de la tête. Il ne chante pas. Chaque fois qu'il ouvre le bec, c'est pour lâcher un bruit qui ressemble à un pet. L'homme blanc l'appelle *night hawk* [1]. Nous l'appelons *pishko*. Cet oiseau ne construit pas de nids. Il ne s'intéresse pas à ses petits. Il abandonne ses œufs n'importe où, dans un fossé ou sur la grand-route. Certains ivrognes sont comme ça, oublieux des leurs, ils les abandonnent à eux-mêmes. En public, ce sont eux qui jouent les grandes gueules, mais ils n'ont pas un grain de cervelle. Qui faut-il blâmer ? Qui leur permettra d'être autre chose que ce qu'ils sont devenus ?

Je ne suis ni un ivrogne ni un *pishko,* mais je ne suis pas non plus un saint. Un voyant-guérisseur ne doit pas être un saint. Il doit connaître et vivre les hauts et les bas, le désespoir et la joie, la voyance et la réalité, le courage et la peur qui sont le lot des siens. Il doit être à même d'être plat comme une punaise et de s'élever dans les airs comme un aigle. S'il n'a pas fait l'expérience de cette double condition, comme voyant-guérisseur il ne vaudra rien.

La maladie, la prison, la misère, l'ivrognerie — il fallait que je les connaisse d'expérience moi-même. C'est le péché qui fait tourner le monde. Vous ne pouvez pas rester guindé et inhumain au point de vous vouloir toute pureté ; d'avoir l'âme enveloppée dans un sac en plastique, étanche. Vous devez être dieu et diable à la fois. Le vrai guérisseur se tient au cœur de la tourmente, il ne s'en préserve pas. Il lui faut faire l'expérience de toutes les phases de la vie. Il faut qu'il n'ait pas peur de lâcher les amarres, de

1. Engoulevent commun (*chordeiles minor*). N.d.E.

se laisser aller à la folie de temps à autre. Cela est sacré aussi.

La nature, le Grand Esprit, ils ne sont pas parfaits. Le monde ne supporterait pas une telle perfection. L'esprit a un bon et un mauvais côté. Quelquefois le mauvais me donne une plus profonde connaissance que le bon.

Quand j'étais jeune, j'étais un trimardeur, j'allais à pied à travers le pays, comme un hippie, dormant dans les meules de foin, dans la prairie, à la belle étoile. J'ai adhéré à cinq ou six confessions, et fait des boulots de toutes sortes. C'était presque à croire que j'étais différentes personnes — prêcheur et arracheur de pommes de terre, cow-boy et clown, peintre d'enseignes, guérisseur, bootlegger, président du YMCA indien. Je m'arrangeais pour être à la fois chrétien et païen, poursuivi et poursuivant, homme de loi et hors-la-loi. Je n'avais pas d'instruction mais j'absorbais les connaissances comme une éponge. Toutes ces connaissances, que je n'avais pas encore digérées, me montaient au cerveau. Cette période d'errances dura de 1926 à 1935. A cette époque, ma vie fut la plupart du temps celle d'un vagabond et d'un hippie, mais je passai aussi de nombreux mois tranquilles, à faire mes classes de voyant-guérisseur.

J'avais de multiples aventures, alors. Un jour, une fille, une autre le lendemain. Quelquefois même une fille dans la soirée puis une autre plus tard dans la nuit. Elles sont maintenant toutes grand-mères. Quand je tombe sur l'une ou l'autre, dans un magasin ou sur la route, je me dis : Cet épouvantail à moineaux, c'est pourtant avec elle que je faisais l'amour. De son côté, elle me traite de vieux machin et me montre à ses petits-enfants s'ils ne sont pas sages. Elles ont les cheveux blancs, et certaines ont le visage ridé comme une noix. Mais je m'imagine que je découvre encore la même étincelle dans leur regard. C'est ce qui ne meurt pas.

Il faut que je raconte comment une fois je me suis soûlé, puis comment je me suis lancé dans une grande virée, la plus folle de toute ma vie. J'étais avec un copain. Nous nous étions procuré une bouteille d'eau-de-vie. Mais souvenez-vous, c'était en 1930, au temps de la prohibition. Ce remontant était si fort, je me demandais comment le bouchon avait pu ne pas sauter. Quand on a sifflé la bouteille, on était *itomni* — très gais, en ribote, à la recherche d'un coup sensass. Nous nous demandions comment nous procurer un peu plus de remontant. J'avais entendu dire qu'il y avait un *bootlegger* dans le Nebraska qui faisait commerce de son eau-de-vie en échange de n'importe quelle marchandise. On m'avait parlé aussi d'un Blanc qui gardait quelque part dans son ranch une grosse quantité de fil de fer pour emballage.

Quand je m'en ouvris à mon copain, il s'exclama : « Dis donc, une voiture abandonnée ! En route pour le fil de fer ! Hiyupo, hopo, hoka-hay ! » Cette voiture était une Ford 1929. Le conducteur, bien imprudemment, avait laissé la clé de contact. Il neigeait, une vraie tempête de neige du Dakota. A peine si l'on distinguait la route. Ça nous était bien égal. On s'est très bien tiré d'affaire. On avait embarqué une quinzaine de ballots, pour ainsi dire, quand un chien se mit à aboyer. Mon copain, effrayé, prit ses jambes à son cou, mais je terminai le boulot et me remis au volant. Le but, échanger la marchandise contre le remontant. Bah, en chemin je rencontrai un autre ami et le pris à bord. Un peu plus loin, il me dit qu'on avait encore un grand bout de chemin à faire. On était à Upper Cut Meat. « Arrêtons-nous ici pour boire un verre. Je connais un type qui en a du bon et du meilleur. »

Il me présenta à quelqu'un de sa connaissance, un vieux Blanc qui nous conduisit dans sa cave. « Messieurs, à votre disposition. » Ce qu'il nous a servi en valait la peine. Du petit lait, du remontant extra. Il neigeait tellement qu'il n'était pas question de s'en aller sur-le-champ, on est restés sur place, à se passer la bouteille et à jouer aux cartes. Le vieux bootlegger, il était à fond dans les vignes du Seigneur, au point de tomber dans les pommes de temps à autre. Il a quand même piqué tout l'osier de mon ami, ce qui n'était pas tellement. Quand la tempête s'est calmée, on a repris la route. A l'aube, on était à Cody, dans le Nebraska, et on a fait affaire. Le fil de fer contre plus de cent litres de bonne eau-de-vie.

Toute la journée on s'est bien amusés. Il y avait un café de la ville avec un écriteau : « Les dames sont bienvenues — ni Indiens ni mineurs ! » Nous sommes entrés quand même et ça a déclenché une drôle de bagarre. Il y avait des Blancs qui avaient monté une cagnotte et qui nous débectaient. On leur a abîmé le portrait et on était en train de prendre le dessus. Mais la police a fait irruption, elle a mis fin au powwow. Ils ont menacé de nous arrêter — pour ivresse, et pour jeter la perturbation dans un lieu public, mais on a réussi à s'échapper, l'un par ici, l'autre par là. Avec le temps qu'il faisait, ils n'ont pas pu nous suivre à la trace. On est repartis dans la Ford, mais à ce moment on a eu des remords. On s'est dit que son propriétaire aimerait avoir de nos nouvelles, seulement on a rencontré d'autres fêtards qui eux aussi étaient plus que gais, avec des jeunes squaws tout à fait attrayantes, et on a décidé de reconduire tout ce monde. On les a déposés chez eux, un par un, une par une : une vraie carte de géographie, Upper Cut Meat, Bad Nation, Potato Creck, Porcupine, Wososo — tous ces petits patelins ! Puis, cap au sud et nous revoilà dans le Nebraska. A Kilgore, la neige nous a barré le chemin et on a passé la nuit chez un type qui nous a aidés à pomper le remontant. Le lendemain, on pouvait reprendre la route. On a traversé Valentine et revendu un peu d'eau-de-vie à Crookston. Je crois que je devais être soûl parce que la voiture s'est retournée et on s'est retrouvés dans le fossé. En essayant de nous tirer de là, j'ai défoncé l'arrière de la voiture. Bon, nous sommes repartis à pied, laissant la Ford sur place. Nous avancions comme nous pouvions dans Crookston, de la neige jusqu'à la ceinture qui s'accumulait ici ou là, poussée par le vent, recouvrant un coin de rue ou faisant place nette ailleurs. Des flocons partout. Il était encore possible de conduire une voiture, pour moi en tout cas. Dans la rue principale, juste devant le troquet local, j'avise une Chevrolet, modèle 1928, dont le moteur tournait par précaution contre le froid. La tentation était irrésistible.

Je dis à mon copain d'aller reprendre dans la Ford ce qui restait d'eau-de-vie, et de m'attendre sur la grand-route où je le ferais monter dans la Chevrolet. J'étais en pleine forme. Sur la route de Gordon, nous avons rencontré un autre Indien. Il était comme perdu, errant dans les rafales de neige, frigorifié, à moitié mort. On peut dire qu'il était heureux de nous voir ! On l'a ranimé, mais il y a fallu le reste du remontant. Je décidai de faire le plein à Pine Ridge, où l'on nous apprit que la police nous recherchait partout. Entendant cela, mon copain dit : « Je vais me reposer un peu », puis s'esbigna pour de bon. La trouille. Mais le type qui voulait se rendre à Gordon, celui qu'on avait empêché de mourir frigorifié, dit que ça l'amusait trop pour se tirer. C'était un marrant, mais il a perdu connaissance sous mes yeux. Inutile de l'attendre. Il resterait frigorifié le temps voulu.

J'étais en quête d'un nouveau compagnon, quand je tombai sur la police de la tribu. « Hey, John, tu as volé une Ford à Norris, dans le Sud Dakota. Tu es en état d'arrestation. » Je me contentai de me marrer — « Voyez vous-mêmes. Ma voiture est une Chevrolet immatriculée dans le Nebraska. Vous ne voyez donc pas la différence, les gars ? On a une drôle de police dans le coin ! » Ils ont pris un air penaud. Ils n'arrivaient pas à comprendre ce qui s'était passé. « Faut pas être tristes comme ça », leur dis-je. « Tenez, avalez un peu de remontant. » Ils ont dû me laisser filer.

Je me retrouvai seul. Vers l'est, le trajet n'était pas si facile. Une couche de neige de quatre pieds, et en fait de route, tout au plus une piste pour les routiers. Je gagnai Wounded Knee et demandai à un pompiste de mettre des chaînes aux roues et de remplir le réservoir. Cette opération faite, je lui dis de rentrer me chercher un peu plus d'essence. Pendant qu'il s'occupait comme ça, je démarrai à fond de train, mais la neige me ralentissait. Après deux cents mètres, je jetai un coup d'œil par-derrière, et je pus voir qu'il avait pris son fusil et me tirait dessus. Ce devait être un bon tireur, il m'a frôlé de près. Une balle a sifflé juste à côté de mon col en peau de mouton et l'autre a transpercé mon galurin. Celle-là m'a brûlé une petite mèche de cheveux. Il y avait une carabine sur le siège arrière de ma Chevrolet. Je m'arrêtai et me mis à tirer à mon tour. Bang, bang, plusieurs fois, puis on s'est calmés. Pas surprenant si l'on se rappelle qu'il faisait moins trente.

Je continuai à avancer vers l'est, et il me restait une fiole de *mni-wakan* pour me tenir chaud. Aux approches de Martin, j'abandonnai la Chevrolet parmi les peupliers. Je m'imaginais que personne ne s'intéresserait à moi comme piéton. La nuit était tombée et je me blottis dans une encoignure de porte. J'étais un peu étourdi, mais assez alerte encore pour saisir la planche de salut quand elle se présenterait. J'observais la police en train de patrouiller, cherchant des empreintes sur les poignées de porte, pénétrant dans les gargotes et les bars clandestins pourvus d'alcool de contrebande. J'avais comme une idée de la personne à qui ils en avaient. Une jeunesse s'approcha alors de l'endroit où je me cachais. D'un souffle : « *Wincincala,* « jolie fille », approche encore ». Elle n'avait peur ni de moi ni de l'obscurité. « Où es-tu ? » demanda-t-elle. Elle avait à la main son couteau à dépiauter. Pas surprenant qu'elle n'ait pas eu peur. Je la priai de faire amie avec les policiers et de découvrir ce qui se passait. Quelques instants après, elle était de retour : « Dis donc, John, il paraît que c'est toi qui as volé toutes ces voitures. Ils sont décidés à te mettre le grappin dessus. Dis-donc, t'es un drôle de truand, un sacré desperado ! Six voitures ! »

Six voitures ! J'en restai coi. Je ne savais pas à ce moment-là qu'un autre gars s'était livré à la même partie de plaisir que moi, empruntant d'autorité des voitures ici et là. Il y avait de quoi faire perdre la tête aux forces de l'ordre. Par sans-fil et par téléphone on leur signalait mes méfaits jusque très loin dans le nord du Sud Dakota, à Holabird, Tennis, Grassrope, Grindstone et Eagle Butte, en même temps qu'on me disait fou furieux dans le Nebraska, à Hire, Cherry, Valentine et Nonpareil. Le plus curieux, c'est que je n'ai jamais rencontré mon confrère et pourtant nos chemins ont dû se croiser. On peut dire que pour voir du pays, on avait vu du pays. La police a dû se demander quel remontant m'avait remonté à bloc pour que je pointe mon nez dans tous ces endroits à la fois.

Pour le moment, j'étais à Martin, blotti contre l'entrée d'une maison, avec une jolie fille qui me montrait de l'amitié. « Il fait trop froid ici, John, dit-elle. Laisse-moi t'emmener quelque part, que tu puisses te réchauffer. » Je n'avais pas tellement besoin d'être réchauffé. Le tord-boyaux flambait doux en moi, je me sentais tout calme et gaillard. La *wincincala* me conduisit chez un *bootlegger,* un métis. Il avait le torse nu à cause du poêle rouge qui ronronnait. On lui voyait deux grands tatouages sur la poitrine, le tatouage de gauche et le tatouage de droite. L'un disait : « Bière », l'autre : « Vin. » J'avais entendu parler de lui et de sa chère moitié. A ce qu'on disait, elle aussi avait ses deux tatouages qui lui recouvraient les seins, mais ce n'était pas les mêmes mots. Un sein disait : « Doux », et l'autre « Sûr ». Elle n'avait pas l'air d'être là. L'homme, on le disait vif sur le dollar, quand il avait tous ses esprits. Alors la nature du Blanc prenait le dessus. Mais une fois soûl, il était l'Indien qui partage, l'homme de cœur. En ce moment, il était tellement parti qu'il aurait pu pisser par le col de sa chemise (comme on dit). Il fit un geste en direction de la cave. « Servez-vous. C'est ma tournée. » Puis il s'étendit sur le sol et commença à ronfler. C'était une nuit à se remonter. Bon, nous n'avions pas besoin de son aide. Et, bigre, le fameux remontant ! La buée s'échappait de nos vêtements ; ça faisait penser aux sources chaudes de Yellowstone Park. On est restés là jusqu'au matin, jusqu'au moment où je voulus repartir, c'était plus fort que moi. Je me munis d'une bonne fiole de son tord-boyaux, pour être sûr de ne pas en manquer, et me retrouvai dans une Chevrolet pépère, toute neuve, seulement vingt-cinq kilomètres au compteur. La charmante me serra contre elle pour me faire ses adieux. Puis me souhaita bonne chance.

Je mis le cap sur Rosebud. La neige était si épaisse que ma Chevrolet étincelante fut sur le point de renoncer. De retour dans Todd County, un cavalier sur sa monture noire me barra la route. Je pus le situer, j'avais affaire à un policier tribal. Avant qu'il ait pu mettre la main à son arme, ma carabine le visait à la poitrine. Je lui ordonnai de laisser tomber. Sans discuter, il jeta son revolver. Je lui dis : « Cramponne-toi, vieux ! » et ma balle siffla aux oreilles du cheval, et derechef le cheval fila, comme un pet sur un paratonnerre. Je fis à pied une vingtaine de mètres et ramassai le revolver.

Plus loin sur la route, je rencontrai des Indiens, des gars dont la voiture s'était enlisée dans la neige. Ils me dirent : « Fais vraiment gaffe, parce que t'as la police de deux Etats et celle du gouvernement à tes trousses. A la radio, on dit que t'es dangereux et que si on essaie de t'arrêter, tu résisteras. » Je rebroussai chemin vers Parmelee, où j'avais beaucoup d'amis, mais aucun d'eux ne voulut m'approcher. Aussi je filai sur Kadoka par les mauvaises routes. La voiture s'enfonçait dans les ornières, j'avais de la neige à la hauteur des vitres, douce et floconneuse, comme la mousse de l'eau de lessive. Je cherchai des cigarettes dans la boîte à gants mais je n'y trouvai qu'un bon revolver. C'est là que ça a commencé à tourner dans ma tête. Je ne sais ni où ni comment mais j'ai perdu le compte de ce qui m'est arrivé. Un trou de douze heures. En me retrouvant à Norris, le point de départ de mon expédition, je commençais à dessoûler — une foutue affaire ! Je trouvai un type qui, en échange de mon pneu de secours, me procura cinq bidons de lait grisâtre. Je tombai sur le propriétaire de la Ford avec laquelle je m'étais lancé dans ma randonnée. Il avait l'air pressé de s'entretenir avec moi, mais voyant l'artillerie que je trimbalais, il changea d'avis sur-le-champ.

Après ça, les choses se brouillèrent à nouveau. Entre Norris et Belvidere, à trois kilomètres au sud d'où j'habitais à ce moment-là, j'abandonnai la voiture dans un ravin. Je bourrai mes poches de deux revolvers et parvins à regagner ma cabane. Je me sentais bien mais fatigué. Après tout, j'avais travaillé dur pendant trois jours — ou bien quatre ?

Je me réveillai en entendant aboyer des chiens. Je compris que la justice en avait après moi. Heureusement, les premiers qui se présentèrent étaient des agents de la police indienne, des Sioux au cœur compréhensif, moins secs que leurs collègues blancs. Ils s'arrêtèrent à quinze mètres de chez moi, et s'écrièrent à mon intention : « Neveu, on va t'emmener sans faire d'histoires. Regarde, nous jetons nos armes. » Ils balancèrent leurs revolvers dans la neige, à mes pieds. De voir ça, je me suis senti mieux. Je farfouillai dans mes poches et à mon tour je jetai mes revolvers.

Je les suppliai : « Oncles, ne me passez pas les menottes. » « Il le faut, neveu », dirent-ils. « La police blanche nous suit. Ils t'abattront s'ils te trouvent à même de manier tes armes. Mais on te protégera. » Bon, je les remerciai. Ils me ramenèrent sur la route, et là, à n'en pas douter, se tenaient à l'affût une douzaine de représentants de l'ordre, fusils de chasse, carabines, fusils de guerre et revolvers dépassant des voitures. D'autres voitures de police arrivèrent, et encore et encore d'autres, de partout, d'endroits aussi éloignés que Rapid City, Pierre, Chamberlain, Yankton, Wall et Hot Springs. Les reporters m'interpellaient de tous côtés, prenant des clichés, me demandant de me placer comme ci, comme ça, de sourire. Ça a tourné au cortège funèbre, moi avec les menottes, deux types pour me maintenir les bras, deux autres dans mon dos. Pas de doute, je devenais un personnage, tout d'un coup. J'essayai de leur faire comprendre que je n'étais pas un fou dangereux, mais ils me prenaient pour un desperado et ça leur imposait des précautions.

Je me retrouvai à Rosebud, dans la *kaska* de la réserve, notre cher *Hôtel du Cœur Déchiré.* Mais il fut promptement décidé que mes crimes étaient trop graves pour la compétence du tribunal de la tribu. On m'a tiré du bloc et on m'a conduit à Deadwood City, dans les Black Hills. Là, dans une grande salle, ils m'ont porté sur le registre et j'ai dû faire une déclaration. Elle a été prise par quatre ou cinq sténos ; j'ai même dû poser les doigts sur le plâtre, pour les empreintes digitales. Pour quoi faire, ça m'échappe. Je fus inculpé conformément à la loi dite loi de rigueur, pour avoir été au volant de voitures volées, être passé d'un Etat dans un autre, ce qui est une infraction fédérale. Je tombais sous le coup de onze chefs d'accusation, mais il leur fallait du temps pour reconstituer les faits. Et ça, je n'avais pas de mal à le croire. Je restai deux mois à Deadwood, jusqu'à ce que mes parents et mes amis aient recueilli l'argent de ma caution, puis je me retrouvai en vadrouille.

J'éprouvai le besoin de jeûner et gravis la colline pour une *hanblechia*, une ascèse de voyance. Je restai là solitaire, dans un trou creusé à mon intention, élucidant mes problèmes, laissant les rêves venir à moi. Quand je fus redescendu, mon oncle, qui lui-même était un voyant-guérisseur bien connu, interpréta pour moi mes visions. Il me dit : « Neveu, tu vas être enfermé, mais tu en sortiras moins d'une année après. Ce sera dur, mais n'aie pas peur. Il y a dans tout cela une leçon pour toi. Tu seras un être humain accompli quand tu sortiras : sois serein. »

On était en juin quand mon procès commença enfin. Je me présentai avec deux jours de retard pour répondre de ce dont j'étais accusé et ils en firent tout un plat. Je leur demandai : « Qu'est-ce qui vous arrive ? Je suis là. Je m'en remets au temps indien. Vous êtes toujours si fichtrement pressés, vous autres. » Pendant la durée du procès, je touchais trois dollars par jour pour l'hôtel et deux dollars pour la nourriture. Chaque jour, je consacrais ces deux dollars à compléter mon éducation dans les lieux voulus. Deadwood était alors une ville minière ouverte à tous, et probablement l'est encore. On y trouvait des tripots et des créatures attrayantes en grand nombre. Aujourd'hui, c'est aussi un centre de tourisme, vous voyez ce que je veux dire, Wild Bill Hickock, Calamity Jane et tout le saint-frusquin [1]. On les a enterrés sur la colline, et la saison durant il y a des représentations nocturnes, par exemple, « Comment fut abattu Wild Bill », sur les lieux historiques, dans la vieille taverne où ça a eu lieu. Deadwood était vraiment l'endroit voulu pour mon procès. Un endroit qui a de la classe.

Le procès fut un imbroglio à ne pas croire. J'étais soûl quand j'avais emprunté ces voitures. Mes copains et tous ceux que j'avais trouvés sur mon chemin étaient bourrés aussi. Les témoins s'étaient soûlé la gueule. Quelques-uns des policiers aussi et même les propriétaires des voitures — en effet, si ces gars-là ne se tenaient pas au volant, c'était sans doute qu'ils s'en envoyaient un derrière la cravate, bien à l'abri. Il devait y avoir quelque chose dans l'air au moment de ma virée, peut-être le vent d'ouest qui poussait jusqu'à nous cette douce neige, faisait-il se dresser les hommes — blancs ou rouges — du Sud Dakota, en s'exclamant : « Soûlons-nous ! »

Les témoins se contredisaient les uns les autres et se contredisaient eux-mêmes. C'était la même chose pour les policiers. En plus de ça, ils ne cessaient de me confondre

1. Wild Bill Hickock et Calamity Jane, personnages excentriques de l'Ouest américain, plus ou moins mythiques. Les westerns en ont fait grand cas. N.d.T.

avec Cheval Au Galop, l'autre gars en virée. Et puis il y avait quelques acteurs de second rang, dans le circuit eux aussi : rien qui vaille la peine d'être signalé, mais ils revenaient sans arrêt sur le tapis de sorte que personne ne savait plus qui avait fait quoi.

Le juge levait les bras au ciel. Il était au bord de la crise nerveuse. « Je vous en prie, chef, m'implora-t-il, plaidez coupable pour le premier chef d'accusation, et je vous acquitterai des dix autres ! » Rien qu'à me rappeler tout ça, je crois que je deviens dingue. « Facilitez-moi les choses, chef, et j'en ferai autant pour vous. » Notez bien, c'était réglo. J'avais un défenseur, un ami de mon père, je le laissai décider pour le mieux. Lui et le juge s'entretinrent en tête-à-tête et il revint me dire : « Plaide coupable pour le premier chef d'accusation, John. Ils sont d'accord pour t'envoyer seulement dans une maison de correction, pas en cabane [1]. C'est comme à l'école — à moitié tu apprends, à moitié tu travailles. Ils te donneront un an et un jour. Ça fera neuf mois avec la remise de peine si tu te tiens bien. »

Aussi je me levai et dis, avec la solennité voulue : « Je l'ai fait, ce que ça dit dans le premier chef d'accusation. » Le juge était tellement content d'être débarrassé de moi qu'il me serra la pogne à n'en plus finir. Un brigadier me conduisit à la maison de correction de Chillicothe, dans l'Ohio. Pendant les trente premiers jours, je fus soumis au travail disciplinaire. Ensuite les choses s'arrangèrent — école le matin et apprentissage l'après-midi. Ils me dirent de choisir un métier, et je me décidai pour peintre d'enseignes, ou peintre de lettres. Ça avait quelque chose à voir avec le domaine artistique qui m'avait toujours attiré. Mon patron, un certain Nolan, était un type qui en avait pris pour cinq ans. Il s'y connaissait et s'y prenait bien avec moi. Je m'y attelai à fond, badigeonnant des lettres en haut d'un silo géant. J'étais suspendu, jambes ballantes, sur un petit échafaudage, maintenu par deux cordes, le vent me déportait de-ci de-là comme une feuille morte, et j'arrosais la campagne environnante avec ma peinture.

1. La maison de correction, *reformatory*, punit ici un délit d'adulte. N.d.T.

L'Ohio avait l'air diablement petit, d'où je me balançais dans les airs. Je suis encore peintre de lettres, à l'occasion. Le panneau d'affichage de la chambre de commerce du coin, sur l'autoroute, le fronton du supermarché, la décoration de la camionnette de livraison — tout ça, c'est moi. Mais je crois que je vais laisser tomber. Les nouvelles peintures dont on se sert maintenant sont pleines de saletés chimiques. On est sans défense contre leurs émanations et ça rend malade. On tousse, on a mal aux yeux. C'est encore une autre forme de pollution. Je crois que je ne pourrais pas supporter ça.

Mais à Chillicothe j'appris plus qu'un simple métier. Auparavant, j'étais à peu près illettré, je ne parlais presque pas l'anglais. La raison, comme je le disais, c'est qu'à l'école on ne fréquentait que la troisième année du cours primaire. Moi et tous les mômes de mon âge, on devait aller en troisième année huit ans de suite, à ressasser toujours les mêmes choses. En plus de ça, nous ne comprenions pas les maîtres et ils ne nous comprenaient pas.

En prison, j'allais à l'école chaque jour, le dimanche excepté. Je m'aperçus que j'étais bon en maths, ce qui me sembla bizarre. J'appris encore plus des autres prisonniers qu'à l'école même. On avait tout le temps pour parler, écouter, se raconter des histoires. Sur un point, je fis de nets progrès — en matière de jurons et d'obscénités. J'étais ravi, vu que souvent nous, Indiens, ne savons pas comment renvoyer la balle. Quand un Blanc me traitait comme un saligaud, je me trouvais vraiment démuni pour l'envoyer foutre, je ne savais qu'imiter le grognement de l'ours ! grrrghm... Mais ce n'était pas satisfaisant. D'abord le Blanc ne comprenait pas et surtout, après avoir grogné, il me prenait l'envie d'en faire plus, de me battre, de prendre mon couteau. Alors que ça en valait rarement la peine. Désormais je pouvais dire simplement : « Espèce de sale con ! » et en rester là. Pas de doute là-dessus, ça simplifiait beaucoup les rapports avec les Blancs.

En sortant de la maison de correction j'avais l'impression d'avoir grandi. J'y étais resté neuf mois. C'est le temps voulu pour faire un enfant. Justement ce fut comme si j'étais né de nouveau. Je me demande parfois ce qui m'avait pris de me lancer dans cette grande vadrouille. Pour autant que je puisse trouver une réponse, je dirais qu'autrefois un homme se faisait respecter pour sa générosité, pour ce qu'il donnait, mais nous n'avons plus rien à donner. J'étais un voyant-guérisseur, mais ma religion était réprimée, ne pouvait se célébrer qu'en cachette. Elle était considérée comme honteuse, une superstition de sauvages. Dans la mesure où je pouvais pratiquer encore, c'était en secret. A l'époque, on avait peine à avouer qu'on était voyant-guérisseur, on ne l'aurait pas reconnu devant des étrangers.

Il fut un temps où l'homme était honoré d'être un bon chasseur, de bien pourvoir aux besoins des siens, mais il n'y avait plus pour nous de gibier à chasser. Rapporter à la maison les maigres rations du gouvernement, d'une nourriture que nous n'aimions pas, qui pour nous n'était pas naturelle — cela ne nous conférait pas d'honneur. Autrefois nous étions des guerriers, on nous admirait pour notre bravoure, mais désormais nous n'étions plus rien. Dans le passé, un homme pouvait naître paralytique, ne pas être à même d'accomplir les actes qui assurent l'honneur et suscitent l'admiration, mais s'il avait de la clairvoyance et de la réflexion, on le respectait. Désormais notre sagesse était mesurée à l'aune du savoir-faire des Blancs et on nous répétait jusqu'à plus soif que nous étions stupides, illettrés, bons à rien.

Or nous ne voulions pas être rien. Chacun de nous voulait être quelqu'un. Et j'avais alors l'impression d'être seulement la moitié de quelqu'un, que les moyens en usage autrefois pour accomplir une action digne d'estime m'étaient interdits. De même que les Blancs avaient mis des clôtures autour des réserves, de même ils avaient entravé notre orgueil. Bref, il me fallait inventer une façon différente de me faire un nom, et briser mes entraves. Je ne pouvais pas usurper la gloire de mon arrière-grand-père, mort en combattant le général Miles. Me lancer dans cette longue vadrouille, ç'avait sûrement été pour moi me lancer sur le sentier de la guerre, trouver en quelque sorte la gloire du corps-à-corps.

J'étais jeune et c'était peut-être une façon puérile de dire : « Dites donc, je suis un homme. J'existe. Tâchez de tenir compte de mon existence ! » Je suis un vieux type tout décrépit maintenant, on me croit sage et digne de respect, mais quand je repense à ce branle-bas que j'ai occasionné, je ne peux pas m'empêcher de sourire. Je me suis conduit alors comme un gars qui veut faire connaître au monde sa virilité. Je me suis donné l'illusion que ma vie avait son importance, sa raison d'être. Et de fait, cette illusion valait bien la peine d'aller en prison.

CHAPITRE V

ASSIS SUR LA TETE DE TEDDY ROOSEVELT

Nous voilà assis sur le crâne de Teddy Roosevelt, peut-être que ça lui donne mal à la tête [1]. Si on en a assez de la vue, on peut faire un saut un peu plus loin, et s'asseoir un instant sur Washington ou Lincoln ou Jefferson, mais Teddy c'est bien ce qu'il y a de mieux. Il y a la mousse qui lui pousse à l'arrière de la tête, beaucoup d'arbres, des fagots, de gros blocs de pierre auxquels s'adosser, une cuvette entourée de pins, qui fait un excellent terrain de camping — surtout avec l'escarpement qui se dresse derrière, où se détache une inscription en grosses lettres : « Indian Power. Terre Indienne. » Joli, vous ne trouvez pas ? En fait, nous ne sommes pas assis exactement sur le crâne de Teddy, qui est chauve et lisse, mais en arrière de lui, à mi-chemin de Lincoln. Nous nous tenons exactement au-dessus de toutes ces têtes. Ce qu'il y a de bien à se trouver au sommet du mont Rushmore, c'est que c'est le seul endroit dans les parages d'où l'on ne peut pas voir ces grosses têtes... et autres attrape-nigauds pour touristes, les cendriers et les presse-papiers. Je connais un Indien Santee

1. Théodore Roosevelt (1859-1919), président des Etats-Unis, cousin de Franklin Delano. N.d.T.

qui, voici quelques années, s'est amené ici avec des amis rien que pour pisser sur une de ces faces-là. Il appelait ça « un geste symbolique ». Rien moins qu'un exploit, à ce qu'il m'a dit. Ils avaient dû faire la chaîne autour de lui.

Ne vous y trompez pas — nous n'avons rien contre Lincoln, Jefferson ou Washington. Ils ont passé avec nous différents bons traités, et s'ils n'ont pas été respectés, ce n'est pas leur faute. Ce contre quoi nous réagissons, c'est l'arrogance de l'homme blanc et son amour de lui-même, et le peu de cas qu'il fait de la nature, toutes choses qui l'ont conduit à profaner l'une de nos montagnes saintes avec ces visages pâles aux dimensions démesurées. Il est symbolique, aussi, que cet « Autel de la Démocratie », que ces quatre têtes soient fichées dans une gigantesque accumulation de débris, faite de millions de tonnes de pierre dynamitée, qui s'étend jusqu'en bas, jusqu'aux lieux réservés aux visiteurs. Si vous levez les yeux sur le sommet des montagnes, comme font la plupart des touristes, vous voyez les quatre têtes émerger d'un chantier gigantesque abandonné sur place après une explosion minière. Mais personne n'a l'air de s'en apercevoir.

C'est drôle que tous, nous ayons éprouvé l'envie soudaine de grimper ici — vous, un artiste blanc et votre femme, moi, un vieux Sioux, un médecin-guérisseur, quelques Indiennes avec leurs enfants et petits-enfants, et une bande de jeunes Indiens en colère, les enfants de l'Indian Power. Nous sommes tous différents et venus ici pour des raisons diverses, chacun avec sa révolte propre. Bon, eh bien une saine colère, c'est excellent et ça se transforme souvent en amour à la fin. Et puis la colère, on peut la partager, comme la nourriture.

Ecoutez : Richard, mon ami blanc qui est ici en ce moment, m'a dit ses raisons de ne pas aimer le mont Rushmore. Nous Indiens, nous n'en manquons pas non plus ; seulement lui, il en donne d'autres qui ne nous viennent jamais à l'esprit. Il dit que la création de ces têtes a une seule cause : l'inconscience de la vanité chez les Blancs. Il dit que l'art de qualité ne se produit pas à la dynamite, et je crois qu'en tant qu'artiste il sait de quoi il parle. Il dit que tout ce qui fait à ce point dissonance avec la nature n'est pas de l'art ; que même si Michel-Ange lui-même avait érigé ce monument, il n'en serait pas moins laid, parce qu'il est placé dans ces monts — nos Black Hills de mémoire sacrée — comme dans un œil la pointe rouge d'un tisonnier. Est-ce que jusque-là j'ai compris comme il faut ?

Richard dit encore qu'il s'agit là d'un des maux de notre société, la société blanche, bien sûr, pas la nôtre — qui est de confondre le gros avec le grand. J'ai compris ça tout de suite parce que, sans l'exprimer, nous le pensons aussi, mais Richard a ajouté quelque chose que je ne savais pas jusque-là : les seuls autres escarpements mis en miettes comme ceux-ci sont des falaises géantes d'Asie. On y honore l'effigie d'un gros ponte de Babylone, ou quelque pharaon égyptien, piétinant le peuple, avec des incriptions dans ce style : « Moi, le grand roi, le roi des rois, le dieu vivant, là j'ai décimé cinquante villes et ceux qui y vivaient ont été enterrés vifs, plus loin j'ai encore anéanti cinquante villes et fait empaler hommes, femmes, et enfants ; j'ai également conquis cinquante autres cités dont tous les habitants ont péri dans les flammes, et pour vous montrer quel type je suis, mille esclaves ont mis cette montagne en petits morceaux. »

C'est ça qui m'a vraiment fait penser. Que signifie ce mont Rushmore pour nous Indiens ? Ça signifie ce que nous disent ces grands visages pâles : « D'abord que nous vous avons accordé un traité, à vous Indiens, qui vous laissait ces Black Hills pour la suite des temps, en échange de tous les territoires du Nord Dakota, du Sud Dakota, du Wyoming et du Montana. Puis nous avons trouvé de l'or et nous nous sommes emparés de cette dernière parcelle de terre, parce que nous étions plus forts que vous, plus nombreux, et parce que nous avions des canons et des fusils, alors que vous étiez trop arriérés pour savoir seulement fabriquer un couteau en acier. Et comme vous ne vouliez pas céder la place, nous vous avons anéantis, et ceux d'entre vous qui ont survécu, nous les avons mis dans des réserves. Et ensuite nous avons pris l'or, un milliard de dollars, et ce n'est pas fini. Et parce que nous apprécions aussi les dollars des touristes, nous avons transformé vos montagnes saintes en un vaste Disneyland. Et ayant accompli tout cela, nous avons dépecé cette montagne, l'endroit où résident vos esprits, et érigé sur les lieux quatre visages radieux d'hommes de notre race. Ne sommes-nous pas les conquérants ? »

Et chaque année un million de touristes ou même plus, lèvent les yeux sur ces visages : ils se sentent bien, vraiment bien, ils se sentent un peu là, et forts, parce qu'ils sont de leur race, ceux qui ont fiché là ces grosses têtes ; et ces touristes pensent : « Nous sommes des Blancs, et voilà ce que nous avons fait, ce que nous voulons nous l'obtenons, et rien ne peut nous arrêter. » Peut-être ne le reconnaissent-ils pas vraiment, mais beaucoup d'entre eux le pensent, tout au fond. Et c'est ce que conquérir signifie. Ils auraient aussi bien pu découper la montagne pour lui donner la forme d'une gigantesque botte de cavalier posée sur le cadavre d'un Indien.

L'autel d'un homme est le cimetière d'un autre, à ceci près qu'aujourd'hui certains Blancs en ont ras-le-bol de devoir lever les yeux sur un gigantesque presse-papiers. Il n'y a pas à sortir de là. Vous avez pu faire d'une noble montagne un presse-papiers géant, mais pouvez-vous à partir de ce presse-papiers faire de nouveau une montagne naturelle et sauvage ? Je doute que vous en ayez le pouvoir.

Un reporter du *Journal* de Rapid City m'a demandé pourquoi je suis monté ici. Je lui ai dit que les têtes des présidents qui décorent le mont Rushmore étaient devenues sales et que tout au sommet je voulais enfoncer un bâton symbolique, qui tienne lieu d'autel, afin que la montagne redevienne sacrée. Le gars a pris alors un air égaré. Il n'a rien dit du tout d'abord. Puis il m'a demandé : « Quelle est la signification véritable de ce bâton symbolique ? » Je lui ai dit : « La partie basse est peinte en noir. Elle représente la nuit, le visage masqué de noir du guerrier, et encore des hommes en prière, soit les yeux clos soit dans l'obscurité. Ce bâton symbolique signifie que je pose une couverture, ou un voile sur la montagne, et que les têtes des présidents resteront sales, jusqu'à ce que les traités concernant les Black Hills soient respectés. La partie supérieure du bâton est rouge, c'est le jour et le soleil, la peinture du visage rouge de la joie. Cela veut dire que lorsque seront tenues les promesses du gouvernement aux

Indiens, les Black Hills se réjouiront de nouveau. Mais ce n'est sûrement pas pour demain. En attendant, nous Indiens, rebaptisons le mont Rushmore la montagne du Cheval Fou. »

« Bon, dit le reporter. J'espère que je m'y retrouverai. »

Je lui dis que je l'espérais aussi.

Mais Richard a une autre excellente idée. A son avis, une loi devrait être passée déclarant que les statues de plus de cent pieds de haut devront être déposées dans des puits de mine abandonnés. De cette façon-là, personne ne serait obligé de les voir. Seuls, ceux qui le voudraient absolument donneraient une petite pièce pour descendre en ascenseur. Comme ça tout le monde serait content. J'aurais bien voulu qu'il y ait une loi comme ça avant qu'on ne commence ce fichu bazar. C'est peut-être trop tard aujourd'hui pour installer un ascenseur sous ce grand autel de la démocratie — imaginez ça, on n'aurait qu'à appuyer sur un bouton et le monument disparaîtrait. Une fois la semaine seulement — par exemple, chaque dimanche de neuf à onze heures —, on presserait le bouton et les quatre têtes réapparaîtraient avec accompagnement de flonflons. Les gars qui ont déposé un astronaute sur la lune devraient être à même de faire ça pour nous Indiens, artistes et amoureux de la nature.

Sur un point pourtant, je crois que vous vous trompez, Richard. Vous dites que nous pouvons respirer, que le pire est derrière nous ; qu'ils ont fait aux Black Hills le maximum de ce dont ils sont capables. Alors moi je vais vous parler d'un autre Blanc, un artiste tout comme vous, un sculpteur. J'ai son nom écrit sur un papier quelque part, dans ma poche revolver. Nous autres Indiens, sommes tellement illettrés que nous ne pouvons même pas nous rappeler un nom. Nous devrions pourtant y arriver, nos propres noms sont tellement compliqués — Nuage Rouge, Cerf Boiteux, Gall. Ce devrait être facile de se rappeler le simple nom d'un Blanc, d'un civilisé. Mais je ne me souviens pas de celui-là, il faut que je cherche. Voilà : Mr. Korczak Ziolkowski, élève de Gutzon Borglum, qui a construit le mont Rushmore. Il faut croire que Ziolkowski et Borglum ont cessé de s'entendre à un moment donné. Ziolkowski avait mauvaise conscience de devoir travailler à quelque chose d'étriqué comme le mont Rushmore.

Il s'est tiré et il s'est mis au travail à la Thunderhead Mountain, qui est à peu près deux fois aussi grande que le mont Rushmore. Notez que Ziolkowski se prétend l'ami des Indiens. Il dit qu'il veut faire quelque chose pour nous. Quand un Blanc commence à parler sur ce ton-là, pour nous Indiens c'est le moment de les mettre. Ce que Ziolkowski veut faire pour nous, c'est de dresser une statue géante de Cheval Fou qui changera en nains les quatre présidents.

Cette statue du chef campé sur son cheval, on dit qu'elle aura plus de deux cents mètres de long et près de cent quatre-vingt mètres de haut. Une plume de treize mètres se dressera au-dessus de la tête du chef. Ziolkowski a fait une énorme maquette de son monument. Cheval Fou n'a pas grand-chose d'Indien, son cheval non plus. Cheval Fou n'a pas les cheveux tressés et sa plume fait penser à une valve de chambre à air dressée hors du pneu. Le bras du chef se lève comme pour dire : « Pour les messieurs, par ici. » On affirme que tous ceux de notre réserve pourraient tenir sur ce bras, ou peut-être sur la main seulement. La statue, à ce qu'on dit, a été sonorisée. Peut-être ouvrira-t-elle les mâchoires pour faire entendre des cris de guerre qu'on pourra percevoir jusqu'aux chutes de Sioux Falls. Le tas de débris que tout cela va faire pourrait bien être dix fois plus grand que l'accumulation de rochers au pied du mont Rushmore. La publicité annonce : « Toute une montagne découpée à la ressemblance du chef Cheval Fou par le génial sculpteur, Korczak Ziolkowski. » Cet homme-là pense grand.

Ce génie, me dit-on, se fait plus de cent mille peaux de grenouilles vertes — non imposables — par an, grâce aux touristes, en leur vendant des modèles réduits de sa statue, à partir de trois dollars, sans taxes à verser, parce qu'il fait tout ça pour nous, les pauvres Indiens. Quelque part dans cette statue, ou à son ombre, on déclare qu'il y aurait une université de cinquante millions de dollars pour les Indiens, peut-être dans le grand doigt de pied ou dans le sabot du cheval, enfin où, au juste, je ne sais pas, mais ce que je sais c'est que de ce vaste truc, nous Indiens ne tirerons pas un traître sou.

Dans cette statue, il y a deux choses — entre autres — qui ne vont pas. Cheval Fou n'a jamais laissé un Blanc le prendre en photo. Il ne voulait pas que les Blancs le regardent. Il est mort au combat avant de laisser les soldats blancs l'enfermer dans un corps-de-garde en béton. Il a été enterré suivant ses désirs, sans que quiconque sache l'emplacement de sa tombe. Cette sale idée de transformer une hauteur sauvage, une montagne magnifique, en une monstrueuse statue de lui, c'est assassiner le paysage. C'est aller à l'encontre de l'esprit de Cheval Fou.

Un de nos voyants-guérisseurs les plus respectés, Mr. Fools Crow, a déclaré : « Cette montagne ne veut pas qu'une telle statue soit érigée. Le fantôme de Cheval Fou l'interdit. Elle ne sera jamais terminée. »

Godfrey Chips, le plus jeune de nos voyants-guérisseurs, m'a déclaré : « Cet homme, Cheval Fou, n'était pas violent au départ, mais à la vue de son peuple massacré, bon, il a reçu un pouvoir ; il en a alors usé et a commencé à se battre. Il était d'un tempérament pacifique, c'est la vie qui a fait de lui un tueur. Il s'est mis à détester les Blancs et il en est mort. Aussi son esprit m'a dit qu'il se refuse à ce qu'ils lui élèvent un monument à l'intention des touristes. »

Un troisième voyant-guérisseur Yuwipi m'a dit : « Thunderhead Mountain, Montagne de la tête du tonnerre, c'est un nom étrange. Il peut vouloir dire : Ici se sont tenus les oiseaux de la foudre. Ni ces oiseaux, ni nos ancêtres ne veulent de cette construction. Les arbres et les animaux n'en veulent pas non plus. Et nous tous, les voyants-guérisseurs le savons très bien. »

Or maintenant, il va falloir comprendre que le temps est révolu où l'homme blanc pouvait décider purement et simplement d'ériger de notre part un monument dans nos montagnes saintes, sans nous demander notre avis, en tenant compte exclusivement de ce qu'il avait en tête. Quand il en faisait ainsi à sa guise un peu partout, il y a une trentaine d'années, il pouvait encore trouver des Indiens flattés de ce qu'un Blanc, un sculpteur de génie, veuille faire la statue d'un chef indien. Mais, je le répète, ce temps-là est révolu.

Ziolkowski dit quelquefois que les Indiens sont superstitieux, et que la difficulté tient au fait que nous ne saisissons pas son point de vue. Mais la difficulté en vérité est que nous ne le comprenons que trop bien. C'est lui qui ne comprend pas. Il se peut qu'il ait de bonnes intentions, seulement il ne voit pas que l'anéantissement de nos montagnes sacrées est, en soi, une forme de racisme.

Mais il ne faut pas dramatiser. Ce sculpteur génial n'est plus de la première jeunesse et sa statue n'avance pas beaucoup. En plus de ça, il est très occupé à recueillir le prix d'entrée qu'il demande aux touristes, à leur faire visiter les lieux sous la direction du guide, à leur vendre ses statues de plâtre de toutes tailles, à leur faire payer la vue à travers un télescope, à leur faire toucher les éclats de roche qu'il fait sauter à la dynamite, et par tout le saint-frusquin. C'est peut-être l'esprit de Cheval Fou qui lui impose ces entraves. Mon père était un parieur. Dans un combat entre Korczak Ziolkowski et l'esprit de Cheval Fou, c'est pas sur Ziolkowski qu'il aurait misé. C'est moi qui vous le dis, cette statue demeurera sans visage.

Pourquoi suis-je en train de perdre mon temps à vous entretenir de ces statues géantes que veulent construire les Blancs ? Parce qu'elles constituent une forme de discrimination raciale. C'est cette discrimination qui nous a amenés ici, à nous asseoir sur la tête de Teddy Roosevelt. Et c'est de cela que je veux parler. Certains de nos jeunes Indiens ont des inscriptions sur les pare-chocs de leurs voitures : « Custer est mort pour vos péchés » — je vous dis que Custer est encore en vie ! Non pas un seul Custer, mais des milliers de Custer, dont le but est d'assommer les Indiens. L'esprit de Custer se retrouve dans ces pièges à touristes qui profanent nos montagnes. C'est l'Ile de Ma Mère l'Oie, le Tous à Bord, le modèle réduit du Train de Scenic en 1880 dans le Village de Silex, le Musée de la Maison de Poupées, le Musée de la Voiture non attelée, l'Inoubliable Farce du Centre de Gravité Pour Tous, trouvez votre or vous-même, ces mascarades, tous ces machins. Il y a un petit Custer dans ces badauds admirateurs du paysage, chasseurs de souvenirs, pilleurs et experts en rocaille, touristes scalpeurs, qui se répandent sur nos monts comme de la vermine.

Bon, j'étais venu ici pour prier, pour célébrer une cérémonie, fixer en terre un bâton. Aussi vais-je me glisser jusqu'aux rochers là-bas, me mettre à chanter un peu, écouter les voix. Entre-temps, vous pouvez demander à Muriel Waukazoo et à Lizzy Jument Rapide pourquoi elles sont ici en ce moment.

Ecoutez-les :

« Cette idée de monter jusqu'ici est venue d'abord à l'esprit d'une femme de Pine Ridge dans le Sud Dakota. Pour commencer, on a mis sur pied une manifestation à Sheep Mountain, près de Scenic. Le gouvernement s'était emparé de quatre-vingt mille hectares de terre indienne pour construire un champ de tir. Ils avaient promis de nous les rendre à la fin de la Deuxième Guerre mondiale, mais ils ne les ont toujours pas rendus. Aussi avons-nous imprimé des tracts pour faire connaître le mouvement, ses raisons et tenir le public au courant. Puis on a fait du porte-à-porte, on a distribué ces tracts dans la rue, en disant aux Indiens à qui nous les remettions de ne rien ébruiter. Ainsi, la population indienne de Rapid City savait un mois à l'avance qu'on occuperait le mont Rushmore. Les Blancs ne l'ont pas su. C'est simple, rien n'a transpiré de notre projet.

« On s'est mis en marche un lundi matin, le 24 août. Il n'y avait que nous trois, des femmes. Nous pensions que d'autres viendraient, mais ils se sont abstenus. Je suppose qu'ils ont eu peur. Il y a eu des éclairs pendant que nous montions et nous avons pensé à Cheval Fou : nous sentions qu'il était avec nous. Pendant plusieurs jours, on a remis des tracts aux touristes, dans le parking. Puis Lee Brightman est venu nous soutenir, et les étudiants indiens sont arrivés. Chaque jour un peu plus nous avons pris courage, et maintenant nous ne craignons personne. »

Lee Brightman a pris la parole :

« Je suis un Sioux de Cheyenne River [1]. Je suis fier de ma famille. Mon grand-père a été tué dans le dernier combat de Custer. J'ai des parents qui sont morts à Wounded Knee. J'ai quarante ans et je dirige les études indiennes à l'université de Californie. J'ai conduit ici un groupe de sympathisants. Bon, on a commencé l'ascension dans l'obscurité, mais les types de la police montée s'étaient

1. Réserve sioux du Sud Dakota.

munis de torches et nous ont repérés. Ils avaient peur qu'on aille barbouiller de peinture rouge les visages des présidents. Ils nous ont dit de décamper, de redescendre, alors on s'est assis, tout simplement. Nous riions parce qu'ils ne portaient pas d'armes. Alors qu'est-ce qu'ils pouvaient nous faire ? A un signal donné, on s'est levés et on s'est scindés en plusieurs groupes. Nous avons dû nous cacher toute la nuit ; le lendemain matin, nous avons gravi le sommet et avons déployé le drapeau des Indiens Sioux. Nous avons décidé de rester sur place l'été durant : nous voici en octobre et nous sommes toujours là. Les Indiens de la communauté nous montent la nourriture et l'eau.

« Voici les raisons pour lesquelles nous nous tenons sur le mont Rushmore. Le gouvernement fédéral nous a pris quatre-vingt mille hectares pour en faire un champ de tir. Il ne nous les a pas rendus comme promis. Il y a vingt-six ans que nous attendons. Et maintenant le secrétaire d'Etat à l'Intérieur a fait une déclaration d'après laquelle on va en faire un parc national. C'est une violation de ce fichu accord qu'il a passé avec nous.

« Alors nous donnons un tour dramatique à cette situation, tout comme au sort funeste fait aux Black Hills. Vers 1868, ils ont conclu un traité avec nous, accordant libre disposition de la terre aussi longtemps que le soleil luirait et que l'herbe pousserait. Et, bien entendu, ce traité était tout juste bon pour se torcher avec. Six années plus tard, Custer a découvert qu'il y avait de l'or sur ce territoire. Aussitôt ils s'en sont emparés et ils ne nous en ont toujours pas dédommagés. Ils ont empoché des milliards de dollars et ne nous ont rien versé. Et ils ont pris aussi le bois, l'uranium, le fer, le calcaire. Et ils gagnent encore des millions avec les touristes — « Venez en terre indienne » — mais ça nous rapporte quoi ? Des clous. Enfin cette terre est notre terre sainte, et qu'est-ce qu'ils en font ? Ils la profanent un peu plus avec leurs quatre gueules d'hommes blancs.

« Mais il y a une autre oppression que nous voulons mettre en relief — la discrimination raciale à notre égard. Mon organisation, l'Union des Aborigènes d'Amérique, a entrepris une enquête sur la discrimination raciale aux Etats-Unis, classant les Etats suivant l'ordre décroissant de leur racisme. Et le Sud Dakota est de loin l'Etat le plus raciste en ce qui concerne les Indiens, et Rapid City la ville la plus touchée du Sud Dakota. Et c'est pourquoi nous occupons la montagne.

« Nos revendications ? Les voici : Nous voulons être indemnisés pour les Black Hills, pour l'extraction des minéraux, pour tout le bois qu'on y a prélevé. Et nous voulons que les montagnes saintes nous soient rendues. Les Cheyennes demanderont sans doute la restitution de Bear Butte, leur lieu saint par excellence. Là, on fait commerce de cartes postales montrant nos morts, ceux de Wounded Knee, où le septième régiment de cavalerie a massacré deux cent cinquante femmes et enfants indiens. Il faut qu'on sache que des soldats ont été décorés pour ce massacre, que le Congrès leur a fait remettre deux cent cinquante médailles d'honneur. C'est bien là ce qu'il y a de plus horrible. Aussi demandons-nous à être débarrassés sur-le-champ de ces immondes cartes postales. Et qu'il soit permis au peuple indien de vendre sur sa propre terre les produits de son propre artisanat. En ce moment, des concessionnaires, des Blancs, vendent, comme « pur artisanat indien », de la verroterie de Hong Kong — et toute une pacotille à l'avenant. Nous voulons aussi qu'il y ait un plus grand nombre d'Indiens employés comme gardes forestiers. Et ici même, sur ce grand terrain en amphithéâtre qui est laissé à l'abandon, nous voulons que les nôtres puissent organiser à leur guise leurs cérémonies et leurs spectacles.

« Et bon Dieu ! nous vendons nos terres aux Blancs depuis trop, bien trop longtemps, et nous allons nous retrouver sans terres bientôt. Les responsables de la conservation du sol ont fait une enquête montrant qu'une bonne moitié des terres indiennes est menacée d'érosion à un taux grave et critique, et l'autre moitié légèrement. Aussi nous, Indiens, possédons 22,5 millions d'hectares de terre que guette l'érosion. Si j'avais droit à la parole, je ferais fichtrement en sorte qu'aucun Blanc n'achète ou ne loue à bail notre terre. En ce moment même, il est passé des baux de cent années. En fin de compte, la plupart des nôtres deviennent des serfs sur leur propre sol. A peu près 90 % de la superficie de la réserve de Pine Ridge est louée à des Blancs propriétaires de ranchs ou fermiers, et ces baux sont renouvelables au bout de cent ans.

« Une partie de ce trafic, ventes et baux, est le fait d'hommes qui se disent indiens. Nous avons nombre de chefs de tribus corrompus qui le facilitent. Ma conviction est que nous allons assister à l'émergence d'un autre type d'Indien : le jeune Indien frustré, écœuré et qui n'a pas froid aux yeux. Des hommes et des femmes qui en ont, comme moi, par-dessus la tête d'être exploités par des chefs de tribu et des politiciens blancs. Et nombreux sont ceux de la génération précédente qui se joignent déjà à nous. Longtemps ils ont été opprimés et pire. Ils s'étaient faits à l'idée d'accepter leur sort, s'étaient résignés à leur misère. Mais ils s'aperçoivent de leur connerie.

« Dans la réserve, il est difficile de dire ce qu'on a sur le cœur, parce que le *Bureau of Indian Affairs* vous fait boucler. Vous êtes, supposons, un jeune Indien et vous avez votre franc-parler, mais voilà que votre père travaille pour le B.I.A. Bon, c'est lui qui prendra si vous l'ouvrez. Le B.I.A. a la haute main sur le peuple indien grâce à un malin dosage où se mêlent la peur, l'intimidation et le chantage. Si vous défendez la cause des vôtres, ils vous rendent la vie dure, à vous et à vos parents. Si vous travaillez pour le B.I.A., ils vous déportent dans une autre réserve. Diviser pour régner, toujours le même foutu truc.

« Et les Blancs qui supervisent ! A Bemiji, dans le Minnesota, ils se sont aperçus que le commissaire se livrait à un trafic malpropre ; après des mois l'étau s'est resserré sur lui et ils l'ont vidé. Alors le B.I.A. l'a muté dans le Sud Dakota, et ce salopard a été refilé aux Sioux. Puis ils lui ont donné de l'augmentation et l'ont fait monter en grade. C'est ainsi qu'ils s'y prennent, pour donner de l'avancement à leurs incapables. A ce train-là, il n'y a pas de raison qu'ils ne se retrouvent pas à la direction du B.I.A.

« Ça me rend tellement furieux que j'ai envie de hurler. Bon Dieu, je veux mettre de l'ordre là-dedans. Je ne hais pas les Blancs, je hais seulement ce qu'ils nous ont fait. L'escalade de ce mont va remplir d'orgueil bon nombre de nos enfants et de nos vieux, quand ils vont voir qu'on a repris le monument au gouvernement le plus fort du monde, qu'on occupe la montagne et qu'on la renomme autrement. C'est la signification de ce que nous avons fait — retrouver confiance en nous-mêmes pour prendre nos affaires en main, assurer notre propre destinée ; que chaque Indien se sente un homme responsable — c'est là le but auquel nous tendons. Et je crois que le temps vient, dans un avenir très proche, où les Indiens vont reconquérir leurs droits. Nous en avons mille fois ras-le-bol que d'autres nous expliquent ce que nous avons à faire et comment nous y prendre. C'est une des raisons pour lesquelles nous sommes ici. »

Bon, j'ai fini de chanter et me voici revenu des rochers. Lee Brightman qui est ici, on peut dire qu'il a donné la trouille à nos vieux quand il s'est mis à dire en public des paroles un peu fortes, « connerie » et tout le reste. Ils n'ont pas l'habitude, sauf entre eux. Mais je trouve que c'est fort éducatif. Regardez, voici Lizzy Jument Rapide, une grand-mère qui, jour après jour, fait l'ascension d'une montagne. Convenez-en, ce n'est pas mal. Et savez-vous pourquoi c'est un grand exploit ? Il n'y a pas longtemps encore, nos femmes indiennes n'auraient pas pris part à une pareille aventure. Des filles d'une grande université, peut-être bien, mais pas les femmes qui sont demeurées parmi nous. Et une vieille peau comme moi n'y aurait pas pris part non plus. Je me serais dit : « Tu es un voyant-guérisseur, reste du côté du spirituel, ne te mêle pas de politique. » Mais quand on nous a parlé du mont Rushmore, vous m'avez regardé et je vous ai regardé, et nous nous sommes exclamés ensemble : « Allons-y ! »

Et il y a une année à peine, la plupart des jeunes ne se seraient pas encombrés d'un voyant-guérisseur, et vieux par-dessus le marché. Quelle part pourra-t-il prendre à notre lutte ? auraient-ils pensé. Mais maintenant tout ça est changé. De jeunes Indiens instruits viennent me trouver et me disent : « Racontez-nous les anciennes coutumes. Parlez-nous de la pipe sacrée. Nous nous sentirons plus Indiens. » Et quand ils viennent se manifester au sommet de cette montagne, ils me demandent d'y planter en terre un bâton sacré et de célébrer un rite. Alors nous voici, jeunes et vieux, hommes et femmes, tout un groupe d'Indiens, et vous, votre femme, et cette fille blonde aux yeux bleus qui nous a emboîté le pas. Nul d'entre nous ne sera le même en redescendant. Cette montagne aura créé un changement en nous.

Comment en serai-je marqué moi-même ? Je crois que premièrement je vais intenter un procès à la ville de Winner pour discrimination raciale. Ce sera très nouveau pour moi. Ça m'était bien venu à l'esprit, de temps à autre, mais maintenant je vais le faire. Ce qui se passe dans la petite ville de Winner où j'habite, c'est une autre raison de me trouver ici. Il y a en réalité deux villes. La ville haute, qui est la ville blanche — rues pavées, trottoirs, lampadaires, bouches d'incendie, tout-à-l'égout, et les services municipaux qui vont avec.

Et la ville basse, l'autre Winner, la ville indienne, — ce qu'on pourrait appeler « le quartier indigène » — où vivent quatre-vingts familles sioux environ. Nous sommes, comme ils disent, les primitifs. Nous n'avons pas besoin de tout ça. Nous préférons les communs, les appentis. Tout le monde le sait. Il y a quelques familles blanches dans la ville indienne. Elles sont aussi pauvres que nous, plus pauvres peut-être. Et pour ce crime, elles sont traitées comme des Indiens — des Indiens Blancs.

Même la pluie est raciste à Winner. Elle s'écoule de ces somptueuses rues pavées de la ville blanche, inondant le quartier indigène, avec « Monsieur l'Indien » dans la boue jusqu'aux fesses quand il fait sa promenade de santé, de sa masure à ses cabinets.

Et nous n'avons pas que deux villes, nous avons aussi deux sortes de lois dans ce coin privilégié : une loi pour les Blancs et une loi pour les Indiens. J'ai vécu à Winner près de vingt ans, et de temps à autre, comme n'importe quel vaurien, on m'a jeté en prison pour ivrognerie et tapage public. Et d'autres fois j'y suis allé rendre visite à quelqu'un. Enfin, c'est une prison que je connais bien. On y met Monsieur l'Indien au trou pour la nuit et le lendemain matin, il comparaît devant le tribunal. Il y a un petit bureau où se tient le juge et vous entrez. Et le juge donne lecture de la plainte en justice et dit à Monsieur l'Indien : « Si vous plaidez coupable, on n'a plus à en parler, mais si vous plaidez non coupable, il va falloir que quelqu'un se porte caution pour vous, et avant d'être mis en liberté provisoire vous risquez de passer deux semaines ici. Alors, pourquoi ne pas vous faciliter les choses en plaidant coupable ? Quinze jours ferme et une amende de dix dollars. » Et Monsieur l'Indien plaide coupable, parce qu'il pourrait rester en prison jusqu'à la fin des temps avant de trouver l'argent de la caution.

Une fois, un Indien rentrait chez lui, sobre comme un juge. Une voiture de la police s'arrête juste devant lui. « Monte ! » Il dit : « Je ne suis pas soûl », mais les flics répètent : « Monte ! » et se mettent à le matraquer ; le voilà au bloc. Je ne sais pas ce qu'ils lui voulaient. Sans doute s'était-il plaint d'en avoir gros sur la patate pour ceci ou cela. La technique a pour but non seulement d'apeurer le gars qui écope mais nous tous par la même occasion. Personne ne parle ouvertement de discrimination raciale dans la ville parce qu'on sait que la police est à l'affût.

Mais dans cette justice à double visage, le pire c'est en cas de meurtre. Quand Aigle Blanc, un garçon des nôtres, a tué un joaillier blanc, il a été condamné à mort. La sentence a été commuée plus tard en détention à perpétuité, et pourtant l'on sait bien qu'Aigle Blanc n'avait pas sa tête à lui quand il a fait ça. Voilà le verdict pour avoir tué un Blanc — la mort.

Le verdict pour avoir tué un Indien est différent. Un garçon blanc de dix-sept ans a abattu un Indien, — un père de famille dans la cinquantaine, — après avoir tiré sur lui sept fois, il n'a écopé que pour deux ans. Un Blanc de White River a tué un jeune Indien de Murdo, on lui a seulement filé trente jours de prison et cent dollars d'amende pour voies de fait et coups et blessures. Ils ont dit qu'il ne pouvait pas être condamné pour meurtre car... il avait épousé le principal témoin, une fille indienne qui avait assisté au crime.

Un riche propriétaire de ranch a tiré sur un jeune Indien, un garçon très calme qui fréquentait l'église. Il l'a tué. Le Blanc était armé, l'Indien ne l'était pas. Il n'y avait pas de témoin, mais le propriétaire du ranch a reconnu les faits. Pendant deux semaines, on ne l'a même pas arrêté. Et au procès, il a été acquitté. « Homicide susceptible d'être justifié » ont-ils conclu. D'aussi flagrantes injustices ne s'oublient pas comme ça.

Je vois que le soleil se lève et il est rouge — le vrai soleil de l'Indian Power. Ça nous a fait du bien de passer la nuit ici, à échanger des idées, sur la tête de Teddy Roosevelt. Il est temps de planter ce bâton sacré tout au sommet. Où est-il ? Vous voulez que je monte jusque-là ? En longeant la crevasse ? Je crois que j'ai intérêt à enlever mes bottes de cow-boy, elles ont de trop hauts talons. Mes chaussettes sont un peu glissantes ; pas de prise. Et qu'est-ce que vous faites ? On a besoin de vous là-haut avec votre caméra. Je trouve que vous ne vous en tirez pas tellement bien non plus : après ce que vous m'avez raconté de vos ascensions en Autriche ! Vous deviez être plus mince dans ce temps-là. Le passage est un peu étroit, et vous avez trop d'embonpoint. Votre « cimetière à poulets rôtis », comme vous dites, m'a l'air de vous gêner. Enfin, on est quand même arrivés. Laissez-moi reprendre ma respiration. Et vous aussi, frère. Pour une expédition dingue comme celle-ci, j'aimerais mieux avoir vingt ans de moins. Bon, je vais dire une prière avec mon calumet. Et voici mon bâton sacré avec la plume qui y est attachée, le bâton du vieux voyant-guérisseur. Je désire qu'un jeune Indien le plante dans cette fissure du rocher. Servez-vous de la pioche, enfoncez-le profond. Désormais la plume d'aigle flotte de nouveau sur le Paha Sapa, sur les Black Hills sacrées. Un jour, elles nous appartiendront de nouveau.

APRES COUP

En août 1971, un an après avoir écrit ces lignes, John et moi-même campions ensemble, avec nos familles, dans les Black Hills. Tout d'un coup, il nous est venu en tête de faire un saut chez Korczak Ziolkowski, l'architecte génial. Le lieu était assez semblable à ce que nous imaginions — une rue pavée, un péage à deux dollars pour laisser passer les voitures, un parking immense, et, dressée derrière lui, l'énorme montagne n'offrant aucun signe apparent d'un début de métamorphose en statue. Une zone plate au sommet et un trou considérable formant tunnel sous le granit, c'est ce que Ziolkowski avait à montrer après vingt-quatre années de combat avec la montagne. Sa demeure est un terrier de cinq-six pièces lambrissées en bois de pin que commande un vaste hall également en bois où les touristes prennent place à un comptoir pour déguster des hamburgers de bison, ou pour acheter au magasin de souvenirs des petites répliques, couleur rose ou chartreuse, du futur monument à Cheval Fou. Les haut-parleurs tonnent pendant que les filles du sculpteur guident la foule des touristes bouche bée à travers les objets exposés, en leur donnant des explications. On nous conduisit finalement, loin dans les entrailles de la ruche, jusqu'à l'atelier de Korczack : un endroit calme et retiré où le bruit de la foule se dissipe jusqu'à n'être plus qu'un murmure ; le sanctuaire.

C'est probablement une erreur de vouloir rencontrer un homme après avoir pensé du mal de lui. Mais le fait est que John et moi nous nous sommes pris d'amitié pour Korczack en faisant sa connaissance. Bourru, hirsute avec une grande barbe en broussaille, il portait une veste en jean délavée avec des manches déchirées. Il nous accueillit, ours poivre et sel, en gesticulant de ses bras nus.

Nous lui avons dit que nous avions écrit des choses assez dures sur son monument, et pourquoi. Il se contenta de nous offrir un visage épanoui, posant devant moi une bouteille de vin français qui se laissait boire, et une bouteille de whisky devant John. Il se déclara volontiers d'accord sur certaines de nos remarques. Lui aussi trouvait que la montagne serait peut-être plus belle à voir si on la laissait tranquille. Il regrettait beaucoup de ne plus être en contact avec les Indiens. Quant à son moulin à touristes et ses modèles miniatures rosâtres de Cheval Fou, il en chassa le souvenir d'un geste obscène.

En même temps, il ne donnait guère l'impression de s'excuser. Il faisait ce dont il avait envie et y trouvait plaisir. Un égocentrique fier de sa mégalomanie. Il reconnut toucher près de deux cent mille dollars par an en billets d'entrée, mais précisa que presque toute cette somme retournait à la réalisation du projet. Il nous parla de ses ennemis :

les Blancs des environs qui ne veulent pas entendre parler d'un monument à un chef indien. Il nous montra du doigt quelques fusils chargés : « J'ai même appris à ma femme à tirer. »

Il admit que les Indiens étaient devenus méfiants envers son projet, mais fit état d'une lettre du chef sioux Henry Ours Debout. « S'il vous plaît, pulvérisez une montagne pour que l'homme blanc sache que l'homme rouge aussi a ses grands héros. » C'est cette lettre, d'après Korczack, qui a donné le branle au projet. Il a évoqué le centre indien de cinquante millions de dollars, avec hôpital, université, musée, qui pourrait être construit, grâce à son travail. Il avait l'air tout à fait sincère là-dessus, mais il pourrait bien s'agir d'un numéro très au point.

Comme à soixante-trois ans, pour fruit de ses travaux, il ne pouvait encore rien montrer de plus qu'un trou gigantesque dans la montagne, nous lui avons demandé si son monument risquait d'être achevé un jour. « Il y en a qui disent que non », répondit-il. « Et alors ! Qu'ils aillent au diable. Ça ne leur coûte rien. » Il se prit ensuite à philosopher d'une façon un peu bizarre. « Ecoutez, si jamais les Russes ou les Chinois font la conquête des Etats-Unis, ils mettront en pièces le mont Rushmore, mais ils ne toucheront pas à mon monument à Cheval Fou. Les pyramides ne seront plus rien à côté de lui ! » Korczak se révéla un hôte plein d'entrain, et nous avons parlé jusqu'à une heure avancée de la nuit. A la fin nous avons même chanté avec lui sa chanson favorite :

Si j'avais
la pine d'un bison
Si j'avais
les couilles d'un bison
je me tiendrais
en haut de mon monument
et je pisserais
sur tous les couillons.

Regagnant en voiture le terrain de camping, John et moi sommes convenus que nous n'aimions décidément pas le projet de Korczak, mais que Korczak, l'homme, nous avait mis dans sa poche.

CHAPITRE VI

LE CADRE ET LE CERCLE

Que voyez-vous ici, mon ami ? Tout juste une vieille marmite, ébréchée et noire de suie.

Cette marmite est posée sur le vieux poêle en bois qu'on a allumé, et l'eau bout à gros bouillons. La buée de la vapeur monte au plafond et le couvercle de la marmite se soulève légèrement. A l'intérieur de la marmite, l'eau bouillante, des morceaux de viande avec les os et la graisse, et beaucoup de pommes de terre.

Elle n'a pas l'air de porter un message, cette vieille marmite, et je parie que vous ne lui accordez pas le moindre intérêt — si ce n'est que la soupe sent bon, ce qui vous rappelle que vous avez faim. Vous avez peut-être peur d'avoir affaire à un ragoût de chien ? Ne vous inquiétez pas. C'est seulement du bœuf — pas un animal domestique bien gras pour les jours de cérémonie. Il s'agit d'un repas ordinaire.

Mais je suis un Indien. Je pense à des choses tout à fait communes comme cette marmite. L'eau qui bouillonne provient d'un nuage de pluie. Le feu, du soleil qui nous réchauffe tous — les humains, les bêtes, les arbres. La viande est symbole des créatures à quatre pattes, nos frères les animaux, qui se sacrifient pour que nous puissions vivre. La vapeur est l'haleine de la vie. Elle était eau, maintenant elle regagne le ciel, redevient nuage. Tout cela est sacré. A regarder cette marmite pleine de bonne soupe, je me redis que de cette simple façon Wakan Tanka prend soin de moi. Nous autres Sioux passons beaucoup de temps à penser aux choses de chaque jour, qui à nos yeux sont mêlées au spirituel. Nous voyons dans le monde alentour de nombreux symboles qui nous enseignent le sens de la vie. Nous avons un dicton d'après lequel si l'homme blanc voit si peu, c'est qu'il ne doit avoir qu'un œil. Nous voyons beaucoup de choses que vous ne remarquez pas. Vous les remarqueriez si vous en aviez envie, mais vous êtes tellement pressés, en général. Nous autres Indiens vivons dans un monde de symboles et d'images où le spirituel et l'ordinaire des jours ne font qu'un. Pour vous les symboles ne sont que des mots qu'on dit ou bien qu'on écrit dans les livres. Pour nous,, ils sont une partie de la nature, une partie de nous-mêmes — la terre, le soleil, le vent et la pluie, les pierres, les arbres, les animaux, même les petits insectes comme les fourmis ou les sauterelles. Nous essayons de les comprendre, pas avec avec la tête mais avec le cœur, et une simple indication suffit à nous en révéler le sens.

Ce qui vous semble banal, à nous, apparaît merveilleux grâce au symbolisme. C'est drôle parce que pour « symbolisme » nous n'avons même pas de mot, et pourtant le symbolisme nous imprègne au plus intime de notre être. Vous, vous avez le mot, mais c'est tout.

Regardez cette ceinture. Elle a été faite par ma grand-mère. Vous la trouvez belle et j'en suis heureux parce que je compte vous la donner. Mais elle n'est pas seulement belle, elle raconte une histoire. Ce que vous voyez, vous, c'est seulement un motif géométrique de perles ou de verroterie — des lignes, des triangles, des formes de diamant — mais il s'agit du récit des exploits de mon grand-père. Cette forme de diamant

représente une plume donnée à un guerrier, pour qu'il l'arbore après avoir accompli un acte de courage, comme d'avoir lutté avec l'ennemi corps à corps. Ces rectangles où manque l'un des côtés

représentent une piste de chevaux. Ils rappellent les poneys capturés à l'ennemi. Cette forme

veut dire qu'un cheval a été tué au combat et que le cavalier a eu la vie sauve grâce à mon grand-père. Ces deux

triangles figurent des flèches lancées contre l'ennemi. La ceinture raconte une bataille.

Une femme peut faire une sorte de ceinture différente, exprimant son amour de la nature. Ces lignes

sont les sentiers de sa promenade. Voici les feuilles contre lesquelles elle s'est frottée.

Ceci

est le joli papillon venu se poser sur son épaule. Ces marches qui montent et descendent

représentent une montagne dans le lointain. Voici

des nuages, et ces trois formes

montrent les tourbillons du vent.

Cette ceinture parle d'une jeune femme qui se promène, est surprise par l'orage, se hâte de rentrer à la maison, où elle se met à faire la ceinture. Bien entendu, une fille peut confectionner une ceinture pour son amoureux et y inscrire toutes sortes de secrets et de confidences. Il comprendra.

Ces motifs abstraits sont l'ouvrage des femmes. Les hommes dessinent des humains ou des animaux de façon réaliste, comme ils les voient, mais même dans un dessin d'homme, il y a un sens caché. Prenez ce paysage, il a été peint par l'un de mes amis. Ce que vous voyez, ce sont deux collines aux formes arrondies sous le ciel, la prairie, une source. Eh bien, il ne s'agit pas du tout d'un paysage. Il s'agit d'un corps de femme. Les collines ce sont ses seins, la plaine douce et fertile c'est son ventre et la vallée avec une source — ça, c'est son *winayan shan,* son sexe. Mon ami n'a pas peint cela pour qu'on se récrie, pour faire minauder. Je pense qu'il s'est représenté sa femme comme un beau paysage. Il ne pouvait pas oublier cette vallée avec sa falaise. Il y a là quelque chose d'essentiel à sa féminité, de sacré ; qui symbolise l'amour et les enfants à élever. Je trouve que c'est un bien beau tableau.

Le symbolisme nous a aidés à écrire sans alphabet. Par le moyen des symboles, nous pouvons décrire même les pensées les plus abstraites avec assez de précision pour que chacun comprenne. Ces deux mains ouvertes

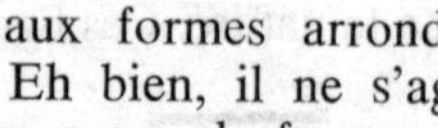

tendues l'une vers l'autre sont notre signe pour désigner

la paix. Un homme tenant le calumet de la paix signifie

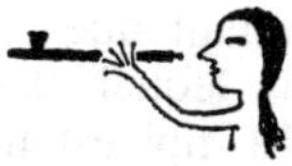

la prière.

Voici un voyant-guérisseur. Il a les yeux fermés ; il lui est venu une vision, une intuition. Les lignes brisées au-dessus de sa tête représentent le pouvoir de l'esprit descendant sur lui.

Un homme entouré d'une ligne de points, comme ceci :

est un homme pris de peur, ce qu'il voit se referme sur lui.

Vous savez, ça me fait toujours sourire quand j'entends de jeunes garnements, des Blancs, traiter des vieillards de croulants, de décrépits aux manières, à l'esprit et au cœur racornis. (Notez qu'à mon sens l'âge ne fait rien à l'affaire : on peut être un vieux, une ruine, à dix-huit ans.) Mais sans nul doute les Indiens auraient fort bien pu trouver de tels qualificatifs pour ce genre d'individus.

Selon notre optique, le symbole indien est le cercle, la boucle [1]. La nature veut la rondeur des choses. Les corps des humains et des animaux n'ont pas d'angles. En ce qui

1. Dans l'original, le titre du chapitre est : « Le cercle et le carré ». Le chapitre même repose tout entier sur un contraste. D'une part, la vie des Sioux que Cerf Boiteux dit naturelle et que symboliquement il représente, comme on va voir, par *le cercle* — étant entendu que l'on procède de cercle en cercle, jusqu'à l'infini inconnaissable. D'autre part, la vie des Blancs, enserrée dans *un carré* de conventions. Mais ici, deux difficultés dans les applications de cette seconde métaphore. La première tient simplement au fait que Cerf Boiteux appelle carrés, maisons,

nous concerne, le cercle est le symbole des hommes et femmes rassemblés autour du feu de camp, parents et amis réunis en paix pendant que le calumet passe de main en main. Le camp dans lequel chaque tipi avait sa place forme aussi un cercle. Le tipi est un cercle où l'on s'assoit en cercle ; toutes les familles du village sont également des cercles dans ce cercle, lui-même partie de la plus grande boucle que forment les sept feux de camp des Sioux, représentant la nation sioux. La nation est seulement une partie de l'univers, en lui-même circulaire et fait de la terre, qui est ronde, du soleil, qui est rond, des étoiles qui sont rondes ; et la lune, l'horizon, l'arc-en-ciel sont aussi des cercles insérés dans des cercles insérés dans des cercles, sans commencement ni fin.

A nos yeux, cela est beau et tout à fait approprié, symbole et réalité en même temps, expression de l'harmonie et de la nature. Notre cercle se répand, sans fin, éternellement ; il est la vie émergeant de la mort — la vie qui apprivoise la mort.

Le symbole de l'homme blanc est le cadre. Le cadre de sa maison, des buildings où sont ses bureaux, avec des murs de séparation. Partout des angles et des rectangles : la porte qui interdit l'entrée aux étrangers, le dollar en billet de banque, la prison. Le rectangle, ses angles, un cadre. De même pour les gadgets de l'homme blanc — boîtes, boîtes, boîtes et encore des boîtes — téléviseurs, radios, machines à laver, ordinateurs, automobiles. Toutes ces boîtes ont des coins, des angles abrupts — des arêtes dans le temps, le temps de l'homme blanc, ses rendez-vous, le temps de ses pendules, ses heures de pointe — c'est ce que les coins signifient à mes yeux. Vous êtes devenus les prisonniers de toutes ces boîtes.

---

bureaux, etc, quand il veut dire en réalité qu'ils forment des angles. Il a donc bien fallu, en langue française, rectifier cet abus de sens. La seconde difficulté tient à ce que l'anglais, depuis quelques années, nomme *square* (carrés) les gens d'esprit et de mœurs conventionnels. Ce fait de la langue anglaise donne son point de départ, son élan et son sens au chapitre. Il semble que l'équivalence française soit : « *cadre* » ; le cadre, personnage conventionnel de nos sociétés, et le cadre de vie de ces sociétés. D'où le titre français du chapitre. N.d.T.

Mais de plus en plus nombreux, certains jeunes Blancs veulent cesser d'être des cadres, des encadrés, des aplatis, et tentent de devenir ronds. Cela, c'est bien.

De la naissance à la mort, nous Indiens sommes pris dans les plis des symboles comme dans une couverture. Les planches du berceau d'un nouveau-né sont recouvertes de dessins qui doivent veiller à la vie heureuse et saine de l'enfant. Les mocassins des morts ont leurs semelles perlées d'une certaine façon pour faciliter le voyage vers l'au-delà. Pour la même raison, la plupart d'entre nous ont des tatouages au poignet — pas de tatouages comme ceux de vos marins, poignards, cœurs ou filles nues — rien qu'un nom avec des lettres ou des dessins. La femme Hibou qui veille à l'entrée de l'antichambre des esprits regarde ces tatouages et nous laisse entrer. Ils sont comme un passeport. De nombreux Indiens croient que si le corps n'est pas marqué de ces signes, cette femme fantôme vous interdira le passage et vous précipitera au bas d'une falaise. Et vous errerez alors sans fin sur la terre ; vous serez un *wanagi* — un fantôme. Il sera seulement en votre pouvoir de faire peur et de siffler. Ce n'est peut-être pas si mal d'être un *wanagi*. Ce pourrait même être drôle. Je ne peux pas dire. Mais, comme vous voyez, j'ai les bras tatoués.

Chaque jour de ma vie, je vois des symboles dans la forme de certaines racines ou certaines branches. Je lis des messages dans les pierres. Je leur accorde une attention spéciale parce que je suis un *yuwipi* et que les pierres c'est mon affaire. Mais je ne suis pas le seul. Beaucoup d'Indiens en font autant.

Inyan, les pierres, voilà qui est sacré. Chaque homme a besoin d'une pierre pour l'aider à vivre. Il y a deux sortes de pierres utiles pour les guérisons. Les pierres blanches comme la glace. Les pierres coloriées que vous reconnaissez et ramassez en raison de leurs formes particulières. On s'adresse aux pierres pour retrouver les objets perdus. Les pierres peuvent aussi avertir de l'existence d'un ennemi, ou d'un malheur très proche. Les vents sont symbolisés par le corbeau et par une petite pierre noire de la grosseur d'un œuf.

Inyan-sha, la pierre rouge du calumet, est peut-être ce

qu'il y a de plus sacré, sa couleur rouge représentant le sang même de notre peuple.

Dans l'ancien temps, nous avions souvent recours à des pierres mégalithiques que nous couvrions de plumes, ou de sauge, et qui étaient comme nos autels, et auxquelles nous adressions nos prières. Parfois, sur un de ces autels un chien était sacrifié. Au nord d'ici, dans le Montana, près de la ville de Busby, se trouve une pierre énorme dite la Roche du Cerf Guérisseur. Elle est haute comme un building et on peut en faire l'ascension. Elle est entièrement recouverte d'images d'hommes et d'animaux, ou de dessins abstraits — volutes, spirales, zigzags. Parfois il s'agit de peintures, parfois de ciselures à même la pierre. Il y a une superposition picturale, et des enchevêtrements, parce que générations après générations, les Indiens ont laissé leurs marques sur cette pierre.

Juste avant la bataille de Little Bighorn, les Sioux et les Cheyennes ont célébré la danse du soleil à la Roche du Cerf Guérisseur et Sitting Bull a fait le sacrifice de centaines de morceaux de sa chair, de l'un et l'autre bras, et il lui est venu une vision : « De nombreux soldats blancs battant en retraite vers leur camp », qui présageait la défaite de Custer.

Chaque fois que je me trouve dans le Montana et que la chance m'en est donnée, je vais prier cette pierre. Elle se dresse au beau milieu des terres d'un propriétaire de ranch, un éleveur. Un gars gentil d'ailleurs. Il nous ouvre la grille et fait signe de passer à travers la clôture. Je me dis qu'il se demande ce qui fait courir ces cinglés d'Indiens — tout un camion — à la recherche d'une pierre.

La pierre convient vraiment à notre monde de symboles. La pierre ronde et sans fin. Le pouvoir de cette pierre n'a pas de fin non plus. Toutes choses rondes sont en parenté entre elles, par exemple la *wagmuha* — la gourde, la crécelle sacrée — avec les quatre cent cinq petites pierres qu'elle renferme, autant de cailloux trouvés sur les fourmilières.

Nulle chose n'est si infime et insignifiante qu'elle n'ait en elle un esprit donné par Wakan Tanka. De Tunkan, on pourrait dire qu'il s'agit d'un dieu de pierre, mais il participe aussi du Grand Esprit. Les dieux sont des entités distinctes, mais tous sont unis en Wakan Tanka. C'est difficile à comprendre, cela ressemble au principe de la sainte trinité. Vous ne pouvez l'expliquer qu'en faisant retour à l'idée des cercles dans les cercles, l'esprit se fractionnant lui-même en pierres, arbres, même en insectes minuscules, qu'il rend tous *wakan* par sa présence perpétuelle. Et à son tour cette myriade d'éléments constitue l'univers qui remonte à sa source, dans l'union du Grand Esprit.

Tunkan, le dieu pierre, est, à notre avis, l'esprit le plus ancien, parce qu'il est le plus dur. Voyez-vous, il incarne la création, parce qu'il symbolise la virilité. Il est dur, droit, perçant, comme une pointe de lance ou de flèche des temps anciens.

Inyan Wasicun Wakan, ou l'homme de la pierre blanche sacrée, est notre Moïse. Il nous adresse son appel. Il se rend seul au sommet de la montagne, comme un Indien, pour que sa vision lui vienne ; seul avec son dieu, il lui parle par le moyen du feu, des buissons et des rochers. Moïse, redescendant de la montagne avec les tables de la Loi gravées d'inscriptions, aurait fait chez nous un bon voyant-guérisseur.

Tunkan, l'esprit de la pierre. Wakinyan, l'esprit du tonnerre. Takuskanska, le meneur de jeu. Unktehi, l'esprit des eaux. Tous sont *wakan* : mystérieux, magnifiques, incompréhensibles, sacrés. Ils participent tous du Grand Mystère. Ils sont tous quatre les grands éléments du surnaturel, ce qui nous conduit à une autre forme encore de symbolisme, la magie des nombres que nous avons en commun avec tant d'autres peuples.

Quatre est le nombre le plus *wakan*, le plus sacré. Quatre représente Tatuye Topa : les quatre quarts de la terre. L'un de ses symboles principaux est *Umane*, qu'on figure comme ceci :

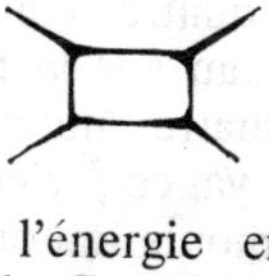

Umane représentente l'énergie en réserve de la terre. Je veux dire par là que le Grand Esprit répand une somme d'énergie fabuleuse, inimaginable — cailloux, fourmis, feuilles, tourbillons du vent, tout ce que vous voudrez.

Pourtant il subsiste un immense surcroît d'énergie qu'Umane a le pouvoir de s'octroyer ; s'il nous en revient une part, il faut en user sagement et avec modération.

Autrefois, les hommes avaient coutume, dans les circonstances exceptionnelles, d'ériger à Umane un autel de pierre surélevé dans l'enceinte des tipis. Cet autel était si *wakan* qu'on ne pouvait ni le toucher ni même lever la main au-dessus de lui.

Encore aujourd'hui nous dressons nos autels — des tertres de pierre décorés de faisceaux de feuilles de tabac et de petites plantes — pour célébrer nos rites *yuwipi.*

Quatre, le nombre sacré, représente aussi les quatre vents, dont le symbole est la croix.

Le Sac-médecine du Grand Mystère contenait quatre fois quatre éléments. Unktepi, l'esprit des eaux, créa la terre et les humains qui la peuplent. Chaque chose trouve en l'eau son commencement. Unktepi nous a donné ce Sac des Mystères. A l'intérieur du sac, le duvet du cygne symbolisait les oiseaux, une touffe de poils de bison, les animaux à quatre pattes, l'herbe, toutes les herbes, l'écorce et les racines représentant les arbres. Le sac contenait quatre sortes de peaux pour les oiseaux, quatre sortes de fourrures pour les autres animaux, quatre espèces de plantes, quatre espèces de roches et de pierres.

Quatre éléments font l'univers : la terre, l'air, l'eau et le feu.

Pour nous, Sioux, voici les quatre vertus que doit posséder un homme : la bravoure, la générosité, l'endurance et la sagesse. Pour une femme, ces vertus sont la bravoure, la générosité, la sincérité et la fécondité.

Nous Sioux faisons toutes choses quatre fois. Nous tirons quatre bouffées du calumet. Ceux d'entre nous qui adhèrent à la *Native American Church* prennent, au cours d'une nuit de prière, quatre fois quatre cuillerées de peyotl. Nous versons quatre fois de l'eau sur la roche bouillante pendant le bain de vapeur. Quatre nuits durant nous poursuivons notre quête de voyance ; c'est la *hanblechia.* Avant la célébration d'une cérémonie importante les hommes renoncent à la compagnie des femmes quatre jours et quatre nuits. De leur côté les femmes demeurent à l'écart du camp des hommes quand elles sont *isnati*, c'est-à-dire au moment de leurs menstruations, et après avoir donné naissance à un enfant. Ou du moins il en était ainsi.

Sept est aussi un nombre sacré, symbolisant les sept cercles des feux de camp de la nation sioux, les sept rites sacrés et les sept bandes des Sioux Teton [1], mais quatre est plus *wakan*. Nous hissons sept pavillons de couleur pour nos cérémonies, ce qui me remet en mémoire le symbolisme et le pouvoir des couleurs.

Le noir représente l'ouest ; le rouge, le nord ; le jaune l'est ; le blanc le sud. Le noir est nuit, obscurité, mystère, le soleil qui s'est couché. Le rouge est la terre, l'argile, le sang du peuple. Le jaune est le soleil qui se lève à l'orient pur pour éclairer le monde. Le blanc est la neige. Le blanc est l'éclat du soleil à son zénith.

Rouge, blanc, noir, jaune — ce sont les vraies couleurs. Elles nous indiquent les quatre directions ; et l'on pourrait parler aussi du cheminement de nos prières. L'une des raisons de la fascination que ces couleurs exercent sur nous, c'est qu'elles symbolisent l'unité du genre humain, l'unité des races — les hommes noirs, les hommes « rouges », les hommes jaunes, les hommes blancs, nos frères.

Les mots sont aussi des symboles d'un grand pouvoir, surtout les noms de personnes. Pas Charles, Dick et George. Il ne s'attache pas grand pouvoir à ces noms. Mais Nuage Rouge, Elan Noir, Tourbillon, Deux Lunes, Cerf Boiteux — ces noms-là sont en relation avec le Grand Esprit. Chaque nom indien repose sur une histoire, une vision, une quête de rêves. Un nom doit être à la source de grands bienfaits ; mettre l'homme au contact de la nature et de la vie animale. On doit exister sous l'empire de son nom. S'en remettre à lui, y puiser sa force. Un nom doit être — réellement — un nom propre, créé pour un être en particulier et lui appartenant exclusivement. Charles, Dick, Georges ou Machin-Truc ne sont pas des noms propres.

Chaque nom indien relate une histoire qui demeure

1. Ensemble de tribus Sioux comprenant les Oglalas, les Brûlés et les Hunkpapas, les Minneconjoux, les Sans-Arcs, Two Kettles et Black-Foot (Sioux Pieds-Noirs). N.d.T.

cachée aux étrangers si on ne la leur explique pas. Prenez notre illustre Homme Apeuré Par Son Cheval. Cela semble bizarre dans votre langue. Mais Homme Apeuré conduisit ses guerriers au combat et devant lui l'ennemi prit la fuite. Les voyants-guérisseurs voulurent l'honorer et lui conférèrent ce nom, qui en réalité veut dire : Il est si intrépide et si redouté que ses ennemis — les hommes apeurés, l'Homme Apeuré — se sont enfuis à la seule vue de son cheval, même s'il ne le montait pas. Voilà un nom d'une grande valeur, un vrai nom. Celui qui l'a porté a dû mener une vie d'une grande dignité.

Outre le nom sous lequel nous sommes connus, nous les Sioux portions aussi un autre nom, un nom secret, jamais prononcé à voix haute. C'était notre nom dit de destin propice et de longue vie. Parfois ce nom confidentiel était donné à l'enfant par le grand-père ou le voyant-guérisseur. mais le mieux était qu'il le soit par un *winkte*.

Les *winktes* étaient des hommes qui s'habillaient en femmes, avaient l'air de femmes et se comportaient comme des femmes. Ils agissaient ainsi de leur propre volonté ou pour se soumettre à un rêve qu'ils avaient eu. Ils n'étaient pas comme les autres hommes, mais le Grand Esprit les faisait *winktes* et nous les regardions comme tels. Il leur était attribué le don de prophétie, et l'on croyait que le nom secret donné par un *winkte* était chargé d'un pouvoir particulier, tout à fait efficace. Jadis, le père faisait don au *winkte* d'un beau cheval, pour le remercier de conférer un tel nom à son enfant.

A l'homme blanc, les symboles sont tout juste quelque chose d'agréable, qui permet de se laisser aller à des spéculations, à un jeu de l'esprit. Pour nous, ils sont plus que cela, beaucoup plus. Il s'agit pour nous de vivre les symboles. Vous me voyez répandre un peu de terre rouge sur le plancher. Je l'aplatis avec la paume de ma main et la lisse avec une plume d'aigle. Ensuite avec le doigt je trace un cercle, un cercle qui n'a pas de fin. Un homme est figuré dans ce cercle. C'est moi. C'est aussi un esprit. Au-dessus de la tête se dressent quatre cornes. Elles représentent les quatre vents. Les cornes sont arrondies aux extrémités. Une des courbes est la courbe du bien, l'autre celle du mal. Cette dernière pourrait servir à tuer quelqu'un.

Tahca Ushte priant avec la pipe sacrée au pied du mont Rushmore, Sud Dakota.

La bataille de Little Big Horn peinte sur peau par Kicking Bear/Ours-qui-rue.

◄ Chef sioux Shak
pee, peu de temp
avant sa pendaiso
en 1862. Fort Sne
ling, Minnesota.

Camp d'Indiens Sio
Santee, prisonnie
après la révolte
chef Little Craw/Pe
Corbeau, Minneso
1862.

L'aïeule, « le visage raviné comme les Badlands »...
Aspect, en hiver, d'une réserve sioux du Sud Dakota. ▶

Ours-à-la-voix-puissante, Sioux Yankton.

Indiens Sioux devant un tipi, Fort Laramie. Fin du XIXe siècle. ▶

Cinq générations de femmes dans une famille sioux.

◀ Jeunes Sioux à l'école fédérale de Rosebud, Sud Dakota. Fin du XIXe siècle.

Famille indienne en habits européens.
Groupe de Sioux Brûlés, Rosebud, Sud Dakota, 1897. ▶

Un magasin-comptoir dans une réserve sioux en 1893.

Distribution des rations de bœuf dans une réserve sioux en 1893. ▶

No 305
Sioux Indians,
Getting Their Beef Rations

Construction funéraire sioux, Elk Prairie, Buffalo Range, Missouri, 1882.
Funérailles chrétiennes dans une réserve sioux à la fin du XIXe siècle, Sud Dakota. ▶

Taureau Bouffon, voyant-guérisseur sioux, 1900.

"Danse du Bison Blanc" chez les Sioux en 1893. ▶

301. WHITE BUFFALO-
DANCE. "SIOUX."
HOTO. & COPYRIGHT. JAN. 1893.
J. A. ANDERSON.
McCURG CRACKER CO.
CRACKERS

La purification par le rite de la sudation, chez les Sioux du Sud Dakota. XXe siècle.
Charpente d'une étuve, Lame Deer, réserve cheyenne, Montana. ▶

Danse de guerre d'Indiens Sioux, dessin de George Catlin. Milieu du XIXe siècle.

Le sacrifice du chien pendant la "Danse du Soleil". ►

Nº 289. SQUAW DANCE
PHOTO. & COPYRIGHT.
By
J.A. ANDERSON.
1893.

"Danse des Fantômes", à nouveau pratiquée dans la réserve de Rosebud en 1974.
◄ "Danse de femmes" (premier plan) chez les Sioux, 1893.

Tahca Ushte en prière sur une colline des Badlands, Sud Dakota.
Tahca Ushte dans un tipi traditionnel; il tient un bouquet de sauge, plante purificatrice. ▶

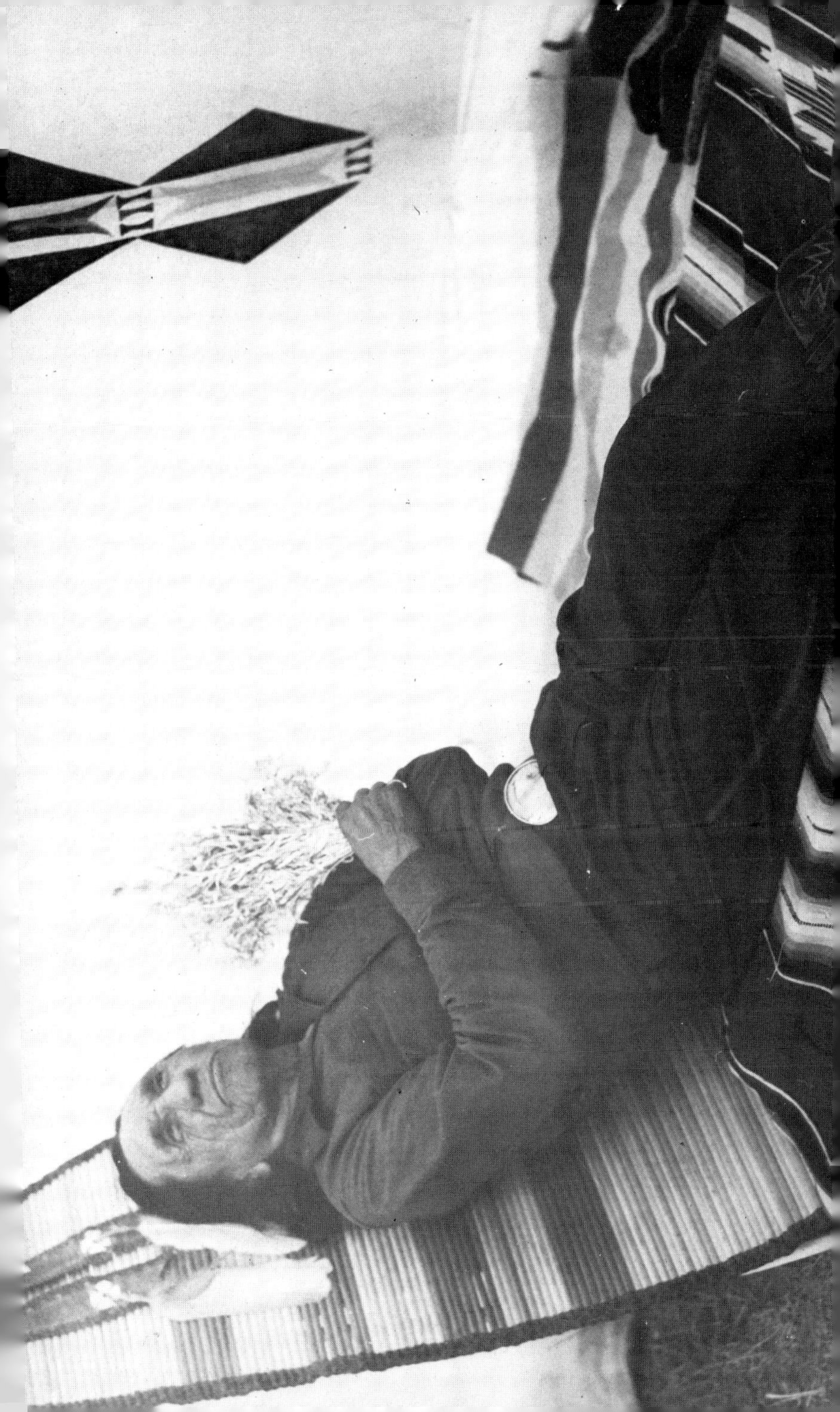

Le rite du percement de la chair dans la “Danse du Soleil” ; le danseur souffle dans un sifflet en os d’aigle.

◀ “Danse du Soleil” dans la réserve sioux oglala de Pine Ridge, en 1972.

Les fêtes sont souvent prétexte à abus d'alcool, ce cadeau empoisonné de l'homme blanc.
Groupe de musiciens et chanteurs sioux dans la réserve de Rosebud, Sud Dakota, au cours d'un powwow moderne. ▶

Floyd Young Horse pendant l'occupation par les Indiens du Bureau des Affaires indiennes, à Washington, en 1972.

Indiens Sioux défilant, en 1973, autour de la fosse commune des Indiens massacrés à Wounded Knee en 1890, Sud Dakota. ▶

Tahca Ushte au sommet d'un gratte-ciel de New York.

Si vous regardez mieux ce cercle sans fin, vous vous apercevrez qu'il a également la forme d'une demi-lune. Avec le pouce, j'imprime vingt-quatre points autour du cercle. Ils représentent les vingt-quatre voyants-guérisseurs qu'il m'a été dit d'avoir à consacrer. Il y en a dix-huit que j'ai déjà consacrés. Une vieille femme sagace m'a dit une fois que je mourrais après avoir consacré le dernier d'entre eux. Aussi vous pouvez comprendre que je ne suis pas pressé d'en arriver là. Etudiez bien mon image de terre. Elle est la représentation spirituelle à laquelle un homme doit réfléchir.

Les vingt-quatre points symbolisent aussi les quatre points cardinaux, quatre points pour chacun d'eux — le nord, l'est, l'ouest, le sud — et quatre pour le soleil là-haut et quatre pour la terre sous nos pieds [1]. Mon calumet pointe vers toutes ces directions. Nous sommes désormais en harmonie avec l'univers, fondus en lui, un point sur le cercle qui n'a pas de fin. Cela veut dire que nous étions ici bien avant que ne vienne le premier homme blanc ; nous y sommes en ce moment, nous y serons à la fin du temps — du temps indien. Nous vivrons. Maintenant fumons. *He-hetchetu.*

1. Le lecteur notera sans doute que le dessin qui clôt le chapitre ne reproduit pas exactement cette disposition des points. Il en est ainsi dans l'original. N.d.T.

CHAPITRE VII

PARLER AUX HIBOUX ET AUX PAPILLONS

Asseyons-nous ici, nous tous, au milieu de l'immense prairie, d'où nous ne pouvons voir ni une autoroute ni un grillage. N'ayons pas de couvertures pour nous asseoir, mais sentons le sol sous nos corps, la molle résistance de la terre, la présence des arbustes autour de nous. Prenons l'herbe pour matelas, éprouvons sa dureté et sa douceur. Devenons pareils aux pierres, aux plantes et aux arbres. Soyons des animaux, pensons et sentons comme des animaux.

Écoutez l'air. Vous pouvez l'entendre, en éprouver le contact, vous pouvez sentir l'air, vous pouvez le goûter. *Woniya wakan,* l'air sacré, qui de son souffle revivifie la création. *Woniya, woniya wakan* — l'esprit, la vie, le souffle de vie, le renouveau, l'air signifie tout cela. *Woniya* — nous sommes assis ensemble, sans nous toucher, et quelque chose est ici, quelque chose que nous sentons parmi nous, une présence. Une bonne manière de se mettre à penser à la nature, c'est d'en parler. Ou bien plutôt, de lui parler, de parler aux rivières, aux lacs, aux vents, tout comme nous nous parlons. Vous, les Blancs, votre présence nous rend difficile la véritable approche de la nature qui consiste à devenir partie d'elle. Même ici nous sommes conscients de l'existence, quelque part dans les collines, de la réalité de missiles et de stations de radar. Les hommes blancs choisissent toujours les lieux beaux, grandioses, les rares sites encore vierges, pour installer ces abominations. Vous avez violenté ces terres, déclarant sans cesse : « A moi ! Sortez de là ! » Sans rendre jamais rien. Vous vous êtes emparés de quatre-vingt mille hectares de notre réserve de Pine Ridge pour en faire un champ de tir. Cette terre est si belle, si étrange que certains d'entre vous se sont mis en tête d'en faire un parc national. Ce que vous avez fait de ce territoire jusqu'à maintenant, ça été de le changer en poudrière. Vous n'avez pas seulement saccagé la terre, les rochers, les ressources minérales, vous dites que c'en est fini de tout ça, alors qu'ils sont parfaitement vivants. De votre fait, même les animaux, partie de nous-mêmes, partie du Grand Esprit, ne sont plus les mêmes. Ils ont été altérés d'une façon si horrible que personne ne peut plus les reconnaître. Il y a dans le bison un pouvoir magique, un pouvoir spirituel — mais il n'y a rien de tel dans le bétail des races Angus ou Hereford.

Il y a un certain pouvoir dans l'antilope, mais pas dans un bouc ou une chèvre qui n'offrent aucune résistance quand on les met en pièces, et qui viennent casser la croûte avec votre journal si vous les laissez faire. Il y a un pouvoir considérable dans le loup, et même dans le coyote. Mais vous avez fait du loup un avorton, un pékinois, un toutou d'appartement. Avec le chat vous êtes désemparés, parce qu'il est comme l'Indien, immuable. Alors vous le mettez dans l'impossibilité de se défendre, vous modifiez sa nature, vous lui ôtez les griffes, et jusqu'aux cordes vocales, pour pouvoir faire sur lui vos expériences de laboratoire sans être dérangés par ses cris.

La perdrix, le coq de bruyère, la caille, le faisan, vous les avez changés en volaille, en créatures qui ne peuvent pas s'envoler, qui portent des lunettes de soleil pour ne pas s'arracher les yeux les unes aux autres, des « volatiles » hiérarchisés, bien éduqués. Il existe des fermes où l'on élève les poulets à cause du blanc de poulet. On garde ces oiseaux dans des poulaillers si bas de plafond qu'ils vivent ratatinés sur eux-mêmes. C'est pour qu'ils se développent les muscles de la poitrine. On diffuse de la musique apaisante dans ces poulaillers. Qu'un bruit perçant s'élève et les bêtes s'affolent, se tuent en heurtant le grillage. Condamnées à passer leur vie recroquevillées, ces volailles sont transformées en aliénées, folles, des non-oiseaux. Et les humains à leur tour deviennent peu à peu des êtres contre-nature, déshumanisés.

C'est là que vous êtes les dindons de la farce. Vous n'avez pas seulement défiguré et châtré nos cousins qui ont des ailes et nos cousins à quatre pattes ; vous vous en faites tout autant. Vous avez transformé les hommes en pédégés, en employés de bureau, en pauvres diables qui pointent à heure fixe. Vous avez transformé les femmes en ménagères, autrement dit en mégères vraiment abominables. J'ai été invité une fois chez l'une d'elles. « Fais attention à ta cendre. Arrête-toi de fumer. Tu taches les rideaux. Gare au bocal du poisson rouge. N'appuie pas ta tête sur le papier peint, tu as les cheveux gras. Ne renverse pas d'alcool sur cette table, elle a coûté cher. Tu aurais dû t'essuyer les pieds sur le paillasson, je viens juste de cirer le parquet. Ne souffle pas sur la perruche. Gare... Fais attention... » C'est de la folie douce. Nous ne sommes pas faits pour endurer ça. Vous vivez dans des prisons que vous avez construites vous-mêmes, que vous appelez le chez-soi, le bureau, l'usine. A la réserve, nous avons une nouvelle plaisanterie : « Qu'est-ce que la frustration culturelle? C'est d'être un grand dadais blanc de la bonne bourgeoisie vivant dans une maison de banlieue résidentielle avec la télé en couleur. »

Quelquefois je me dis que nos pitoyables cabanes en carton goudronné valent mieux que vos maisons de luxe. Faire cent pas jusqu'à l'appentis par une claire nuit d'hiver, dans la boue ou la neige, c'est de façon bien modeste être encore en contact avec la nature. Ou bien l'été, dans nos coins perdus, laisser ouverte la porte des cabinets, et prendre son temps, écouter bourdonner les insectes, avec le soleil qui filtre à travers les minces planches du plafond et vous réchauffe — c'est encore un plaisir que vous n'avez même plus.

Les Américains vivent dans l'obsession du sanitaire. Pas d'odeurs ! Même pas les bonnes odeurs naturelles de l'homme et de la femme. Supprimez l'odeur des aisselles, la senteur de la peau ! Frictionnez-vous, puis avec un petit tampon ou un vaporisateur, imprégnez-vous d'un parfum. Des trucs bien chérots, dix dollars la pièce, comme ça, vous serez rassurés, pour sentir bon, ça sentira bon. Le produit pour la mauvaise haleine. Celui pour l'intimité féminine. Je les vois défiler tous à la télé. Bientôt vous produirez une race d'hommes avec des corps sans ouvertures !

Je crois que les Blancs ont tellement peur du monde qu'ils ont créé qu'ils ne veulent pas le voir, pas l'éprouver dans leurs sens, pas en connaître l'odeur, ni en entendre parler. La pluie ou la neige sur le visage, le vent glacial qui cingle, puis la fumée d'un bon feu pour se réchauffer, ou sortir d'un bain de vapeur pour plonger dans un cours d'eau glacé — voilà qui fait se sentir vraiment vivant, mais de cela, vous ne voulez plus. Se calfeutrer dans des boîtes qui abolissent la chaleur de l'été et la dure bise de l'hiver, s'enfermer dans un corps désodorisé, écouter la reproduction haute-fidélité au lieu des bruits de la nature, regarder un acteur de télé dans son numéro à sensations alors que vous-même n'en éprouvez plus, manger une nourriture sans goût — c'est votre façon de vivre. Elle ne vaut rien.

La nourriture que vous absorbez, vous la traitez comme vous traitez vos corps, vous en retirez ce qui est naturel, le goût, l'odeur, la qualité fruste, puis vous y introduisez une couleur et une saveur artificielles. Le foie cru, le rognon cru, c'est ce que nous, les êtres à sang chaud, les types des anciens temps, nous aimons nous mettre sous la dent. Autrefois, nous avions l'habitude de manger les entrailles du bison, on faisait un match à deux, chacun se saisissant d'une extrémité des intestins, à qui atteindrait le milieu le premier. Ça, c'était manger. Ces tripes de bison pleines d'herbes de toutes sortes en fermentation, à moitié digérées — ça vous dispensait de comprimés et de vitamines. Pour donner de la saveur, au lieu de sucre et de sel raffinés, rien de mieux que la bile des animaux, son amertume fait merveille. Un bon pâté de viande, de rognon et de baies, un *wasna* — une portion de ce délectable *wasna* vous donnait des forces pour la journée. Ça c'était une nourriture vraiment nutritive, du solide. Pas ce qu'on nous donne aujourd'hui : lait en poudre, œufs déshydratés, beurre pasteurisé, poulets où il n'y a plus que le blanc et les os comme des allumettes. Le volatile est mort dans un poulet comme ça.

Vous ne voulez plus du volatile. Vous n'avez pas le cran de tuer honnêtement — de trancher la tête du poulet, de le plumer et de le vider. Ça, c'est fini. Vous ne voulez pas avoir mauvaise conscience. Alors vous ramenez le poulet dans un sac de plastique impeccable, bien découpé, prêt à être servi, sans saveur. Vos manteaux de vison ou de loutre, vous voulez ignorer le sang et le mal qu'il a fallu pour les faire. Votre idée de la guerre — se tenir assis dans un avion, bien au-dessus des nuages, ne jamais regarder au-dessous des nuages — c'est toujours la non-culpabilité, la désensibilisation, le style de vie aseptisé, hygiénique.

Quand nous tuions un bison, nous savions ce que nous faisions. Nous nous excusions auprès de son esprit, nous essayions de lui faire comprendre pourquoi nous agissions ainsi, nous honorions d'une prière les os de ceux qui donnaient leur chair pour nous garder en vie, une prière pour leur retour à la vie, pour la vie de nos frères de la nation bison, autant que pour notre propre peuple. Vous ne vouliez pas comprendre ces choses, c'est pourquoi nous avons eu le massacre de Washita, le massacre de Sand Creek, les femmes et les bébés tués à Wounded Knee. C'est pourquoi nous avons Song My et My Lai.

Pour nous, la vie, toute vie, est sacrée. L'Etat du Sud Dakota organise la lutte contre les animaux nuisibles. Ils montent en avion et de leur avion tirent sur les coyotes. Ils dénombrent les victimes, en tiennent le compte dans leurs petits calepins. Les éleveurs les paient. Les coyotes vivent surtout de rongeurs, de mulots. A peine s'ils s'attaquent de temps à autre à un agneau égaré. Ils jouent au naturel le rôle de nos éboueurs, nous débarrassant de ce qui pourrit, de ce qui pue. Ils font même de bons animaux domestiques si on leur donne leur chance. Mais comme leur existence risque de faire perdre quelques centimes à un quidam, alors on les tue d'avion. Ils étaient ici avant les moutons, mais ils sont gênants. Il n'y a pas de bénéfices à tirer d'eux. Alors on tue de plus en plus d'animaux, les animaux que le Grand Esprit a créés — mais qu'importe, ils doivent disparaître. Par la grâce des hommes, un sursis leur est parfois accordé — jusqu'à ce qu'on les mène à bord des bateaux, avec l'abattoir au bout. C'est l'effroyable arrogance de l'homme blanc, qui se place sans vergogne au-dessus de Dieu, au-dessus de la nature, tranchant d'autorité : « Je laisse vivre cet animal-là, parce qu'il me rapporte ; l'espace qu'il occupe doit être mieux utilisé. Le seul bon coyote est le coyote mort. » Ils traitent les coyotes presque aussi mal qu'ils traitaient les Indiens.

Hommes blancs, vous répandez la mort, vous achetez et vendez la mort. Avec vos déodorants, vous sentez la mort, mais vous avez peur de sa réalité. Vous n'osez pas la regarder en face. Vous avez rendu la mort hygiénique, vous l'avez cachée sous le tapis, vous lui avez dérobé son honneur. Nous, Indiens, méditons beaucoup sur la mort. C'est mon cas. Ce serait aujourd'hui un jour parfait pour mourir — pas trop chaud ni trop froid. Un jour à laisser quelque chose de soi, une trace qui s'attarde un peu. Un jour pour un homme qui a de la chance, heureux, avec beaucoup d'amis. Un jour faste, pour parvenir au bout de son sentier. Il y a des jours moins propices. Il y a des hommes égoïstes et solitaires qui ont bien du mal à quitter cette terre. Mais je suppose que pour les Blancs n'importe quel jour est néfaste.

Il y a quatre-vingts ans, les nôtres dansaient la Danse du Fantôme ; ils dansaient et chantaient jusqu'à s'évanouir et à tomber d'épuisement, en proie à des visions. Ils dansaient de cette façon pour le retour de leurs morts, pour que revienne le bison. Un prophète leur avait dit que, par le pouvoir de la danse du fantôme, la terre s'enroulerait à la façon d'un tapis, emportant toutes les œuvres de l'homme blanc — les clôtures des campagnes, les villes minières avec leurs lupanars, les usines, les fermes avec leurs animaux contre-nature et qui empestent, les voies ferrées et les poteaux télégraphiques. Et sous ce monde blanc enroulé pour de bon, nous retrouverions la prairie et ses fleurs, non contaminée, avec ses hordes de bisons et d'antilopes, ses nuages d'oiseaux, donnés à tous, réjouissance commune.

Je me dis que les temps ne sont pas venus encore, mais ils viennent ; je les sens réchauffer mes vieux os. Je ne pense pas à la danse du fantôme, au tapis qui s'enroule — mais au renouveau de l'esprit ancien, non seulement chez les

Indiens, mais parmi les Blancs et les Noirs, surtout chez les jeunes. C'est comme quelques gouttes d'eau qui forment un modeste ru ; de nombreux rus, un ample cours d'eau ; plusieurs rivières, le fleuve imposant qui fera sauter tous les barrages. Nous qui faisons ce livre, qui parlons de la sorte — nous sommes quelques-unes de ces premières gouttes d'eau.

Ecoutez, voici ce que mentalement j'ai vu, il n'y a pas si longtemps. D'après ma vision, la lumière électrique touche à sa fin. On se sert trop de l'énergie électrique, pour la télévision et pour aller sur la lune. Le jour vient où la nature tarira l'électricité. La police sans torches électriques, la bière devenue chaude dans les réfrigérateurs, les avions tombant du ciel, et jusqu'au président qui ne pourra plus appeler personne au téléphone. Un jeune homme viendra, ou plusieurs hommes, qui sauront comment en finir avec l'électricité. Ce sera douloureux, comme un accouchement. Des viols dans l'obscurité, des ivrognes saccageant les magasins pour se procurer de l'alcool, de nombreuses destructions. Bien que les Blancs se croient malins, avertis, si les machines s'arrêtent, les voici perdus, parce qu'ils ont oublié comment se tirer d'affaire sans elles. Un Homme de Lumière se présente alors, apportant avec lui une étincelle nouvelle. Il en sera ainsi avant la fin du siècle. L'homme doué de ce pouvoir réalisera aussi quelques autres bonnes actions — il mettra un terme à l'énergie atomique et aux guerres, simplement en en finissant avec l'électro-pouvoir du monde blanc. J'espère voir cela, mais en même temps j'ai peur. Ce qui sera sera.

Je crois que nous nous déplaçons à l'intérieur d'un cercle, peut-être d'une spirale, atteignant un point un peu plus élevé chaque fois, mais pour revenir au point de départ. Nous sommes de nouveau plus près de la nature. Je le sens, vous le sentez, vos deux garçons ici le sentent. Ce ne sera pas mal, de se passer de tellement de choses dont nous avons l'habitude, des choses arrachées à la terre et follement gâchées. Elles ne peuvent plus être remplacées et elles ne dureront pas éternellement. Il vous faudra vivre davantage à la façon des Indiens. Les vieux n'aimeront pas ça, mais ça plaira à leurs enfants. La machine s'arrêtera, je l'espère, avant qu'on ne fasse des épis de maïs électriques pour éclairer les latrines des Indiens pauvres.

Vous sortirez de vos boîtes et redécouvrirez le temps qu'il fait. Autrefois, on prenait ce temps comme il venait, on suivait le vol des grues regagnant le sud avec les hardes. Ici, dans le Sud Dakota, on dit : « Si le temps ne vous plaît pas, attendez donc un moment. » L'après-midi, vous étouffez de chaleur à l'ombre et l'instant d'après voici un orage avec des grêlons comme des œufs ; la prairie est blanche, vous claquez des dents. Voilà qui est sain — le rappel que vous êtes seulement une infime partie de la nature, pas quelqu'un d'aussi puissant que vous l'imaginez.

Vous les Blancs essayez d'échapper aux intempéries, vous prenez l'avion pour Miami où c'est l'été toute l'année. Vous vous tenez à l'abri des averses et de la neige. C'est pitoyable. Jusqu'en 1925, nous avions une sorte de club pour les hommes âgés. Ils pouvaient se rassembler et prédire le temps. Ils n'avaient pas besoin du bulletin météorologique avec satellites et tout le tremblement. Ils n'avaient que leur sagacité, quelque chose qui leur disait ce que la nature s'était mis en tête.

Certains voyants-guérisseurs ont le pouvoir d'agir sur le temps. Mais on ne l'exerce pas à la légère, seulement quand c'est absolument nécessaire. Quand nous célébrons la danse du soleil, nous faisons en sorte d'avoir un temps magnifique. Au printemps dernier, à Winner, quand nous avons célébré un mariage, vous m'avez vu dessiner à même la terre une tortue. C'est un truc que je tiens des Anciens. Une fois, quand j'étais petit, on avait organisé une petite fête pour moi et nous devions jouer à différents jeux. Mais il y avait du crachin, ça me rendait fou. Nous voulions nous amuser mais c'était impossible à cause du temps. Grand-maman m'a dit : « Pourquoi ne dessines-tu pas une tortue ? » A peine l'avions-nous fait que la pluie s'est arrêtée. Je pourrais assécher le pays, ou dessiner une tortue à l'envers et tout inonder. Il faut connaître la prière d'accompagnement, les mots exacts. Je ne vous les dirai pas. C'est trop dangereux : on ne doit pas faire la pluie et le beau temps à la légère. Je vois qu'il vous vient un sourire d'homme blanc. Vous ne me croyez pas. Demandez à mon ami Pete Catches, à côté de nous, mon frère voyant-guérisseur.

Alors Pete Catches :

« John a raison. Pour la danse du soleil dont il parlait, quand on a abattu l'arbre qui devait servir de mât, il fallait retenir le tronc dans sa chute — le tronc ne doit pas toucher terre, c'est l'idée. On s'est mis à l'alignement, et j'ai été frappé par le tronc, juste au-dessus du genou droit. Je suis entré dans la danse en ressentant une douleur. Et ça me plaisait vraiment. En ce qui me concernait, la danse du soleil était aussi authentique que possible. J'avais percé ma chair [1] dans la matinée et vers trois heures de l'après-midi le morceau de chair s'est détaché, personne n'avait tenu aussi longtemps depuis que nous avions remis en vigueur cette danse sacrée. Et quand je me suis retiré, un gros nuage d'orage s'est formé à l'ouest. Beaucoup voulaient s'en aller et rentrer chez eux avant l'orage. Le nuage se rapprochait très vite. Aussi, pendant que la danse continuait, on m'a remis mon calumet, oui, le mien. Je l'appelle mon calumet sacré. Je l'ai pris et j'ai prié le Grand Esprit de scinder l'orage, de le scinder en deux, pour que nous puissions terminer la célébration. Et sous les yeux de tous ceux qui étaient rassemblés, ce grand orage s'est divisé en deux parties. Une partie s'est dirigée vers le nord où elle a causé d'immenses dommages dans la région de White River, arrachant les toits, détruisant les jardins, faisant beaucoup d'autres dégâts. L'autre partie de l'orage qui s'éloigna vers le sud recouvrit tout de grêle, mais, sur le terrain de danse, le soleil continua de briller. Ainsi, cette danse du soleil de 1964 fut la plus réussie que j'aie connue.

« Et le pouvoir du dessin de tortue, dont John vous parlait, nous savons qu'il existe vraiment. Le cœur de *Keha*, de la tortue, c'est peut-être ce qu'il y a de plus résistant au monde. Il continue de battre et de battre deux jours après que vous avez tué la tortue, tant il a de force et d'endurance. Si vous le mangez, vous devenez

1. L'un des rites de la danse du soleil consiste à se percer la peau avec une griffe d'ours. Principalement à la poitrine. Dans la boutonnière ainsi établie est attachée une lanière reliée au mât central ou à un corps pesant, un crâne de bison. Le lambeau de chair, de plus en plus tendu, après plusieurs heures, finit par se déchirer. N.D.T.

vous-même très fort. Il communique son pouvoir à celui qui le mange. Ma sœur mangea un cœur de tortue. On dut le couper en deux pour qu'elle puisse l'avaler. Elle devint une femme aussi intrépide qu'un guerrier. Elle avait une tumeur à la poitrine. Les docteurs dirent que c'était un cancer. Elle alluma cinq cigarettes. Elle dit aux enfants de tirer dessus pour qu'elles continuent de rougeoyer. Puis elle prit les cigarettes allumées, l'une après l'autre, et brûla ce mal maudit. Elle les enfonça dans sa poitrine, oui, profondément. Ses traits demeurèrent impassibles, pas un muscle ne tressaillit. Elle est maintenant guérie. Un cœur de tortue peut faire un tel miracle.

« Mais les animaux possèdent un pouvoir, parce que le Grand Esprit est en eux tous, même une minuscule fourmi ou un papillon — ou même d'ailleurs un arbre, une fleur, un rocher. L'homme moderne, l'homme blanc éloigne ce pouvoir de nous, il le dilue. Pour aller à la nature, ressentir son pouvoir, le laisser nous venir en aide — il faut du temps et de la patience. Le temps de penser, de méditer sur la vie et le monde. Il vous reste si peu de temps pour la contemplation. Vous n'en finissez pas d'être pressés. Toute cette hâte et cette précipitation rétrécissent l'existence. Nos Anciens disaient que jadis les Indiens n'avaient pas de crises cardiaques, pas de cancers. Leurs maladies, ils savaient comment les soigner. Mais entre 1890 et 1920, la plupart des moyens de guérison que nous avions pratiqués au cours des siècles — les remèdes d'origine animale, les pipes, les procédés anciens et secrets — ont été perdus, détruits par le Bureau des Affaires indiennes, par la police du gouvernement. Ils ont abattu les huttes des bains de vapeur, mis en pièces les sacs de médecines ou les ont jetés au feu, faisant table rase de la sagesse accumulée génération après génération. Mais à l'Indien, même si vous lui retirez son patrimoine, il reste les ressources de la prière, de ses chants ancestraux. Il peut encore célébrer le *yuwipi* dans une pièce sombre, battre son tambour, faire en sorte que le pouvoir, la sagesse reviennent. Il en est ainsi. Toutefois les remèdes de l'élan n'existent plus, ni ceux de l'ours. Nous avions ici un voyant-guérisseur, en haut de la rivière : il est mort il y a une quinzaine d'années. Il était le dernier à ma connaissance à savoir les remèdes qu'on peut tirer de l'ours. Et de plus, c'était un homme de grand cœur. »

Pourtant, il semble que le pouvoir de l'ours nous revienne. Nous émettons ses grognements, nous parlons sa langue quand nous sommes en humeur de combattre. « Graagnnh » — et vous n'existez plus. Si, après un traitement approprié vous plantez une griffe d'ours dans le corps d'un homme avant la danse du soleil, il ne sentira pas la douleur. Laissez-moi vous parler du pouvoir de l'ours, de son pouvoir naturel quand il se trouve devant vos animaux artificiels, vos non-animaux.

Quand j'étais garçon, il y a bien longtemps, j'avais accompagné mon père en voyage. Nous revenions de Standing Rock. Ça s'est passé sur la route. Mon père s'était arrêté dans une taverne pour une partie de poker. Un jeune ours, encore presque un ourson, était assis sur le comptoir. Enchaîné, pitoyable à voir. Ils le tourmentaient, le faisaient se dresser sur ses pattes de derrière.

Les joueurs se moquaient pas mal de la bête. Chacun d'eux avait devant lui de bonnes piles de dollars en argent. J'étais assis sous la table. Ces pièces d'argent rondes, pesantes et luisantes me plaisaient. Je risquai la main sur la table et me servis. Personne ne s'en aperçut, ou bien n'y attacha d'importance. C'est alors qu'un Blanc, un type costaud dans un manteau noir pelucheux, un melon sur la tête, fit son entrée et s'assit au comptoir. Il avait avec lui un bouledogue énorme, vraiment énorme.

— Un bel animal domestique vous avez là, dit le costaud au barman. Vous devriez faire attention. Si mon chien se détache, il n'en fera qu'une bouchée.

— Ce bouledogue-là ne vaut pas cher. Il pourrait même pas l'approcher mon « animal domestique », comme vous dites.

— Moi, je vous parie le contraire. Cinq contre un, je vous dis, que mon bouledogue va le mettre en pièces votre nounours. Allons-y, au combat !

Tout le monde misa, les parieurs se bousculant pour se trouver au cœur de l'action. On mena dehors le bouledogue et l'ours. Il existait une grande tente marron où se tenaient des réunions en faveur du renouveau chrétien. On remplit quatre ou cinq chapeaux de cow-boys avec l'argent de ceux qui pariaient soit sur le chien soit sur l'ours. La nouvelle du combat se répandit comme le feu, attirant une foule de curieux.

Mon père avait sur lui l'argent du bétail vendu. Il me dit : « Petit, je vais parier cent dollars sur cet " animal domestique ". » Le costaud blanc au chapeau melon était tellement convaincu de la supériorité de sa grosse brute de chien qu'il joua une fortune contre mon père — jetant pêle-mêle ces grands billets de vingt dollars de l'époque, des pièces d'or et des pièces d'argent. On traça un cercle à l'intérieur de la tente. Personne ne devait y pénétrer. Ceux qui avaient parié purent s'installer au premier rang. Ils s'assirent, s'agenouillèrent pour que les autres puissent voir aussi. On disposa des couvertures sur le sol pour que les deux animaux ne franchissent pas l'enceinte du combat. Le propriétaire du chien et le patron de la taverne prirent place côte à côte à l'intérieur du cercle en compagnie de l'homme qui tenait la banque. Je n'ai plus jamais revu un pareil tas d'argent en un seul endroit. Ils tiraient tous sur leurs grands cigares, emplissant la tente de fumée. Enfin le costaud au bouledogue déclara : « Cinq minutes encore, après ça plus de paris ! »

Ses paroles déclenchèrent un vrai branle-bas. Chacun à ce moment-là voulut en être. Il y eut tellement de discussions à propos du gagnant que cela dégénéra en pugilats. L'argent roulait sur le sol. On savait ce que c'était que le jeu dans ce temps-là !

— Assez de simagrées et pariez ! » s'exclama le costaud. Puis il tira sa montre. « Le temps est passé. Plus de paris. »

Il se tourna vers le chien et lui tira légèrement les oreilles.

— O.K., fonce-moi sur cet ours. Tue-moi ce sagouin. Mets-le en pièces !

Le pauvre petit ours se tenait assis comme un bébé, à croire que cette affaire ne le concernait pas.

— Une seule reprise, dit le tavernier. Une reprise au finish.

Des ranchers et des cow-boys accouraient, des billets à la main. Ils n'avaient pas de chance, ou peut-être en avaient-ils au contraire, c'est selon. Le propriétaire du chien brandit alors son revolver et tira, à la façon d'un starter.

Le pauvre petit ours était encore assis quand on lâcha le chien sur lui. Mes enfants, ce que cet ours s'y est donc mis lentement ! Sous les lampadaires à gaz de l'époque, on aurait dit qu'il avait les yeux bleus. Le chien menaçait, grondait, le nez plus ridé qu'aujourd'hui mon visage. L'ours se contenta d'avancer de quelques pas, puis se rassit. Il regarda cette chose qui grondait en montrant toutes ses dents blanches. Le petit ours gratta la terre de sa patte et se déposa un peu de saleté sur la tête. Le bouledogue était peut-être plus malin que son maître. Peut-être se doutait-il, lui, de quelque chose. Il grondait, faisait un foin terrible, mais se tenait à distance. Le costaud au melon commença à se fâcher. « Vas-y, vas-y ! » dit-il, et il lui fila un coup de pied dans l'arrière-train. On vit alors le chien se concentrer, et, cette fois, il y alla.

L'ours donna seulement un coup de patte, griffes en avant, comme autant de poignards, et dans la même seconde, le bouledogue fut hors de combat — mort sur le coup, la gorge arrachée.

Alors, comme un Indien Sioux, le petit ours lança son grognement à la mort.

Mon père empocha sept cents dollars. Contrairement aux Indiens qui connaissaient le pouvoir de l'ours, la plupart des Blancs avaient parié sur le bouledogue.

Il en est de même du bison. Cet animal a la puissance et la sagesse. Nous, Sioux, sommes en étroite parenté avec le bison. Il est notre frère. Nombreuses sont nos légendes de bisons changés en hommes. Et de plus les Indiens sont bâtis comme le bison — large carrure et hanches étroites. Selon nos croyances, la femme Bison qui nous fit connaître le calumet de la paix, lequel est au centre de notre religion, était une jeune fille, très belle. Dès lors qu'elle nous eut enseigné à rendre grâce au moyen du calumet, elle se métamorphosa en jeune bison blanc. Aussi le bison est-il particulièrement sacré à nos yeux. Vous ne pouvez pas comprendre la nature, le sentiment que nous avons de la nature, si vous ne comprenez pas combien nous étions proches du bison. Cet animal faisait presque partie intégrante de nous-mêmes, de nos âmes.

Le bison nous donnait presque tout ce dont nous avions besoin. Sans lui nous n'étions rien. Nos *tipis* c'était sa peau. Sa dépouille, notre lit, notre couverture, notre vêtement d'hiver. Il était dans la nuit le battement du tambour sioux, vivant et saint. De sa peau aussi, nous faisions notre gourde. Sa chair nous donnait de la force, devenait chair de notre chair. Rien de lui n'était perdu. Son estomac, une pierre chauffée au rouge à l'intérieur, nous procurait le chaudron de la soupe. Ses cornes, nos cuillers, ses os, nos couteaux ainsi que les alênes et les aiguilles de nos femmes. Ses tendons, les cordes de nos arcs et le fil. Ses côtes, des traîneaux, ses sabots, des hochets pour nos enfants. Son crâne puissant, le calumet appuyé contre lui, était notre autel sacré. Le plus grand de tous les Sioux s'appelait Tatanka Iyotake — Sitting Bull. Quand vous tuez le bison, vous tuez aussi l'Indien — le vrai Indien naturel et « sauvage ».

Le bison a pour lui la sagesse, mais le bétail élevé par l'homme n'est pas plus qu'un produit d'usine. Les bêtes n'ont aucune idée de rien. Voyez au Mexique les courses de taureaux. Le taureau est dupé à tous les coups par les jeux de cape. Ce sont des taureaux courageux, oui, mais pas très futés. Imaginez ces toréros face au bison. Pas un n'en réchapperait. Le taureau d'élevage, il a les yeux fixés sur la cape. Mais un bison ne traquerait pas de ses cornes un morceau d'étoffe rouge. Il s'en prendrait à l'homme derrière la cape, et ses cornes le trouveraient sur son chemin. Les bisons sont astucieux. Ils ont aussi le sens de l'humour. Vous vous rappelez la dernière fois que nous étions dans les Black Hills ? Quand après un jour très chaud il s'est mis à neiger ? Ces six grands mâles que nous avons aperçus, du côté de Blue Bell, forts comme des bulldozers ? Ils étaient si heureux dans cette neige. A faire des cabrioles, à courir çà et là, à jouer comme des chatons. Et ensuite, nous avons rencontré du bétail domestique, des bêtes accroupies, malheureuses, pitoyables. « Meuh, meuh, meuh... J'ai froid. » Les vrais animaux, ceux de la nature, ne craignent pas le froid. Ils sont heureux avec le manteau de fourrure et les galoches que le Grand

Esprit leur a donnés. A la chasse, les Blancs avaient coutume de dire que les bisons sont stupides parce qu'ils sont faciles à abattre, qu'ils n'ont pas peur du fusil. Mais le bison n'a pas été conçu pour faire face aux armes modernes. Il a été conçu pour affronter les flèches des Indiens.

Je vous ai raconté la lutte du petit ours et du bouledogue. Laissez-moi vous raconter maintenant celle du bison et du taureau. La rumeur s'était répandue qu'au ranch Philips des propriétaires mettaient sur pied un combat entre un bison et un taureau. Nous les Sioux sommes des parieurs nés. Bien avant la venue de l'homme blanc nous nous laissions aller à toutes sortes de paris. Ce n'est pas vous qui nous avez appris le jeu. Nous aurions même pu vous l'apprendre, nous. Mon père avait du jugement. La chose s'est passée en 1919 ou 1920. Nous avions une des Ford pittoresques de l'époque. Il fallait trois dollars pour se rendre de Fort Pierre au ranch Philips. Avec trois dollars, vous pouviez faire peut-être cent cinquante kilomètres. Je devais avoir quinze ou seize ans, mon père sortait encore avec moi. Bon, on est arrivés au ranch. L'enclos était noir de monde. Il y avait un combat de coqs en lever de rideau, pour échauffer l'atmosphère et stimuler les parieurs. Mon père n'avait parié ni sur l'une ni sur l'autre de ces volailles en train de se donner des coups de bec et de s'arracher quelques plumes. Qui peut trouver ça fumant ?

Enfin ils ont fait venir le bison dans le piège. Le taureau attendait déjà dans son couloir. Il appartenait à un type du Wyoming. On lui avait donné un nom d'une syllabe dont je ne me souviens plus. Comprenez-moi bien, le bison c'est toujours un vrai mâle — sauf, bien entendu quand c'est une femelle, une bisonne. Mais un taureau d'élevage, ça, ça n'a pas de sexe. Toutefois celui-là était énorme, un taureau de la race Durham, de l'espèce la plus hargneuse du pays. Il avait les parties si basses, c'est tout juste s'il ne s'y prenait pas les pattes. Ils ont ouvert la barrière. Eh bien je vous le dis, j'en ai vu des taureaux de mon temps, mais fichtre, des cornes pareilles ! Des cornes énormes, claires et noires aux extrémités.

Il s'est mis à arpenter le terrain, reniflant ici et là, levant les yeux sur la foule. Il y avait des hommes assis jusqu'en haut du corral, et j'aperçus aussi quelques femmes. Elles avaient des jupes longues en ce temps-là, mais j'ai quand même repéré de jolies jambes. Et pour une foule, quelle foule c'était ! Une foule en délire, comme à un meeting de Billy Graham [1]. Pareille effervescence stimulait le bison, il en était tout excité.

Mon père ramassa beaucoup de paris à deux contre un et à trois contre un. Il pariait sur le bison, je n'ai pas besoin de vous le dire. Je m'attendais à une collision à cent cinquante à l'heure. Le taureau était prêt à charger. Il dressait la queue. J'avais très peur qu'il ne se rue parmi les spectateurs, mon père m'avait mis en garde : « Tiens-toi derrière ce gros poteau, juste pour le cas où il y aurait du vilain. » Je l'ai déjà dit, mon père ne l'ouvrait que si c'était indispensable. Les deux bêtes n'avaient qu'une vingtaine de mètres pour charger et le corral avait peut-être trente mètres de long. Enfin ils s'y sont mis. Ils ont eu l'air de se manquer, cornes en avant, comme deux trains fonçant en directions contraires. Il s'éleva dans la foule un immense « oh » de désappointement. Mais alors on s'aperçut que le bison avait ouvert le flanc du taureau. La pauvre bête était lacérée le long des côtes comme par une lame de rasoir. Deux cow-boys hurlaient : « L'est mort, ce taureau ! » Il a bien donné encore quelques coups de sabot, mais ce furent bel et bien les derniers. Ces animaux d'élevage n'ont pas le vrai pouvoir des bêtes sauvages.

Le *hoka,* le blaireau, voilà une bête vraiment sauvage. Un jour mon oncle était sur son cheval gris, celui dont il se servait d'habitude pour rameuter ses autres chevaux. Il montait à cru, avec une simple corde nouée aux naseaux de la bête. Il aperçut un blaireau. Une fois le blaireau dans son terrier, trois ou quatre hommes ne suffiraient pas à l'en déloger. Mon oncle prit ce blaireau au lasso, mais il ne put le tirer à lui. L'animal pénétra dans son terrier, entraînant la corde. Bientôt le cheval avança dans la

1. Billy Graham, prêcheur du renouveau chrétien, très populaire voici quelques années, mais météore de l'actualité que le lecteur serait pardonnable d'avoir déjà oublié. N.d.T.

même direction. Mon oncle essaya de lui retirer la corde du nez mais la tête du cheval était déjà contre l'entrée du terrier. Mon oncle dut tirer à balle pour casser la corde en deux. Une fois qu'un blaireau s'est terré, inutile d'insister.

Avec le corps d'un blaireau mort, vous pouvez prédire combien de temps vous vivrez. Il y a là un art de la prophétie. J'ai connu un homme qui s'appelait Chasseur de Nuit. Il a fendu en deux le corps d'un blaireau mort et a laissé le sang se répandre à l'intérieur. Vous êtes censé lire une vision dans le sang. C'est comme un miroir rouge, comme de se regarder dans le miroir. Seulement vous vous voyez dans le sang du blaireau tel que vous serez vous-même sur le point de mourir. Trois ou quatre hommes se tenaient là, regardant dans le *hoka.* J'étais là aussi. Nous étions des jeunes gens. Le premier à regarder dit : « Ça alors, je suis un vieillard, ridé, les cheveux blancs, tout courbé et édenté. » Il en était heureux. Il savait qu'il atteindrait l'âge d'être grand-père. Le deuxième n'eut pas lieu d'être aussi satisfait. « Je dois être au bout du rouleau, dit-il. Je suis comme vous me voyez en ce moment. Je mourrai sans un cheveu gris. » Puis ce fut à moi, seulement je ne pus rien voir, que le sang opaque. Mais les deux autres avaient raison. Celui qui s'était vu en vieil homme vit toujours aux environs d'ici. L'autre est mort depuis longtemps, quelques mois après avoir interrogé l'intérieur du blaireau — juste, comme il l'avait déclaré lui-même, avant de grisonner.

Nous nous servons du pénis du blaireau pour les travaux d'aiguille, ou comme alêne. On le polit pour qu'il luise. Il est inusable. Un excellent outil, si apprécié que vous pouvez l'échanger contre un bon cheval.

Il existe un animal, une sorte de petit rongeur [1], extrêmement véloce, la tête marquée d'un trait blanc. Son pouvoir est considérable. Ces rongeurs sont capables de vous hypnotiser, même de vous tuer. Ce pouvoir est dans leurs yeux. Ils vivent avec des colonies d'autres rongeurs de la prairie américaine, les chiens de prairie. Ils creusent des galeries et voyagent sous terre, comme les usagers du métro. Ils vont si vite qu'on peut à peine les suivre du

1. Probablement, le Tamia (*Eutamias*). N.d.E.

regard. On raconte une histoire drôle sur un homme qui voulut s'attaquer à l'un d'entre eux. On lui recommanda d'y aller promptement. Tirer la bête, puis courir à toutes jambes, s'en saisir avant qu'elle ne disparaisse dans son trou. Le type se mit en tête de vraiment faire diligence. Il tira puis se précipita à grand train. Mais ce fut pour recevoir le plomb dans les fesses ! La terre des galeries creusées par ce rongeur est également chargée d'un pouvoir surprenant. Elle peut vous protéger à la guerre car les balles ne la traversent pas. Je m'en sers pour guérir certaines maladies.

Un animal n'a pas besoin d'être grand pour être puissant. La fourmi possède un pouvoir. Certaines fourmis n'ont pas d'yeux, mais elles peuvent se frayer leur chemin à tâtons. Elles vont chercher ces petites pierres, que nous nommons *yupiwi*, qu'elles déposent sur la fourmilière. Des pierres minuscules, semblables à certaines perles de culture, à des agates, translucides comme la neige. Ou parfois, de préférence, de très petits fossiles. Les fourmis s'y prennent à deux pour propulser l'une de ces pierres. Une seule pourrait être écrasée sous le pied du marcheur. Les fourmis ne laissent rien au hasard.

Nous, les voyants-guérisseurs, recherchons les fourmilières pour nous procurer ces pierres minuscules. Elles sont sacrées. Nous en déposons quatre cent cinq dans les gourdes-crécelles dont nous nous servons pour nos cérémonies sacrées. Elles symbolisent les quatre cent cinq espèces d'arbres, qui poussent sur notre terre. Les fourmis rouges, *Tasuska sasa,* nous les broyons pour les incorporer à nos potions. Si quelqu'un est blessé par balle, c'est ce que nous lui donnons à boire. La blessure se cicatrise plus vite. Quant aux fossiles ou à ce que vous autres appelez ainsi — nous nous en servons également. Au cœur des Badlands nous récupérons les os de l'*unktegila* — le géant, le monstre des eaux, qui vécut longtemps avant l'apparition des êtres humains. Sur le flanc de l'un des monts des Badlands, git l'un de ces os ; il traverse la montagne de part en part, comme une épine dorsale. Je suis monté au sommet, et j'ai progressé sur la crête, à califourchon. Il n'y a pas d'autre façon de s'y mouvoir. C'est comme de se déplacer sur un spectre, comme de chevaucher le monstre. La nuit, les feux follets des esprits apparaissent, fugitivement, sur le pic. Je trouve là différents éléments précieux pour mes médecines.

L'araignée *iktomé,* est, elle ausi, douée d'un pouvoir, mais d'un pouvoir maléfique. Le corps, pour ainsi dire, occupe le centre, compact et ramassé, mais les pattes s'étendent tout autour. Elle se pose sur sa toile, attendant qu'une mouche s'y prenne. *Iktomé* est, en réalité, un homme. Un gros malin. Il veut abuser les hommes, il veut les tourmenter, les rendre pitoyables. Mais il est facile à entortiller.

Il faut écouter ces créatures, les écouter avec la tête. Elles ont des secrets à nous confier. Même un simple cricri, un insecte sauteur auquel on a coupé les ailes, le *ptewoyake,* pouvait nous conduire auprès des bisons. Il n'a plus rien à nous dire désormais.

Les papillons parlent aux femmes. Un esprit entre dans un papillon, vole au-dessus d'une jeune squaw, se pose sur son épaule. L'esprit logé dans le papillon s'adresse à la jeune squaw, lui dit de devenir guérisseuse. Nous avons encore deux de ces guérisseuses. J'en ai conseillé une, lui enseignant ce qu'il y a à apprendre, et elle fait du bon travail à la réserve. Elle est honnête, si honnête que les miséreux et les ivrognes les plus pitoyables ont vraiment confiance en elle. Elle ne leur prend pas d'argent, elle fait seulement de son mieux pour leur venir en aide.

J'ai un neveu, Joe Thunderhawk, qui est voyant-guérisseur. Il a pour lui le pouvoir du coyote. Sur son tambour figure un coyote, image de la vision qui lui est apparue. Le pouvoir du coyote est de longue date dans la famille. Voici bien des années, le grand-père de Joe avait entrepris un long voyage. C'était l'hiver, le sol était couvert d'épaisses couches de neige, et la nuit le surprit dans un canyon. Il dut se réfugier au creux d'une cavité pour ne pas mourir de froid. Au milieu de la nuit, il sentit quelque chose se blottir contre ses jambes. Il s'agissait d'un coyote. Tous deux se tinrent chaud, se maintenant en vie l'un l'autre, jusqu'au matin. Quand cet homme se leva pour repartir, le coyote le suivit.

De ce jour-là, il arriva au grand-père de Joe d'entendre le coyote japper la nuit, près de chez lui. Il s'y prenait de deux façons, tantôt comme un chien, tantôt comme un petit garçon. L'un des cris signifiait que quelque chose de bon était sur le point de se produire, l'autre annonçait un malheur. Le grand-père de Joe est devenu voyant-guérisseur et prophète. Le coyote le mettait au fait des événements à venir. Quand il mourut, son don mourut avec lui. Il n'avait pas été à même de le communiquer.

Mais, un jour, Joe Thunderhawk s'engagea dans ce même canyon où son grand-père et le coyote s'étaient tenus au chaud, bien des années auparavant. Mon neveu était en carriole. Soudain il s'aperçut qu'on le suivait. Il se retourna, et vit, juste derrière lui, un coyote. Il avait l'air très maigre et semblait éclopé. Il se mit à japper des deux façons — d'abord comme un chien puis ensuite comme un enfant.

Cette nuit-là, Joe Thunderhawk rêva à ce coyote et comprit que son destin était d'être voyant-guérisseur, qu'il ferait sienne la tâche de son grand-père. Il travaille maintenant à la façon indienne, se servant de ses propres remèdes, guérissant ceux qui, autrement, devraient être opérés. Ainsi le pouvoir du coyote a été rendu à la famille Thunderhawk.

Quant à moi, les oiseaux ont quelque chose à me dire. L'aigle, le hibou. Chez l'aigle se trouve toute la sagesse du monde. C'est pourquoi, pendant une cérémonie *yuwipi,* nous posons, en haut du mât, une plume d'aigle. Si vous formez le projet de tuer un aigle, l'aigle sait ce que vous avez en tête, de la minute même où l'idée vous est venue. Le cerf à queue noire a aussi cette prescience. C'est pourquoi sa queue est attachée plus bas sur le mât. Ce cerf, si vous tirez sur lui, vous ne l'abattrez pas. Il reste exactement dans la même position, et la balle vient ricocher sur vous. C'est comme quelqu'un qui cancane vilainement sur d'autres et qui s'aperçoit qu'on en a autant à son service.

Dans une de mes grandes visions, j'étais en train de parler aux oiseaux, aux créatures ailées. J'étais affligé par la mort de ma mère. Elle m'avait tenu la main, ne prononçant qu'un mot : « pitoyable ». Je ne crois pas qu'elle s'apitoyait sur elle-même. Elle était consternée pour moi, pauvre Indien qu'elle allait abandonner et qui aurait à vivre dans le monde de l'homme blanc. Je criai au secours sur la colline de voyance, je criai grâce, et je tendis les mains vers le ciel, puis m'enveloppai dans la couverture. Tout ce que j'avais avec moi c'était la couverture, le calumet, et un peu de tabac comme offrande. Je ne savais pas ce qui m'attendait. Je voulais entrer en contact avec le pouvoir de l'illumination, le sentir sur moi. Il me vint la pensée de me laisser aller à lui, même s'il devait me tuer. Ainsi je m'en remis aux vents, à la nature, ne me souciant plus le moins du monde de ce qui m'adviendrait.

Tout à coup, j'entendis les cris d'un grand oiseau, et l'instant d'après, il me toucha le dos, de ses ailes déployées. Je perçus le cri d'un aigle s'élevant au-dessus des voix de bien d'autres oiseaux. Il avait l'air de dire : « Nous t'avons attendu. Nous savions que tu viendrais. Maintenant tu es ici. Ton cheminement se fera à partir d'ici-même. Laisse nos voix te guider. Nous sommes tes amis, le peuple des animaux à plumes, des animaux à deux pattes et à quatre pattes ; nous sommes tes amies, les infimes créatures, à huit pattes, à douze pattes, toutes celles qui rampent sur la terre, toutes celles qui vivent sous les eaux. Les pouvoirs de chacune d'entre nous, nous les partagerons avec toi, et, toujours tu auras pour t'accompagner une ombre vivante — un autre toi-même. »

C'est moi, me disais-je, rien d'autre que moi ; tout à la fois moi-même et un autre ; un double qu'on ne voit pas, mais très réel pourtant. J'étais effrayé. Je ne comprenais pas cela, alors. Il m'a fallu toute une vie pour découvrir ce dont il s'agissait.

Et de nouveau, j'entendis la voix s'élever parmi les bruits des oiseaux, le claquement des becs, les pépiements, les gazouillis. « Il t'est donné l'amour pour ce qui est à la surface de la terre, pas comme l'amour d'une mère pour son fils, mais un amour plus grand qui s'étend à toute la terre. Tu es seulement un être humain apeuré, sanglotant sous cette couverture, mais il y a en toi un espace immense, à remplir de cet amour. Tout ce qu'il y a dans la nature peut y trouver place. » Je frissonnais, ramenais la couverture contre moi, mais les voix redisaient les mêmes paroles, encore et encore, m'appelant « Frère, frère, frère ». Voilà donc ce qu'il en est en ce qui me concerne. Parfois j'ai l'impression d'être le premier être d'une de nos légendes indiennes. Cet être était un géant fait de la terre et de l'eau, de la lune et des vents. Au lieu de cheveux, il était couronné de bois, d'une forêt d'arbres. Il avait dans l'estomac un lac énorme et une chute d'eau entre les jambes. Je me sens comme ce géant. Toute la nature est en moi, un peu de moi est dans tout ce qui compose la nature.

Et Pete Catches ajouta :

« Je sens moi aussi les choses de cette façon-là. Je vis dans un âge révolu. Je vis comme il y a cinquante, cent ans. Ça me plaît ainsi. Je désire vivre aussi humblement et aussi près de la terre que possible. Contre les plantes, les herbes folles et les fleurs dont je me sers pour mes remèdes. Le Grand Esprit a fait en sorte que l'homme puisse survivre de cette manière, qu'il puisse vivre selon le sort qui est le sien. Aussi moi et ma femme, habitons une petite cabane — pas d'électricité, de robinets, de plomberie, pas de route. C'est ce que nous souhaitons. Cette petite cabane de planches connaît la paix. C'est ainsi que nous voulons être pour le reste de notre vie. Je veux me tenir à l'écart du monde moderne, lui tourner le dos, bien loin de lui, et vivre encore plus près de la nature que je ne le fais maintenant. Je ne veux même pas qu'on me nomme voyant-guérisseur, seulement guérisseur, parce que c'est pour ça que je suis fait. Je ne demande rien. Un médecin blanc reçoit des honoraires, un prêtre aussi. Moi je n'en demande pas. Un homme vient me voir et s'en va guéri. C'est ma récompense. Parfois le pouvoir de guérir me fait défaut, cela me rend triste. Mais quand j'ai le pouvoir, alors je suis heureux. Certains hommes pensent à l'argent, aux moyens de se le procurer. Cela ne me vient jamais à l'esprit. Nous vivons de la nature, ma femme et moi. Nous n'avons presque pas de besoins. Nous vivrons bien encore d'une façon ou d'une autre. Le Grand Esprit a fait les fleurs, les cours d'eau, les pins, les cèdres, et il prend soin d'eux. Il arrose et il fait pousser. Même aux rochers et aux flancs escarpés des montagnes, il apporte ses soins. Il veille sur moi, m'arrose, me nourrit, me fait vivre parmi les plantes et les animaux comme quelqu'un de la famille.

Je souhaite demeurer ainsi, en Indien, tous les jours de ma vie. Cela ne veut pas dire que je veuille vivre en reclus. Il est parfaitement possible de trouver le chemin de ma cabane et certains le trouvent. J'en suis heureux. Je désire rester en communication avec les hommes, aller à eux où qu'ils soient, leur transmettre quelque chose de notre conception indienne, de l'esprit qui l'anime.

« En même temps, je veux me retirer, et toujours davantage vivre comme les Anciens. Sur les routes nationales, on voit parfois un Indien de pure race tendre le pouce pour qu'on le prenne en auto-stop. C'est ce que je ne fais jamais. Si je marche sur la route, c'est pour parcourir le chemin à pied. C'est là une volonté profonde en moi, une sorte de fierté. Bientôt, je transporterai ma cabane encore plus loin dans les monts ; peut-être un jour me passerai-je complètement de cabane, pour devenir partie des bois ? Là, l'esprit a encore quelque chose à nous faire découvrir, une herbe, une brindille, une fleur — peut-être une très petite fleur, et vous pouvez rester longtemps dans sa contemplation, à réfléchir sur elle. Pas une rose — jaune, blanche, artificielle, une fleur civilisée. J'ai entendu dire qu'on produisait des roses noires. Cela n'est pas naturel. Ce qui est à l'opposé de la nature nous affaiblit. Je l'exècre.

« Aussi en prenant de l'âge, je m'enfouis peu à peu dans les monts. Le Grand Esprit les a créés pour nous, pour moi. Je veux me rapetisser pour me mêler à eux, et finalement me fondre en eux. Comme l'a dit mon frère Cerf Boiteux, la nature est en nous, tout de nous est dans la nature. Il en est comme il doit en être. Dites-moi, comment allez-vous appeler le chapitre de votre livre où vous écrirez ce que nous vous racontons aujourd'hui ?

« Je sais, vous l'intitulerez “ Parler aux Hiboux et aux Papillons ”. »

CHAPITRE VIII

DEUX DANS LA MEME COUVERTURE

Au sujet des hommes et des femmes. Vous me dites qu'on ne peut plus ouvrir un livre aujourd'hui sans que le sexe y occupe une place considérable. Ce n'est pas pour me déranger. Mais il faut que je vous confie aussitôt un grand secret — baissez l'oreille, je n'ose pas vous dire ça à haute voix. Nous autres Sioux sommes de vrais amoureux transis. Les garçons sont timides, les filles encore plus. Voilà, vous savez maintenant à quoi vous en tenir !

Autrefois, les *wincincalas,* les jolies filles n'étaient pas faciles à séduire. Il fallait qu'un homme soit passablement sagace pour trouver femme à sa convenance, parce qu'elles détournaient les yeux, cachaient leurs traits, de sorte qu'on ne pouvait pas dire si elles étaient belles ou laides ou ce qu'il en était. Si vous leur adressiez la parole, elles ne répondaient pas. Si vous vous approchiez, elles s'enfuyaient. Quelque chose de cette timidité subsiste. Mais amoureux transis ou non, nous autres Indiens ne sommes pas prudes. Regardez autour de vous, voyez ces familles où il y a huit, dix, douze enfants, et vous vous rendrez compte que les couples ne dorment pas toute la nuit, d'autant plus qu'ils n'ont pas la télévision pour détourner leurs pensées de ce qui est important.

Mais en même temps, nous n'extériorisons pas notre affection, nous ne nous embrassons pas et nous ne nous tenons pas par la main devant les autres. Non seulement les amoureux, mais en public, même les couples mariés sont pudiques.

Autrefois il n'était pas facile pour un garçon et une fille de faire connaissance. Rien ne facilitait leur intimité dans le tipi familial, et s'isoler ensemble dans les hautes herbes de la campagne était risqué. Vous pouviez y rencontrer une personne mal intentionnée, tout à fait décidée à vous scalper. Et si les garçons tentaient de pousser leurs avantages sans sortir du tipi, furtivement, ils s'apercevaient que les mères avaient prévu leurs intentions. Elles avaient noué une ceinture de cheveux autour de la taille de leurs filles, une ceinture qui passait entre les jambes — comme un écriteau disant : « Voie interdite. » Le garçon qui s'attaquait à cette ceinture, si on le découvrait, courait de grands risques. Les femmes mettaient le feu à son tipi ou tuaient son cheval. Ma grand-mère m'a parlé d'un élixir dont les garçons Santee [1] se servaient quand ils faisaient audacieusement la cour à une fille, pour rendre l'entourage sourd et aveugle. Mais, s'il y eut jamais un tel élixir, il est bien oublié aujourd'hui.

On pouvait, bien entendu, guetter une jeune fille près de la rivière, sachant qu'elle y venait chercher tous les matins, avec un récipient en peau, l'eau de sa famille. C'était un lieu où l'on pouvait faire connaissance. Mais, tout compte fait, cela ne servait pas à grand-chose. Les deux jeunes gens étaient en général bien trop intimidés l'un et l'autre pour amorcer une conversation. Si, pour attirer l'attention sur lui, le garçon lançait une flèche et perçait le récipient... Quelle affaire ! Il n'existait vraiment pour les amoureux qu'une seule façon de se retrouver. La jeune fille devait se tenir à l'intérieur du tipi familial avec une grande couverture. Le jeune homme se présentait et la jeune fille l'enveloppait contre elle dans la couverture. De cette façon,

---

1. Les Santee sont, avec les Teton, les Yankton et les Yanktonnais, l'un des principaux groupes de la nation Sioux. Eux-mêmes forment différentes tribus, notamment les Wahpetons, les Sissetons et les Mdewakahtons. N.d.T.

ils pouvaient rapprocher leurs visages et échanger des murmures. Ceux qui les voyaient ainsi debout respectaient leur intimité, feignant d'ignorer leur présence. Quand une jeune fille était jolie et qu'on parlait d'elle, trois ou quatre gars attendaient leur tour. C'était bien innocent, cette façon de faire la cour à l'ancienne.

Quand un garçon n'était pas comblé après s'être tenu debout à l'intérieur de la couverture à se frotter le nez avec une jeune fille, il avait la possibilité de demander l'aide d'un voyant-guérisseur tenant ses pouvoirs de l'élan. Celui-ci fabriquait une flûte à son intention et lui procurait la chanson qui tournerait la tête de sa bien-aimée. Ces flûtes, qui avaient la forme d'une tête d'oiseau le bec ouvert, pouvaient se révéler très efficaces. Quand une jeune fille entendait la flûte du charmeur d'élan, elle quittait son tipi et, soumise à l'effet de la magie, se précipitait malgré elle jusqu'à l'endroit d'où provenaient les sons.

Je connais beaucoup de ces chansons, des anciennes et des nouvelles. Je vais vous dire celle du soupirant fantôme. Il était une fois un jeune homme auquel aucune femme ne pouvait résister. Un mage lui avait donné un puissant élixir d'amour, et quand la nuit il jouait de la flûte, les jeunes filles se levaient et allaient le retrouver. Sa raison conseillait bien à quelqu'une de rester dans le tipi, mais ses pieds la menaient là où se trouvait le jeune homme. Ce Don Juan faisait la conquête des femmes comme un guerrier monte à l'assaut. Il s'agissait en fait d'un véritable corps-à-corps.

Un soir ce jeune homme ne rentra pas chez lui. Ses parents l'attendaient patiemment, mais à la fin ils demandèrent de le retrouver à un voyant-guérisseur qui, grâce à ses pierres, savait comment le rechercher. Le voyant-guérisseur déclara : « Ce jeune homme a été assassiné », et il dit aux parents où était son corps. De fait, ils retrouvèrent le cadavre dans la prairie, avec une blessure à la poitrine. Ils le hissèrent sur une plate-forme et la tribu gagna d'autres lieux. Un soir, alors que tous ceux d'un village étaient réunis pour dîner et bavarder, les chiens, à l'extrémité du camp, se mirent à gronder comme pour un deuil. Personne ne pouvait voir ce qui les incitait à se conduire de cette manière. Mais on pouvait entendre les ululements de la chouette ; ils avaient un son d'un autre monde, et les arbres bruissaient étrangement. Chacun se sentit mal à l'aise. On éteignit les feux et on regagna les tipis.

Les guerriers restèrent à l'écoute. Ils savaient qu'un esprit allait venir, et à la fin ils reconnurent la voix du jeune homme. Il chantait : « J'erre en sanglotant. Je me croyais unique. Je croyais être seul à avoir connu tant d'amours, tant de filles. Maintenant les temps sont durs pour moi. Je suis obligé d'errer et de poursuivre mon errance jusqu'à la fin du monde. » Après cette nuit-là, on entendit maintes fois cette complainte. Une fille seule rentrant tard chez elle, une femme allant quérir de l'eau trop tôt le matin, quand il fait encore sombre, pouvaient l'entendre, et en même temps distinguer une forme semblable à celle d'un homme enveloppée dans une couverture grise. Ainsi, même en fantôme, ce jeune homme ne laissait pas les jeunes filles en paix.

Au moment de les quitter, souvent nos filles composent des chansons pour ceux qu'elles aiment et qui vont partir à la guerre. Quand vous entendez ces chansons, vous vous sentez saisi d'émotion, si viril que vous puissiez être. Ainsi, au moment de Pearl Harbor, une jeune fille composa cette chanson pour son amoureux : « Si tu me quittes, pour te prouver que je t'aime, je gémirai sans retenue, afin que tous m'entendent. Le jour de ton départ je pleurerai pour toi, sans la moindre honte. Chacun pourra voir mes larmes. Aussi souviens-toi : quoi qu'il arrive, j'attendrai ton retour. Tu entendras dire partout que j'ai sangloté sans répit pour toi. »

Nos filles savent aimer, même si en général elles sont trop timides pour le montrer en public.

Timide ou non, le sexe est là, mais de mon temps il fallait respecter les convenances. Le but, bien entendu, était de se marier et d'avoir des enfants et les jeunes filles savaient faire briller leurs yeux. La plus âgée de nos femmes qui a la peau toute crevassée comme les Badlands — elle est si vieille qu'elle ne sait plus quand elle est née et n'a jamais reçu de prénom chrétien — me disait : « C'est il y a quatre-vingts ans que vous auriez dû me prendre en photo, quand j'étais belle. » Elle a toujours dans les yeux la même étincelle. Cette sorte d'étincelle ne meurt pas dans les yeux des Indiennes.

La meilleure façon de procéder à un mariage consistait à rassembler les deux familles qui arrêtaient la décision. On ne pouvait pas se marier sans le consentement des parents. Il en coûtait plusieurs beaux chevaux au jeune homme qui voulait prendre une épouse, pour montrer qu'il la respectait et qu'il était à même de prendre soin d'une famille. Mais s'il était pauvre et ne possédait même pas un cheval, il y avait une autre manière de procéder. On recourait à la cérémonie dite : « Il l'aimait tellement, nous la lui avons donnée », et voilà qui faisait aussi un excellent mariage.

Parfois les parents voulaient pour leur fille un vieux chef illustre, alors qu'elle avait donné son cœur à un jeune homme pauvre. Dans ce cas, elle s'enfuyait sur l'un des meilleurs coursiers de son père pour le rejoindre. Ils vivaient ensemble à l'écart pendant plusieurs jours, puis revenaient pour se marier. Ma foi, chacun savait à quoi s'en tenir sur ce qui s'était passé quand ils étaient seuls. Aussi on n'insistait pas, on n'en parlait plus. Ce qui est fait est fait. En matière de sexe, nous avons toujours été pleins de mansuétude pour les jeunes, les Anciens se souvenant du temps où eux aussi voulaient en faire à leur tête. Les familles elles-mêmes consentaient aux enlèvements, et là encore il en résultait de bons mariages.

De plus en plus souvent, les jeunes couples qui n'ont été mariés qu'à la manière de l'homme blanc, à l'église, ou seulement au bureau d'état civil qui leur procure les papiers nécessaires, ressentent l'impression d'un manque. Ils n'ont pas le sentiment d'être mariés jusqu'à ce que je les unisse à l'ancienne façon indienne, une couverture autour d'eux, les mains sur la pipe sacrée, les poignets retenus l'un à l'autre par un lien d'étoffe rouge. Mes cérémonies de mariage sont très simples, sans enjolivures. Vous m'avez vu les célébrer dans le Sud-Dakota, et une fois dans votre maison, pour ce beau couple de Navajos. Je peux consacrer une union chez vous parce que je vous ai remis mon crâne de bison pour la danse du soleil, et parce que vous avez toujours un peu de glycérie et du *kinnickinnick,* chez vous. Vous avez tout ce dont j'ai besoin.

Pendant ces cérémonies, quand je désire entrer en contact avec l'esprit, je ne porte pas un accoutrement de fantaisie. Je retire ma chemise. Je tiens à avoir les bras nus. Je veux que la fumée m'enveloppe, je veux être touché par elle. Une cérémonie de ce genre doit se tenir au-delà de la réalité. Je peux à ce moment capter ce qu'autrement je ne remarque pas. En célébrant le rite, quand ma main s'est posée sur ce jeune couple de Navajos, j'ai ressenti l'existence d'un sort propice et cela m'a rendu heureux. Pourtant les nouveaux mariés s'étaient serré la main tristement. C'était le signe qu'ils étaient menacés d'attraper une maladie, ou même de mourir dans un an ou deux. Je ne les connaissais pas, mais cette façon de se prendre la main me signifia qu'un malheur était proche. Je ne puis ressentir ces sortes de pressentiment que si le tuyau et le fourneau de la pipe sont joints, prêts pour l'envol de la fumée. En revanche, s'ils sont disjoints, cette prémonition du bonheur ou du malheur disparaît.

J'ai posé une couverture rouge sur ce jeune homme et cette jeune fille navajos ; je leur ai fait tenir dans leurs mains le calumet, je leur ai noué les poignets avec l'étoffe, j'ai chanté au-dessus d'eux les anciennes prières. Maintenant voici ce que je leur ai dit : « Nous sommes ici dans la grande ville de l'homme blanc. Vous êtes censés vous tenir sur la terre, votre mère, mais vous êtes dans un appartement sis au huitième étage. Voici ce que j'attends de vous ; pendant que j'accomplirai ma tâche, je veux que vous vous imaginiez chez vous. Oubliez cette vieille ville, souvenez-vous qu'il existe une cime, une colline, un coin de la terre dont vous subissez l'attraction, qui vous fait éprouver la présence des esprits. Persuadez-vous que vous vous tenez là comme au sommet du monde. Une ville n'est pas l'endroit voulu pour une célébration indienne, mais nos pensées feront qu'il le sera. Oubliez la circulation et tout ce bruit de la ville, concentrez-vous ; gardez bien en main ce calumet et remettez-vous en à lui ; de cette manière, notre célébration vous sera propice, et des quatre extrémités du monde, et du ciel au-dessus et de la terre qui est au-dessous, la bénédiction du Grand Esprit viendra sur vous.

« Réciproquement, le peuple indien qui est avec nous

se souvient de vos ascendances. Rappelez-vous vos parents dans leur foyer, rappelez-vous vos grands-parents, rappelez-vous les temps difficiles que vous avez connus, et aussi les moments heureux. Je vous fais don d'un miroir, un très petit miroir. Qu'y voyez-vous ? Vous voyez deux visages indiens dans ce miroir. La joie et la souffrance de notre peuple ; ce que nous faisons, et ce que nous avons subi — tout cela se lit sur ces visages. Ainsi, d'abord, sachez qui vous êtes : des Indiens qui luttent pour survivre dans un monde de fer tourmenté. L'Esprit est sur toi et sur elle, qui vous tenez liés sous cette couverture et il va vous faire un modeste présent, une vie nouvelle ; du jour où vous aurez reçu ce présent et seulement de ce jour, la cérémonie que je célèbre aujourd'hui trouvera son accomplissement. C'est un nid que vous construisez, et j'implore le Grand Esprit de vous venir en aide. Maintenant nous allons fumer le calumet. *He-hechetu.* »

Et ce fut tout, sauf un détail que je veux ajouter. Votre femme avait préparé un excellent repas pour cette circonstance et chacun y trouva son contentement. Après une cérémonie, on mange. De la bonne nourriture. A un mariage, si personne ne demeure sur sa faim, et si un peu de cette nourriture est offerte aux esprits — voilà qui est de bon augure.

Chez nous, quand je célèbre un mariage à la façon indienne, on donne plus d'importance à la cérémonie. Plus de paroles, plus de voyants-guérisseurs, un tipi, un autel, un grand espace en plein air, des chanteurs et des tambours, une grande fête dehors, des dons mutuels, et le moment venu, quand tombe le soir, tout le monde revêt ses vêtements de danseur. Mais une cérémonie en vaut une autre. Seuls certains actes ont une valeur véritable.

Et ce qui compte le plus dans le mariage, ce sont les enfants. Nous les Sioux, avions l'habitude de procéder nous-mêmes à l'accouchement. Si vous voulez un beau bébé, vous devez vous procurer une sage-femme qui connaisse bien son métier. Nous avions une femme âgée qui s'y entendait à merveille. Pour une naissance, cette vieille squaw touchait toujours un cheval, ou son prix en argent. Par son fait, le nouveau-né était en bonne santé, de bonne composition, et pleurait rarement. Cette femme avait du travail. C'était une bonne fée.

Avoir un enfant était toujours un grand moment de la vie, comme le corps-à-corps pour un guerrier. En général, on plantait un bâton dans le sol pour que la mère puisse s'en saisir. Dans notre tribu de la Hanche Brûlée, d'abord la femme se tenait debout, puis elle s'accroupissait pour mettre l'enfant au monde, en appuyant sur ce bâton, enfin elle se redressait, dans l'attente de l'expulsion du placenta. Nous avons toutes sortes de remèdes destinés à faciliter l'accouchement, mais je vous en parlerai quand nous en viendrons aux herbes et à notre médecine.

Certaines vieilles femmes avaient coutume de se servir d'une ceinture de squaw pour aider à la délivrance. Elles comprimaient le ventre, le pétrissaient, poussant de haut en bas. Une ceinture en peau de cerf servait également pour contenir l'abdomen de la mère après la naissance. On plaçait le nouveau-né sur un morceau de peau de cerf, propre, lavé au préalable dans une eau chaude où l'on avait déposé des herbes wacanga. Le nombril du bébé était désinfecté avec de la poudre de vesse-de-loup, puis on le bandait. Pour couches, on se servait, comme absorbant, des chatons de certaines plantes ou de certains arbres.

Avant la venue au monde de l'enfant, une des grand-mères faisait deux petites poupées en forme de lézard ou de tortue. Le lézard, le *manitukala,* est un petit ange gardien. Il se nourrit de presque rien. Le suc des plantes dont il a besoin lui est procuré par l'humidité de la terre. Les lézards sont des animaux d'une grande promptitude et difficiles à tuer. Vous leur sectionnez une patte ou la queue, et la patte ou la queue de ces modestes créatures repousse. Nos tortues sont aussi extrêmement coriaces. Ces animaux sont symboles de force et de longue vie. Pour cette raison, on les choisit pour protéger le bébé des esprits mauvais. On dépose le cordon ombilical dans l'un de ces charmes. Le second, qui est bourré d'herbes, a pour effet de circonvenir les esprits mauvais en les attirant à lui. Celui qui contient le cordon ombilical est cousu au berceau de l'enfant, et, dès que celui-ci commence à marcher, à ses habits. La mère le garde quand l'enfant atteint l'âge de cinq ans.

En général, l'une des tantes de la jeune mère faisait elle-même un beau berceau de bois recouvert de perles. Ces berceaux étaient lourds. Quand il y avait plusieurs tantes du côté paternel, la mère recevait plusieurs berceaux. Nous n'en avons plus beaucoup parce que les Blancs du musée en offrent un bon prix — jusqu'à trois cents ou quatre cents dollars.

J'espère toujours que, des mariages que je célèbre, naîtront des jumeaux. Cela me rendrait heureux. Vous comprenez, l'amour est quelque chose qui vous survit. Il est très puissant — il est le *nagi,* l'âme, il erre, il voyage. Si deux personnes se sont beaucoup aimées, elles peuvent être réincarnées en jumeaux. Ceux qui ont connu un grand amour sont là à tournoyer et le Grand Esprit prend parfois pitié d'eux, et ils réapparaissent. Ces petites créatures voyageuses viennent se réincarner parmi nous — jumeaux, triplés. Non seulement les amants, mais un frère et une sœur qui ont eu une très grande affection l'un pour l'autre peuvent être rendus à la vie de cette manière. Un enfant né une seconde fois pourrait être doué de longue mémoire. J'ai connu l'un d'eux, — un homme nommé Quelqu'un —, qui se ressouvenait de sa vie antérieure, plus de deux cents ans auparavant.

Si des parents dont l'enfant mourait — un petit qu'ils aimaient par-dessus tout — désiraient garder son âme, s'approprier son esprit, ils préservaient une mèche de ses cheveux pendant plus d'une année, puis donnaient une grande cérémonie à cet effet. Ils érigeaient un petit autel à son esprit et remplissaient un bol de nourriture pour sa petite âme. En prévision de la cérémonie, ils mettaient de côté ce qu'ils souhaitaient donner — en général jusqu'à leur dernière chemise — et pas au sens métaphorique de l'expression chez les Blancs, mais à la lettre. Cette volonté de se démunir les invitait à se dépouiller totalement et même des vêtements qu'ils portaient. On donnait jusqu'à ce que ça fasse mal, jusqu'à ce qu'il n'y ait plus rien à donner.

La plupart des mariages indiens durent plus longtemps que les mariages blancs parce que nous nous sentons responsables de nos enfants. Les deux familles — paternelle et maternelle — se sentent concernées et veulent aider les jeunes mariés. C'est ce qui maintient l'existence des couples. Mais nous avons aussi nos divorcés. L'homme pouvait renvoyer la femme dans sa famille, avec les biens lui appartenant, si elle se révélait être une mauvaise épouse. Il pouvait même accomplir une *wihpeya,* une cérémonie de mise à la porte de l'épouse. Si elle s'était avérée paresseuse, ou si elle s'acoquinait avec un autre, il rassemblait les hommes de sa confrérie de guerriers, se livrait à une danse et lançait un bâton spécial dans le cercle de ses amis, s'exclamant : « Celui qui en veut, qu'il vienne la prendre. J'en ai assez d'elle ! »

Toutefois, il avait tout intérêt à justifier cette façon d'agir avec les meilleurs arguments, sinon sa réputation en souffrait et il avait affaire aux parents de l'infortunée. L'épouse rejetée s'en prenait aussi à lui sauvagement. Elle s'approchait avec son couteau à dépiauter et lui faisait une balafre, ou, pire, s'attaquait à sa meilleure monture et lui tranchait le jarret. Mais le divorce existait aussi dans l'autre sens. Une femme pouvait rompre avec son mari simplement en jetant ses affaires hors du tipi. Il savait dès lors à quoi s'en tenir. Va-t'en et ne remets plus les pieds ici !

En ce qui concerne les questions sexuelles, nous avons toujours été la franchise même. Nous n'inventons pas pour les enfants des contes à dormir debout et ne baissons pas la voix pour raconter une histoire osée. Mais nous avons une grande pudeur, en faisant semblant de ne rien voir. C'est très important parce que nous n'avons pas, en fait, de vie privée. Dans un tipi couchait la famille, et aujourd'hui encore de nombreuses personnes partagent la même pièce. Il faut bien apprendre à sauvegarder son intimité et l'intimité des autres. Ne pas se conduire en intrus. On n'entend jamais ni murmures ni gémissements, et pourtant les enfants savent bien que papa et maman font l'amour, puisque, pour preuve vivante, un nouveau petit frère ou une nouvelle petite sœur naît chaque année. Ainsi, nous Indiens, avons appris à faire l'amour comme le porc-épic — très précautionneusement. Non parce que nous voulons cacher quoi que ce soit, mais par pudeur de nos sentiments, pour n'y associer personne et ne troubler personne à cause d'eux.

Nous avons un mot spécial, *wistelkiya*, pour exprimer notre délicatesse à propos des choses du sexe. Il s'agit là d'un comportement d'une extrême discrétion entre parents de sexes opposés. On ne prononce pas les noms de certains d'entre eux, on détourne les yeux en leur présence, on ne leur adresse pas directement la parole. Ce n'est pas par honte de l'acte sexuel mais par crainte de ce que nous nommons l'inceste, qui est pour nous ce qu'il y a de plus maléfique, au point qu'on ne veut même pas y penser ou en entendre parler.

Vous pouvez plaisanter avec votre belle-sœur, flirter avec elle, lui raconter des blagues, et elle peut agir de même avec vous. Mais si vous vous égarez ensemble — voilà qui peut causer un terrible scandale, déclencher une bagarre avec son mari. Comprenez-moi bien, il n'y aurait rien là de hideux, de honteux ou de contre-nature : ce serait seulement vous mal conduire.

Mais il en irait différemment s'il s'agissait de vos sœurs ou de vos cousines. Vous ne devez ni les dévisager ni les toucher ni faire le fou avec elles. Et réciproquement une jeune fille doit être très réservée avec ses frères et ses cousins. Quant au gendre et sa belle-mère, à la bru et son beau-père, on pourrait croire qu'ils sont séparés par un mur de briques. Ils doivent s'éviter en toutes circonstances. Il en est ainsi parce que les beaux-parents sont considérés comme des parents de sang. Courtiser sa belle-mère, ce serait comme coucher avec sa propre mère. C'est un acte qu'on ne peut même pas imaginer.

Je connais un jeune homme qui éprouvait de l'amitié pour une vieille femme. Il aimait passer la voir pour bavarder ou manger avec elle un morceau de pâté. Ils avaient tous les deux vraiment beaucoup d'affection l'un pour l'autre. Mais il arriva que le jeune homme tomba amoureux de la fille de cette vieille femme. Ils vécurent ensemble comme des époux et eurent beaucoup d'enfants, seulement il refusa de l'épouser pour ne pas devenir le gendre de la vieille femme qu'il chérissait tendrement. Car alors, il n'aurait pas pu continuer à lui exprimer son affection.

Il est difficile de toujours éviter sa belle-mère. Si belle-mère et gendre se trouvent dans la même pièce, ils se tiennent aussi loin que possible l'un de l'autre, ne sachant sur quel pied danser, mal à l'aise. Si le gendre a faim, il marmonne assez fort pour que sa belle-mère l'entende :

« J'aimerais bien que quelqu'un me donne à manger. » Il ne lui adresse pas la parole, remarquez, il parle seulement tout haut. Si, de même, il vient à la belle-mère l'idée de poser la bouilloire sur son vieux poêle à bois, elle aussi se parle à elle même : « Tous des fainéants ! Personne n'a coupé de bois pour moi aujourd'hui. J'aurais pourtant bien voulu que quelqu'un fasse ce travail. » Alors le jeune homme se lève et sort aussitôt couper du bois. C'est une forme de communication. Mon père était très vieux jeu. Il n'adressait jamais la parole à sa belle-mère. S'il avait quelque chose à lui dire, il en parlait à sa femme qui transmettait la commission.

Dans nos mœurs sexuelles il y a une coutume sur laquelle nous sommes tout à fait pointilleux. C'est le moment où la femme a ses règles. Jadis une femme devait rester seule dans sa hutte quatre jours durant. C'est ce que nous appelons *isnati* — la femme qui habite seule. Nous ne jugions pas les menstruations malpropres, et ne pensions pas qu'il faille en avoir honte. Au contraire, jadis, quand une jeune fille avait ses règles pour la première fois, ses parents voyaient là une manifestation sacrée qui faisait d'elle une femme. Après la première *isnati,* ils donnaient un grand festin en son honneur, invitant tout le monde, et distribuant leurs biens comme autant de cadeaux.

Mais nous pensions que la menstruation était pourvue d'un pouvoir singulier, néfaste dans certaines circonstances. Le pouvoir pouvait s'exercer dans certains cas contre la jeune fille, dans d'autres cas contre quelqu'un d'autre. Si une jeune fille tannait les peaux de certains animaux pendant ses règles, elle pouvait avoir un furoncle. Elle devait s'abstenir de différentes actions, de même qu'un homme doit s'abstenir de toutes relations sexuelles pendant les quatre jours qui précèdent son ascèse de voyance ou quelque autre cérémonie religieuse. Une femme pendant cette période fatidique ne devait pas s'approcher du paquet sacré du voyant-guérisseur, ni prendre part à une célébration quelconque. Nos jeunes femmes n'habitent plus seules pendant leurs règles, mais nous évitons que leur pouvoir entre en conflit avec celui d'un voyant-guérisseur. L'un et l'autre pourraient subir les mauvais effets de leur rencontre.

Nous croyons que si une femme porte deux petits enfants en elle, que si elle doit donner naissance à des jumeaux, à des jumelles, ou à des jumeaux des deux sexes, il peut arriver qu'au lieu de deux bébés, un seul se forme dans ses entrailles, un être hybride, mi-garçon mi-fille. Il pourrait s'agir d'un hermaphrodite avec des organes masculins et des organes féminins. Dans l'ancien temps un *winkte* s'habillait en femme, s'affairait à la cuisine et faisait des colliers de perles, etc. Il se comportait en squaw et n'allait pas à la guerre. A nos yeux un homme est ce que la nature l'a fait, ou encore ce que ses rêves l'ont fait. Nous l'accueillons tel qu'il se veut. C'est son affaire. Tout de même, les pères n'aimaient pas voir leurs garçons traîner auprès d'un *winkte*. Ils leur disaient de se tenir à l'écart.

Il y a des hommes bien parmi les *winktes*, et il leur a été conféré certains pouvoirs. A ma connaissance, aucun homme blanc n'a jamais interviewé un *winkte*. C'est pourquoi nous sommes allés à ce bar où je savais que nous en trouverions un. Je suppose que vous avez dû vous demander si je m'adressais à un homme ou à une femme.

Bon, eh bien, ce *winkte* m'a demandé, comme entrée en matière : « As-tu du vin ? » Je l'ai assuré qu'il pouvait boire à sa guise pourvu qu'il me dise toute la vérité sur les *winktes*. Il pense que si la nature afflige d'un fardeau l'homme qu'elle crée différent, elle lui confère en même temps certains pouvoirs. Il a ajouté que le *winkte* a le don de prophétie et que lui-même pouvait prédire le temps.

Dans notre tribu, nous nous adressons à un *winkte* pour donner au nouveau-né un nom secret. Dans la plupart des cas il s'occupe des garçons, mais dans d'autres il s'intéresse aussi aux filles. Ida, par exemple, a reçu un nom secret. Le nom conféré par un *winkte* est censé donner à celui qui le porte chance et longue vie. Dans le temps, en rétribution de ses services, on faisait don au *winkte* d'un beau cheval. C'était là sa moindre récompense. Ce *winkte* m'a précisé que les noms étaient très sexy, drôles même, et d'une grande liberté. On ne les révélait pas aux étrangers, qui en auraient fait des gorges chaudes. Le nom donné par un *winkte* peut apporter la célébrité. Sitting Bull, Elan Noir et même Cheval Fou tenaient tous d'un *winkte* leur nom secret que bien peu ont connu.

Le *winkte* du bar dit quelquefois la bonne aventure. Il a annoncé à une femme qu'elle vivrait jusqu'à quatre-vingts ans, et en échange elle lui a offert de beaux mocassins. Il est parfois guérisseur et se sert d'herbes connues seulement de ceux de son espèce. Il m'a raconté aussi qu'autrefois, quand un *winkte* s'adressait à un autre *winkte,* il l'appelait sœur, et qu'eux tous, les *winktes,* étaient enterrés dans un cimetière particulier situé sur une colline. Je lui ai demandé ce qu'il serait au pays des esprits, après sa mort, quand il aurait gagné le sud — un homme ou une femme ? Il m'a répondu qu'il serait les deux. Notre entretien a duré longtemps... le temps de vider deux bouteilles de vin.

Les anthropologues n'en finissent plus avec leurs questions. Ils veulent connaître la vie sexuelle de Monsieur l'Indien. Pendant des années et des années, le refrain c'était : « Qui a tué Custer ? » mais maintenant c'est : « Normes sexuelles chez les aborigènes. » Une Blanche, une dame anthropologue entre deux âges, est allée jusqu'à demander à un Indien de se déshabiller pour monter sur elle. Elle voulait qu'il garde sa coiffure de guerrier, et elle avait fait en sorte qu'un tiers les prenne en photo. Dans l'intérêt de la science, c'est à croire. Mais l'Indien déclina respectueusement cette offre. Il y en a parmi nous qui se font une pinte de bon sang avec tous ces anthropologues, leur racontant des histoires à dormir debout pour les faire marcher. On peut entendre des dialogues dans ce goût-là :

L'anthropologue — Parlez-moi de votre vie sexuelle.

L'Indien — Ça va. Et vous ?

L'anthropologue — Vous gardez toujours la même position ?

L'Indien — Oui. Ça fait vingt ans que je suis au volant d'une ambulance.

L'anthropologue — Pour votre organe (*organ* [1]), avez-vous un tabou ?

L'Indien — Le seul organe (*organ*) qui compte ici, c'est celui du prêtre catholique. Vous devriez entendre ses sermons.

---

1. *Organ :* orgue et organe. N.d.E.

Il y a chez nous des types très forts question quiproquo !

Je connais un mariolle qui fréquentait une fille et désirait se marier. On leur dit qu'ils devaient se faire faire d'abord une prise de sang. Ils étaient d'accord, mais il y avait toujours quelque chose qui allait de travers. La voiture tombait en panne, n'avait plus d'essence, ou encore il neigeait à ne pas croire. Enfin un jour, tout alla bien. Le temps était parfait. La voiture marchait. Le gars emmena ses futurs beaux parents. Une fois parvenus au cabinet du médecin, ils apprirent qu'il était sorti. Une urgence. On leur dit de revenir le lendemain. Ils trouvèrent un endroit où passer la nuit. Le mariolle prit du bon temps avec son amoureuse. Mais, le lendemain, il n'avait plus envie de se marier. Seulement il ne voulait pas décevoir les parents de la jeune fille, qui étaient venus de loin. Il leur fit un large sourire : « Dites-moi, vous deux, quand vous avez convolé, cette prise de sang n'existait pas. Alors vous n'êtes pas mariés selon les règles. Je vais faire quelque chose pour vous. » Il les emmena chez le médecin, et c'est *aux parents* que la prise de sang fut faite.

Il y a bien des années, je me trouvais dans le bureau de l'officier de paix. La porte s'ouvrit, et une grosse dame apparut poussant devant elle un homme avec une grande plume fichée dans le couvre-chef. Elle s'exprimait en indien, avec des façons grivoises : « Cet homme-là ne fait pas l'affaire. Il y a deux semaines qu'on est mariés et il fait l'amour tout le temps. Il m'aime à m'en faire crever. Faut que ça cesse. » Lui le mari se taisait, on aurait même dit qu'il était endormi.

Nous avions un nouvel officier et c'était le premier cas qu'il avait à trancher. J'étais là comme traducteur. La femme n'en finissait plus avec ses doléances. « Je suis à bout. Ce vieux bouc n'en a jamais assez. On ne peut plus dormir. Qu'est-ce que vous dites de ça, monsieur le commissaire ? » L'officier de paix rougit. Il commença à expliquer sa façon de voir : « C'est ce que nous Blancs appelons la lune de miel. C'est à ce moment-là qu'on s'aime tout son content. Il exerce son devoir conjugal. Donnez-lui une seconde chance. » J'essayai de ne pas rire en traduisant ses paroles. Je lui dis bien « lune de miel », mais en indien l'expression est dépourvue de sens. La femme devenait quasiment enragée. « Lune, miel, qu'est-ce que ça peut me faire à moi ! » Le bureaucrate en était cramoisi. Il répétait à n'en plus finir son histoire de lune de miel. J'expliquai la chose en indien à la femme : « Chez les Blancs, c'est comme ça qu'on commence. On fait ça tout le temps. C'est ça que ça veut dire, lune de miel. Faut vous en accommoder. » Elle jeta un mauvais regard sur l'officier de paix. « Je mourrai avant mon heure et ce sera votre faute. » Puis elle poussa son mari vers la porte. « Ça va, mon vieux, allons *tawiton, tawiton, tawiton* jusqu'à ce qu'on crève. » Il y a un mot pour *tawiton* en anglais, mais plus bref.

Vous voyez, nous n'avons pas ici de bien grands problèmes sexuels. Peut-être les anciens en avaient-ils, ceux qui vivaient avec plusieurs épouses. Dans les années vingt, j'ai demandé à un vieil homme qui avait six femmes : « Comment tenez-vous le coup ? » Il me confia son secret, disant : « Il ne faut pas de favoritisme. Votre épouse numéro un peut être vieille et ridée, et votre épouse numéro six jeune et pimpante, mais vous devez être bon avec toutes. On leur donne du plaisir à tour de rôle. Seulement avec les plus vieilles, vous n'allez pas jusqu'au bout. Vous gardez ça pour la petite chérie, chaude à point. »

Quand j'étais petit garçon, il y avait encore un vieil homme qui vivait ouvertement avec deux épouses. Un jour, les missionnaires sont venus chez lui et lui ont dit : « Chef, la tribu a les yeux sur vous. Vous ne pouvez pas avoir deux épouses. Vous donnez le mauvais exemple. Vous devez dire à l'une d'elles de s'en aller. » Le vieil homme regarda sévèrement les missionnaires et s'exclama : « Allez le lui dire vous-même ! » Les missionnaires courent encore.

Qu'en est-il des questions sexuelles pour le voyant-guérisseur ? Eh bien, comme je vous l'ai déjà dit, on ne paie pas le voyant-guérisseur pour apprendre à bien se conduire ; on le paie à cause de ses pouvoirs. Un voyant-guérisseur se doit de tout connaître de la vie et de la sexualité. Savoir à quoi s'en tenir, c'est ce qu'il y a de plus important dans sa tâche, et bien entendu, dans la pratique, il faut qu'il tienne compte des réalités sexuelles. Un voyant-guérisseur que j'ai moi-même enseigné m'a dit qu'il avait guéri un cas de nymphomanie grâce à une herbe. Si cette femme était malheureuse, parfait ; mais s'il s'était agi d'une nymphomane heureuse, pourquoi la guérir ?

Il y a un remède pour empêcher les femmes d'enfanter. Une herbe tout à fait inoffensive avec laquelle le voyant-guérisseur peut procéder à une sorte de curetage préalable. On nettoie la matrice, un peu comme l'homme blanc se sert d'un purgatif tel que l'huile de ricin. Mais ça ne veut pas dire que nous voulons aider les femmes à ne pas avoir d'enfants. Il faut que j'accomplisse convenablement ma tâche médicale. Dans cette réserve, il y en a qui demandent tout le temps l'herbe dont je viens de parler, mais je ne la leur donne pas, je ne la vends pas. Je fais pour le mieux. Si l'esprit me dit qu'il est préférable d'interrompre la grossesse d'une femme qui doit par exemple avoir un bébé difforme, ou bien s'il doit naître dans de mauvaises conditions, c'est un autre problème. Mais ce sont là les seuls cas pour lesquels j'ai recours à la soi-disant médecine de la chair.

Ce que je pense de la régulation des naissances ? J'y ai beaucoup réfléchi ; j'ai aussi personnellement demandé leur avis à une dizaine de mes meilleurs amis, et neuf d'entre eux ont dit : « Ce n'est pas une bonne chose. » Le dixième a déclaré le contraire, mais c'est un alcoolique invétéré. Que la population augmente dans des proportions extravagantes, cela, comprenez-vous, ne nous inquiète pas tellement. Pendant de très longues années, le seul bon Indien était l'Indien mort, il y a eu les cadavres de Wounded Knee, les massacres de Sand Creek et de Washita, tous les enfants et toutes les femmes assassinés, et des tribus entières décimées par la variole et la rougeole. De cette manière, les Indiens ont été soumis cent fois aux effets de la régulation des naissances. Notre problème est celui de la survivance. La surpopulation — à vous de vous en inquiéter.

Oui, il existe des charmes pour rendre une jeune femme amoureuse d'un homme. Je pourrais aussi séparer un couple, faire que l'homme quitte son épouse, ou au contraire que ce soit elle qui l'abandonne à son sort. Il y a de l'argent à gagner pour le sorcier-médecin, mais je le laisse aux illusionnistes. Je ne me mêle jamais de ces questions-là. Je pourrais aller dans la montagne pour me procurer une plante dont les grains minuscules sont enroulés en forme de balle. Ils produisent le même effet que la poudre de cantharide. Vous en déposez deux dans la boisson ou dans le sandwich d'une jeune femme et bientôt elle commence à vous gratter et à vous mordre un peu partout de façon bien agréable. Sur un jeune homme, ces grains agiront avec autant d'efficacité. Un vieillard se sentira ragaillardi. Mais cela aussi est mon secret. Enfin, un jour, peut-être... quand vous et votre épouse serez tout ratatinés... par faveur spéciale...

CHAPITRE IX

MEDECINE, BONNE ET MAUVAISE

Je suis un « medicine-man ». « Medicine-man » — voilà bien une expression de Blanc, « comme « Squaw », « Papoose », « Sioux », « Tomahawk » — mots inconnus en langue indienne. Je souhaiterais en vérité qu'il y ait un terme traduisant avec plus de justesse « medicine-man », mais je ne peux en trouver un anglais, et vous ne le pouvez pas, je crois, vous non plus. Aussi, disons medicine-man, et n'en parlons plus. Mais l'expression reste pauvre et ne recouvre pas tout ce que le terme indien « *wićaśa wakan* » implique.

Nous avons différents noms pour désigner différents hommes accomplissant différentes tâches là où vous ne disposez que d'un seul nom dérisoire. D'abord nous distinguons le guérisseur, le *pejuta wićaśa,* qui se sert des herbes. Il ne guérit pas avec les herbes seules, il faut encore qu'il ait le pouvoir, *wakan,* de guérir. Puis nous avons le *yuwipi,* l'homme aux poignets attachés, qui recourt aux pouvoirs des peaux et des pierres pour établir le diagnostic et procurer le remède. Nous parlons également du *waayatan,* le voyant qui peut prédire l'avenir, à qui a été donnée la prescience. Les faits advenus conformément à ses présages, nous les nommons *wakinyanpi.* Le même vocable désigne les créatures ailées, celles qui volent dans les airs, parce que le pouvoir de dévoiler l'avenir provient d'elles.

Puis il y a le *wapiya*, l'illusionniste, ou, si vous voulez, le sorcier qui guérit. S'il est compétent et honnête, il pratique le *waanazin*, c'est-à-dire l'extermination du mal. Il extirpe du corps les substances néfastes distillées en lui par un esprit maléfique, tel celui du tamia qui, de son terrier, projette dans votre organisme des brins d'herbe rigides ou de petits piquants de porcs-épics, toutes causes de furoncles.

Si ce sorcier guérisseur est malhonnête, il vous inoculera la maladie que justement lui seul peut guérir — contre argent comptant. Il y a des charlatans parmi ces hommes. Ils donneront à un jeune conscrit un remède qui soi-disant le protégera du mal, le garantira contre les balles et fera en sorte qu'il rentrera chez lui sain et sauf. S'il revient avec tous ses abattis, à eux les gros sous. Sinon — eh bien tant pis.

Le *heyoka,* le clown sacré, est encore un guérisseur d'un autre genre. Il recourt au pouvoir du tonnerre pour soigner certaines personnes. Si vous voulez étendre le sens du mot, comme on déploierait une grande couverture pour qu'elle abrite tout le monde, même le prédicateur du peyoltisme qui parcourt les campagnes peut être inclus parmi les voyants-guérisseurs. Mais je crois que le seul voyant-guérisseur digne de ce nom est le *wićaśa wakan,* le saint homme. Lui peut guérir, prophétiser, parler aux herbes, commander aux pierres, conduire la danse du soleil ou même changer le temps, mais cela est sans grande importance à ses yeux. Il s'agit seulement là de la traversée de stades successifs. Lui-même les a franchis ; il se tient au-delà. Il possède la *wakanya wowanyanke,* ou grande vision. Sitting Bull était ainsi. Quand il fut visité par sa vision, lors de la danse du soleil de Medicine Deer Rock, que vit-il ? De nombreux uniformes bleus tomber à la renverse dans le camp indien ; et en même temps, il entendit la voix qui lui disait : « Je te les donne, parce qu'ils n'ont pas d'oreilles. » Sitting Bull sut, de cette minute, que les Indiens l'emporteraient dans la prochaine bataille. Il ne combattait pas lui-même ; il n'avait pas d'hommes sous ses ordres, il s'en tenait au fait que sa vision et son pouvoir servaient son peuple.

Le *wićaśa wakan* tient à être seul. Il veut demeurer *wićaśa* à l'écart de la foule et des affaires au jour le jour. Il se plaît à méditer, appuyé à un tronc d'arbre ou contre un rocher, sentant la terre bouger sous ses pieds, sentant au-dessus de lui la pesanteur du grand ciel enflammé. C'est dans de telles conditions qu'il peut se représenter comment va le monde. Les yeux fermés, il distingue, clairement, bien des phénomènes. Seule compte sa vision intérieure du monde.

Le *wićaśa wakan* aime le silence ; il s'enveloppe en lui comme dans une couverture — un silence lourd, avec une voix semblable au tonnerre, qui l'entretient de nombreux sujets. Un tel homme se complaît en un lieu où l'on n'entend rien, que le bourdonnement des insectes. Il s'assied face à l'occident, implorant une aide. Il parle aux plantes et elles lui répondent. Il écoute les voix des *wama káskan* — celles de toutes les créatures animales de la surface de la terre. Il est à l'unisson avec elles. De tous les êtres vivants, une émanation incessante le gagne et il transmet cette force. Je ne peux dire d'où elle vient ni en quoi elle consiste, mais il en est ainsi. Et je sais ce dont je parle.

Un voyant-guérisseur de ce genre n'est ni bon ni mauvais. Il vit — voilà ce qu'il en est et c'est bien ainsi.

Les Blancs, eux, paient un prédicateur pour qu'il soit convenable, qu'il se tienne bien en public, qu'il porte un col, ne fréquente pas les femmes d'une certaine sorte. Mais personne ne paie un voyant-guérisseur indien pour qu'il soit convenable, se tienne bien et agisse dans la respectabilité. Le *wićaśa wakan* agit suivant ce qu'il est. Il lui a été donné d'être libre, de la liberté d'un arbre ou d'un oiseau. Cette liberté peut être belle ou laide ; cela n'a pas grande importance.

Nos voyants-guérisseurs — les guérisseurs par les herbes tout comme nos saints hommes — ont leur façon personnelle d'agir, suivant leurs visions. Le Grand Esprit veut que les êtres soient différents. Il fait en sorte que chacun d'eux se prenne d'affection pour un animal donné, un arbre donné, une plante donnée ; que chacun d'eux soit attiré par certains lieux de la terre qu'il préfère aux autres, où il éprouve un sentiment de mieux-être qui lui fait dire : « Voilà un endroit où je me sens bien, où je suis chez moi. » Le Grand Esprit est à la fois un et multiple. Il est partie du soleil et le soleil est partie de lui. Il peut être dans l'oiseau-tonnerre [1], dans tout autre animal ou dans n'importe quelle plante.

L'être humain est lui-même multiple. Ce qui est à l'origine — et quoi que ce soit —, de l'air, de la terre, des herbes et des pierres, est aussi une part de nos corps. Nous devons apprendre à être différents, à sentir et à goûter ces constituants variés qui nous fondent. Aux animaux et aux plantes, *Wanka Tanka* dit quoi faire. Animaux et plantes sont dissemblables. Les oiseaux diffèrent les uns des autres. Certains construisent un nid, d'autres pas. Certains animaux vivent dans des trous, d'autres dans des cavernes ou dans des buissons. Certains se tirent d'affaire sans aucune sorte d'habitat.

Même les animaux d'une même espèce — deux cerfs, deux hibous — se comporteront différemment l'un de l'autre. Et même les petits hamsters pour lesquels votre fille s'est prise d'affection — chacun d'eux a son comportement propre. J'ai étudié bien des plantes. Prenez les feuilles d'une même plante, mieux encore, celles d'une même tige : pas deux d'identiques. Sur toute la terre, il n'y a pas deux feuilles strictement semblables. Le Grand Esprit aime qu'il en soit ainsi. Il s'en tient, pour toutes les créatures de la terre, à un schème grossier, grâce auquel on peut reconnaître le sentier de la vie. Il leur montre où aller, vers quel but, mais les laisse choisir leur chemin pour y parvenir. Il veut qu'elles agissent indépendamment, suivant leur nature, et leurs propres impulsions.

Si *Wakan Tanka* aime qu'il en soit ainsi pour les plantes et les animaux, et jusqu'aux plus modestes souris ou punaises, à plus forte raison combien doit-il exécrer les humains semblables, accomplissant la même tâche, se levant à la même heure, portant un même type de vêtements de confection, voyageant dans le même métro, les yeux sur la même horloge, et, pis que tout, pensant semblablement à toute heure du jour. Chaque créature a sa raison d'être.

---

1. L'oiseau-tonnerre, *thunderbird* — oiseau au bec, aux pattes et à la queue rouges — est regardé par certaines tribus comme cause de la pluie, le bruit du tonnerre venant du battement de ses ailes. N.d.E.

Même une fourmi a la sienne qu'elle connaît à sa manière, si ce n'est au moyen de son cerveau. Seuls les êtres humains sont parvenus au point où ils ne savent même plus pourquoi ils existent. Ils ne se servent plus de leur cerveau et ils ont oublié le savoir secret de leurs corps, de leurs sens, ou de leurs rêves. Ils n'usent pas de la connaissance que l'esprit a déposée en chacun d'eux ; ils n'en ont même pas conscience. Aussi avancent-ils en aveugles sur une route qui ne mène nulle part — une grand-route de macadam qu'ils écrasent de leurs mécaniques, pour la faire plus lisse, pour gagner plus vite le trou vide qui les attend à la fin du trajet, prêt à les engloutir. Une super-autoroute, où l'on roule dans le confort, mais je sais où elle mène. Je l'ai vu. Ma vision m'y a conduit, et en y pensant je frémis d'horreur.

Je crois qu'être voyant-guérisseur, c'est d'abord un état d'esprit, une façon de regarder la terre et de la comprendre, une prise de conscience de ce qui compte. Suis-je un *wićaśa wakan* ? Je suppose que oui. Quoi d'autre puis-je être ou serais-je ? Quand on me voit dans ma chemise raccommodée et usée, avec mes bottes de cow-boy aux semelles éculées, mon appareil qui me siffle dans les oreilles, quand on découvre la cabane, avec son appentis malodorant, que je nomme ma maison, on ne peut pas dire qu'on se trouve à l'évidence devant l'idée que l'homme blanc se fait d'un saint homme. Vous m'avez vu soûl et dans la dèche. Vous m'avez entendu jurer ou raconter des gaudrioles. Vous savez que je ne suis pas meilleur ou plus sage que les autres hommes. Mais j'ai gravi la cime, j'ai connu ma vision et le pouvoir m'a été donné ; le reste n'est que fioritures. Cette vision ne me quitte jamais — ni en prison, ni quand je peins des écriteaux bizarres pour la publicité d'une blanchisserie, ni au *saloon*, ni quand je suis avec une femme, surtout pas à ce moment-là.

Je suis voyant-guérisseur parce qu'un rêve m'en a informé ; parce qu'il m'a été ordonné de l'être, parce que les anciens voyants-guérisseurs — Buste, Aigle du Tonnerre, Copeaux, Bonne Lance — m'ont aidé à le devenir. Devant cela, il n'y a rien que je puisse ou veuille faire. Je pourrais vous guérir d'une maladie rien qu'avec un verre d'eau froide et pure, et grâce aux effets de la voyance. Pas toujours, mais dans bien des cas. Je veux être un *wićaśa*, un homme qui ressent la peine d'autrui. Une mort, où qu'elle se produise, me touche. Une jeune femme et son enfant ont été tués l'autre jour sur l'autoroute. J'en suis profondément affecté. Au coucher du soleil, je parlerai d'eux au Grand Esprit. Le croiriez-vous, quand Robert Kennedy a été assassiné peu de temps après être venu s'entretenir avec nous, les Indiens, je me suis rendu dans ma hutte d'étuve et j'ai apporté mon offrande à son intention. Pourriez-vous imaginer un homme blanc priant pour Cheval Fou ? Je suis passé par les différentes phases, la guérison par les herbes, le *yuwipi,* le peyotl. Ensuite j'ai pris mon calumet pour gagner un point de méditation plus élevé.

Il faut que je vous parle encore de la manière d'être de nos voyants-guérisseurs. Ceux qui sont encore en vie et ceux qui nous ont quittés. Je vais fermer les yeux, et penser en parlant, pour que l'esprit s'exprime à travers moi. Il s'agit d'une remémoration. Nous appelons cette remémoration *waki-ksuya.* Ce qui signifie qu'on se ressouvient, qu'on voyage dans le passé, qu'on se tient en communion avec les esprits pour recueillir leur message, se rappeler les amis morts, entendre leurs voix de nouveau, et cela même au point d'être visité par une vision. Je ne vais pas vous montrer des revenants. Je ne vais pas entreprendre tout cela en ce moment. Je vais simplement me renverser en arrière, fermer les yeux, et m'abandonner à quelqu'un d'autre. Je continuerai seulement de parler et les paroles se fraieront leur chemin.

On devient un *pejuta wićaśa*, un voyant-guérisseur, parce qu'un rêve vous dit de l'être. Aucun homme ne rêve de cures et de remèdes. Vous pratiquez seulement dans les domaines où vous vous sentez les capacités voulues. Ce n'est pas là un don hérité ; vous travaillez pour l'acquérir, vous jeûnez, vous recourez aux rêves, mais pas toujours avec succès. Il est vrai qu'il y a dans certaines familles des lignées de bons voyants-guérisseurs, et c'est fort utile de compter parmi ses parents un saint homme qui vous enseigne et s'efforce de vous communiquer ses pouvoirs. Fort utile, mais pas toujours. Les guérisseurs ne sont pas des chevaux — pas une race d'élevage. Vous pouvez offrir une voiture à un adolescent et lui apprendre à conduire, mais s'il n'y a pas d'essence dans le moteur, la voiture et l'apprentissage ne lui seront d'aucune utilité. Dans certains cas, le don saute une génération pour réapparaître chez le petit-fils.

Un voyant-guérisseur, une fois devenu vieux, essaie de communiquer sa vision et sa connaissance à son fils. Il y a une filière du don d'agir, mais quelquefois le courant ne passe pas. Si en dépit de tout le savoir, des efforts et des implorations, la vision et le don d'agir se dérobent, on en est conscient. La plupart du temps, celui qui se sera efforcé en vain se montrera honnête et s'en tiendra là. Mais parfois un homme trichera et prétendra être ce qu'il n'est pas. A la fin, il ne fera qu'attirer le malheur sur lui et les siens. Essayant de duper les autres, il se dupera lui-même. Aussi, bien des hommes ne s'engagent pas dans cette voie.

Le vieux Chips était parmi les Sioux un saint homme très exceptionnel. Sans lui, notre religion aurait peut-être sombré. Aux heures les plus noires, il garda vivante sa vision. Sans son enseignement, il n'y aurait plus de voyants-guérisseurs parmi nous. Et ce qu'il a fait, il l'a fait presque seul. C'est vrai, il a communiqué le don à son fils, Ellis, qui est un homme bien. Mais le véritable don, le don par excellence, c'est son petit-fils Godfrey qui en a hérité, et il a seulement seize ans. Ce pouvoir avait été donné à un frère aîné, mais il ne savait pas comment en user. Il était un peu trop porté sur l'alcool, un verre ou deux par-ci par-là. « Otez-moi ce fardeau, dit-il, il ne peut me servir. »

Mais le don habite le jeune Godfrey. Personne n'a essayé de le lui transmettre. Les esprits, les *yuwipi*, se sont saisis de lui et lui ont parlé trois mois durant. Il ne les comprenait pas tout d'abord et il était effrayé. Il s'en ouvrit à son père qui lui dit : « Pourquoi ne leur demandes-tu pas ce que tu pourrais te mettre dans l'oreille, afin que tu les comprennes ? » Il suivit le conseil, et les *yuwipi* lui dirent de se mettre en quête d'une certaine herbe. Son père lui conseilla de se frotter l'oreille avec cette herbe, et à partir de ce moment il comprit ce que les esprits lui demandaient. Il devait être leur interprète et relater scrupuleusement leurs dires. De sorte que depuis ce soir-là il est devenu leur porte-parole. Il avait seulement treize ans quand cet événement se produisit. Il est le plus jeune *yuwipi*.

Autrement, c'est un gaillard tout à fait normal. Il participe aux jeux des garçons de son âge et se plaît à démonter les mécaniques ou les gadgets pour en comprendre le fonctionnement. Il n'est différent des autres jeunes que sur un point. On ne le trouve plus dans les bagarres. Si un autre adolescent le frappe, il laisse tomber. Et aussi il évite d'approcher une jeune fille qui a ses règles, parce que les conséquences pourraient être néfastes pour l'un et l'autre. Mais, à part cela, le jour, il est semblable à n'importe quel jeune homme bien portant, seulement le soir venu, le don l'habite à un point extraordinaire. La famille Chips était liée par le sang à Cheval Fou, et on raconte que l'esprit de ce grand guerrier se manifeste parfois au jeune Chips durant des rites cérémoniels. Ce qui est sûr, c'est que l'un des esprits qui révèlent leur existence dans ces occasions-là est très fort. Il lui arrive de casser des objets, de pulvériser des plats, de tout mettre sens dessus dessous.

Bien entendu, Cheval Fou était un guerrier, pas un voyant-guérisseur. C'était un tueur d'hommes. Mais il avait des dons surprenants. Il se glissait une pierre derrière l'oreille afin d'être épargné par les balles. Et il avait sur lui une certaine herbe — *santu bu,* l'herbe rouge — pour se protéger. La magie de ses dons est restée présente parmi nous, puissante comme le choc de deux silex frottés l'un contre l'autre. J'ai un fils que vous n'avez pas rencontré. Je me dis parfois qu'il a un peu de ce pouvoir guerrier. Pendant des années, il était cascadeur à Hollywood, un vrai casse-cou. Mais jamais une égratignure. Comme Cheval Fou, il était à l'abri des blessures. C'est le don qui lui donnait une telle confiance en lui.

Quand la vocation de voyant-guérisseur du jeune Chips devint évidente, ses parents le retirèrent de l'école. C'est ce que nous faisons en général dans des cas semblables. Fréquenter l'école des Blancs et devenir voyant-guérisseur, voilà qui n'est pas conciliable. Je connais le père d'un jeunot qui montrait des dispositions de *wakan.* Son père a reconduit au bout de son fusil de chasse les inspecteurs qui venaient s'informer des causes de l'absence de son fils à l'école. Ce garçon ne sait ni lire ni écrire mais il est devenu un excellent voyant-guérisseur.

Quant à Godfrey Chips, la police indienne est venue

s'enquérir de lui. La voiture s'est retournée et l'un des inspecteurs s'est luxé l'épaule. Après ça, ils ne lui ont plus cherché noise. Maintenant Godfrey peut faire état d'un certificat comme quoi il vit suivant le mode indien traditionnel, et il est dispensé de l'enseignement des écoles.

Les Indiens ont immédiatement reconnu chez lui ce don exceptionnel. Une famille fit plus de trois cents kilomètres pour qu'il lui vienne en aide. Leur petit garçon ayant disparu sans laisser de traces, ses parents lui demandèrent de le retrouver. Au cours d'une cérémonie rituelle, Godfrey s'adressa aux esprits. Il déclara : « Je vois votre fils, et vous le verrez aussi, dans sept jours, mais je ne sais pas si vous serez heureux de le voir. » Il leur expliqua où se rendre. Un peu plus tard, il me prit à part et dit : « Mon oncle, j'ai vu l'enfant. Je n'ai pas voulu en parler à son père, mais il est mort. Je l'ai vu encore en vie, mais en train de se noyer dans le Missouri. Je pourrais le décrire tel qu'il est maintenant, cependant j'y répugne. Je sais que je dois dire la vérité, mais peut-être pas toute la vérité aussitôt. » (Il était encore si jeune ! Dire ce qu'il savait aux parents lui était extrêmement pénible.) Le jeune garçon fut retrouvé sept jours plus tard, dans l'état que Godfrey avait pressenti.

Ainsi, vous pouvez devenir voyant-guérisseur de différentes façons, comme Chips parce que les *yuwipis* vous parlent, ou comme moi, à l'issue d'une *hanblechia,* une ascèse de voyance. Vous pouvez avoir de la chance et profiter du don transmis par un saint homme. Il faudra bientôt que je trouve un jeune pour lui communiquer mes pouvoirs. Quand il sera devant moi, je saurai que c'est lui. Mon instinct me dira : « C'est celui-là ! Cette transmission du don, c'est comme de sauter de A en C ou de descendre de D en C [1]. Le Blanc qui prêche procède de A à C, mais son enseignement est limité. Le pouvoir spirituel qu'il veut communiquer n'est pas forcément reçu en bout de ligne. Mon pouvoir peut disparaître temporairement, mais pour réapparaître. Il se réanime sans fin, comme un cercle.

---

1. A : voyant-guérisseur
C : disciple
D : puissance transcendante qui envoie la vision. N.d.E.

Je m'assure auprès des autres voyants-guérisseurs que mon pouvoir est toujours là. En même temps, je me cherche un successeur.

Comme je le disais, dans la plupart des cas c'est par sa propre vision qu'un homme devient voyant-guérisseur. Son rêve est purement le sien ; personne d'autre n'est visité par une vision exactement semblable. Il y a dans sa vision une part qu'il possède en propre, qui est son secret personnel. Mais en même temps, une autre part de cette vision est partagée avec d'autres voyants-guérisseurs — c'est elle qui les rassemble, qui tient de leur sang commun, et de la prairie elle-même. Le médecin-guérisseur est lié à son peuple comme par les lanières de cuir du *yuwipi*.

Je respecte les autres religions, mais je n'aime pas les voir dénaturées, transformées en ce qu'elles ne sont pas. Du Christ vous avez fait un blondinet. Je ne m'intéresse pas à ce Christ aux yeux bleus, ce Christ sanitaire pour produits recommandés par la télévision. Qu'est-ce que vous diriez si je mettais des nattes à Jésus, si je lui flanquais une plume dans les cheveux ? Vous diriez que je suis un Indien cinglé, c'est bien ça ? Jésus était un Juif. Il n'était pas un rouquin d'Anglais. Je suis sûr qu'il avait les cheveux noirs et la peau bronzée d'un Indien. Ici les Blancs, les propriétaires de ranches des environs n'auraient pas voulu qu'il fasse la cour à leurs filles ; ils n'auraient pas apprécié qu'il prenne un verre dans un de leurs saloons. Sa religion provenait du désert où il habitait, du genre de montagnes qu'il connaissait, du genre d'animaux et de plantes qui lui étaient familiers. Vous avez essayé de faire de lui un représentant de commerce anglo-saxon, un Billy Graham à cheveux longs revêtu d'une chemise de nuit bizarre, et c'est pour cette raison que désormais il vous refuse ses services. Je pense qu'il était un grand voyant-guérisseur. On peut le voir dans la Bible, il avait sans aucun doute le pouvoir et le toucher qui guérit. Il était également un hippie. *Hipi,* dans notre langue, cela veut à peu près dire « Il est ici, nous sommes ici, c'est ici ». Aussi, quand un jeune Blanc aux longs cheveux maintenus par un bandeau perlé vient à moi, demandant à apprendre notre religion indienne, et même à prier avec nous, je trouve ça normal. Mais je ne trouverais pas normal qu'il essaie de changer nos croyances, de les adapter à son genre de culture, de progrès, de civilisation et tout ce qui s'ensuit. Je ne trouverais pas ça normal du tout. Vous ne pouvez pas prendre nos croyances des Badlands et des prairies et les incorporer à vos usines et à vos bureaux des buildings.

On est en train de construire une grande église catholique pour les Indiens dans une de nos réserves sioux. Elle à la forme d'un tipi géant. Au-dessus de l'autel un immense calumet est suspendu à côté de la croix. C'est essayer de nous faire croire que Jésus était un *yuwipi*. C'est nous dire : venez tous, les hommes du peyotl, les voyants-guérisseurs, les clowns sacrés et les visionnaires de l'élan, venez tous les Indiens, faites ici vos dévotions. Cela ressemble à une réunion d'amis du peyotl, une *hanblechia* ; c'est pareil, les différences sont abolies. Cela ne me plaît pas du tout, et il y en a beaucoup d'autres à qui cela ne plaît pas du tout. C'est malhonnête. Parce qu'il y a une différence, il y aura toujours une différence, aussi longtemps qu'un seul Indien sera en vie. Nos croyances sont enracinées dans notre terre, malgré ce que vous y avez fait et toutes les parties que vous avez recouvertes de macadam. Et si vous ne les entretenez pas pendant un an ou deux, nos plantes, nos plantes indiennes passeront au travers et de nouveau croîtront.

Pour être voyant-guérisseur, il faut cultiver les facultés de voyance dans la nature. De l'occident, se propage le pouvoir du bison. Du nord, le voyant-guérisseur reçoit le pouvoir des êtres qui sont dans le tonnerre. De l'orient, celui de l'esprit du cheval et de l'élan. Le sud, lui, transmet le pouvoir qui s'attache aux spectres. Du ciel au-dessus de lui, il accueillera la sagesse du grand aigle. De la terre au-dessous de lui, la nourriture de la mère. C'est la façon de devenir un *wićaśa wakan*, d'apprendre le langage secret, de parler du sacré, de se servir des pierres et des herbes, et du calumet.

Le pouvoir émané des animaux est considérable, et la plupart des voyants-guérisseurs ont leur animal privilégié, celui qui leur est apparu dans leur première vision. On ne tue jamais les animaux, on ne leur fait aucun mal. Les voyants-guérisseurs peuvent être attachés par leur vision au bison, à l'aigle, à l'élan ou à l'ours. Parmi les créatures à quatre pattes et les créatures des airs dont la vision se transmet au voyant-guérisseur, l'ours est le premier. Il est le plus sage des animaux à ses yeux. Celui qui rêve de cet animal peut devenir un guérisseur émérite. L'ours est le seul animal qu'on peut voir en rêve se comporter comme un voyant-guérisseur, donnant ici et là des herbes à ceux qui le souhaitent. Avec ses griffes, il arrache à la terre certaines racines médicinales. Souvent, il désigne à la personne qui rêve de lui les remèdes à utiliser.

Les anciens voyants-guérisseurs avaient coutume de mettre des griffes d'ours dans leur paquet sacré. Ces griffes, pressées contre la chair d'un malade, faisaient pénétrer le remède d'ours dans son corps. Bien des chansons des voyants de l'ours se terminent par ces mots, *Mato hemakiye* — un ours me l'a dit. Alors chacun sait de qui le voyant-guérisseur tient ses pouvoirs. L'un des grands dons des voyants de l'ours est celui de rebouteux. Il existait un remède d'ours — *huhuwehanhan pejuta* — que l'on mêlait à de la graisse et que l'on étendait sur une jambe ou un bras cassé. On savait le moyen de remettre l'os en place, on le bandait avec une peau d'animal, humectée, et un mois plus tard le malade marchait de nouveau avec sa jambe cassée, tirait à l'arc avec son bras cassé. C'est du moins ce que des anciens m'ont affirmé. Et ça revenait moins cher que l'hôpital, je vous le garantis.

Ces voyants-guérisseurs inspirés par l'ours savaient vraiment guérir. Dans le temps, il y avait chez nous des vieillards de quatre-vingt-dix ans, de cent ans qui avaient encore toutes leurs dents. Aujourd'hui, regardez autour de vous, et vous verrez que les jeunes Indiens sont presque édentés parce qu'ils sont soumis à une nutrition artificielle. La nourriture moderne, les hôpitaux flambant neufs et les mauvaises dentures ont l'air d'aller ensemble. Nous étions pourtant un peuple en bonne santé... De vieilles gens, des guerriers qui avaient combattu Custer, se réunissaient encore entre eux dans les années trente et quarante. Certains de ces hommes, des centenaires, étaient toujours capables de monter à cheval, et trouvaient plaisir à se mettre sous la dent une solide tranche de viande. Ils tenaient leurs réunions rituelles dans l'obscurité. Je les aidais à chanter. Ce sont des jumeaux qui m'ont appris la plupart des chansons religieuses *yuwipi.* Nous avions à prendre des précautions parce que le gouvernement essayait d'étouffer ces réunions, dans le désir d'en finir avec le pouvoir de la médecine indienne.

Le visionnaire de l'élan est presque aussi doué que le visionnaire de l'ours. L'élan symbolise beaucoup de bonnes choses — la force, la jeunesse, l'amour. L'élan est courageux, il défend sa harde. Aussi les visionnaires de l'élan protègent-ils les femmes, les malheureux sans défense, les enfants. Ils prennent les pauvres en pitié. Ils ont la manière avec les filles, mais ce ne sont pas des coureurs de jupons. Ils traitent les femmes avec respect et gentillesse ; ils ont le pouvoir de l'amour. Les femmes le savent. Quand un voyant-guérisseur de l'élan est dans les parages, même avant de l'avoir vu, elles sentent sa présence. Elles se grattent, tirent sur leurs jupes, ne tiennent plus en place. Personne n'a à leur dire qu'il est là. Tout cela provient de l'élan. D'ailleurs observez l'animal : voyez comment il protège son harem, toujours prêt à intervenir en cas de danger.

L'élan est un athlète. Malgré ses bois imposants, il peut courir dans une forêt aux arbres touffus et rapprochés. On se demande bien comment il peut s'y prendre. Il vit avec les arbres, il est lui-même bâti comme un arbre. Ses bois sont comme des branches.

Le maître de l'élan tient son pouvoir de cet animal. Ce pouvoir est tel que le regard se tourne vers l'intérieur. Il gagne l'âme, de sorte que le *wakan* se répand dans le corps entier. Un homme-élan est doué d'une belle voix ; il est bon musicien, joue de la flûte. Cette flûte, la *siyotanka*, charme ; elle joue les chansons d'amour qu'un jeune homme dédie à une jeune fille. Le son porte loin. Même les animaux des bois aiment l'entendre. Un esprit bienveillant l'accompagne. Le voyant-guérisseur de l'élan finit par se confondre avec son animal de prédilection. Il peut, pour preuve de son pouvoir, laisser derrière lui des empreintes d'élan. L'esprit de l'élan s'approche en marquant sa venue sur le sol — un sabot de bête à cornes cliquetant comme un fer à cheval sur le pavé. Je le sais d'expérience. Les voyants-guérisseurs de l'élan portent un masque quand ils donnent leurs soins. Ils mettent toujours dans leurs cheveux une petite boucle de plumes parce que le cercle est l'un des symboles de l'élan.

L'homme-élan excelle à soigner les femmes malades. Il procure de puissants charmes de chasse, et aussi des charmes d'amour. Il célèbre la cérémonie du *haka lowanpi.* Il sait les chants de l'élan. Il se sert de cette médecine de l'élan, *hehaka tapejuta,* que vous nommez menthe sauvage. Elle pousse dans les collines arides. Elle ressemble à une baguette de tambour avec de petits pétales bleus et mauves, et elle est bonne et douce au palais. Cette menthe empêche le sang de couler. On mâche les feuilles qu'on pose ensuite sur les blessures et les mauvaises coupures. Le malade cesse de saigner et la plaie se cicatrise rapidement. Le même remède sert à faire une sorte de thé que l'on boit pour combattre la toux et les évanouissements. Vous pouvez aussi tremper une étoffe dans cette infusion et la poser sur vos yeux malades. Ce remède de l'élan, utilisé de différentes façons, guérit de nombreuses maladies.

Nous avons aussi des voyants-guérisseurs qui tiennent leurs pouvoirs d'autres animaux, le bison, le coyote et le blaireau. Une fois, j'ai vu à l'œuvre un voyant-guérisseur qui opérait sous le signe du serpent. C'était en 1919. Une personne de ma connaissance avait été attaquée par un serpent à sonnette qui lui avait infligé deux morsures, une à la cheville et une autre un peu plus haut. La jambe était enflée et avait pris une vilaine couleur. L'homme vomissait et souffrait affreusement. Sa famille fit venir un guérisseur, Lune Noire, de Cherry Creek. Les mouvements de son corps étaient semblables à ceux du serpent. Il dardait la langue avec agilité. Il pouvait prendre le regard dur, minéral, sans expression, du serpent à sonnette. Il dit à l'homme qui souffrait : « Le serpent est mon ami. Tous les serpents sont mes amis [1].

1. *Bull snake :* Serpent-taureau *Pituophis catenifer :* se trouve dans les régions occidentales de l'Amérique, dans toutes sortes d'habitats, sauf la haute montagne. La longueur moyenne de l'adulte est de 1,35 m. On donne aussi à cette espèce le nom de *Gopher snake,* car elle se nourrit de spermophiles et de tamias, deux espèces de rongeurs typiquement américaines. *Blue Racer :* Serpent-noir commun *Coluber constrictor foxi :* très commun en certains endroits des Etats-Unis. Il se nourrit largement de rongeurs. N.d.E.

Je sais comment faire. Ayez confiance en moi, dans quatre jours vous serez guéri. Je n'ai même pas besoin de me servir d'un remède. J'ai le remède sur moi, la *zuzeka tapejuta,* le *Penstémon,* mais je n'en ai pas besoin. »

Lune Noire procéda alors à la *kankakpa,* l'ouverture de la veine. Il regarda la morsure par laquelle suintait le sang. Il s'empara d'un bâton pointu en forme de langue de serpent, plaçant à la fourche une pièce de dix cents. Il serra fortement, avec un lien en boyaux, le bâton contre la jambe. Puis il incisa la veine enflée d'un coup sec. Je vis le venin sombre et verdâtre refluer vivement — dès que cette matière verdâtre est expulsée et que le sang rouge réapparaît, le serpent peut aller se faire pendre ailleurs. Il en fut ainsi que le voyant-guérisseur l'avait prévu. Après avoir perdu du sang, cet homme alla mieux. Quatre jours plus tard, il était remis, comme si de rien n'était.

Ce genre de saignée, cette *kankakpa,* sert à guérir nombre de maux. Vous donnez un coup vif sur la veine et le sang s'échappe, tuant le mal. Si le sang n'est pas trop foncé, le voyant-guérisseur s'en tient à une seule saignée au bras. C'est efficace contre l'eczéma et le mal aux yeux. Autrement, il opère sur les quatre membres. Quand les hommes souffrent d'hypertension, leur sang est foncé. Le guérisseur attend que le sang s'éclaircisse. Après quoi, il pose des toiles d'araignée sur la plaie. Les toiles d'araignée valent bien mieux que la teinture d'iode, l'eau oxygénée et caetera. Quatre ou cinq jours plus tard, le malade se sent mieux, comme après un bain de vapeur.

Les oiseaux aussi communiquent leur pouvoir au voyant-guérisseur. Prenez George Aigle-Elan. Je crois qu'il tient de l'aigle une bonne part de ses dons. Quand il soigne quelqu'un, vous entendez et sentez la présence d'un grand oiseau. Il guérit dans les quatre jours. Il mélange toutes sortes d'herbes qu'il fait infuser jusqu'à obtenir une sorte de tisane plus ou moins claire.

Chaque fois que vous me voyez sur le point de prendre un bain de vapeur avant une cérémonie importante, levez les yeux et regardez bien. Vous remarquerez un aigle dans la profondeur du ciel, un petit point noir dessinant un cercle, tournant sans fin. On peut le suivre des yeux. Le pouvoir de l'aigle est toujours présent. Le hibou lui aussi est très sacré. Il veille quand les hommes et les bêtes sont endormis. Il vit dans le noir, se déplace la nuit, nous donne des rêves. Je le respecte. Je ne ferai jamais aucun mal à la nation des hiboux. La *heca*, la buse, prédit le temps. Une fois qu'elle est là, c'est la fin du froid et de la neige. Un autre oiseau comprend le temps, c'est la *maste-kola,* l'alouette. Il fait beau chaque fois qu'elle file droit vers les nuages. Elle chante chemin faisant, *Masteko, masteko.* J'aime l'air chaud.

Quand une flèche atteint le *hunkta*, un oiseau aquatique, il plonge puis remonte en surface délivré de la flèche, à croire qu'il ne lui est rien arrivé. Le cri de la colombe, la *wakinyela* — « emme emme emme » —, indique la présence d'un spectre. Sans cesse, le voyant-guérisseur doit se mettre à l'apprentissage de la nature, à l'écoute de ses voix.

Nous avons parlé des saints hommes, du guérisseur et des prophètes. Je dois parler aussi du *wokabiyeya,* le sorcier-conjureur. Il pratique la *kiyapa,* une sorte d'inhalation de la maladie, que son haleine absorbe, extirpant du corps les piquants du porc-épic ou les brins d'herbe drus qui y ont été enfoncés par un esprit mauvais ou par un rongeur comme un rat à bourse, lequel a de mauvais desseins et déclenche la furonculose. Ce conjureur se sert du *wihmunge,* l'arsenal des remèdes du sorcier. Les anthropologues l'appellent d'ailleurs le sorcier.

Ce type de guérison provient de la croyance ancienne selon laquelle le mal est dû à quelque chose d'externe, de mauvais qui a été inoculé dans le corps — objets pointus, vers, eau fétide, ou bien une douleur, une inflammation, attribuables aux esprits de la fièvre. Le sorcier-conjureur attire à lui ces maux ; par succion, il les ramène en surface et les recrache.

Mon oncle Buste, l'un des voyants-guérisseurs qui m'ont enseigné, était un sorcier-conjureur qui pratiquait une sorte de magie, où il excellait. Il disposait d'un carré d'étoffe noire et d'une plume d'aigle. Il épinglait l'étoffe à un mur. Il se servait également d'une gourde spéciale, très puissante. Pendant qu'il entonnait son chant de guérison, le hochet frappait le malade. En même temps, la plume d'aigle se fixait sur l'étoffe noire, juste au milieu, comme sur une cible. On pouvait regarder longtemps et de près. Un instant le carré d'étoffe noire restait vierge ; l'instant d'après, la plume s'abattait sur lui, comme l'éclair. Le regard ne réussissait pas à la voir bouger, tant elle allait vite.

Afin d'extirper le mal, Buste tirait de son petit sac une plume, ou bien différentes pierres de guérison, pour en frapper le patient. Le projectile pénétrait le malade, qui tressaillait de tout son être. La plume retournait à son point de départ, sur le carré d'étoffe, maculée d'un peu de sang ou de mucosités. On dit que de cette façon-là, Buste guérit bien des cas de rhumatisme. Il tirait un excellent parti de ses soins. Il rentrait comblé de cadeaux — couvertures, nourriture, café, tout ce dont il avait besoin. Il habitait une petite cabane d'une seule pièce où il empilait ses biens, mais il donnait presque tout ce qu'il avait, parce que c'était un homme bon. Il savait d'avance si quelqu'un allait faire appel à ses soins. Quand il en avait le pressentiment, il chantait une petite chanson : « Aujourd'hui je vais gagner un peu d'argent ! » Et il ne se trompait pas.

Buste était un honnête homme. Il n'a pas une seule fois fait mauvais usage de ses dons. C'était un guérisseur à l'ancienne, un homme d'un autre temps. Il était dépourvu d'avidité. Mais certains sorciers-conjureurs sont des truqueurs et des escrocs. Ils ont peut-être le pouvoir de guérir, jusqu'à un certain point, mais ils en usent d'une façon maléfique. L'un d'entre eux frappait ses patients avec le piquant d'un porc-épic ou une pierre ébréchée, ce qui les rendait malades, d'une maladie dont justement lui seul pouvait les guérir. Ça leur coûtait beaucoup d'argent. Ou encore il lui arrivait de prendre une âme, de donner à quelqu'un un nouvel esprit. Il savait aussi séparer les époux, faire aimer à un mari une autre femme que la sienne et à son épouse, un autre homme. Et ensuite, si l'on voulait que se reforme le couple légitime, il fallait le payer. Tel soi-disant voyant-guérisseur peut avoir envie de se faire sorcier quand il s'aperçoit qu'il échoue, qu'il est sur la mauvaise pente, qu'il n'est plus à même de rendre la santé.

Mais il y a le choc en retour. Un homme qui fait un mauvais usage de son pouvoir de guérisseur peut voir ses enfants tomber malades ou même mourir. Plus il gagne, plus il perd. Vous pouvez reconnaître un bon voyant-guérisseur à ses actes et à sa façon de vivre. Est-il maigre ? Vit-il dans une pauvre cabane ? L'argent le laisse-t-il insensible ? A-t-il une épouse agréable et douce, des enfants heureux ? Alors c'est un bon voyant-guérisseur, quelles que soient les méthodes dont il use. C'est aussi un excellent signe s'il ne prétend pas être à même de guérir toutes les maladies. S'il vous dit : « Pour ce dont vous souffrez, mes remèdes ne font pas l'affaire ; je vais vous envoyer à quelqu'un qui possède l'herbe voulue », alors, vous savez que vous avez devant vous un homme honnête.

Je n'ai jamais pratiqué ce genre de magie, je n'en ai jamais eu le désir. Ce n'est pas dans ma vision. Mais une fois j'ai joué un tour à des types, le genre de coup d'épate dont un sorcier serait bien capable. J'étais volontaire pour l'armée et soumis aux tests médicaux. Nous nous tenions en rang, et on nous avait dit d'uriner dans un petit récipient. Il y avait là beaucoup d'appelés qui voulaient se tirer des pattes ; ne pas être jugés bons pour le service. Tous disaient : « Oh là là, ce que je donnerais pour avoir du diabète ou une chaude-pisse. » Alors moi, je leur ai répondu : « Les gars, c'est votre jour de chance. Moi j'ai les deux. L'abus du sucre plus les fréquentations. Pour un dollar par tête, je remplis vos fioles. » Alors ça, ça leur a drôlement plu, ils m'ont mis aussitôt des billets de banque sous le nez. Bien entendu, je n'avais à me plaindre de rien. J'étais aussi sain qu'un taureau. J'ai été très occupé dans l'heure qui suivit à boire des quantités d'eau, dispensant ici et là quelques gouttes de réconfort, recueillant plus de clients que je n'en pouvais servir. Je me suis fait à peu près quarante dollars. Hélas, après ça, le médecin-major a arboré une tête épanouie : « De toute ma vie je n'ai vu une bande de types aussi sains. Vous serez tous versés dans l'infanterie. » Les gars étaient tellement furieux que si je ne leur avais pas offert une bière, je crois qu'ils m'auraient tué.

Il y a une chose qu'un voyant-guérisseur ne doit pas essayer de faire : s'occuper d'une femme qui est *isnati,* qui a ses règles. Il y a en elle un pouvoir étrange et très fort : si elle crache sur un serpent à sonnettes, le serpent mourra. Si vous avez une fleur dans un vase et qu'une femme dans cet état entre dans la pièce, il y a fort à parier que les pétales se replieront. Il vaut mieux aussi qu'elle n'assiste pas à une cérémonie. Le pouvoir qui est en elle et celui du voyant-guérisseur peuvent se heurter à un moment ou à un autre. Elle — ou lui — risque d'en subir les effets néfastes. Peut-être pourrait-elle aller à la cérémonie quand même, avec une plume ou une herbe spéciale, mais pourquoi prendre un risque inutile ? Il vaut mieux qu'elle se tienne à l'écart pendant quatre jours.

Un médecin-guérisseur doit vivre sur la terre, il est quelqu'un qui lit la nature comme l'homme blanc lit un livre. Il doit s'y connaître en nourriture, en diététique, savoir ce qu'il faut donner à manger à un malade. Il y a des aliments qui peuvent faire empirer son état. La nourriture traditionnelle des Indiens est ce qu'il y a de mieux — rognons crus, foie cru, ou encore fœtus de vache. Aujourd'hui, les réserves sont comme des cages à oiseaux et de fait, ils nous font manger de la nourriture d'oiseau. C'est sans doute une des raisons pour lesquelles, nous, Indiens, ne sommes pas aussi forts que par le passé.

Laissez-moi vous parler de quelques-unes des herbes et des plantes dont nous nous servons dans notre médecine. Ces herbes ont leur façon d'être particulière comme toutes les espèces vivantes. Nous avons une plante à baies, *aunyeyapi,* qui pousse en terrain sablonneux — si vous l'approchez du côté d'où souffle le vent, ses baies ont un goût amer, mais si vous venez de la direction opposée vous les trouvez douces. Certaines plantes sont vraiment étranges. Je connais des racines qui font lever un vent fort si l'on s'en sert en connaissance de cause. La sauge éconduit les esprits mauvais; la glycérie attire les esprits propices.

Pour les maux d'estomac, nous nous servons du *takusasala,* le poivre d'eau. Il est bon contre les suppurations et les crampes. Le chêne rouge a pour effet de tonifier les muscles. La menthe sauvage et la verveine sont recommandées pour les douleurs abdominales et d'estomac. Le trèfle de la prairie sert si l'on a la gorge enflée et sa racine purge à merveille. *Wagamu pejuta,* c'est le remède du melon : Faites bouillir le melon et prenez-en une demi-cuillère à thé, voilà un émétique puissant. Il vous dégage les boyaux, nettoie la vésicule biliaire et les reins. Le nyctage, la belle de nuit, *huokihe hanskaska,* est un diurétique.

Wina wizi cikala est une sorte de liquorice, amer au palais mais bon contre la grippe. *Can makatola* est un lys pourpre dont on fait une poudre qui guérit les bosses et les enflures. *Cante yazapi icuwe* donne une infusion excellente contre les affections cardiaques. *Synkpe tawote* est la nourriture du rat musqué. C'est un de nos plus communs remèdes. Ses racines amères permettent de faire tomber la fièvre à coup sûr. Moulues et mélangées avec de la poudre à canon, on les emploie contre les crampes dans les jambes ou les bras. *Tate canuga,* une sorte de serpentaire, donne de l'appétit. Mais sans travail ni argent dans nos réserves, c'est une herbe dont pour le moment nous nous passons.

Notre grand remède contre les blessures est l'herbe *taopi pejuta.* Pour la trouver, on doit se rendre dans les Badlands et fouiller — je l'ai dit plus haut — parmi les os monstrueux de la préhistoire. Elle est particulièrement efficace contre les blessures par balle. *Pejuta wahesa* sert au même usage. Il s'agit d'une racine poilue, rougeâtre. On la dirait noire, mais si vous grattez l'extérieur, le rouge apparaît. On en fait une poudre pour ceux qui souffrent de la poitrine ou des poumons. On raconte le cas d'une jeune femme dont le corps avait été traversé par une balle et qui fut guérie par ce remède. Les médecins blancs avaient renoncé à la soigner. « Il n'y a rien à faire », disaient-ils. *Winawizi hutanka* — je ne sais pas le nom que lui a donné l'homme blanc — sert à arrêter les hémorragies. Elle pousse le long des rivières, dans les endroits humides.

Il y a un bleuet de nuance pourpre qu'on mâche contre les morsures de serpent. Il y a une sorte d'orchidée bonne pour faire vomir. Le cèdre rouge est utilisé contre les affections pulmonaires. Voici plus de cent ans, le grand chef Nuage Rouge mit fin à une terrible épidémie de choléra qui faisait des ravages parmi les siens. *Pispiza tawote,* dont les chiens de prairie font leur remède, soigne les personnes qui ont des difficultés respiratoires.

Nous avons de nombreuses herbes pour la grossesse, les soins du premier âge et ceux du sexe. *Hupe stola,* la saponaire, une sorte de yucca, donne des résultats tout à fait remarquables. Mêlée au cactus *unkćela blaska,* elle facilite l'accouchement quand l'enfant tarde à se présenter. Si l'on s'en sert d'une autre façon, elle devient *hokśi yuhapi śni* — celle qui fait avorter. On donne cette plante à une femme qui a de très bonnes raisons de ne pas avoir d'enfant, et elle provoque l'interruption de grossesse. On ne recourt à ce procédé qu'avec circonspection, après avoir réfléchi le temps voulu. Ce remède est dit *lila wakan* — particulièrement sacré, pouvant servir dans les deux sens. Il est utile aussi pour capturer les chevaux sauvages. On brûle la plante et la fumée qu'elle dégage les calme et permet de les dompter. Enfin le même remède délivre de la vermine, quand le problème se pose ; de plus il fait pousser les cheveux.

Itopta sapa tapejuta, ou neige sur la montagne, est un laiteron. On le trouve là où les chiens de prairie forment leurs colonies. On en fait une infusion pour les mères qui n'ont pas assez de lait à donner à leurs bébés. Ses feuilles pulvérisées guérissent les tumeurs. Le laiteron vert arrête la diarrhée des bébés. Une herbe de la Saint-Jacques, *can hlogan wastemna,* aide les femmes à grossesse difficile. Cette même herbe endort l'homme dont on veut voler les chevaux, mais elle n'est pas efficace s'il s'agit d'une voiture.

Pour les maux d'origine sexuelle, la petite sauge femelle soulage la femme prise de crampes pendant ses règles. Il existe une sorte de chou qui pue dont on fait bouillir les racines. Ce breuvage sert à la contraception. On ne doit s'en servir qu'avec précaution. Si vous en prenez trop, vous ne pouvez plus avoir d'enfants. Mais certaines tribus l'utilisent. Si un homme est mal pourvu, il existe un serpentaire qui l'aidera à dresser son chapiteau. Une seule graine d'une autre plante, et un vieillard besognera sa compagne la nuit durant. Je ne nommerai pas cette plante, je ne la décrirai pas non plus, autrement ce serait une invasion d'hommes blancs des grandes villes avides de se la procurer. Ça les affolerait, et qu'est-ce que moi je deviendrais après ces révélations ? Affreux.

Il existe enfin des plantes qui ne sont pas pour les hommes, mais qui servent de remèdes aux chevaux et au bétail. Tous ceux qui s'occupent d'écologie devraient connaître un certain cèdre, le *hante.* C'est un moyen naturel et inoffensif pour éliminer la vermine. Si vous réduisez ses feuilles en poudre et la faites bouillir, vous aurez un liquide qui extermine les doryphores. D'autres végétaux sont là seulement pour la nourriture, comme les pommes de prairie ou les navets sauvages — nous les mangeons comme du pain. Votre brousse desséchée ne fera vivre que des plantes inutiles. Nous avons même des plantes qui ne servent ni à la guérison ni à l'alimentation, comme la *pejunige tanka*. Dans le temps où nous n'avions pas d'allumettes, quand on avait mis le feu à cette plante, elle se consumait des mois durant. On la suspendait devant le tipi. Si l'on désirait faire un grand feu, on soufflait dessus le temps voulu, puis on la suspendait pour en brûler un peu plus, et on la remettait sur les cendres. Il y a des remèdes dont nous nous servons qui n'ont rien à voir avec les herbes. La graisse de blaireau, par exemple. Elle constitue un bon remède contre la calvitie. Et je vous ai parlé du cœur de tortue qui rend l'homme brave et fort. Je pourrais encore ajouter de nombreux noms à cette liste de plantes et de remèdes, mais je pense qu'elle est assez longue comme ça.

Il y a une chose enfin dont je voudrais vous parler. Je suis allé à New York, à Chicago, dans d'autres grandes villes ; j'ai été invité dans votre maison bien des fois, j'ai rencontré beaucoup de monde et j'ai gardé les yeux ouverts. Aussi puis-je maintenant comprendre un peu de ce que vous appelez la psychologie. Je vous ai entendu parler réunions entre inconnus, thérapeutique de groupe, psychodrames. Je me suis aperçu que certains Blancs aiment jouer leur propre rôle comme dans une pièce de théâtre, et exprimer ainsi leurs problèmes. Ma foi, je dois vous avouer que nous, les Indiens, pratiquions tout cela bien avant vous. Personne ne pourrait dire depuis combien de générations de nombreuses cérémonies sioux se terminent par une sorte de thérapeutique de groupe — où successivement chaque participant pénètre dans un cercle afin d'exposer ses problèmes et ce qui ne va pas pour lui. Et un voyant-clown sous le signe du tonnerre, un *heyoka*, doit représenter ses rêves en public, aussi gênant que cela puisse lui sembler. Mais au moins, il ne lui en coûte pas trente-cinq dollars l'heure.

Je trouve aussi que la psychologie indienne est fort sage

de ne pas demander au voyant-guérisseur de revêtir des vêtements de fantaisie — les plumes et la coiffure de guerre — pour l'accomplissement de nos rites. Vous m'avez vu prier, célébrer un mariage ou une cérémonie dans ma chemise usée et mes pantalons rapiécés. Il y a une raison à cela. Une certaine humilité convient en la présence des esprits, mais non devant les hommes. Hormis l'essentiel, un voyant-guérisseur doit être dépouillé de tous attributs, quand il se livre à ces rites. Ce n'est pas la boîte et l'emballage qui comptent, c'est ce qui est à l'intérieur ; ce qui se trouve sous les vêtements et sous la peau.

Avec l'âge, je pratique de moins en moins ma médecine et célèbre peu de cérémonies afin de me concentrer sur mes pensées. Je passe d'un degré à l'autre, je tente de m'élever un peu, priant pour avoir assez d'essence et parvenir à bonne destination là-haut.

Je ne vous ai pas dit tout ce que je sais sur les herbes ni sur certaines pratiques de nos saints hommes. Vous comprenez qu'il y a des sujets dont on ne peut parler, des secrets qui doivent le rester. Si l'on disait tout — à supposer qu'il existe une seule personne qui puisse tout dire — il n'y aurait plus de mystères, et ce serait très mauvais. L'homme a le plus grand besoin de mystère ; en fait même, il ne peut vivre sans mystère.

CHAPITRE X

INIPI — LE SOUFFLE DE GRAND-PERE

A propos du « sacré », je vous parlerai de l'*inipi,* l'étuve. Pourquoi ? C'est que nous nous purifions dans cet abri consacré avant nos célébrations. Qu'il s'agisse de la danse du soleil ou de l'ascèse de voyance, l'exercice de sudation vient en premier lieu. Il se peut que l'*inipi* ait précédé nos rites, que toutes les autres célébrations en découlent. L'une de nos vieilles légendes donne à penser à beaucoup d'entre nous qu'il dut en être ainsi. C'est la légende d'Inyan Hoksi, le Garçon de Pierre.

L'histoire commence avec une jeune fille, qui en toutes saisons vivait avec ses cinq frères. Elle faisait la cuisine et taillait des vêtements dans les peaux des bêtes. Chaque jour les cinq frères allaient à la chasse poursuivre le gibier. En avaient-ils fini dans un endroit, ils réinstallaient leur tipi dans un autre. Un jour ils atteignirent une rivière au fond d'un canyon. Ils trouvèrent le lieu étrange et, sans comprendre pourquoi, éprouvèrent une impression de malaise. Le lendemain matin, ils allèrent chasser chacun de son côté, mais la nuit venue, quatre seulement revinrent. Ils ne savaient pas ce qui était arrivé à leur frère. Le jour suivant, quatre partirent et trois seulement rentrèrent. Ils avaient très peur, mais il fallait bien qu'ils continuent de chasser pour vivre. Et ainsi chaque soir l'un d'eux disparaissait.

Et il arriva que la jeune fille demeura seule. Elle ne savait pas quoi faire. Il n'y avait plus personne pour lui apporter la nourriture et pour la protéger. Elle ne pouvait même pas implorer les esprits de lui venir en aide, car, en ces temps très anciens, on ne savait en aucune façon les célébrer ou les vénérer et, bien sûr, les danses et le calumet n'existaient pas encore.

La jeune fille ne voulait pas continuer de vivre seule. Elle gagna le sommet d'une haute colline et se mit à pleurer. Elle ramassa un gros caillou rond et l'avala, se disant : « Ce caillou me tuera. » Mais, dès qu'elle l'eut avalé, elle se sentit en paix. Elle but une gorgée d'eau, et aussitôt la pierre commença à bouger en elle, et la rendit heureuse. Elle était enceinte, bien qu'elle ne sût pas ce que c'était que d'avoir des enfants. Après quatre jours, elle donna naissance à un garçon.

Ce Fils de la Pierre, Inyan Hoksi, grandit très vite. Au bout d'une semaine, il fut aussi grand que les autres garçons au bout d'une année. Sa mère ne voulait pas qu'il s'éloigne parce qu'elle craignait de le perdre comme elle avait perdu ses frères. La mère et le fils se nourrissaient d'herbes et de racines. Un jour Inyan Hoksi fit un arc et une flèche. Il s'empara d'une pierre tranchante qu'il tailla en forme de pointe barbelée et la fixa à la hampe de la flèche. C'était la première pointe de flèche en pierre. Jusque-là, les chasseurs s'étaient contentés de faire leurs flèches avec des bâtons pointus durcis au feu.

Quand la mère d'Inyan Hoksi vit l'arc et la flèche, elle fut prise de sanglots. « Pourquoi pleures-tu ? » demanda Inyan Hoksi. Elle lui répondit : « Je n'aime pas cet arc et cette flèche, parce que maintenant tu vas partir et tu ne reviendras jamais », et elle lui parla de ses cinq oncles qui avaient disparu à la chasse. Inyan dit : « Prépare-moi des mocassins et donne-moi un peu de nourriture, je vais aller les chercher. » Elle était en larmes et s'écria : « Mais si tu ne rentres pas, qu'est-ce que je vais devenir ? » Il se contenta de lui sourire. « Je vais ramener mes oncles. »

Il se mit en route le lendemain matin. Le soir venu, il sentit de la fumée. Il suivit la fumée et parvint à un tipi devant lequel était assise une vieille sorcière énorme et très laide. A côté d'elle, reposant contre le tipi, cinq gros ballots. Elle le pria de rester et lui donna à manger de la viande. L'obscurité venue, il voulut s'étendre pour dormir, mais la vieille dit : « J'ai des douleurs dans le dos. Veux-tu me le masser ? Ou même le piétiner, ce serait encore mieux. Après je me sentirai bien. » Inyan Hoksi piétina en long et en large le dos de cette femme énorme, et il sentit sous ses pieds, se dressant à côté de la colonne vertébrale, quelque chose d'aigu comme une lance. Il se dit : « Voilà ce qui a tué mes oncles. » Il sauta aussi haut qu'il put et retomba sur la mégère, lui cassant le cou. Il alluma un grand feu, y précipita la vieille sorcière et la réduisit en cendres. Puis il regarda les cinq gros ballots, se disant : « Est-ce qu'il n'y aurait pas dedans les corps de mes oncles ? » Il sentit la présence des esprits et entendit leurs voix. Ils lui dirent de construire un petit abri avec des branches de saule et des peaux de bêtes puis de mettre les cinq ballots à l'intérieur d'un cercle et de placer des pierres rougies et brûlantes au milieu du cercle, enfin de prendre de l'eau dans un récipient en peau de bête et de la verser sur les pierres.

Il remercia les pierres, disant : « C'est vous qui m'avez conduit ici. » Il couvrit l'abri de façon que l'air chaud ne puisse pas s'échapper. Il faisait sombre à l'intérieur. Inyan Hoksi distingua quelque chose dans l'obscurité. Dans les ballots, les âmes habitaient de nouveau les corps. Quand pour la quatrième fois il versa de l'eau sur les pierres, ses oncles ressuscitèrent. Ils se mirent à parler et à chanter. Il leur dit : « Les pierres m'ont sauvé, et maintenant elles vous sauvent aussi. Et de ce jour, ce petit abri sera sacré pour nous tous. Il nous donnera la santé et nous purifiera. » Tel fut le premier *inipi,* la première étuve.

Ce récit évoque ce qui semble avoir été le plus ancien de nos rites. Il nous dit le caractère sacré de ces pierres qui furent nos premiers objets de vénération. La pratique de la sudation dans l'abri consacré peut être le prélude à une célébration plus importante, mais, en elle-même, elle peut être considérée comme un rite. Sans elle, la famille sioux n'existerait pas.

Il entre une exaltation sainte dans l'érection de l'étuve. Quand deux ennemis prennent part à la construction du petit abri en forme de ruche, leur ressentiment disparaît. L'envie et la jalousie s'évanouissent. Les ennemis rient et se raillent de bon cœur. Ils plaisantent sur leur mésentente passée.

On se met tout d'abord en quête des pierres voulues. On les trouve dans la prairie et dans les collines. C'est de la terre transformée en pierre solide, compacte. Elles ne sont pas brillantes. Elles doivent être fermes et dures ; non friables. Chauffées à blanc, elles n'éclateront pas et ainsi ne blesseront pas ceux qui sont à l'intérieur de l'étuve. Nous les appelons *sintkala waksu,* pierres d'oiseau, pierres ornées de motifs en forme de perles. Si vous les examinez de près, vous y remarquez de belles lignes, et d'admirables formes verdâtres, comme de la mousse, que certains oiseaux ont sans doute tracées dans la pierre. Elles ne restent pas longtemps, seulement quatre jours avant de s'effacer et de disparaître. Dans ces motifs, se lit l'avenir. Une fois j'ai entendu dire à un vieil homme : « Ici je vois une rivière et un pont effondré. Une inondation se produira à cet endroit-là. » Et c'est ce qui arriva. En plus des pierres, on ramasse pour l'étuve du bois de chauffe — seulement le bois du peuplier. Cet arbre est sacré entre tous.

Vous descendez à la rivière et abattez douze saules blancs. Vous les ébranchez et fichez douze solides rameaux dans le sol. Ils se laissent courber facilement. On les dispose, on les lie ensemble pour former comme une ruche. En haut, ils dessinent un carré qui représente les quatre points cardinaux de l'univers. Dans certains cas, on se sert de seize rameaux. Ces grosses branches de saule forment l'ossature de la hutte. Elles sont comme les os de notre peuple. On les recouvre le moment venu. Dans l'ancien temps, on les couvrait de peaux de bison. Aujourd'hui, on se sert de bâches, de couvertures, de nattes. Pour dresser l'étuve de la danse du soleil, nous choisissons nos meilleures couvertures, celles qui sont ornées des motifs les plus beaux. Une fois terminé, l'abri s'élève à peu près à la hauteur des côtes d'un homme.

L'étuve est petite, mais pour ceux qui s'y tiennent accroupis, elle représente l'univers tout entier. Les esprits de toutes les créatures vivantes se regroupent dans cette hutte. Cela, nous le croyons. La terre sur laquelle nous reposons est notre ancêtre ; la vie procède d'elle. Au centre de la hutte, nous creusons un trou circulaire dans lequel seront déposées les pierres, le moment venu. Et, agissant ainsi, nous invoquons le Grand Esprit. Son pouvoir se tiendra dans ce modeste abri, lequel, quand il est abri consacré, devient le centre du monde entier. La terre excavée, nous la mettons de côté soigneusement, et traçons avec elle une petite crête, tel un sentier vers les esprits, qui s'étend à une dizaine de pas hors de la hutte. Au bout de ce remblai, nous formons un petit monticule que nous appelons *unci*, — grand-mère — puisque la terre a ce sens symbolique. Le trou creusé au centre de la hutte représente aussi le *wakicagapi* — le cher disparu, le parent mort revenu sur la terre. Vous devez vous souvenir de lui quand vous disposez les pierres dans la fosse. Celle-ci est un cercle enclos dans le cercle de la hutte. Ce symbole du cercle dans le cercle représente la vie, ce qui n'a pas de fin. Les plantes, les animaux, les hommes naissent et meurent, mais le peuple indien continuera de vivre.

Un peu au-delà du monticule *unci*, dans l'axe de la crête sacrée, nous faisons le feu où les pierres sont chauffées à blanc. Il s'agit de la flamme que se transmettent les générations. Tout ce que nous faisons au cours de nos cérémonies religieuses a pour nous une signification profonde ; d'une façon ou d'une autre, ce feu symbolise l'univers, les pouvoirs de la nature, les esprits, ce qui est à jamais présent dans l'âme indienne. Aussi, pour l'allumer, nous posons quatre rameaux dans le sens est-ouest, puis, par-dessus, quatre rameaux dans le sens nord-sud. Sur l'ensemble, nous dressons de grosses bûches, comme pour la construction d'un modeste tipi. Et de nouveau, il s'agit de représenter les points cardinaux, la terre au-dessous d'eux et le ciel au-dessus. Les bûches nous symbolisent aussi ; elles sont le tipi avec les Indiens à l'intérieur. Cela signifie que nous sommes partie de l'univers, qu'il est partie de nous, qu'il est présent dans nos maisons, dans notre étuve sainte, dans nos cœurs.

L'entrée de la hutte sacrée est face à l'ouest, au soleil couchant. Je sais que la plupart des anthropologues ont écrit qu'elle est face à l'est, mais il n'en est ainsi que pour les huttes des *heyoka*, les clowns qui les font s'y prennent à l'inverse de tout le monde, pour cela comme pour le reste. Devant la loge nous plantons deux bâtons fourchus, et entre eux un troisième à l'horizontale, et nous posons la pipe sacrée contre cet autel, car c'en est un. Certains y déposent un crâne de bison et six offrandes de tabac fixées aux pointes des cornes. D'autres, un bâton noir et blanc représentant la nuit et le jour. Nous gardons aussi un seau d'eau à portée de la main. Ce doit être de l'eau fraîche, de l'eau courante. Elle représente l'eau de la vie. Jadis, on remplissait d'eau la dépouille d'un animal, mais les beaux sacs en peaux n'existent plus. De nos jours un simple seau suffit.

L'officiant entre le premier dans la hutte, avec son calumet. Il recouvre le sol de sauge. La sauge est une herbe sacrée. Son geste signifie que tout ce qui est vert et vivant, les esprits des herbes et des plantes, sont avec nous dans l'étuve. Ensuite il brûle un peu de glycérie. Celle-ci est tressée auparavant, comme la natte d'une femme. L'officiant met le feu à l'une des extrémités puis encense l'étuve. Ainsi, chaque recoin de l'abri est sanctifié ; tout sentiment indigne, toute mauvaise pensée sont dissipés. Voilà donc le moment de pénétrer dans l'étuve. En général six ou sept personnes se purifient. Ces deux nombres sont bénéfiques. S'il s'agit du nombre sept, l'un est l'officiant, l'un représente la terre, un troisième les nuages et les quatre autres les points cardinaux. Sept personnes au plus peuvent tenir jambes croisées. Dans certaines circonstances exceptionnelles, jusqu'à douze personnes entrent dans l'étuve. Mais alors, il leur faut s'agenouiller.

Ne vous présentez pas en short ou ceint d'une serviette. Vous venez là pour une seconde naissance. Vous serez tel un bébé sorti des entrailles de sa mère — de la terre, notre vraie mère. Vous allez vous retrouver hors de l'abri consacré nanti d'un souffle nouveau. Vous ne pouvez désirer renaître en short. Et, si vous êtes vêtu, on pensera que vous avez à cacher quelque chose de laid. Aussi, ne soyez pas prude. Certains Blancs se sentent coupables — d'où la serviette. Mais il y a une évolution. J'ai des amis qui recevaient une jeune femme blanche. Elle retira tous ses vêtements et pénétra avec eux dans l'étuve. C'est ce qu'il faut faire, ce qui est naturel. L'*inipi* ne purifie pas seulement les hommes, il purifie aussi les femmes, mais en général elles se groupent entre elles. Les hommes pratiquent la sudation plus souvent qu'elles parce qu'avant d'entreprendre toute guérison, le voyant-guérisseur doit se purifier. En vous courbant pour entrer dans l'étuve, vous êtes comme un animal qui rampe pour regagner son antre. Cela doit vous rappeler que vous êtes le parent des créatures à quatre pattes. Vous entrez tour à tour, en sens contraire des aiguilles d'une montre. L'officiant se tient à droite de l'entrée et son assistant à gauche. Les autres prennent place à leur guise. Il faut aussi s'assurer de la présence d'un aide à l'extérieur de la hutte.

C'est cet homme qui apporte, une à une, les pierres chauffées au rouge. Pendant qu'il procède à cette opération, personne n'est autorisé à se trouver sur son chemin, ni surtout à se tenir entre lui et l'étuve sainte. Si l'officiant qui célèbre le rite respecte particulièrement les règles, il faut se servir d'un bâton fourchu pour apporter les pierres ; autrement, une fourche ou tout autre outil approprié fera l'affaire. Quand les premières pierres passent l'entrée, nous disons *Pila-maye,* ce qui est notre merci. La première pierre est placée juste au centre, en offrande à notre grand-mère, la terre. Puis nous disposons quatre pierres autour de la première, à l'ouest, au nord, à l'est et au sud — dans chaque direction d'où souffle le vent. Enfin nous en posons une sur la première, à l'intention du ciel et de l'esprit grand-père. Ces pierres une fois en place, vous pouvez accumuler d'autres pierres, à votre guise. Pour une cérémonie de guérison, une fois le remède administré, vous en déposez ensemble douze ou dix-huit de plus. En certains cas, l'on peut avoir jusqu'à cinquante pierres. Ces pierres supplémentaires représentent les arbres, les plantes et les animaux.

L'officiant allume alors le calumet et le fait circuler de l'un à l'autre. Le calumet sanctifie et apporte la fraternité. Vous vous saisissez de la fumée, vous vous en frottez les paumes et tout le corps. Vous adressez vos prières au Grand Esprit, le *tunka,* aux pierres sacrées, les *inyan.* Celles-ci n'ont pas de bouche, pas d'yeux, pas de bras ni de jambes, mais d'elles s'exhale le souffle de la vie. L'assistant qui se tient devant la hutte rabat alors le battant de l'ouverture, s'assurant qu'aucune lumière ne pénètre à l'intérieur.

L'officiant verse l'eau ou la répand peu à peu sur les

pierres chauffées à blanc. S'il procède de façon traditionnelle, il se sert d'une brindille de sauge ou de glycérie, sinon d'une louche. L'eau est glacée et les pierres brûlantes, ce qui symbolise une fusion, de la terre et du ciel, de l'eau de la vie et du souffle sacré de l'esprit, grand-père et grand-mère enfin réunis. Il se fait un grand surgissement de pouvoirs sacrés. Vous inhalez ce souffle, aspirez cette eau, cette vapeur blanche. Celle-ci symbolise les nuages, l'âme vivante, la vie. La chaleur est suffocante. Vos poumons respirent le feu ; si vous ne pouvez plus y tenir, il vous est possible d'appeler : « *Mitakuye oyasin* — Tous les miens ! » Quelqu'un ouvrira le battant et, pour vous, laissera l'air frais pénétrer.

Vous vous tenez tranquillement dans l'obscurité, méditant sur le sens de l'*inipi*. Vous fermez les yeux, vous écoutez l'eau glacée qui siffle au contact des pierres brûlantes, vous entendez ce qu'elles ont à vous dire — une petite étincelle s'allumant dans votre esprit. L'étuve tremble pendant que les hommes chantent *Tunka-shila, hi-yay, hi-yay*. La chaleur, le pouvoir de la terre, vous en êtes comme frappés. Vous les respirez, vous vous en imbibez. Ce pouvoir vous pénètre, vous guérit, vous transforme. La vapeur ne touche que votre corps, mais le pouvoir de la terre envahit aussi votre esprit. Il guérit bien des maladies — l'arthrite, les rhumatismes, mais il cicatrise aussi les blessures morales. Cet *inipi* est notre petite église. Il n'y a pas là, comme à la messe, des Blancs venus occuper leurs bancs pour exhiber leurs beaux habits. L'*inipi* est différent. Il n'y entre ni hâblerie ni impureté. Rien que des humains nus, accroupis dans le noir, dans la proximité de la terre et de l'esprit. Si l'esprit est sur vous, vous pourriez prendre dans vos mains la pierre chauffée à blanc, elle ne vous ferait pas mal.

Nous ouvrons quatre fois pour laisser pénétrer la fraîcheur et la lumière. Deux chants s'élèvent toujours auparavant. Quatre fois, nous versons l'eau et quatre fois nous fumons le tabac de l'écorce de saule rouge, dont la fumée monte vers le Grand Esprit. Quand le battant est ouvert, il peut vous venir l'envie d'exprimer une pensée, de parler d'une maladie dont vous souhaitez la guérison. Ou bien simplement peut-être de dire votre satisfaction d'être là dans l'étuve et l'un ou l'autre vous répondra alors que tous sont heureux de votre présence. Quelqu'un pourra déclarer par exemple qu'une personne de sa famille aime un peu trop la boisson et demander qu'on lui vienne en aide, qu'on prie pour l'apaisement de ses tracas. Tout dépend de la raison pour laquelle le rite de la sudation est accompli.

Après avoir fumé le calumet pour la quatrième et dernière fois, nous disons : « Tous les miens » ; la cérémonie est terminée. Le dernier homme à avoir fumé prend le calumet et en nettoie soigneusement le fourneau. Nous quittons l'étuve comme le soleil voyage, en sens contraire des aiguilles d'une montre. Nous buvons de l'eau froide et nous nous frottons le corps avec des feuilles de sauge sèches. Nous nous retirons avec une sensation de mieux-être, d'euphorie. Nous savons que ce que nous avons fait en valait la peine, est bénéfique, non seulement à nous-mêmes, mais à tous les humains, à tout ce qui existe.

La petite hutte en forme de ruche, si simple et qui ne coûte rien à construire, peut servir indéfiniment à célébrer cette cérémonie religieuse — jusqu'à ce qu'elle s'effondre, ou que cèdent les branches de saule qui la soutiennent. Dans ce dernier cas, on la rase par le feu, on enterre les pierres, on aplanit le sol, pour que la terre se retrouve elle-même à elle-même. Puis on construit une nouvelle étuve ailleurs. J'espère que le jour est proche où chaque Indien aura, de nouveau, une étuve près de sa maison.

CHAPITRE XI

YUWIPI — PETITES LUMIERES DE NULLE PART

Imaginez une obscurité intense, si opaque qu'elle en est presque solide. Elle flotte autour de vous comme de l'encre, vous enserre comme le velours d'une tenture. Elle vous isole du monde de chaque jour, vous oblige à vous retirer profondément en vous-même, elle vous fait voir non plus avec les yeux, mais avec le cœur. Vous êtes aveugle et pourtant vous avez les yeux ouverts. Vous vous tenez à l'écart, mais vous vous savez partie du Grand Esprit, vous ne faites qu'un avec les êtres vivants.

Et de ces ténèbres s'élèvent le battement des tambours, l'écho des prières, les chants aigus. Et entre ces sons votre oreille perçoit les voix des esprits — des sons menus, chuchotements de spectres, murmures de lèvres fantomatiques. Des lumières volètent, fugitives, à travers la pièce, petits éclairs de lumière qui, de l'obscurité, viennent à vous. Des crécelles flottent dans l'air, vous touchent la tête et les épaules. Vous sentez les ailes des oiseaux qui vous frôlent le visage, et le léger contact d'une plume contre votre peau. Et toujours revient la vibration des battements du tambour qui emplissent l'obscurité et les espaces vides en vous-même ; ils vous font oublier ce qui encombre la tête et leur rythme épouse votre corps.

Et à travers les ténèbres du néant, vous sentez la présence de l'homme qui se tient la face contre le plancher au milieu de la pièce, les doigts noués avec des liens de cuir, le corps enveloppé et ligoté dans une couverture, momie vivante, à travers laquelle les esprits vous parlent. C'est ce que vous éprouvez pendant une cérémonie *yuwipi*.

Le *yuwipi* est un de nos plus anciens rites. Certains disent qu'il n'est pas si vieux, mais ils se trompent. Leur conviction est fondée sur le fait que le *yuwipi* n'est jamais mentionné dans les livres qui autrefois ont traité de la religion indienne, et aussi parce qu'il est demeuré caché aux yeux étrangers. Je suis aujourd'hui un vieil homme, mais ma grand-mère me parlait de ce *yuwipi* quand j'étais un petit garçon, et de même elle en avait entendu parler pendant son enfance. De proche en proche, nous en avons une connaissance qui remonte les générations, et personne ne sait ses commencements.

Je suis persuadé que le *yuwipi* est aussi vieux que notre peuple parce que son symbolisme, et son arrière-plan de pensée, datent de nos premiers temps. Les éléments sacrés dont nous usons pour cette célébration sont des liens qui nous attachent à un passé mal perçu, antérieur au premier homme blanc qui mit le pied sur ce continent. Bien qu'il ne lui donne pas son nom, un livre décrit le *yuwipi* tel qu'il était pratiqué il y a très longtemps, avant que nous n'ayons des maisons à habiter. Ce livre fut écrit par une femme qui passa plusieurs années parmi nous, à l'époque de ma propre enfance, avant la Première Guerre mondiale. Elle tenait ses récits des saints hommes aux cheveux blancs qui se rappelaient les jours d'avant les réserves. Voici une page de son livre [1] :

« *Quand l'homme habile à se servir des pierres sacrées était appelé à donner ses soins à un malade, on attendait de lui la preuve de son pouvoir surnaturel. De nombreux témoins venaient assister à sa démonstration, et malheur, disait-on, à ceux qui ne « croyaient pas aux pierres sacrées ». La personne malade bourrait une pipe, puis la tendait au voyant-guérisseur. Celui-ci, après l'avoir fumée, était étroitement ligoté. On allait jusqu'à lui passer entre les doigts et*

1. Frances Densmore, *Teton Sioux Music.*

les orteils un lien analogue aux cordes de l'arc. Après quoi, on l'enroulait, solidement attaché, dans une peau de bête. Dans la tente sombre, le voyant-guérisseur adressait ses chants aux pierres sacrées ; il chantait aussi ses propres rêves. On entendait des sons étranges dans l'obscurité, et l'on avait l'impression que des objets s'envolaient. Des voix d'animaux s'élevaient. L'une d'elles disait : « Mon petit-fils, tu es bien mal en point, mais je te guérirai. » Souvent un bison se présentait, et frappait ceux qui ne croyaient pas aux pierres sacrées ; ou bien une pierre les atteignait en plein vol, ou un paquet de linge. A la fin le voyant-guérisseur s'écriait : « Vite, la lumière ! » On posait sur le feu des herbes sèches tenues à portée de la main. A la lumière revenue, on pouvait voir le voyant-guérisseur coincé entre les deux mâts, près de l'extrémité supérieure du tipi, tous ses liens épars. »

Les principaux traits du rite *yuwipi* — les pierres, l'obscurité, le ligotage — sont relatés ici. *Yuwipi,* comme tous nos vocables sacrés, a de nombreux sens. *Yuwipi* signifie attacher, ligoter. *Yuwipi* est notre mot pour désigner les pierres minuscules et étincelantes que nous ramassons sur les fourmilières. Ces pierres sont saintes, elles ont leur pouvoir. Nous en disposons quatre cent cinq dans les gourdes de nos cérémonies rituelles, tenant ainsi compte de nos parents végétaux, c'est-à-dire du nombre des différentes espèces d'arbres dans notre univers sioux. *Yuwipi wasicun* se rapporte au pouvoir des pierres sacrées. C'est aussi le nom de *Tunka,* notre plus ancien dieu, qui est un rocher d'un âge indicible, immémorial, on pourrait même dire sans âge, éternel. Nos aïeux vénéraient le dieu sous la forme d'une énorme pierre peinte en rouge. L'ancien nom donné au dieu et l'ancien nom donné à la pierre sont identiques : *tunkashila,* grand-père. Mais le nom du Grand Esprit, *tunka,* s'y trouve incorporé.

Un nom plus récent existe pour rocher : *inyan. Inyan Wasicun Wakan* est le nom du Moïse des Indiens. Les voyants-guérisseurs indiens, eux aussi, trouvent des pierres rondes au sommet des monts, les rapportent et s'en servent pour les guérisons. Et ces pierres portent en elles un message sacré, que parfois elles nous révèlent. Il s'agit d'une écriture invisible, destinée à ceux qui lisent avec le cœur. Les voyants-guérisseurs de jadis étaient à même de parler aux pierres, de s'entretenir avec elles.

Tunka, inyan, le rocher a toujours été sacré parmi nous. La légende sainte de notre plus grand mystère, celle du calumet de la paix, nous apprend que le même jour où la Femme Enfant Bison Blanc nous donna la pipe sacrée, elle nous donna un rocher, rouge et rond comme la terre, fait du sang de vie de notre peuple. Sept cercles y étaient inscrits, les sept feux de camp de notre nation, les sept modes de vénération par le calumet. Dans le temps, ce rocher était préservé dans un *oinikaga,* un tipi consacré. Le fourneau du calumet et ce rocher saint provenaient l'un et l'autre des carrières de catlinite creusées par nous dans le Minnesota, le seul endroit au monde où l'on trouve la catlinite. Ainsi la sainteté du rocher est liée à la sainteté du calumet.

Dans les anciens temps, le chasseur lançait une pierre destinée à détecter la présence des bisons. Il étendait sur le sol une peau de bison peinte en rouge, où la pierre devait revenir. La peau de bison restait intacte sur le sol, jusqu'au moment où, soudain, la pierre en occupait le centre. Parfois la pierre apportait un caillou, ou bien une brindille de plante médicinale. La pierre était alors questionnée, et celui qui avait entrepris l'opération faisait savoir ce qu'elle lui avait répondu. Une tribu sioux possédait une pierre de reconnaissance qui était lancée au loin pour détecter la présence de l'ennemi. Il était assigné à cette pierre un lieu de retour : un autel de pierre, carré fait de fine poudre rouge.

Les voyants-guérisseurs *yuwipi* d'antan détachaient des pierres destinées à retrouver les objets perdus. Plus une pierre voyageait loin, plus long devait être le trajet de retour. Certaines pierres qui ont un pouvoir de guérison n'aiment pas rester seules. Elles ont leurs aides, des pierres plus petites. On les enveloppe soigneusement dans un morceau de peau de bison doublé de duvet de plumes d'aigle. Les pierres se plaisent à rester là, et on est sûr de ne pas les perdre.

Une pierre qui guérit est l'œuvre accomplie de *Wakan Tanka,* le Grand Esprit. Elle est faite d'une seule matière. Sa surface n'a ni commencement ni fin. Son pouvoir est infini. Semblables pierres ne doivent pas être extraites du sol. Les pierres qui se trouvent enfouies dans la terre sont là à cause des éclairs et des pouvoirs du tonnerre. Un mage *yuwipi* — à moins qu'il ne soit un *heyoka,* le clown qui fait tout à l'envers — ne s'en sert pas. Il trouve ses pierres à fleur de sol, sur les hautes collines. Les Blancs jugent bien étranges de tels propos. C'est qu'ils ont la mémoire courte. J'ai entendu dire qu'à travers le monde, dans les grottes et cavernes de la préhistoire, on trouve des pierres peintes rappelant la pratique de rites religieux. Votre Bible est pleine d'histoires de rochers qu'on vénérait en haute altitude. Pensez à l'hymne intitulé *le Rocher des Ages* [1], ou plus simplement à Saint-Pierre. Pensez à Stonehenge. Les Blancs ont oublié et perdu le pouvoir qui réside dans les pierres.

Dans une cérémonie *yuwipi,* c'est dans la pierre que les esprits et les lumières résident. L'étincelle que vous distinguez dans l'obscurité est *inyan.* C'est un caillou rond. Et en lui, l'étincelle tient la terre sous sa coupe. Cette pierre est douée d'un pouvoir. Une âme pénètre en elle et bientôt s'entretient avec vous. Elle est à même de dire : « Je suis ton grand-père, me reconnais-tu ? Je suis son âme, je viens te secourir. » Ecoutez attentivement. Au cours d'une célébration *yuwipi,* chacun se met à l'oreille une tige de sauge afin de comprendre l'esprit quand il se manifestera. C'est ce que font les hommes et les femmes. Ainsi vous voyez combien le *yuwipi* est ancien. Mais il s'y attache bien plus que les lumières et les pierres. Laissez-moi décrire le rite *yuwipi* du début à la fin. Vous y avez assisté. Vous êtes sur le point d'y assister à nouveau. Je vais essayer de vous le faire comprendre plus en profondeur.

Au principe d'une cérémonie *yuwipi* est attaché un homme (ou une femme) affronté à un problème et qui implore une aide. Cette personne peut être malade, ou à la recherche d'un parent disparu. Elle fait parvenir un calumet bourré de tabac à un guérisseur *yuwipi.* Si elle s'y prend convenablement, le voyant-guérisseur ne peut pas refuser son secours ; il doit célébrer le rite. Tous les voyants-guérisseurs ne sont

1. Hymne anglican de A.M. Toplady (1740-1778). *Rock of ages, cleft for me, / Let me hide myself in Thee.*

pas *yuwipi* ; certains d'entre eux ne désirent pas l'être. Etre *yuwipi* implique que l'on soit capable de découvrir quelque chose de perdu, ou quelqu'un. Il peut s'agir d'une personne disparue, morte, noyée au fond d'une rivière. Si le *yuwipi* retrouve le corps de la personne en cause, c'est l'affliction qu'il apporte à la famille. Ou bien il peut s'agir d'un objet volé. Le *yuwipi* trouve cet objet et chacun se sent gêné, le voleur, la victime et le guérisseur. Certains voyants-guérisseurs reculent devant ces tâches. Moi-même je pratiquais le rite *yuwipi,* mais plus maintenant. J'ai dépassé ce stade depuis longtemps ; j'ai enseigné le rite à plusieurs hommes et je compte en former d'autres.

Pour célébrer une cérémonie *yuwipi*, il faut que quelqu'un en fasse la demande — une personne malheureuse ou sans défense devant ses problèmes. Le voyant-guérisseur ne perçoit pas vraiment d'honoraires, mais le demandeur (ou la demanderesse) pourvoit à sa nourriture. Si de nombreuses personnes se présentent, la dépense peut être assez importante — environ vingt dollars — parce que tous sont invités, tous sont bienvenus. A cette occasion, chaque personne présente, outre le premier demandeur, peut faire appel aux services du guérisseur. Chacune d'elles doit être nourrie. On en arrive alors au chien, qui doit être jeune et grassouillet. On le marque d'un trait de peinture rouge et on l'étrangle promptement. Une femme lui arrache sa fourrure, le dépiaute et met la viande qui doit être bouillie dans une marmite posée sur un feu de plein air. On ne peut pas faire une réunion pour un *yuwipi* sans servir de la viande de chien. Tout le monde doit en manger, au moins un petit morceau. Nous, Sioux, avons de l'affection pour nos chiens ; en tuer un dans ces circonstances est considéré comme un sacrifice. Le chien meurt afin que des humains puissent vivre. Sa chair sert à guérir les malades ; elle leur donne une force particulière. Il ne s'agit pas là d'un acte gratuit.

N'importe quelle grande pièce permet de tenir convenablement une cérémonie *yuwipi*, mais certains voyants-guérisseurs disposent en permanence d'une pièce tout équipée. Pour commencer, on retire les meubles et on occulte les portes et les fenêtres avec des couvertures. Pas le moindre rayon de lumière ne doit filtrer de l'extérieur, bien que la cérémonie ait toujours lieu la nuit. Le seul reflet timide de la lune gâcherait l'obscurité absolue qui est exigée. Nous allons jusqu'à retirer des murs .toutes glaces et photographies encadrées, ou du moins nous les retournons. Rien de brillant qui puisse attirer la lumière ne doit demeurer dans la pièce. Pour la même raison, on met dans sa poche ses lunettes ou sa montre-bracelet avant la cérémonie. Sinon les esprits désireux d'obscurité, pourraient se fâcher et en briser les verres.

En second lieu, le sol doit être couvert d'armoises — de plantes herbacées aromatiques, sauge entre autres. Il existe plusieurs espèces de sauges, toutes sacrées à nos yeux. La sauge est notre plante de « première urgence » et nous nous en servons dans toutes nos cérémonies. Elle représente la nature. Une tige de sauge dans les cheveux d'une personne attire les esprits sur elle, l'aide à les comprendre.

Pendant l'après-midi qui précède la célébration, deux jeunes filles se sont chargées de rouler de petits faisceaux de tabac, de la grosseur d'une noisette. Elles commencent par découper une étoffe de coton en carrés d'environ deux centimètres et demi de côté. Cette étoffe est de quatre couleurs différentes, correspondant aux quatre points cardinaux. Elles découpent quatre cent cinq de ces petits carrés et posent sur chacun d'eux la valeur d'un dé à coudre de tabac. D'où autant de petits tas de tabac enveloppés dans le coton, que l'on attache ensemble pour former un étroit cordon d'une grande longueur. Des hommes se présentent alors et portent ce cordon sur le plancher de la pièce, lui donnant la forme d'un large rectangle. Dans l'espace entre le cordon et le mur auquel ils s'adossent s'installent ceux qui désirent prendre part à la cérémonie. Ils peuvent tout juste allonger leurs jambes. L'intérieur du rectangle est sacré. Au centre, le voyant-guérisseur sera allongé, ligoté comme une momie. Personne n'est censé y pénétrer hormis les deux hommes qui attacheront le voyant-guérisseur *yuwipi*. Sitôt leur tâche accomplie, ils rejoindront les autres.

Dans l'ancien temps, nous disposions seulement de quatre grands sacs de peaux de daim pour entasser le tabac, au lieu de cette corde à nœuds, et nous nous servions du *kinnic-kinnick,* notre tabac fait avec l'écorce du saule rouge, au lieu du tabac actuel. Après avoir disposé le cordon en rectangle, nous lui ajoutons, à chaque angle, un drapeau — un noir, un rouge, un jaune et un blanc, posés dans cet ordre. Le noir symbolise l'occident, la nuit et les ténèbres, la contemplation. Le rouge, le nord, la roche dont on fait le calumet, le sang de notre peuple. Le jaune, l'orient et le lever du soleil. Le blanc, le sud, le soleil à son zénith. Le sud signifie également la mort. « Gagner le sud », dans notre langue, c'est mourir, parce que les âmes voyagent du nord au sud le long de la voie lactée, jusqu'à la Terre de l'Esprit. Aujourd'hui, certains *yuwipis* utilisent aussi des drapeaux verts et bleus. Le vert symbolisant la terre-mère et le bleu le ciel au-dessus de nous, les nuages.

Les quatre directions du vent sont représentées aussi par des chevaux : un noir, un rouge, un jaune et un blanc. Un cinquième cheval, un cheval moucheté, représente le mouvement du haut vers le bas, le lien entre le ciel et la terre, symbolisé également par le tuyau du calumet, et par la fumée qui s'en élève. Certains voyants-guérisseurs expliquent encore que les quatre couleurs — le noir, le rouge, le jaune et le blanc — correspondent à l'espèce humaine, à ses races et à l'unité de l'espèce.

Outre les quatre hampes des drapeaux, un cinquième bâton doit être mentionné, celui qui compte vraiment. Il s'élève à égale distance du drapeau noir et du drapeau rouge. Lui-même est moitié rouge moitié noir, avec une mince raie blanche entre les deux couleurs. Le rouge symbolise le jour et le noir la nuit. A son sommet est attachée une plume d'aigle, représentant le pouvoir et la sagesse d'en haut, les Indiens croyant que, de toutes les créatures vivantes, l'aigle est la plus avisée. L'aigle tacheté, *wanbli galeshka,* possède le grand pouvoir du nord.

A mi-hauteur du bâton est suspendue la queue d'un certain cerf, un cerf avec un trait noir en travers de la tête, le *tahca topta sapa.* Ce cerf est tout particulièrement vénéré. Le tuer porte malheur. Il représente l'unité de l'univers. De bonne heure le matin, avant que personne ne soit allé puiser l'eau du ruisseau, il est venu la boire et la sanctifier. Nous nous servons de sa dépouille pour en faire nos gourdes saintes. Nous érigeons les hampes et le bâton sacré dans de grandes boîtes de fer-blanc remplies de terre. Cela n'est pas sans déplaire à certains. Ils n'approuvent pas que les boîtes de café et de punch servent à cet usage. C'est peut-être un point secondaire, mais on peut les comprendre. Mieux vaut découper le tronc d'un arbre en billes, et fixer au milieu les hampes et le bâton rituel. Quant au bois qui sert à les fabriquer, ce n'est pas n'importe lequel. Nous le choisissons doué d'un pouvoir surnaturel, *wo-wakan.* De fait, nous ébranchons un arbuste, un sumac d'une espèce particulière, le *canunkcemna.* C'est bien en raison de son pouvoir. Douze de ses rameaux sont tournés vers l'ouest ; sept vers le Sud. Nous ne savons pas pourquoi. Sept branchages face aux vents du sud et de l'est ; les autres — six à l'ouest et six au nord — sont à l'écoute de l'univers. Le moment où les grosses tiges sont arrachées à la terre est des plus importants. A regarder le trou où elles ont poussé, on sait le genre de maladie de la personne qu'on tente de guérir par le rite.

Il nous faut parler maintenant de l'autel situé immédiatement derrière le bâton sacré rouge et blanc. Il est fait de terre poudreuse qu'on a lissée avec une plume d'aigle. Il représente *maka sitomni,* la terre et son au-delà : l'univers. Celui-ci, par sa médiation, est présent pendant la durée de la cérémonie. Dans ce carré de terre sacrée le voyant-guérisseur dessine un motif avec le doigt. Certains de ces motifs sont fort connus et tous les *yuwipis* y ont recours. D'autres sont propres à un seul voyant-guérisseur et ils expriment sa voyance. Personnellement, je me sers surtout de quatre motifs d'autel, quoique j'en connaisse certes bien davantage. Mon motif principal figure le Grand Esprit. Je l'ai déjà dessiné et décrit dans le chapitre sur le cercle et le cadre concernant le symbolisme indien.

Un autre motif est constitué par le tracé d'un cercle — le cercle sans fin — dans la terre sacrée. Le voyant-guérisseur ajoute alors la représentation de l'animal qui est son signe propre — le pivert, l'ours, l'aigle, à son idée. Il figure également l'éclair, afin d'affirmer le pouvoir du tonnerre.

Le dessin de l'homme-araignée, le truqueur, *Iktomé,* n'est pas habituellement utilisé par les voyants-guérisseurs, il l'est plutôt par quelqu'un qui veut accomplir un acte de magie pure, par un *heyoka* par exemple. Cette araignée peut servir de philtre d'amour. Il s'agit d'un dessin puissant qui peut s'emparer de l'âme d'un jeune homme et d'une jeune fille pour les attacher l'un à l'autre. Alors ils n'auraient plus que la ressource de s'aimer. Vous ne croyez pas cela, mais la réalité vous donne tort.

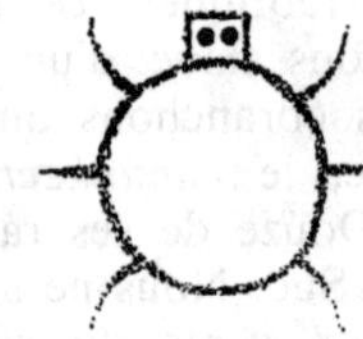

Les gourdes, les crécelles, les *wagmuha,* sont de la plus haute importance dans la célébration de la cérémonie. Vous les disposez de part et d'autre de l'autel. Il en faut deux — quoique certains voyants-guérisseurs en utilisent quatre pour les quatre directions. Dans ce cas, vous placez en dernier lieu celle de l'orient. L'orient est associé au Grand Esprit, *tunkashila*, et à l'étoile du matin. Les crécelles sont faites de peau de daim, et certaines, plus anciennes, de peau de bison. J'en connais aussi qui sont faites avec la peau des testicules du bison. De mémoire indienne ces crécelles ont toujours servi à la guérison des malades. Il y a très longtemps, il était même désigné des « gardiens des gourdes ». On place dedans — comme je l'ai déjà dit — les minuscules pierres *yuwipi*. Il y a des cas où certaines personnes, hommes ou femmes, prélèvent sur leurs bras de petits carrés de chair qu'elles déposent aussi dans une crécelle pour aider un parent à retrouver la santé.

Le bruit des crécelles n'est pas une musique, il ne symbolise pas, comme le croient certains Blancs, le serpent à sonnette. Ces crécelles parlent. Si l'officiant vous met dans l'oreille de l'herbe sainte, vous comprendrez ce que dit la crécelle. Cette herbe ne porte pas de nom dans la langue de l'homme blanc. Nous la nommons herbe, mais elle ne verdit pas. Il s'agit, simplement d'une racine. Quand, au cours de la célébration, un esprit entre dans la pièce, il se saisit de la crécelle et en joue ; il peut arriver qu'il frappe le corps d'un malade pour le guérir. Cette crécelle se déplace si vite que personne ne peut l'attraper. Cela s'explique par le *takuskanskan* — l'esprit qui a le pouvoir du mouvement.

Tous ces objets que j'ai mentionnés — les petits nœuds remplis de tabac, les drapeaux, le bâton sacré, l'autel, les gourdes sont saints, et aucune cérémonie *yuwipi* ne peut s'accomplir sans eux : toutefois le plus important est ce dont je n'ai encore rien dit. Il nous faut la pipe sacrée, le calumet ; il joue le rôle capital dans nos rites. L'officiant peut ajouter d'autres éléments qui lui sont propres — des têtes et des serres d'aigle, des griffes d'ours, des pierres spéciales, des andouillers, différents attributs d'animaux ou de plantes, suivant sa propre vision. Il se servira de ces éléments à chaque célébration, mais les nœuds et les drapeaux ne seront utilisés qu'une fois. Ils peuvent être brûlés ensuite ou donnés en souvenir, et personne ne peut les réutiliser à des fins spirituelles.

Outre ces saints objets, nous avons encore la marmite de viande de chien ainsi qu'un pot rempli d'eau de source transparente et froide. L'une et l'autre sont également placés à l'intérieur du rectangle formé par la corde à nœuds de tabac — à côté du drapeau rouge. Ailleurs dans la pièce se trouvent des plats et des assiettes avec du pain et de la soupe, du maïs et des baies de l'espèce que nous appelons *wasna,* un pudding, le *wojapi* et un thé à la menthe propre à ces circonstances. Cette nourriture est distribuée après la cérémonie.

Tout est prêt maintenant pour l'accomplissement du rite — ou, comme on disait dans l'ancien temps, de la « cérémonie du crâne ». Avant de faire les petits tas de tabac, la pièce a été purifiée par de la glycérie tressée, *wacanga,* qui est une sorte d'encens. Nous la brûlons à une extrémité et faisons avec elle le tour de la pièce en la balançant de-ci, de-là, pour que, par son odeur, le lieu soit béni. La fumée qui sent si bon se répand en volutes ; elle nous rapproche les uns des autres. Grâce à cette herbe, ce dont nous nous servons pour l'accomplissement du rite est également purifié. Elle chasse les influences néfastes. Elle annule les effets des menstruations féminines. Une femme *isnati* — qui a ses règles — est d'ailleurs censée ne pas prendre part à la célébration : elle détient en effet un grand pouvoir naturel susceptible d'entraver le remède et de contrarier la guérison. Une femme *isnati* est une femme qu'il n'est pas possible de guérir. Elle s'abstient donc en général de participer aux rites. Mais, à supposer qu'il en soit autrement, eh bien la fumée de la glycérie neutraliserait son pouvoir. Pour certaines cérémonies, nous recourons à la fumée du cèdre, mais pour la cérémonie *yuwipi,* nous préférons la glycérie.

Nous nous servons également du parfum indien, *wahpe-wastemna.* C'est le Grand Esprit qui m'a dit de l'utiliser. Un sac passe de main en main, et nous nous frottons le corps et nos vêtements avec ce parfum, pour prendre l'odeur de la nature. Alors l'esprit entre dans la maison. Chacun se met une tige de sauge derrière l'oreille ou dans les cheveux. Et l'esprit est à même de bien accomplir sa tâche.

Le voyant-guérisseur se tient derrière l'autel, prêt à être ligoté. Nous nous servons des mêmes lanières de cuir vert que pour les cordes d'arc. Nous commençons par les doigts ; mains derrière le dos, nous lui attachons chaque doigt au doigt voisin. Cette ligature des doigts symbolise le *wakinyan* — l'éclair, les oiseaux-tonnerre — ; de même la corde de l'arc. L'esprit frappe aussi vite qu'une flèche.

Puis nous ligotons le guérisseur *yuwipi* comme une momie. Dans l'ancien temps, nous nous servions dans ce but d'une peau de bison, mais maintenant nous devons nous contenter d'une couverture. Elle est faite de différents morceaux d'étoffe reproduisant l'étoile du matin. Le fond est blanc en général. Certaines personnes sont enterrées dans les plis d'une couverture semblable. La couverture est assez grande pour envelopper le corps, tête comprise. Ensuite l'homme et la couverture sont liés par une longue lanière de cuir. Il s'agit de réussir une ligature conforme, de sept nœuds. Nous ne pouvons pas courir le moindre risque d'erreur ; sinon la vie du guérisseur serait en danger. La dépouille doit le serrer étroitement afin qu'avec son corps il puisse ressentir ce que chacun éprouve.

La ligature, les lanières, le cordon de tabac ont un sens profond pour nous. Ils signifient que nous sommes liés les uns aux autres, que ce qui isole un être humain de l'autre n'existe plus. Une ligne est tracée, de l'homme au Grand Esprit. Le rite est comme un harnais. L'homme est ligoté afin que l'esprit descende sur lui et en fasse son médiateur, le lieu même de ses pouvoirs. Le rite unit et enseigne. C'est seulement au cours d'un rite *yuwipi* que l'on attache l'homme avec des liens de cuir. Autrefois un homme formait le vœu de devenir l'ami, le *kola* d'un autre. « Ami » — un mot dont les Blancs se servent à la légère. Peut-être ne savez-vous pas ce qu'est une vraie amitié. Deux jeunes gens qui faisaient vœu d'être le *kola* l'un de l'autre devenaient presque une même personne. Ils partageaient tout — la vie et la mort, la douleur et la joie, la moindre bouchée de nourriture, jusqu'à leurs femmes. Chacun devait se tenir prêt à tout moment à donner sa vie pour son ami. De la même façon, un aîné pouvait adopter un cadet qui devenait son *hunka*. Le plus jeune devenait le fils de l'autre, quand bien même il n'y avait que quelques années de différence entre eux. Les hommes scellaient de telles amitiés par une cérémonie. Le voyant-guérisseur les attachait ensemble avec des lanières, après les avoir couverts l'un et l'autre d'une tunique en peau de bison. Puis il faisait connaître à l'assistance que ces deux hommes étaient liés, *kolas* ou *hunkas*. Par analogie, mais en sens contraire, il existait une cérémonie de dénouement des liens — *kici yuskapi*. Par ce rite, celui qui avait tué un autre homme pouvait être déchargé de sa culpabilité. Après la cérémonie, les familles impliquées devaient se pardonner.

Le guérisseur *yuwipi* doit être ligoté pour que les esprits apparaissent. Quand vous le délivrez de ses liens, les esprits s'éloignent. Parfois ils ne viennent pas du tout. Parfois vous sentez seulement sur les épaules et sur le cou une patte douce, comme la fourrure d'un chaton.

La ligature achevée, deux hommes s'emparent du guérisseur et le déposent sur le plancher, la tête contre le sol, à proximité de l'autel. A ce moment il est comme mort. Il n'a plus d'existence. Nous n'avons jamais été enterrés dans des cercueils de luxe ; comme le guérisseur *yuwipi*, nos morts sont ligotés dans une couverture. On les portait sur un échafaudage spécial, abandonnés aux vents et aux pluies jusqu'à ce que la nature les reçoive. Pendant que le *yuwipi* repose sur le sol dans sa couverture étoilée, son esprit peut errer à des centaines de kilomètres de là, dans les montagnes lointaines, s'entretenant avec les aïeux. Il a cessé d'être. C'est à nous de le ramener dans notre monde.

Nous devons nous concentrer pour l'aider à traverser le *wace iciciya,* priant en nous-mêmes.

Mais maintenant la lampe à pétrole s'est éteinte. Les ténèbres aident à se concentrer. Le voyant-guérisseur et les assistants doivent se servir judicieusement de leurs facultés. Autrement, dans cet état de vulnérabilité, le voyant-guérisseur pourrait succomber, être frappé à mort par un éclair. Mais voici les esprits qui viennent à nous. Ils peuvent nous toucher ; nous ne pouvons pas les toucher. Nous sommes prêts pour les tambours, les chants et les prières.

Les mots de mon premier chant disent : « Où est cet esprit sacré dont le destin est de venir sur moi ce soir ? » Le second chant signifie : « J'ai fait le mal. J'ai blessé la vision de l'esprit. Mais je me transformerai. Je serai différent. Ma vie changera. Je tiens quatre vies des quatre directions du vent. D'en haut et descendant sur la terre, il m'a été promis un pouvoir dont je me servirai pour mon peuple. » Mon troisième chant implore les esprits. Je chante, je les supplie de se manifester. J'appelle les esprits de l'ouest, le pouvoir noir, le pouvoir rouge, le pouvoir jaune et le pouvoir blanc du sud. J'implore le pouvoir d'en haut, le pouvoir de l'aigle, de faire sentir ici-bas sa présence. Je prie les pouvoirs d'en bas, ceux de la terre-mère, de me venir en aide, de faire que mes souhaits s'incarnent.

Mon cinquième chant dit : « Contre cette pierre, j'ai déposé la pipe sacrée. La pierre est moi, je suis la pierre. Le sagesse du Grand Esprit va descendre sur moi, à ce moment précis. » Le sixième chant s'adresse aux esprits féminins. Il dit que quatre d'entre eux sont présents, deux femmes ailées avec moi dans le ciel et deux esprits femmes sur la terre, m'aidant et m'honorant de leurs présences. Ils me guident afin que je puisse entendre leur langage ; ils me font comprendre les araignées et les fourmis. Le Grand Esprit a béni ces petites créatures. De par sa bénédiction, je suis à même de leur parler, tout comme aux créatures des airs. Ainsi l'esprit est sur moi.

Le septième chant dit : « Voici que viennent les esprits de la danse. De leurs chants et de leurs gourdes, ils louent le pouvoir et le mystère. Ils dansent et ils sont heureux. » Mon dernier chant commence ainsi : « Tu entends ma voix, j'entends ta voix ; la voix de l'esprit est sur moi maintenant. Il y a ce que j'entends ce soir, au sujet de la maladie, des besoins de telle personne. L'esprit va maintenant s'adresser à moi et, à travers moi, à vous tous. »

Et ainsi les esprits viennent, de l'ouest et du sud, étincelles de lumière, ou toucher suave d'une plume. Ils viennent d'en haut et d'en bas ; ils font trembler les murs et le parquet. Ils viennent à travers leurs voix, des voix menues et désincarnées, sans bouches, des voix non humaines qu'à la longue nous pouvons comprendre.

La célébration dure longtemps, mais à la fin nous voyons le voyant-guérisseur assis, libéré de la couverture et débarrassé de ses liens, à nouveau vivant parmi nous. Il a les sacs de tabac pendus autour de lui. A tour de rôle, chacun a maintenant quelque chose à dire, quelque chose de bon, sur ce qu'il ressent et ce qu'il a éprouvé. On peut aussi poser des questions, sur soi, sa santé, ses problèmes de famille, sur un disparu, sur un objet perdu. Et le *yuwipi* donne à chacun une réponse. S'il est à la hauteur de sa tâche, le pouvoir lui a été transmis, et il a déjà pris connaissance de ces réponses alors qu'il gisait dans le noir, roulé dans la couverture.

Le voyant-guérisseur allume la pipe sacrée et il l'élève en priant. Puis le calumet passe de main en main et de bouche en bouche, de l'un à l'autre, dans le sens des aiguilles d'une montre. Son tuyau et sa fumée sont le lien entre la terre et le ciel, entre l'homme et son prochain. Nous aspirons quatre bouffées, et le calumet, épousant le cercle sans commencement ni fin, retourne au voyant-guérisseur.

Maintenant, ce soir, nous voulons que vous goûtiez du chien. Vous allez connaître ce remède. Il est sacré. Ne dites pas : « Je ne vais pas goûter d'une chose pareille, ça par exemple ! » C'est ce que nous ne voulons pas vous entendre dire. Réjouissez-vous si la tête du chien vous revient, parce qu'elle vous apportera la chance. Il y a de la bonne nourriture pour nous tous ici, des douceurs, le *wasna,* le *wojapi*. Nos cérémonies se terminent par un festin. Se remplir l'estomac — cela, aussi, est sacré. Manger ainsi ensemble, assis sur le plancher, le dos au mur, relie, comme d'être recouverts par la même peau de bête. Enfin un garçon se présente, avançant dans le sens des aiguilles d'une montre, portant une louche et un seau plein d'eau froide et pure, — sacrée, et sans laquelle la vie ne serait pas. Espérons qu'il y aura encore de l'eau pure quand nos fils seront devenus vieux. Le garçon qui offre l'eau à chacun de nous est très jeune. Nous lui confions cette tâche pour qu'il se sente un homme, pour lui prouver que sa présence parmi nous — qui établit un lien avec la génération suivante, transmet nos croyances à ceux qui viendront après nous — est à nos yeux un fait important. Sans ce sentiment de continuité, la vie n'aurait pas de sens.

Puis, soigneusement, le voyant-guérisseur vide les cendres du calumet, et sépare le fourneau du tuyau. Par cet acte, il rompt le lien qui unit le ciel et la terre et qui nous a rassemblés. Ainsi disjoint dans ses deux parties, le calumet perd son caractère sacré. Il n'est plus qu'un simple objet.

Et maintenant nous avons à prononcer certaines paroles, chacun à notre tour. Apprenez à bien dire les paroles, *Mitakuye oyasin* — Tous les miens, Nous tous, Chacun de nous. Elles désignent les êtres humains sur terre, tous les êtres vivants jusqu'au plus infime insecte, jusqu'à la plante la plus humble. Et ayant prononcé ces dernières paroles, nous nous taisons. Nous nous levons pour partir. La célébration *yuwipi* est accomplie.

CHAPITRE XII

LES YEUX LEVÉS SUR LE SOLEIL, NOUS DANSONS

Les yeux sur le soleil embrasé, ses brûlures comme incrustées dans le crâne, le chargeant d'un éclat insoutenable...

Sifflant dans un sifflet fait de l'os d'un aigle, et qu'il serre fort entre les dents, sifflant de sorte qu'il n'y ait plus sur la terre qu'un son strident...

Dansant, dansant, dansant du matin à la nuit, sans nourriture ni eau, à la limite de l'évanouissement, comme mort...

Tirer, tirer sur une lanière de peau de bête attachée à une tige pointue, tel un poinçon, telle une petite broche, celle-ci bien dressée contre la chair, jusqu'à ce que la peau cède, et que le sang se répande sur la poitrine... C'est ce qu'endurent certains d'entre nous pendant la danse du soleil.

C'est ce que beaucoup ne comprennent pas. Ils déclarent la danse du soleil barbare, révoltante, superstition sanguinaire. Selon moi, seul notre corps nous appartient vraiment. Quand nous, Indiens, donnons notre chair, notre corps, nous donnons l'unique bien que nous ayons en propre. Si nos offrandes à *Wakan Tanka* sont un cheval, des sacs de tabac, de la nourriture pour les pauvres, ce sont là des présents qu'il possède déjà. Dans la nature tout procède du Grand Esprit, est partie de Lui. Seule l'offrande de notre chair est un vrai sacrifice — un vrai don de nous-mêmes. Comment oserions-nous lui offrir moins ?

Pendant cinquante longues années les Blancs nous ont jetés en prison pour avoir dansé la danse du soleil — un « crime indien », disaient-ils. La liberté du culte ne s'étend pas toujours jusqu'à nous, les Indiens.

Notre danse du soleil est la plus ancienne et la plus solennelle de nos célébrations, « l'aïeule de toutes les autres », comme mon père avait coutume de dire. Elle est si vieille que ses origines se dissipent dans les brumes du temps. Elle remonte à un âge où notre peuple n'avait ni armes à feu ni chevaux ni acier — quand il y avait juste nous et les animaux, la terre, l'herbe et le ciel.

Aujourd'hui les savants étudient les taches du soleil à travers des télescopes géants, et vos petites étoiles faites de main d'homme filent autour de la terre comme si elles allaient être en retard au travail. Vous avez même atterri sur la lune et laissé là quelques flacons en plastique pleins d'urine et de papier de chewing-gum. Mais je pense que les Indiens connaissaient bien mieux le soleil et la lune durant ces jours oubliés depuis longtemps ; qu'ils se tenaient alors plus près d'eux.

Accroupis dans leurs abris misérables au long des sombres mois d'hiver, affamés et frissonnant de froid, hibernant presque à la façon des animaux, avec quelle joie, avec quelle gratitude ils devaient accueillir l'astre qui donne la vie, pour réchauffer, au retour du printemps, leurs corps transis. Je peux imaginer l'un d'eux, saisi d'une impulsion soudaine, se dressant pour danser en l'honneur du soleil, usant de son corps en action de grâce, puis, un à un, les autres se joignant à lui.

Ainsi créèrent-ils cette danse ; puis, peu à peu, génération après génération, ils lui ajoutèrent en signification, amplifiant sa terrifiante majesté. Mon père me l'apprit, comme son père la lui avait apprise, l'enseignement et l'apprentissage remontant aux origines.

Wi wanyang wacipi, la danse du soleil, est notre plus grande fête et elle nous rassemble. Je vous ai parlé de la *hanblechia*, l'ascèse de voyance — la quête d'un homme seul avec lui-même sur un sommet isolé, communiquant avec le pouvoir du mystère. Eh bien, la danse du soleil, c'est *tout* le peuple communiquant avec *tous* les pouvoirs du mystère. C'est la *hanblechia* de la nation sioux.

La danse du soleil est le plus incompris de nos rites. De nombreux Blancs y voient une initiation à l'âge d'homme, ou une façon de prouver son courage. Mais c'est une erreur. La danse du soleil est une prière et un sacrifice. On n'y prend pas part à la suite d'un acte de volonté, mais par l'effet d'un rêve ou d'une vision.

La danse du soleil à laquelle vous allez assister est parrainée par un homme dont l'espoir, en se soumettant à cette épreuve, est que son fils revienne du Viêt-nam, que la paix soit rendue au monde et que les hommes se comprennent les uns les autres. Nous allons danser à cette intention.

La danse n'est pas si éprouvante qu'elle l'était dans le passé, mais, même aujourd'hui, elle demande beaucoup à celui qui s'y livre. Encore maintenant, un homme peut perdre conscience faute d'eau et de nourriture. Il peut avoir terriblement soif. A siffler dans son os d'aigle, il aura la gorge sèche et craquelée, comme le lit asséché d'une rivière. Il peut être aveuglé pendant un certain temps à force de fixer le soleil, et ne plus voir alors que des spirales incandescentes d'une éblouissante blancheur. La douleur éprouvée dans sa chair, dans sa poitrine où sont enfoncées des serres d'aigle, peut être si aiguë qu'un moment vient où il ne souffre même plus. C'est à de tels moments, quand il perd conscience, quand le soleil taraude sa raison, quand sa force l'a quitté, quand ses jambes l'abandonnent, que les visions le pénètrent. Alors il devient voyant-guérisseur, il détient le secret de l'avenir.

La prescience méritée à ce prix est plus haute encore que celle donnée à un homme au sommet d'une montagne au cours d'une quête visionnaire ; elle est vraiment *wakan,* sacrée.

Il y a quelque chose qui m'attriste. Ici, dans la ville de Winner, vivent cent familles indiennes très attachées à nos anciennes coutumes, mais, de toutes parts, nous sommes entourés de Blancs, propriétaires de ranches. Le seul lieu où nous pouvons maintenant célébrer la danse du soleil est l'antique champ de foire où les cow-boys du coin tenaient leurs rodéos. Il ne leur suffit plus ; il en ont un nouveau, et nous avons pour ainsi dire pris possession de l'autre. Les tribunes sont en mauvais état, mais encore assez solides pour ne pas s'effondrer. Sur les panneaux, on distingue les publicités ternies louant le Pepsi-Cola, ou conseillant une visite au représentant local de Ford. Faites semblant de ne pas voir ces panneaux.

Certaines communautés ont la chance de ne pas être encerclées à ce point. Elles peuvent encore célébrer leurs rites au grand air de la prairie, ou de ce qu'il en subsiste. En ce qui nous concerne, notre danse du soleil devra pourtant se dérouler ici. Nous l'accomplirons, à la manière sainte de nos aïeux, telle que les Anciens nous l'ont apprise — du moins autant que cela sera possible en un tel temps et en un tel lieu.

Nous voulons que vous regardiez bien, que vous compreniez ; et pas seulement avec les yeux. L'heure du jour est propice pour vous expliquer comment la danse du soleil était célébrée dans un lointain passé — pour vous l'offrir, *en esprit*, dans sa majesté et son mystère d'antan.

Rien que de vous en parler me met cependant un peu mal à l'aise. Autrefois, nous n'abordions guère ces sujets, même entre nous, et encore, seulement dans des occasions solennelles, en présence de douze vieux sages, pour s'assurer que les directives étaient exactes, sans rien de superflu ni d'omis.

Je me suis beaucoup étendu sur la douleur qu'engendre la danse du soleil, et n'ai guère parlé de l'exaltation qu'elle procure. Nous les Sioux, ne sommes pas un peuple simple ; nous sommes très compliqués. Nous n'en finissons plus de regarder la vie sous différents angles. Pour nous, il y a la douleur dans la joie et la joie dans la douleur, tout comme à nos yeux, un clown est à la fois comique et tragique. Cela fait partie d'un ensemble — de la nature, qui n'est ni triste ni gaie ; qui est, sans plus.

Ainsi, dans les anciens jours, la danse du soleil n'était pas seulement sacrifice, elle était aussi le temps du bonheur, où les cerises sont mûres, où l'herbe se lève, où le gibier abonde — le temps heureux de renouer connaissance avec de vieux amis.

Nous étions disséminés en petits groupes de chasseurs, du Nebraska au Montana, comme autant de cailloux dans un désert coupé d'arbrisseaux. Mais personne n'aurait manqué la danse du soleil, quand bien même il aurait fallu parcourir des centaines de kilomètres. A la danse du soleil, vous vous retrouviez avec des parents que vous n'aviez pas vus depuis un an, et vous échangiez des nouvelles sur ce qui vous était arrivé en bien ou en mal, entre-temps. Là, des garçons et des filles pouvaient se rencontrer et faire l'amour. Nous les Sioux vivons dans une telle terreur de la consanguinité, avec tant et tant de règles interdisant le mariage à l'intérieur du clan, que la danse du soleil est à mon avis la seule chance pour bien des jeunes gens de se rencontrer et de s'aimer.

Chaque famille disposait son tipi à la place de son choix, et le héraut parcourait le campement à cheval, disant à chacun ce qu'il avait à faire. Pendant ces journées, on échangeait des visites de tente à tente, on mangeait, on faisait la conversation, la compagnie était agréable. C'était aussi le moment de chanter pour les mendiants. Les chanteurs allaient de tipi en tipi, recueillant présents et nourriture à leur intention. C'était un temps propice pour les filles. Elles se mettaient à la recherche d'une certaine herbe donnant quatre boutons, et qui sert de philtre d'amour — une herbe qui rendrait leurs amoureux fidèles. On ne la trouve plus guère désormais. C'est ce que les femmes me disent.

La danse du soleil durait douze jours : quatre pour aménager le terrain, quatre pour permettre aux voyants-guérisseurs d'apprendre aux participants ce qu'ils avaient à savoir, quatre jours enfin pour la danse elle-même.

La célébration commençait en réalité avec le choix du *can-wakan,* du mât sacré. Toujours un peuplier, le peuplier étant notre arbre saint. Si vous coupez les branches du haut et si ensuite avec un couteau vous faites une entaille nette à une branche, vous découvrez un dessin en forme d'étoile. Il en est ainsi de toutes les branches. En choisissant le peuplier de la danse du soleil, on ne se contentait pas du premier peuplier venu de dimensions convenables. C'est à peine si la perfection faisait l'affaire. Pour découvrir l'arbre voulu, la tribu envoyait en éclaireurs des hommes courageux et de caractère irréprochable. Etre choisi pour cette haute mission était regardé comme un grand honneur.

Ces éclaireurs se mettaient en route, chevauchant sur le sentier de la guerre, armés et masqués d'une couche de peinture, à la recherche de « l'ennemi » à capturer — un ennemi de bois, un peuplier fourchu. Une fois découvert l'arbre suffisamment digne, ils revenaient en hâte pour faire leur rapport aux voyants-guérisseurs.

Le lendemain matin, le campement était saisi d'une vive agitation. Les tambours battaient. Chacun chantait les cœurs intrépides et les visages noirs — vous savez qu'un guerrier qui s'est distingué au combat a le droit de se peindre en noir la moitié du visage en regagnant le camp.

Toute la tribu partait à cheval derrière les quatre éclaireurs, les jeunes hommes et les jeunes femmes sur leurs meilleures bêtes recouvertes de feuilles et de ramures. Les éclaireurs se jetaient sur l'arbre, comptant les coups qu'ils lui assenaient, comme ils auraient fait avec un ennemi. Ils disaient à l'arbre : « Tu as de la chance d'avoir été choisi entre tous. C'est un grand honneur ! »

La « mise à mort » de l'arbre était assurée par quatre jeunes filles sur lesquelles ne circulait aucune rumeur malveillante, et qui n'avaient jamais eu de relations avec un homme. Elles étaient fières d'avoir été choisies pour cette raison-là. Une fille assez niaise pour se faire passer pour vierge alors qu'elle ne l'était plus, aurait risqué de voir l'homme qui avait partagé sa couche se récrier aussitôt, la couvrant de honte pour le reste de ses jours ; aussi cela ne se produisait jamais.

La cognée destinée à abattre cet arbre élu doit être neuve et ne plus jamais servir ensuite. Les jeunes filles s'y prenaient à tour de rôle. Tout d'abord en faisant semblant de se mettre au travail, pour laisser les jeunes gens narrer leurs exploits. Souvent ils s'en tiraient avec un couplet. Mon grand-père avait coutume de chanter sur ces paroles :

Dans une bagarre,
Je ne cède ma place à personne.
Le visage peint en noir,
Je fonce sans peur.
Je vis.

Quand les jeunes filles avaient enfin abattu l'arbre, elles lançaient le cri strident — à faire tinter les oreilles — avec lequel on saluait la bravoure de l'ennemi malheureux. Le tronc, en tombant, ne devait pas toucher terre. Vingt hommes, les porteurs du mât, devaient s'en saisir dans sa chute. Après quoi personne n'était autorisé à toucher l'arbre, à marcher devant lui, à l'enjamber. Il arriva qu'un homme sauta par inadvertance au-dessus du tronc : il fut désarçonné le lendemain par son cheval et se rompit le cou. Vous, Blancs, parleriez peut-être d'un accident, mais nous, vieux Indiens de race pure, savons à quoi nous en tenir.

Il y a pour la danse du soleil tant de choses à faire et à ne pas faire que nous désignons un voyant-guérisseur spécial — une sorte de maître de cérémonie — pour s'assurer que tout est accompli conformément à l'usage, et que ce dont on se sert est neuf et là pour la circonstance. Cet homme est le médiateur entre le peuple et le pouvoir mystérieux. Il m'est arrivé plusieurs fois de remplir cette tâche.

La danse doit aussi avoir un parrain — quelqu'un qui en assume la responsabilité parce que sa vision lui a dit d'agir ainsi et qu'il en a fait le vœu. Cette personne fera don de presque tous ses biens pour procurer aux pauvres nourriture et cadeaux.

Aujourd'hui je ne suis plus un jeune homme et j'ai la tête si riche de pensées et de souvenirs que j'ai un peu de mal à ne pas m'égarer en racontant cette cérémonie. Ma parole est comme la danse du soleil — tant et tant de scènes s'y glissent en même temps.

L'arbre abattu, quatre voyants-guérisseurs, désignés auparavant, l'ébranchaient vers le bas et recouvraient de vermillon les « blessures » subies par le tronc. La fourche de l'arbre sacré et les branches du haut étaient laissées intactes. Une peau de bison peinte en rouge, ou une étoffe écarlate, et une peau de belette, étaient attachés à cette partie de l'arbre, ainsi que deux petites figures découpées dans du cuir brut et représentant l'une un corps d'homme et l'autre un bison. Ces deux images mettaient bien en valeur les parties mâles — des parties mâles prêtes à entrer en action, pour ainsi dire. A celles-ci était conféré un sens profond. Entre autres symboles, la danse du soleil est celui du renouveau de la vie — les plantes poussent, les juments mettent bas, les enfants naissent. La raideur de ces organes mâles symbolisait le renouvellement de la force dans la nature. L'arbre était ensuite amené sur le lieu de la danse, le haut du tronc ouvrait la marche. On se servait, pour le transporter, de forts bâtons consacrés à cet usage. Car l'arbre lui-même ne devait pas être touché. En chemin, les porteurs faisaient halte quatre fois, pour se reposer.

Mais ce qu'on ne reverra peut-être jamais plus, c'est la folle ruée des jeunes guerriers à cheval, après la dernière halte, à qui gagnera le premier le point précis où doit se dresser le mât. Quel spectacle ! Ces fiers jeunes hommes qui envahissaient en hurlant l'arène de la danse, leurs chevaux caracolant dans la poussière, la robe peinte, la queue attachée, s'ébrouant, hennissant. La longue et flottante coiffure des guerriers dans le vent, les cavaliers se désarçonnant les uns les autres, chacun dans une hâte passionnée à toucher le but le premier, et à recevoir les honneurs de son exploit. Ces cœurs intrépides sur leurs vaillantes montures, où sont-ils aujourd'hui ?

L'arbre ayant enfin franchi l'enceinte du camp, un grand cri d'allégresse s'élevait de tout le peuple. De la graisse de bison était introduite dans le trou préparé pour accueillir le mât de la danse du soleil. La graisse était une offrande à la nation bison afin qu'elle contribue à nourrir la tribu pendant l'année à venir. Une barre était fixée en travers de la fourche de l'arbre. A cette barre étaient attachées des lanières de cuir — autant de lanières que d'hommes ayant fait le vœu de se soumettre à l'épreuve de la meurtrissure. Le sommet du mât était décoré de lanières de tissu, quatre lanières aux couleurs symboliques des quatre coins de la terre. A la barre transversale était attachée aussi une sacoche imposante contenant les présents faits par le parrain de la fête aux participants — une sacoche superbement décorée de motifs de perles et de piquants de porc-épic auxquels étaient accrochées des branches de merisier de Virginie, de sorte qu'en haut de l'arbre la sacoche se confondait avec les feuilles. Dans la sacoche se trouvait un bon morceau de viande de bison de première qualité, percé d'une flèche, celle-là pour favoriser la chasse. L'arbre était peint de différentes couleurs selon son orientation.

Pendant tout ce temps, l'officiant s'adressait à l'arbre et au trou destiné à le recueillir, priant à voix basse, de telle façon que personne ne puisse saisir ses paroles. Enfin le mât était dressé. Cette opération s'accomplissait en quatre temps. Je suppose que vous êtes maintenant bien au fait de l'importance pour nous, Indiens, du nombre quatre, notre nombre sacré, qui règle tous nos actes. Pendant que l'on hissait le mât, le silence était absolu, on aurait entendu voler une mouche. Mais une fois dressé, une immense acclamation s'élevait et des coups de feu étaient tirés en l'air.

Pendant un certain temps, on badinait sans retenue. Les hommes et les femmes échangeaient des plaisanteries sur Iya et Gnaske, les deux figures aux organes mâles bien développés. Ce persiflage était uniquement sexuel — sans autre but, en fait, que de prononcer des mots crus. En temps ordinaire, les femmes auraient eu honte de s'enhardir ainsi devant tout le monde, mais, en la circonstance, cela faisait partie du rite, et n'était pas déplacé.

L'arbre érigé était censé « parler » au peuple. On chantait en son nom :

Je me tiens
De manière sacrée
Au centre de la terre,
A la vue du peuple,
Face à ma tribu
Rassemblée autour de moi.

Autour du mât on construisait un abri fait de poteaux de bois disposés en cercle et surmontés de rameaux de pin. De là, bien à l'ombre, on pouvait regarder la danse. Un peu à gauche du mât, on formait un carré de terre — *owanka wakan*, le lieu sacré — auquel le Grand Esprit attribuait un certain pouvoir, à l'usage du peuple. Deux petites rigoles dessinaient une croix à l'intérieur du carré. On les remplissait de tabac recouvert de poudre vermillon, de poussière argentée de mica et de plumes d'aigle duveteuses. La croix elle-même symbolisait les quatre directions du vent. Personne n'était autorisé à marcher entre le mât et l'*owanka wakan.*

On formait alors un tipi pour les danseurs et on préparait une étuve à leur intention. Tout enfin était prêt pour la danse elle-même, laquelle durait quatre jours. Au cours de la nuit précédente, il n'y avait pas de réjouissances et on ne se rendait plus visite les uns aux autres. Les voyants-guérisseurs étaient en prière ; chacun demeurant tranquillement sous sa tente. Pendant les trois premiers jours, les hommes dansaient, sifflant dans leurs sifflets en os d'aigle, les corps mus à l'unisson, jusqu'à s'évanouir de faiblesse. Puis venait le quatrième jour, le plus solennel.

Avant l'aube, les voyants-guérisseurs gravissaient un coteau pour recevoir les premiers rayons du soleil levant, accueillir le soleil lui-même, afin qu'il accorde aux danseurs temps propice et force nécessaire. Les danseurs qui avaient formulé un vœu se purifiaient dans l'étuve et se faisaient peindre, chacun d'une façon différente, selon sa pensée la plus intime. Ils avaient la tête et les poignets garnis de guirlandes, et portaient, retenus à la taille, des sortes de kilts en étoffe rouge. Un petit sachet était suspendu à leur cou, contenant leur remède sacrificiel. Les femmes ne se perçaient pas comme les hommes, mais elles aussi pouvaient participer au sacrifice par le prélèvement de petits carrés de chair sur les bras.

Conduits par les voyants-guérisseurs, les danseurs avançaient en procession solennelle du tipi de la danse du soleil au carré de danse du grand jour. Le voyant-guérisseur chargé de la médiation avec le Grand Esprit conduisait le cortège, en suivant une ligne tracée sur le sol. Il portait un crâne de bison, peint. Celui-ci était déposé sur l'autel situé face au mât, à côté d'un calumet bourré de tabac. Avant que les hommes ne se soumettent à leur épreuve, on perçait l'oreille des bébés. Une parcelle de terrain était couverte de sauge ; c'est là que les mères s'asseyaient avec leurs tout petits, faisant appel à tel ou tel courageux sage pour qu'il procède à l'opération. Les hommes perçaient les petits lobes avec une alêne, tout en relatant l'intrépidité de leurs exploits, et engageant les parents à élever leurs enfants selon la meilleure tradition, — la tradition sioux. On pensait que l'esprit des enfants subirait la bonne influence de ces paroles, mais je crois qu'il ne devait pas en être ainsi aussitôt car ils ne cessaient pas de chouiner pour autant.

Enfin c'était le tour des hommes, et ils n'agissaient pas à la légère, croyez-moi. Personne ne se présentait là de force ou sous l'effet de la persuasion, mais avec la volonté bien exprimée d'aller jusqu'au bout. On ne manque pas à sa parole quand il s'agit de *Wakan Tanka.*

Il y avait quatre façons de procéder à l'épreuve du percement. La première, « bison regardé dans les yeux » : la chair du dos était percée avec des poinçons en bois, qui étaient eux-mêmes reliés à huit cornes de bison. Au bout de quelques heures, la pesanteur élargissait la plaie.

La seconde, « les yeux sur le soleil incliné », la plus couramment employée : la poitrine du danseur était percée à peu près sur la largeur d'une main au-dessus de la pointe des seins, de part et d'autre, un morceau de bois pointu ou une serre d'aigle transperçant le muscle. A la fin de la danse, chaque danseur devait se libérer lui-même de son entrave.

La troisième, « debout à endurer » : le danseur était placé entre quatre poteaux ; des lanières attachées à sa chair, deux dans la poitrine et deux dans le dos, sous chaque épaule. Les parties ballantes des lanières étaient fixées aux poteaux, et le danseur devait se libérer lui-même en faisant appel à son courage.

La dernière s'appelait « les yeux sur le soleil suspendu ». Dans ce cas, des cordes étaient attachées aux poinçons enfoncés dans la poitrine et le dos, et le pénitent était soulevé de terre. Cette épreuve était de toutes la plus sévère, car le danseur ne pouvait guère l'abréger en tirant ou en s'agitant. Il devait attendre que sa chair s'ouvre sous l'effet de son propre poids. Certains hommes demeuraient suspendus ainsi jusqu'à ce que des parents ou des amis viennent à leur secours.

En général, celui qui se soumettait à ces épreuves avait ses amis à ses côtés, qui l'encourageaient, nettoyaient la plaie, épongeaient la sueur avec une poignée de douces feuilles de sauge. Les herbes qui ont servi à cet usage donnent un philtre d'amour très estimé des femmes. Les fortes tiges de saule qui tiennent lieu de poinçons sont également recherchées. Les danseurs les offrent à leurs amis qui s'en servent pour bourrer le tabac dans le fourneau du calumet de la paix. Si un homme est sur le point de mourir de soif, son amoureuse peut le soulager en lui apportant une gorgée d'eau fraîche.

Certains Blancs frémissent quand je leur décris ces rites. Pourtant l'idée de souffrir pour que d'autres puissent vivre ne devrait pas vous sembler étrange. Ne priez-vous pas dans vos églises un certain homme frappé au flanc et cloué à une croix pour le bien de son peuple ? Aucun Indien n'a jamais traité un Blanc de barbare à cause de ses croyances, ni ne lui a interdit d'adorer à sa convenance.

La différence entre vous et nous est celle-ci : vous croyez au pouvoir de rédemption de la souffrance quand cette souffrance a été subie par un autre, loin de vous, il y a deux mille ans. Nous croyons que c'est à chacun de nous de venir en aide à autrui, même si pour cela nous devons souffrir dans nos corps. La souffrance pour nous n'est pas abstraite, mais très réelle. Nous n'en remettons pas le fardeau à notre dieu, de même que nous ne voulons pas manquer de nous trouver face à face avec le pouvoir de l'esprit. C'est quand nous jeûnons sur la montagne, ou que nous meurtrissons notre chair à la danse du soleil, que l'intuition soudaine nous visite, que nous approchons le plus près du Grand Esprit. La révélation ne s'obtient pas facilement, et nous ne voulons pas qu'un ange ou un saint intercède pour nous, et nous la procure d'occasion.

Enfin, mon ami, il est heureux d'être assis ici et de voir une autre danse du soleil atteindre son point culminant. Il est heureux de voir notre peuple tenir à son essence indienne. La splendeur spectaculaire de la danse du soleil n'est plus tout à fait ce qu'elle était, mais l'essentiel demeure inchangé. C'est hélas vrai, la grande parade, *Ucita*, où hommes et femmes chevauchaient côte à côte dans leurs beaux atours, n'existe plus. Nombre des nôtres n'ont plus de chevaux. Malgré tout, il est bien que beaucoup d'entre eux soient venus ici dans leurs chariots et non dans des camions empestant l'essence. Cet homme-là avec une coiffure en bison comme jadis a fait le voyage de Denver ; la famille voisine, avec son tipi si bien dessiné — à mériter les compliments de Sitting Bull — a accompli pour être ici aujourd'hui un très long chemin depuis la Californie. On ne peut pas lui en vouloir d'être motorisée. Il y en a qui sont venus de Chicago, de Milwaukee, du Canada, de la côte Est. Ils sont ici — c'est le principal. Le mât sacré a été choisi comme dans l'ancien temps, le crâne de bison est à sa place et la souffrance est aussi vraie qu'elle le fut toujours. Le peuplier sacré a tellement d'importance à mes yeux. Ses feuilles sont en forme de cœur. Quand on les tord, elles font penser à un tipi, et à plat elles représentent des mocassins. Le tronc de cet arbre symbolise la voie lactée. La fourche, à l'écartement de la grosse branche, c'est la vieille femme, *hihan kara,* assise sur la voie lactée. Quand nous mourons, en gagnant la terre de l'esprit, nous la trouvons sur notre chemin. Si nous avons les poignets tatoués, *hihan kara* nous laisse passer. Les tatouages sont comme des marques de baptême. Sans eux nous ne pourrions pas atteindre la terre de l'esprit et devrions retourner d'où nous venons, y vivant en fantômes.

Au cours de ces dernières années, j'ai été chargé par les nôtres de la mise en place de la danse du soleil, mais cette fois j'ai demandé à un cadet, à un voyant-guérisseur à qui j'ai enseigné, de prendre ma place. Renoncer à mes pouvoirs dans ce domaine, en transmettre l'honneur à quelqu'un d'autre, c'est peut-être là aujourd'hui mon sacrifice. Nous les Sioux ne souffrons pas comme vous d'une coupure entre les générations. Nous croyons que nous devons former les jeunes de façon que le moment venu ils prennent notre place, parce que c'est la loi de la nature. C'est peut-être à ce désir de partager le pouvoir avec les jeunes qu'il faut attribuer le respect et l'affection qu'ils portent aux vieilles personnes, et qui facilite le contact entre les générations.

Et c'est pourquoi je peux vous expliquer ces rites de façon tout à fait détendue. J'ai jeûné et me suis abstenu de fumer et d'autres plaisirs ; c'est là mon offrande. Avant de pénétrer dans l'enceinte consacrée, les chanteurs se rassemblent à l'extérieur. Ils ont répété les sept chants de la danse du soleil. Ils battent le tambour avec des branches de saule effeuillées. Après s'être arrêtés quatre fois, les danseurs entrent dans l'enceinte les uns derrière les autres.

Ils avancent lentement en formant un cercle. Ils sont pieds nus parce que la terre sur laquelle ils marchent est sacrée. Le principal d'entre eux s'appuie de la tête contre le peuplier qu'il enlace. Tous pleurent, parce que c'est là un grand moment.

Il y a à peu près une douzaine de danseurs, dont quelques femmes. Certains se sont entaillé les bras, mais quatre seulement ont fait le vœu de subir l'épreuve du percement. Il y a deux voyants-guérisseurs parmi eux — Bill Plumes d'Aigle et Pete Catches. C'est l'épouse de Pete qui porte le calumet vénéré symbolisant la Femme Enfant Bison Blanc. Tôt dans la matinée, Pete m'a dit : « Aujourd'hui, je veux me percer la poitrine plus profondément, pour que revienne la paix au Viêt-nam, pour préserver la vie humaine. » Il s'est enfoncé huit plumes d'aigle dans la chair, et croyez-moi, elles le torturent à chaque mouvement.

C'est maintenant le moment venu pour le rite du percement. Vous ne pouvez peut-être pas bien voir ce qui se passe sur le terrain, à côté du mât. Pete est étendu sur le sol. Il est sur une peau de bison et serre entre les dents un morceau de bois. Bill s'agenouille sur lui et le mord, au-dessus du cœur, bien fort, pour que la chair devienne blême, insensible, afin que la meurtrissure ne le fasse pas trop souffrir. Avez-vous vu l'éclair du couteau ? C'est fait : Bill enfonce une tige de sauge rigide et une serre d'aigle dans la blessure. Pete se lève et la lanière de peau suspendue au mât est attachée à une cheville de bois. Bill vient de percer la chair des deux autres hommes de la même façon. Il faut maintenant que je vous quitte quelques instants. Je dois faire de même pour Bill. Je vais m'y prendre prestement, doucement, comme une plume sur une plaie ouverte, parce que j'ai beaucoup de pratique.

Avez-vous jeté un coup d'œil à votre montre ? Je suis sûr que ça n'a pas pris une minute. On aide les danseurs à se relever. Chacun d'eux porte sur la tête une couronne de sauge. Une fois qu'ils sont attachés au mât, le voyant-guérisseur, ordonnateur de la danse du soleil, n'a plus pitié d'eux. Il les tire en arrière jusqu'à ce que la chair fasse saillie sur la poitrine. Une fois qu'il en est ainsi, les chanteurs entonnent le premier chant : « Je me donne à toi, Grand Esprit. Prends-moi pour ce que je vaux. Aie pitié de moi, car je veux vivre. »

Maintenant, les danseurs élèvent les bras en un geste de prière, sifflant dans leurs sifflets en os d'aigle. Ils vont demeurer figés à la même place, toujours face au soleil, l'accompagnant dans sa course, les yeux fixés sur son éclat. A part les chanteurs, tous gardent le silence. Pas un enfant qui pleure ; même les chiens ont cessé d'aboyer.

De seulement regarder seriez-vous las ? Le soleil a-t-il trop d'éclat aujourd'hui pour vous, même à l'abri sous les rameaux de pins ? Le battement de tambours, le bruit strident et lancinant des sifflets vous procurent-ils une vision ?

Il y a des Anciens parmi nous, montrant leurs entailles profondes à la poitrine, qui brocardent les danseurs d'aujourd'hui.

« On ne transperce pas le muscle, disent-ils. On s'attaque seulement à la chair », et aussi, « Les jeunes n'ont plus notre courage. » Ils se lamentent parce que personne n'est plus suspendu en l'air, ou que sur les omoplates la chair ne s'ouvre plus sous le poids de huit crânes de bison.

Je ne sais pas où on pourrait se procurer huit crânes de bison aujourd'hui, et quant à leur arracher les muscles... Ces danseurs ont besoin de gagner leur vie. Ils doivent disposer de dollars pour nourrir leurs familles. Quelle que soit la profondeur de la blessure, dans quelques jours ils devront être sur pied pour retourner le foin, conduire l'ambulance de la tribu ou pour l'arrachage des betteraves.

On se passait d'argent autrefois. Pendant que les blessures du pénitent se cicatrisaient, les chasseurs lui apportaient toute la viande que lui et sa famille pouvaient manger.

Non, à bien des égards les danseurs d'aujourd'hui sont plus courageux que ceux d'autrefois. Ils doivent affronter non seulement leur faiblesse, la soif et la douleur, mais aussi l'ennemi qui s'est glissé dans leur esprit — l'incroyance, les doutes, la tentation de s'installer dans la grande ville, d'oublier les leurs, de vivre simplement pour gagner de l'argent, pour leur bien-être.

Le moment est venu de la libération. Pete s'est détaché et Bill aussi maintenant. Ce jeune homme là-bas a des difficultés, c'est la première fois qu'il subit l'épreuve. On apporte un bâton, qu'on va planter en terre devant lui, pour qu'en s'y accrochant il se délivre à son tour. Il l'a fait. *Hehetchetu* — c'est fini.

Il y a un homme étendu en bas du mât central. Il souffre d'une maladie et veut être guéri. C'est le moment et l'endroit propices. Sous le peuplier, pendant la danse du soleil, des guérisons se produisent subitement, en quelques secondes — à la façon d'une décharge électrique, par la grâce d'un pouvoir extraordinaire, le pouvoir de l'esprit. C'est une question de volonté. Celui qui veut être guéri sera guéri. L'année dernière, Pete les Bonnes Prises souffrait ; il souffrait intérieurement, et la vision lui est venue. Il devait s'étendre au pied du mât et il serait rétabli. Mais sa vision précisait que personne ne devrait à ce moment-là s'approcher de lui.

Il m'a confié plus tard ce qui est arrivé. Il était donc étendu sur le sol et, croyez-le si vous voulez, au bout de quelques minutes quelqu'un sous terre, à vingt pieds à peu près sous la surface du sol, marchait comme une âme en peine. Pete pouvait l'entendre, le voir, sentir sa présence. Il y avait quelqu'un là en dessous, et qui bientôt se mit à remonter, à se frayer un chemin à travers l'écorce terrestre, à travers la roche, et voilà qu'il se frappait la bedaine et s'étirait les bras, à deux pas de Pete. Il était venu le guérir.

Et juste à ce moment-là, un des chefs de danse se mit en tête de faire le malin, pour les touristes et les caméras, agitant son éventail d'aigle au-dessus de Pete, prétendant procéder à un rite de guérison, pour que les spectateurs en aient pour leur argent. Pete lui avait bien dit de se tenir à distance, mais peut-être avait-il oublié ; et l'homme souterrain s'éloigna et retourna d'où il était venu. Pour ma part, cette mise en scène à l'usage des touristes ne me convient pas non plus et me ferait bien m'enfuir comme l'homme des profondeurs. Pete était si désespéré qu'il en aurait pleuré.

Mais je connais un homme qui a été guéri au pied du mât central. C'est à peine s'il pouvait encore se déplacer et se pencher en avant. Ce malheureux souffrait d'arthrite aiguë. Et alors qu'il était étendu au pied du peuplier, il eut une vision. Un cavalier avec une seule plume dans les cheveux s'avançait à vive allure entre les oriflammes blanches. Il venait de l'Ouest, planant entre les drapeaux, glissant dans l'ombre du soleil, chevauchant une monture blanche dont les sabots n'effleuraient pas le sol. Le malade, glacé d'effroi, vit le cavalier arriver sur lui à bride abattue. Et il put sentir cet éclaireur de l'inconnu le toucher de sa lance avant de disparaître. Alors il se redressa et se mit à parler. Ses douleurs l'avaient quitté. Pendant la danse du soleil, de grands pouvoirs de l'esprit se tiennent à proximité de l'autel et du mât sacré.

L'un après l'autre, chacun remercie les danseurs et leur serre la main. La grosse racine est déposée en bas du mât, une racine de la taille d'un enfant et façonnée à l'image d'un être humain, avec des bras et des jambes. On la met en pièces. C'est un remède puissant ; Pete et Bill en remettront un morceau à tous les assistants. Venez vous joindre au groupe. Vous avez participé à la danse du soleil : vous avez regardé, écouté, appris. Vous aussi devez remercier le voyant-guérisseur, et partir avec votre part de la racine. Elle est bienfaisante pour les rhumatismes.

Le mât de la danse du soleil, les offrandes, les petits morceaux de tabac, nous les abandonnons aux caprices du vent, aux pluies et aux neiges, les remettant à la nature, au soleil et à la terre d'où ils sont venus. Tenez, voici encore un peu de racine pour que vous l'emportiez chez vous. Et maintenant, ainsi qu'il en est toujours chez les Sioux après une cérémonie — même la plus rituelle et la plus sacrée — *wa uyun tinkte,* allons festoyer ! Depuis hier, je n'ai rien mangé.

CHAPITRE XIII

NE FAITES PAS DE MAL AUX ARBRES

J'attendais que vous me posiez des questions sur l'église du peyotl. En général, c'est la première phrase que prononce l'homme blanc : « Hé, chef, vous avez du peyotl ? »

Nous avons beaucoup de visiteurs, des jeunes filles qui portent des jupes à franges de peaux brutes et des bandeaux perlés fabriqués à Hong Kong. En général les hommes ont les cheveux longs — parfois nattés, à la façon indienne — et des barbes. C'est comme si on était envahis par autant de Jésus et de saint Jean-Baptiste, je ne sais pas lequel des deux.

De braves petits, la plupart d'entre eux, à la recherche de quelque chose qu'ils espèrent trouver chez nous. Nous essayons de les aider. Nous leur donnons d'abord à manger. Ils ont faim, faim comme les Indiens, du prochain repas, d'idées nouvelles, de vérité. Il y a un sentiment d'amitié, de parenté, entre eux et nous — ils sont gentils, ils essaient de revenir à la nature — mais nous ne nous comprenons pas toujours. Ils nous font des visites éclair, il faut plus de temps pour se connaître.

Peut-être la compréhension est-elle difficile à établir parce que nous ne parlons pas le même langage. Deux de ces jeunes Jésus de l'université de Minnesota sont arrivés ici à l'improviste, voici quelque temps. Ils se disaient des « panthères blanches ».

« Chef, on a un message, m'ont-ils dit, l'air apparemment grave. Nous vous apportons la vérité. »

Je leur demandai leur message.

« Débarrassez-vous de tous les baiseurs de mères ! » dirent-ils.

Je leur dis qu'il n'y a personne ici pour faire *ça* à sa mère.

Vous comprenez, voilà le type d'expression qui nous donne du fil à retordre. Nous n'avons pas de jurons. Nous n'avons pas de mots obscènes. Naturellement, nous avons un mot qui désigne précisément cela — un homme et une femme faisant l'amour. Pour nous, il est difficile de comprendre qu'un mot signifiant en réalité l'union des corps dans la joie puisse tenir lieu de juron.

De toute façon, c'est surtout le peyotl qui attire nombre de nos jeunes visiteurs. Cela nous crée quelques problèmes. Il est légal pour nous Indiens de prendre du peyotl pendant nos cérémonies religieuses si nous appartenons à la Native American Church. Mais en ce qui concerne nos invités blancs ? Un homme de notre tribu est incriminé de trafic de drogue pour avoir laissé un Blanc manger quelques bourgeons lors d'une réunion consacrée au peyotl. Nous ne savons pas comment cela finira...

A un fidèle de l'église du peyotl, un homme âgé, des étudiants blancs ont remis un flacon de petites pilules. « Hé, chef, ils lui ont dit, mangez ça. C'est du peyotl — du peyotl moderne. C'est plus la peine d'avoir des haut-le-cœur à avaler ces gros bourgeons amers de cactus qui vous restent dans la gorge. Allez-y, chef, mettez-vous à la page, c'est facile, servez-vous. »

Ma foi, le vieux s'est mis à mastiquer les pilules, et, j'aime autant vous le dire, elles ont failli le rendre fou. Pendant deux à trois mois il est resté abasourdi, il ne pouvait pas se débarrasser du bruit qu'il avait dans la tête. Il disait que ça lui faisait comme un fichu powwow dans le crâne jour et nuit. Il avait mangé les petites pilules d'un seul coup. Il disait qu'elles avaient bon goût, comme des bonbons. Maintenant il se demande bien ce qu'il y avait dedans.

Enfin, mon ami, comme vous pouvez voir, je prends mon temps pour en venir au cœur de l'affaire, comme un chien qui tourne autour du rôti en train de cuire dans la marmite. La raison, c'est que je suis partagé en deux sur le peyotl — je souhaite en parler et dans le même temps, je n'en ai guère envie.

J'ai été pendant cinq années un fidèle assidu de la Native American Church, j'allais chaque semaine aux assemblées, je mangeais du peyotl. Vous savez que nous les Sioux, s'il s'agit de religion, de visions, nous voulons tout essayer.

Même l'illustre Elan Noir, qui était si féru de nos anciennes coutumes sioux, une fois devenu vieux, porta un tel intérêt à la religion chrétienne que sa petite-fille devait monter à cheval derrière lui pour lui lire la Bible pendant qu'il galopait à travers la prairie.

Bon, je me suis livré au culte peyotl, mais il y a longtemps que j'y ai renoncé. Un homme ne peut pas en être deux à la fois jusqu'à la fin des temps. Enfin pas moi.

Je suis médecin-guérisseur à l'ancienne mode sioux, dans la croyance à *Wakan Ianke* et à la pipe sacrée.

Le culte du peyotl est un culte nouveau. Il ne s'agit pas d'une des vieilles croyances dans lesquelles nous sommes nés. Il date d'une cinquantaine d'années, et s'est répandu de tribu en tribu, toujours plus loin vers le nord. Il a dû commencer avant Christophe Colomb, quelque part au Mexique, peut-être chez les Mayas et les Aztèques, puis lentement il a gagné les Pueblos et les Navajos, les Kiowas et les Comanches, jusqu'aux tribus de l'Oklahoma, pour finalement aboutir chez nous. La plante ne pousse même pas dans nos régions. Les Sioux adeptes du culte doivent se la procurer au Texas.

En un sens, tel qu'il est pratiqué par de nombreux Sioux, le culte du peyotl est le mariage parfait des croyances indiennes et des croyances sioux. Jusque-là très bien. Nous pensons que toutes les religions n'en font en réalité qu'une — que toutes participent du Grand Esprit. La difficulté ne tient pas à la chrétienté, à la religion, mais à ce que vous en avez fait. Vous l'avez mise sens dessus dessous. Vous avez fait de la religion de Jésus, chef contestataire et hippie, la religion des missionnaires, des aumôniers et des fonctionnaires aux affaires indiennes. Mon ami, ces deux religions-là n'ont rien à voir l'une avec l'autre.

Les jeunes le sentent confusément. C'est pourquoi ils viennent à nous — à la recherche d'une expérience spirituelle que leurs églises ne peuvent plus leur donner. Voilà qui est bien — jusqu'à un certain point. La fusion des croyances, ce qu'il y a de mieux dans les vôtres et dans les nôtres — il y a peut-être là une réponse. Les Pueblos sont tout à fait à l'aise en étant à la fois catholiques et vénérateurs de Kachina [1]. Je connais un saint catholique dont ils ont fait un dieu de la pluie kachina, et ils me disent que, dans cet emploi, il fait très bien l'affaire.

Chez nous, nombreux sont les Sioux qui vont à l'église le dimanche, au culte du peyotl le samedi et qui font appel à un guérisseur *yuwipi* lorsqu'ils se sentent malades.

A Pine Ridge, on construit une nouvelle église catholique en forme de tipi avec le calumet à côté de la croix.

Tout cela me brouille les idées. Je suis trop vieux pour m'y faire. J'ai bien assez de travail en m'en tenant à mes anciennes pratiques sioux — à chanter correctement les anciens chants, à célébrer le rite de l'étuve comme il faut, à rendre nos croyances d'antan aussi pures, aussi claires et aussi vraies que je le peux, à les maintenir vivantes, à les préserver de l'extinction. C'est une tâche bien suffisante pour un vieil homme.

Aussi je ne peux pas être un *yuwipi*, un vrai voyant-guérisseur du Dakota, et un adepte du peyotl en même temps.

Il y a aussi que je n'ai plus les mêmes idées sur la drogue. Non que le peyotl soit une drogue — c'est une plante naturelle. Si elle faisait partie de ma croyance héréditaire, comme le calumet, je m'y accrocherais de tout mon cœur. Mais d'après ma façon de voir aujourd'hui, d'après mon actuelle façon de sentir, il faut que la vision me sorte des tripes, quelle naisse de mon propre effort — que je me donne du mal, comme les anciens.

Je me méfie des visions qu'on a facilement — en avalant

---

1. Le culte kachina des Pueblos consiste à vénérer l'esprit d'une figure tutélaire symbolisé dans des drames cérémoniels, des dessins, des masques, etc. N.d.T.

quelque chose. La vraie intuition, l'extase profonde ne viennent pas comme ça.

La lumière immédiate en tournant le commutateur, le café express, les dîners-minute devant la télé, les visions à la commande procurées par les pilules, les plantes ou les champignons — c'est ce à quoi je veux tourner le dos. D'après moi, tout cela fait partie de la culture de « l'instant » chez les Blancs.

Naturellement je peux raisonner contre ma propre inclination, et je le fais. Le peyotl est un élément naturel dans la religion de bien des tribus indiennes. Au cœur de toutes les croyances indiennes, on trouve des visions obtenues de différentes façons. La religion chrétienne et la religion juive, les grandes religions de l'Orient, reposent sur ce même principe ; seulement les Blancs l'ont oublié. Pour eux c'est devenu sans importance.

Il est bien que les Indiens s'intéressent aux religions anciennes comme à un trésor commun qui les unit dans leur conception de la nature, qui fait d'eux un seul peuple, plus seulement des Sioux, des Cheyennes, des Navajos, des Pueblos, des Iroquois, des Haïdas — mais un ensemble plus vaste, plus large — les Indiens.

Un de mes jeunes frères, Leonard Chien Corbeau, est tout à la fois un *yuwipi* et un célébrant du peyotl. Il pratique l'ancien culte sioux, mais il se rend aussi chez les tribus de l'Arizona et du Nouveau-Mexique pour apprendre leurs rites. Il est indien d'abord — et Sioux ensuite.

Je suis demeuré un Sioux avant tout, un Sioux Minneconjou, et ensuite un Indien. Il me reste moins d'années à vivre que mon jeune frère, aussi dois-je me confiner dans un cercle plus restreint.

Je pourrais vous parler du peyotl. J'en ai été l'adepte bien des années. Mais désormais il ne convient plus que je vous en parle. Ecoutez Chien Corbeau. Il vous l'expliquera. Mieux même — allez avec lui, participez à un culte peyotl. Ce sera une bonne chose. Puis vous reviendrez me voir et pour changer, c'est vous qui prendrez la parole.

Leonard Chien Corbeau :

« Je suis un officiant itinérant de la American Indian Church — celle du peyotl. Je suis aussi un *yuwipi,* un médecin-guérisseur dans la tradition sioux. Je ne sais ni lire ni écrire. Mon père Henry a éconduit avec son fusil de chasse les inspecteurs qui venaient pour me ramener à l'école. Il ne voulait pas que l'école des Blancs gâche mes dons de futur voyant-guérisseur.

« Vers l'âge de treize ans, je me suis mis au peyotl, j'ai pris quatre bourgeons. Deux ans plus tard, dans une assemblée d'adeptes, j'ai mangé douze bourgeons. Je n'ai rien appris dans les livres et mon anglais n'est pas bon, mais je m'expliquerai de mon mieux.

« Le peyotl a le pouvoir de donner la connaissance de Dieu. Dieu — *Wakan Tanka* — le Grand Esprit.

« Nous nous servons de la Bible et du calumet. Un certain nombre de personnes qui viennent à l'assemblée du peyotl sont des catholiques, d'autres appartiennent aux églises protestantes, certaines autres ne sont pas même des chrétiens, et vous, mon ami, nous ne vous avons pas demandé vos croyances. Parce qu'en fin de compte, c'est du pareil au même. Jésus et *Wakan Tanka* sont identiques. Dieu et la Femme Enfant Bison Blanc, oui, le Christ et cette pierre que j'ai dans mon attirail de guérison, la flamme de cette lampe à pétrole et le Saint-Esprit — ça ne fait qu'un. Vous y êtes ? Mangez le peyotl, à ce moment-là vous comprendrez.

« Ce peyotl-là est sacré. Ce n'est pas un gadget chimique mais une plante sacrée — notre sacrement. Il m'a conduit dans des tas de bons endroits, chez des gens bien. Je me suis marié avec le peyotl. Mes enfants ont été baptisés à la American Indian Church.

« Ce peyotl, il m'ouvre trois portes : il me fait me trouver moi-même, il me fait comprendre les autres, il me fait comprendre le monde.

« Nous devons aller au Texas chercher notre peyotl, un fichu grand bout de chemin. Dans l'Etat du Texas, ils ont passé une loi, elle prohibe le peyotl comme drogue dangereuse. C'est très bien si nous nous tuons au whisky, ou au volant en état d'ivresse, si on attrape un cancer à force de fumer trop de cigarettes — de toute façon la plupart des Indiens ne vivent pas assez longtemps pour avoir un cancer — mais le peyotl est dangereux. Vous pigez, mon ami ? Parce que moi, ça m'échappe. Ils nous disent que nous avons la liberté du culte, elle est garantie par la

Constitution, mais il y a une pleine malle de traités qui nous donnent les Black Hills, qui sont des montagnes sacrées pour nous, aussi longtemps que se lèvera le soleil. Bon, vous savez ce qui est arrivé pour les Black Hills. Ça se pourrait qu'il en soit de même pour votre Constitution. C'est mauvais, pas pour nous seulement, pour vous aussi, l'ami. Je le sais, même si je ne peux pas lire et écrire.

« Nous sommes maintenant prêts pour la célébration. Ici, comme vous pouvez voir, c'est une maison quelconque. Nous n'avons pas besoin de nous réunir dans une église. Enlevez les meubles de la pièce et vous avez un lieu de prière. Tout le monde s'assied sur le parquet. Adossez-vous au mur. Ça va durer du crépuscule à l'aube, alors ça vaut mieux que vous vous mettiez à l'aise.

« Vous allez assister à ce que nous appelons une cérémonie de feux croisés. Nous avons aussi le rite du feu de la lune — le style navajo. La différence, c'est que dans le rite du feu de la lune, c'est une femme qui tient le rôle principal — la femme de l'eau, symbolisant la terre et ce qui pousse sur la terre. C'est une version plus indienne, avec moins d'allusions à la Bible. Bientôt on aura des amis navajos qui nous rendront visite. Alors la célébration se fera dans un tipi avec une grande demi-lune de sable.

« C'est drôle... Nous les Sioux, tenons nos assemblées d'adeptes du peyotl dans les maisons des uns ou des autres. Les tribus du Sud tiennent les leurs dans un tipi. Mais c'est nous qui avons inventé le tipi. Et maintenant il faut une visite des Navajos pour qu'on en dresse un.

« Nous mettons au milieu de la pièce un carré de plaques de métal et d'amiante pour le feu. L'ordonnateur du feu apporte le carré à l'intérieur. Il y a cinq hommes qui conduisent la cérémonie. Le prêtre-itinérant, c'est lui qui sert d'officiant. Puis l'ordonnateur du feu. Puis le tambour, l'homme du cèdre et le servant, celui qui donne le sacrement, le peyotl saint. Ours Rouge est celui qui officie aujourd'hui ; que voulez-vous que je vous explique encore ?

« J'ai lieu de supposer que le chef Cerf Boiteux vous a bien dit que tout a un caractère symbolique chez nous.

« D'abord on met en place l'autel — un tapis mexicain sur lequel est posée une Bible en Lakota, dans notre langue.

Nous ne nous servons, dans nos assemblées, que des révélations de saint Jean — des révélations vraiment indiennes, pleines de visions, de la nature, de la terre et des étoiles. Et nous les comprenons très bien, mieux que vous peut-être.

« Nous glissons dans la Bible une plume d'aigle, qui symbolise le Grand Esprit et le Saint-Esprit. Cet esprit est comme un aigle au regard aigu. On ne la lui fait pas.

« A gauche, un sac en peau avec de la poudre de cèdre qu'on répand sur le feu. C'est notre encens. Il représente les plantes, les choses vertes de cette terre, ce que vos autoroutes n'ont pas encore recouvert. Ces choses vertes veulent vivre pour que nous, les hommes, puissions continuer à vivre aussi.

« A droite, l'éventail en plumes du peyotl. Cet éventail attrape dans l'air les chants, les bons chants du peyotl. Il représente les créatures ailées qui volent.

« Il y a aussi le bâton sacré du peyotl et la crécelle magique. Le bâton représente l'autorité d'en haut qui consacre l'assemblée. Il est également le bâton de vie. Nos prières remontent le long du bâton.

« La gourde est décorée de grains en forme de perles, elle est faite chez les Kiowas. On ne trouve plus ces grains minuscules. Les motifs représentent des visions, des nuages, des arcs-en-ciel. Les pierres à l'intérieur de la gourde, le bruit qu'elles font, c'est de la prière, c'est parler à Dieu. La touffe de crins de cheval en haut de la gourde correspond aux rayons du soleil, au soleil qui donne la vie.

« Vous vous demandez peut-être ce que fait à côté de l'autel ce réveil de l'homme blanc. Je vais vous dire. La nuit est divisée en quatre périodes. Toutes les deux heures la signification et les symboles changent. Voilà pourquoi ce réveil est utile.

« Vous avez remarqué aussi les boîtes vides en fer-blanc. Prenez-en une et gardez-la à côté de vous. Certaines personnes, le peyotl les fait vomir. Si ça vous arrive, il ne faut pas que ça vous embarrasse. C'est naturel. Servez-vous de la boîte. Personne n'y fera attention.

« Maintenant l'ordonnateur du feu arrive avec les braises ardentes. Ne marchez jamais entre un homme et les flammes.

Le feu symbolise les générations. Faites passer le flambeau. Faites passer la flamme à ceux qui viendront après vous. Faites passer l'esprit.

« Nous donnons aux braises la forme d'une demi-lune — *hanhepi wi,* le soleil et la nuit. Elle représente la nuit, les ténèbres. Le moment de penser, de se concentrer, de rentrer en soi, de la contemplation intérieure. Le peyotl nous rassemble tous dans l'amour, mais d'abord il doit isoler chacun, le couper du monde extérieur, le faire regarder en lui-même. Maintenant on va dire une prière.

Et il lui dit, donne-moi le petit livre.
Prends-le et mange-le ;
Tu auras des aigreurs d'estomac,
Mais dans ta bouche, il sera doux comme le miel.

« Le servant apporte maintenant le peyotl saint. Nous l'avons découpé en morceaux comme des « relesh ». On l'avale ainsi plus facilement. Prenez quatre cuillerées. J'espère que vous n'avez pas pris de sel aujourd'hui. Le peyotl s'accommode mal du sel. Voilà — ça ne vous a même pas fait étouffer. Maintenant concentrez-vous. Laissez-le agir.

« Le peyotl met du temps à produire son effet. Pendant une heure ou deux, il se peut que nous n'éprouviez rien. Et puis, brusquement, vous sentez la différence. Les choses ne sont plus ce qu'elles étaient. L'homme qui est assis à côté de vous peut se trouver transporté à un million de kilomètres de là, ou le tambour qui est de l'autre côté de la pièce peut avoir l'air d'être sur vos genoux. La ligne de démarcation entre ce qui est physique et ce qui est de l'esprit se dissipe. Les lumières, les voix, les sons se fondent ensemble. Une compréhension nouvelle vous anime, joyeuse et ardente comme le feu, ou acide comme le peyotl. Certains m'ont dit qu'ils sortent d'eux-mêmes, se trouvent suspendus haut dans l'air, et aperçoivent leurs corps tout en bas sur la terre. Vous en verrez qui se recroquevillent en boule, comme s'ils étaient encore dans le ventre de leur mère. Ceux-là se souviennent d'événements qui ont eu lieu avant leur naissance.

« Le temps, comme l'espace, s'étend et se rétrécit, sans raison apparente — la durée d'une vie passée à être, à apprendre, à comprendre, est comprimée dans une intuition de quelques secondes ; ou bien le temps s'arrête, tout à fait, une minute devient une vie entière. Vous allez peut-être vivre une telle minute.

« Mais je ne sais pas comment ce sera pour vous. Attendez, et laissez l'expérience se faire.

« Le tambour va maintenant circuler, avec la gourde, le bâton magique et l'éventail, pendant que l'assemblée chantera quatre chants.

« Il y a longtemps, le tambour n'était pas un chaudron en cuivre. Il y a longtemps, la peau était une peau de bison. Maintenant c'est de l'élan. La peau est la peau de Jésus battu par les soldats. Elle est la peau de l'Indien arrêté en état d'ivresse et frappé par la police. La peau, c'est toutes les créatures à quatre pattes qui nous donnent la nourriture.

« La baguette du tambour ? C'est avec elle qu'ils ont fouetté Jésus. Le gros bâton ? C'est celui dont se sert le gouvernement pour battre les Indiens. Il est taillé dans du bois de cèdre. Il représente les arbres, qui sont aussi nos amis.

« La corde qui s'enroule autour du tambour est comme la couronne d'épines. Si vous retournez le tambour et regardez le fond, vous verrez que la corde y dessine l'étoile du matin. Les sept boules autour du tambour représentent les sept sacrements — ou les rites sacrés de la nation sioux. A vous de choisir.

« Le tambour est rempli d'eau. Posez vos lèvres sur lui, respirez cette eau en l'agitant, à travers la peau qui tantôt est sourde, tantôt résonne de la note la plus haute. Nous avons besoin des deux sons. Le battement du tambour est celui de votre cœur. Qu'il emplisse votre être. Accompagnez-le. N'y résistez pas.

« C'est le moment maintenant de chanter. Faites passer les objets sacrés, moi je chanterai pour vous.

He yana yo wana hene yo
He yana yo wana hene yo
He yana yo, wani hiyana
He ye ye yo wai.

« Que tout arrive maintenant, juste en ce moment. Voilà la signification de ce chant.

« ... Je vous ai abandonné à vous même pendant un certain temps, enveloppé dans votre couverture. Il est minuit. L'ordonnateur du feu apporte d'autres braises. Nous leur donnons la forme d'un cœur. Le voyez-vous qui bat ? Le peyotl est le cœur. Ce qui est en nous-mêmes. Le cœur qui nous fait battre à l'unisson.

« Vous vous êtes affaissé la tête sur la poitrine. Vous avez l'air effrayé. Ça se passe toujours ainsi la première fois. Le tambour est en vous. Votre cœur bat tellement vite. Comme un chant inspiré du peyotl. Vous craignez que votre cœur s'affole, qu'il ne résiste pas. N'ayez pas peur. Il va s'apaiser. Vous vous sentirez mieux après un certain temps. Abandonnez-vous simplement au rythme. Voilà, vous souriez maintenant. *Washtay*. C'est le moment de prendre quatre autres cuillerées, le moment d'une nouvelle prière.

Et il apparut une grande merveille dans le ciel
Une femme vêtue de soleil
Avec la lune sous ses pieds
Et au-dessus de sa tête douze étoiles !

« La Vierge Marie, ou la Femme Enfant Bison Blanc, ou notre propre Femme de l'Eau avec son seau — peu importe. Voici encore le tambour et la gourde, le chant et l'éventail qui attrape les chansons.

« Si jamais vous vouliez être baptisé, vous donneriez au feu la forme d'un oiseau — la colombe de la paix, le Saint-Esprit, l'oiseau-tonnerre.

« Maintenant il est temps de donner au feu la forme d'une croix. Elle représentera les quatre coins de la terre. Les anges se tiennent à chaque coin, leurs ailes déployées. A n'importe quel moment ils pourraient détruire le monde s'ils le voulaient, mais ils sont ici pour le protéger de leurs ailes. Ils ne veulent pas qu'il soit détruit. Ce qu'ils disent, c'est : « Ne faites pas de mal aux arbres, ni à la mer, ni à la terre ! » Prenez garde à ces paroles ! Peut-être ne sont-ce pas des anges, mais des *wakinyan*, les êtres sacrés du tonnerre. Qui sait ? Peut-être pouvez-vous les voir en ce moment, leurs yeux jetant des éclairs. Moi, je le peux.

« Maintenant nous donnons au feu la forme d'une étoile. Le Christ a dit : « Je suis l'étoile du matin. » D'après nos croyances indiennes, les premiers humains venaient des étoiles. Prenez encore quatre cuillerées. Vous avez des ennuis avec votre appareil photo ? Est-ce qu'il bouge, est-ce qu'il va de travers ? Se couvre-t-il de fourrure ? Tout vit — le feu, l'eau, grand-père peyotl ; pourquoi pas l'appareil photo ?

Et je découvris un nouveau ciel et une nouvelle terre !
Car le premier ciel et la première terre
N'étaient plus.

« C'est encore la Bible, mais ce pourrait être un chant de danse de l'esprit, ne trouvez-vous pas ?

« C'est la dernière prière. Je pense que maintenant la lumière pointe dehors. Nous avons prié pour être en bonne santé, pour votre santé aussi. Voici la femme qui porte l'eau. Cette eau a bon goût, vous savez. Buvez-en quatre gorgées. Chacun va dire quelque chose sur la nuit qui vient de s'achever, juste quelques paroles — après on mangera ensemble. Il y a deux sortes de *wasna*, l'une de bœuf avec des baies et l'autre de maïs doux. C'est bon, n'est-ce pas ?

« Enfin, sortons. Regardons le soleil se lever, un soleil nouveau comme vous ne l'avez encore jamais vu. Venez, la nuit a été longue. *Hihani washtay* — bonjour ! »

CHAPITRE XIV

UN NOUVEAU MONDE A CREER

L'autre jour je me rendis à Rosebud et j'aperçus une vingtaine d'Indiens que je connaissais. Ils étaient dans l'entrée de la mairie où il y a toujours du monde. Ces pauvres gens se tiennent assis, dans une attente à n'en plus finir, pour une question de bail, d'emploi, pour échapper à quelque formalité administrative. Qu'ils attendent ! Les Indiens ont du temps à perdre. Qui ne le sait ?

Bon, ces hommes m'ont adressé un grand sourire et j'ai dû serrer beaucoup de mains. Il y avait là un vieil homme de Norris. Dans le temps, il était voyant-guérisseur. Il m'interpella : « Dis donc, John, tu es voyant-guérisseur. Il y a longtemps que je ne le suis plus mais, récemment, j'ai été pris de remords. Je veux élever mes petits-enfants dans notre religion, leur enseigner les anciennes coutumes, mais il y a tant et tant de choses que je ne comprends pas, que j'ai oubliées... »

Je lui demandai ce qu'il voulait savoir et les autres formèrent cercle autour de nous pour écouter ce que j'avais à dire. Le vieux voulait que je lui parle de la danse des fantômes.

« Bon, je lui dis. Mais il y a trop de monde qui s'agite ici. Trop de transactions avec des peaux de grenouille vertes. Si on allait dans le hall, on serait mieux pour discuter ?

— D'accord, dit-il. Allons-y. » Il me suit et d'autres aussi. Chacun s'empare d'une chaise — on aurait cru une réunion de tribu — et je commence à leur dire ce que je sais de la danse des fantômes. M'en remettant à ma voyance, à ce que m'ont fait voir le Grand Esprit et la cohorte des esprits seconds, à ce que j'entendais dire aux personnes âgées quand j'étais petit garçon, j'essaie de reconstituer le récit.

Une année, entre 1880 et 1890, il y eut une éclipse de soleil. De nombreux Indiens sentirent la terre trembler et crurent que le soleil était mort. Ils sentaient qu'un grand malheur était prêt à fondre sur eux. On les avait enfermés dans leurs réserves pour y cultiver la terre. Et ce furent des années de sécheresse. Le vent emportait leur terre en nuages de poussière. Même les cultivateurs blancs, qui avaient de meilleures terres et savaient mieux s'y prendre, traversaient une dure période. On avait donné aux Indiens un peu de bétail provenant des terres qu'on leur avait confisquées ; ils étaient censés élever ce bétail. Mais faute de récoltes, et les rations de nourriture du gouvernement tardant à venir, les Indiens mangèrent les troupeaux. Ensuite ce fut la famine. Ils attrapèrent la rougeole, la coqueluche, des affections pulmonaires. En bonne santé, ils auraient pu tenir, mais tous ceux qui étaient affaiblis par la faim passèrent de vie à trépas. Les Indiens se dirent : « Autant nous étendre par terre en attendant la mort. » Espéraient-ils en un recours avant qu'il ne soit trop tard ?

La danse des fantômes a commencé dans le Sud-Ouest, chez les Utes. Quand le soleil fut occulté, l'un de leurs saints hommes entendit un bruit sourd, comme des coups de tonnerre. Il fut frappé à mort, mais un aigle l'emporta au ciel. Quand il revint à la vie, il dit au peuple qu'il avait vu Dieu, le Grand Esprit. Il lui avait été révélé une nouvelle et riche terre que le Grand Esprit réservait pour ses enfants indiens. Une terre verdoyante où l'herbe poussait dru ; telle qu'avant la venue de l'homme blanc, où allaient et venaient les bisons, les cerfs et les antilopes. On y voyait de nombreux tipis et les Indiens exterminés par l'homme blanc ou victimes de ses maladies. Tous revivaient sur cette belle terre. La totalité de ce qui avait été introduit par l'homme blanc en était banni. On n'y trouvait en particulier, ni armes à feu, ni batteries de cuisine, ni whisky.

Ce saint homme des Utes revint ici-bas pourvu d'une connaissance vénérable. De la terre qu'il avait découverte il rapportait des chants et une danse. Par la vertu des chants et de la danse, les Indiens morts pouvaient revenir parmi nous et ramener le bison. Ce voyant-guérisseur Ute commença à enseigner la danse à son peuple. Il disposait de cinq chants. Le premier apportait la brume et le froid, le second la neige, le troisième, l'heureuse averse, le quatrième, une grande pluie d'orage, le cinquième faisait briller de nouveau le soleil. Il lui avait été donné également une plume sainte et de la peinture faciale rouge sacrée. Il dit à tous : « Ne faites pas de mal à un être humain, ne luttez pas. Ma danse des fantômes est une danse de paix. »

Il semblait que ce fût le message et le recours pour lesquels avait prié le peuple. Tribu après tribu, tous adoptèrent cette danse. Les Sioux, en ayant entendu parler, envoyèrent quatre hommes dignes de confiance qui prirent le chemin du sud pour s'entretenir avec le saint homme des Utes. C'étaient Bon Tonnerre, Cheval de Nuage, Couteau Jaune et Taureau Trapu. Leur voyage fut long et difficile. La plus grande partie du territoire était déjà occupée par les Blancs. Ils eurent à traverser des routes, des voies ferrées, des clôtures. Les Indiens n'avaient pas le droit de quitter leurs réserves sans autorisation spéciale. Ils devaient voyager la nuit et se cacher le jour. Quand ces quatre hommes revinrent, ils dirent : « Tout est vrai de ce qui vous a été dit sur cette croyance nouvelle. »

L'un déclara : « Je suis tombé comme mort. Bel et bien, j'*étais* mort. Je me suis trouvé sur cette nouvelle terre, et j'y ai vu mon parent disparu l'année dernière, je l'ai vu comme en ce moment je vous vois. Et j'ai vu ma femme, qui a été tuée par les soldats blancs il y a longtemps. Dans un grand tipi qui est habité. on m'a donné à manger de la viande. Je l'ai mise de côté, cette viande d'un autre monde. La voici. »

Le second homme déclara : « Le saint homme des Utes m'a laissé regarder dans son chapeau et là, j'ai vu le monde entier. »

Le troisième déclara : « Ce prophète nous a dit que si nous tuons un bison, nous devons en laisser la tête, la queue et les quatre pattes, et qu'alors il renaîtra à la vie. On ne voit plus beaucoup de bisons maintenant ; nous avons pourtant rencontré un survivant solitaire. Nous l'avons tué, avons mangé sa viande et fait ce que Ute nous avait dit. Et quand, ensuite, nous nous sommes retournés, la tête, la queue et les sabots se reconstituaient en un nouveau bison, et ce bison s'éloigna. »

Le quatrième enfin, déclara : « Cette nouvelle religion doit être bonne, car maintenant quand nous rencontrons des hommes qui auparavant étaient nos ennemis — des Crows, des Assiniboines, des Pawnees — cette danse des fantômes nous rend amis et frères. Maintenant nous ne formons plus qu'une grande tribu, celle des Indiens. »

Ces hommes rapportèrent une plume d'aigle, différentes herbes et de la peinture rouge faciale sacrée que leur avait données le saint Ute [1].

Malgré tout, les Sioux n'adoptèrent pas d'emblée la danse des fantômes. Celle-ci fut d'abord reprise par les Arapahos, le peuple des nuages, par les Nez-Percés, les Cheyennes et les Crows. C'est ce que mon grand-père m'a raconté. Un homme de la tribu des Arapahos s'offrit en sacrifice dans son ascèse de voyance. Il vit qu'il lui était donné l'ordre de se faire le propagateur de la danse du spectre. Et dans son rêve, il lui fut donné aussi l'herbe qui allait de pair avec la danse. En réalité, ce n'était pas une herbe du tout. C'était de la chair, celle d'un oiseau, d'un hibou dit-on. Cet Arapaho dessina différents motifs de vêtements qui se répandirent de tribu en tribu ; ce furent les vêtements de la danse des fantômes — des robes, des tuniques, des chemises où étaient peints des oiseaux et d'autres animaux, le soleil, la lune, l'étoile du matin.

Certains Sioux, voulant savoir ce qu'il en était de cette danse, se rendirent au pays de ses origines. C'étaient des hommes comme Taureau Trapu, qui avait déjà rendu visite

1. Le prophète, Wovoka, était en réalité un Paiute, mais les vieux Sioux, parlant de lui, disaient : « le saint homme Ute ». (Note des auteurs.) Les Paiutes vivent dans les régions arides situées entre les montagnes Rocheuses et les sierras. Ils appartiennent aux groupes de tribus nomades des Shoshoneans. N.d.T.

au prophète Ute, et Ours Qui Rue, un guerrier intrépide et fier de Cheyenne River. Ces deux-là devinrent les propagateurs autorisés de la danse des fantômes. Ils dirent au peuple que, de leur danse, pourrait naître un monde nouveau. Il y aurait de grands bouleversements, des tremblements de terre et des tempêtes. *La terre se replierait comme un tapis avec les horribles créations de l'homme blanc — ses animaux qui puent, moutons et cochons, les clôtures, les poteaux télégraphiques, les mines et les usines. Au-dessous ce serait de nouveau le merveilleux monde ancien tel qu'il avait été avant les Blancs venus s'engraisser de la terre indienne.*

Ils dirent : « Les esprits des morts vivront de nouveau sur cette terre. La danse des fantômes ramènera nos parents morts. Le bison sera de retour. Tout de nouveau sera bon et pur. Il n'y aura plus de massacres. Les hommes blancs seront repliés, remballés, rendus à leur ancien continent. Il se trouvera peut-être quelques justes parmi eux. On pourra leur donner une plume d'aigle à se planter dans les cheveux, alors ils seront des nôtres, ils feront partie du nouveau monde, et vivront comme les Indiens. Mais un petit nombre seulement s'en tirera. La terre tremblera et un déluge surviendra. Alors nous naîtrons de nouveau. Les hommes et les femmes ôteront leurs vêtements et ils n'auront pas honte, étant une fois encore issus des entrailles de notre grand-mère la terre. »

Les danseurs croyaient que de danser rendrait de bons terrains de chasse aux vivants, ici-bas. Il y avait des paroles de bienvenue dans les chansons de la danse des fantômes.

> Ils massacrent les vaches là-bas,
> Ils tuent les vaches,
> Aussi tendez droit votre flèche,
> Faites, faites une flèche.

Ils n'avaient pas en tête un vrai massacre ni de vraies flèches. La chanson voulait dire : Si vous voulez aller sur la nouvelle terre, il vous faut une flèche, et elle doit aller droit au but. Elle doit être parfaite. Cette flèche c'est vous-même, soyez droit, et tenez-vous du bon côté.

Pour cette raison, des arcs et des flèches étaient spécialement consacrés à la danse, suspendus à un mât, au centre de l'enceinte. Parfois au début de la danse, une femme tirait une flèche dans chacune des quatre directions d'où souffle le vent. Ces flèches étaient d'un modèle ancien, avec des pointes en pierre.

On commençait par un bain de vapeur et on brûlait de la glycérie. Les danseurs avaient le visage couvert de peinture rouge avec une demi-lune noire sur les joues ou sur le front. Pas d'ornements en métal, pas de couteaux, pas d'ornements en argent, rien d'emprunté au monde de l'homme blanc, hormis les jupes de cotonnade quand la peau de daim venait à manquer. Parfois on délimitait un carré sacré. Dans le coin-ouest était placé le calumet, nous symbolisant tous, la nation sioux. Au nord on disposait une flèche — symbole des Cheyennes, des Shahiyela. Au sud, une plume pour les Kangi Wicashas, — les Crows. A l'est, les marques de salutation des Arapahos. Il en était ainsi pour démontrer que la danse unissait les tribus, même celles qui avaient été ennemies autrefois.

La danse durait quatre jours. Souvent on dansait toute la nuit, jusqu'à l'aube. L'ordonnateur était muni d'un long bâton au bout duquel étaient suspendus le sac du voyant-guérisseur et une plume d'aigle. Celui que cette plume d'aigle frôlait s'évanouissait. En effet l'ordonnateur balançait de-ci, de-là, son bâton prolongé d'une plume. Et pendant que tous dansaient ensemble la main dans la main, un maléfice émis on ne savait d'où s'abattait sur un malheureux (qui pouvait être une femme) et il s'effondrait évanoui, comme mort, à ceci près que sa chair frémissait encore. On abandonnait à son sort celui — ou celle — qui était ainsi frappé et la danse continuait.

Au bout d'un moment, la personne évanouie se relevait ; la danse cessait alors un peu et elle devait raconter sa vision. L'un disait : « J'étais mort et me voici en vie de nouveau. » L'autre disait : « Une plume d'aigle m'a conduit auprès de ma mère morte. » Et, parfois, certains se retrouvaient avec un morceau de viande dans la main, des merises de Virginie, une plume ou un ornement de perles, en provenance de l'autre monde. Si l'ordonnateur lui-même rapportait une poignée de maïs, il en faisait profiter les danseurs, et le bienfait était attribué aux fantômes, à la terre de l'esprit, honoré et déposé dans un sachet que les danseurs attachaient à leurs colliers.

Une fois un jeune homme fut frappé par un sort et il se retrouva avec une poignée de terre dans la main, de la terre d'un gris blanchâtre, et il dit : « Je la tiens de l'étoile du matin où je me suis trouvé transporté. Il y a là des êtres, mais on ne peut pas les voir et ils ne peuvent pas vous voir. Aucun homme ne les verra jamais, mais voici cette terre et elle est humaine. Nous venons de la terre, nous en sommes partie, aussi cette terre de l'étoile du matin est d'une certaine manière, vivante. »

Une autre fois, il se tint une danse des fantômes très réussie dans le Montana, il y avait beaucoup de monde, et beaucoup de danseurs. Chacun chantait dans la langue de sa tribu et un vieil homme entra en transes. Quand il revint à lui il déclara : « Je tiens un morceau de la lune. » Il répéta de nombreuses fois : « On dirait de la terre, mais c'est de la chair. » Il ouvrit la main et elle contenait une étrange terre luisante et poudreuse. Ce n'était pas la première fois qu'une personne prise d'un évanouissement revenait à elle en étreignant de la terre qu'on assurait en provenance de la lune. De cette terre des fragments furent préservés dans les vieux sacs de voyant-guérisseur en possession des familles des danseurs. J'ai eu un de ces sacs entre les mains et j'ai envoyé un morceau de cette terre bizarre à l'université du Sud Dakota, pour qu'on l'analyse. Plus tard ils me déclarèrent : « Ceci ressemble en vérité beaucoup à des fragments de pierre lunaire, mais n'en dites rien. »

Un homme d'une autre tribu prit part à une de nos danses des fantômes ; un Arapaho, je crois. Il dit : « Nous allons mettre les vêtements de la danse des fantômes à l'abri des balles. (Les motifs, dont je vous ai appris à orner les chemises, ont déjà cet effet.) Cette danse des fantômes me dit que nous devons nous débarrasser des Blancs. Il faut qu'ils s'en aillent. Nous pouvons faire qu'il en soit ainsi, puisque nous possédons ces chemises contre lesquelles les balles ne peuvent rien. Nous le pouvons. » Il ramassa quelques balles sur le sol et dit : « Regardez, ces balles ne peuvent pas transpercer nos chemises. Elles retombent à terre sans faire aucun mal. Les soldats blancs ne peuvent pas nous atteindre. »

Quelqu'un entendit ces paroles et alla prévenir les représentants du gouvernement. C'est alors que les ennuis ont commencé. Il s'agissait d'une danse pacifique, d'une danse visionnaire, pour entrer en communication avec les parents morts, mais quelqu'un avait été visité par une vision néfaste, et certains Blancs comprirent tout de travers. L'homme qui dévoila l'affaire agissait sous l'empire de la jalousie, et, par dépit, il mentit au gouvernement, prétendant que les Indiens voulaient tuer les Blancs. Il était plein de rancune parce que son amie l'avait quitté pour prendre part à la danse des fantômes et la jalousie l'amena à trahir les siens. Alors le gouvernement, au lieu d'intervenir pacifiquement, vint mettre fin à la danse avec des fusils et des canons.

Tout d'abord ils tuèrent notre saint homme, Sitting Bull. McLaughlin, leur agent à Standing Rock, savait très bien que Sitting Bull n'était pas l'un des ordonnateurs de la danse des fantômes. Il savait également, malgré tout ce qu'on a dit d'un soi-disant soulèvement indien, que la danse des fantômes ne faisait peser aucune menace sur les Blancs. Le vieux chef vivait pacifiquement dans sa petite cabane. Il avait fait amitié avec certains Blancs. Il prenait plaisir à évoquer les petits Blancs de New York auxquels il donnait des bonbons quand il appartenait à la troupe de Buffalo Bill. Il déclarait que les enfants se ressemblent tous, qu'ils soient blancs ou rouges, et que les hommes pourraient s'entendre s'ils gardaient leur âme d'enfant. Il disait aussi : « Je veux l'homme blanc *avec* moi, mais pas *au-dessus* de moi. » Mais, aussi longtemps que Sitting Bull fut en vie, tous l'écoutaient de préférence au représentant du gouvernement qui voulait les « civiliser » et les transformer en Blancs. Sitting Bull était un obstacle ; il fallait donc qu'il meure. Une trentaine de policiers encerclèrent la modeste cabane où vivait le vieil homme. Tout d'abord il s'avança tranquillement, puis il entendit quelqu'un dans la foule qui criait : « Sitting Bull, tu as été un guerrier jadis. Qu'est-ce que tu vas faire ? » Il repoussa les hommes qui voulaient lui passer les menottes et dit : « Je n'irai pas. » Ce fut aussitôt la bagarre entre la police et les partisans de Sitting Bull. On dit que si l'on veut assister à une vraie bagarre, il faut voir le Sioux contre le Sioux. Les autres bagarres ne sont que des amusettes à côté. Quand tout fut terminé, quinze hommes étaient étendus morts dans la neige, le vieux chef parmi eux. Buffalo Bill avait fait présent à Sitting Bull d'un cheval de cirque, et dès que la lutte commença, le cheval se mit à danser. Il se croyait de retour dans le « Wild West Show » [1]. Mais malheureusement, le combat, lui, ne fut pas de la frime.

Aussi longtemps que vivaient encore Sitting Bull et ses vrais amis, ceux des bons et des mauvais jours, Standing Rock avait tenu bon contre cette prétendue « civilisation ». C'était un endroit où les Indiens demeuraient étroitement attachés à leurs anciennes coutumes et à leurs vieilles croyances. Mais Sitting Bull n'étant plus là, le peuple renonça et les missionnaires s'en donnèrent à cœur joie. C'est pourquoi il y a aujourd'hui moins de voyants-guérisseurs à Standing Rock que dans les autres réserves des Sioux.

A Pine Ridge, l'agent du gouvernement était si sûr que la danse des fantômes marquait le début d'un soulèvement sérieux qu'il fit venir l'armée. L'endroit grouilla vite d'uniformes bleus. Il y avait plus de soldats que d'Indiens. Certains danseurs furent si effrayés qu'ils allèrent se terrer dans les Badlands où il était difficile de les atteindre. Nous avons ici un vieil homme que chacun connaît, M. Taureau Bouffon. Il se souvient encore de la danse des fantômes. Il y a assisté quand il était petit garçon.

Taureau Bouffon prit la parole :

— Je ne pourrais pas vous dire mon âge. Le gouvernement m'a délivré un certificat de naissance de l'année fiscale commençant le 1er juillet 1887. Mais c'est seulement le moment où ils ont entrepris de recenser notre famille. J'avais déjà peut-être quatre ans quand ils m'ont délivré cet acte de naissance. A ce moment-là le gouvernement ne tenait pas un registre des naissances comme maintenant.

1. Célèbre spectacle de cirque illustré par Buffalo Bill et dans lequel des troupes d'Indiens Sioux se produisaient. N.d.E.

On m'a dit que je suis né dans l'Oklahoma. C'est tout ce que je sais.

« Pour commencer, je vais vous dire ce que je me rappelle du début de ces événements, des années terribles. Il se trouve qu'on était à Rosebud, dans un camp bien gardé, avec des soldats et de la cavalerie. Ils ont rassemblé les pères et les grands-pères et ont fait attention à ce qu'ils ne s'en aillent pas se mêler à des bandes hostiles. Mon père travaillait à Valentine, il transportait des marchandises avec un attelage de bœufs. Il s'y rendait de bonne heure le matin et il revenait tard dans la soirée pour décharger. On a entendu dire qu'il y avait une danse des fantômes dans un village indien au nord de chez nous, à Salt Camp. Le plus jeune frère de ma mère tomba malade et il voulait aller à la danse pour être guéri ; ils ont attelé le chariot et on a conduit, jusque-là, mon oncle, ma mère, mes sœurs et moi.

« Quand on est arrivés, on a vu un grand terrain plat à côté du village, dans une vive agitation. Tout autour, il y avait des cavaliers et des gens à pied qui couraient. On a vu un grand cercle d'hommes et de femmes qui se tenaient la main, juste comme maintenant pour danser en rond. Ils chantaient des chansons de la danse des fantômes, et ils tournaient et tournaient. Ils n'avaient pas de tambour, c'est leurs voix seulement qui marquaient la mesure. Je me rappelle un homme. Il se balançait d'avant en arrière, on aurait dit qu'il avait un verre de trop. Puis il est tombé la tête la première. Il s'est retourné et il est resté comme ça sur le dos. Il était étendu et deux chefs de danse sont arrivés avec le feu et un grand éventail fait d'une aile d'aigle. Ils ont jeté des herbes sur le feu et attisé la flamme avec l'éventail. Ça a réveillé le danseur qui s'est relevé. Ils lui ont demandé ce qu'il avait senti.

« Il leur a répondu :

« J'étais là-bas sur une route qui partait d'ici. Je marchais sur cette route mais je ne pouvais pas la voir. J'ai escaladé une colline où il y avait un homme assis tout seul. Je me suis avancé jusqu'à lui. Il m'a dit : « Il y a « ton peuple par là-bas, un grand campement indien, des « tipis, des bisons, des chevaux. C'est là que tu vas aller. « Retourne maintenant. Enseigne ton peuple. » Cet homme était revenu de l'autre monde avec un nouveau chant qu'il apprenait à tous.

« Il y a eu aussi cet homme d'une autre tribu ; il a été saisi d'une transe et il est tombé. Quand il a repris conscience, il s'est emparé de quelques chemises de la danse et il les a accrochées à des mâts. Ces chemises étaient en grosse toile et au dos on avait peint un soleil et une demi-lune. Il y avait des hommes qui leur tiraient dessus au fusil et l'Indien de l'autre tribu disait que les balles ne pourraient traverser leurs chemises, qu'elles tomberaient par terre. Mon oncle se demandait s'il devait le croire.

« Certains de mes oncles, j'en ai sept, voulaient aller à Pine Ridge, à côté de Wounded Knee, et ils ont insisté pour que mon père les accompagne. Mon père a obtenu un laissez-passer de vingt jours pour y aller ; passé ce délai, la police des Indiens nous a dit qu'il faudrait qu'on revienne. A Pine Ridge, dans ce temps-là il y avait tout juste quelques bâtiments, deux ou trois bureaux et la palissade. Les tipis étaient à côté les uns des autres, gardés de jour et de nuit, et pleins de monde. Mais quelques-uns ont réussi à filer dans les Badlands.

« On est allés à Pine Ridge dans un chariot couvert, conduit par un attelage. Mon père était voyant-guérisseur et il m'a appris quelques chansons de la danse des fantômes, «*Maka Sitomni ukiye,* le monde entier arrive », et « J'aime mes enfants, ils grandiront pour former une nation, dit le père ».

« Les soldats sont venus au camp et ont dit que si nous leur donnions nos arcs et nos flèches, nos couteaux et nos fusils, ils nous laisseraient rendre visite à nos parents. Aussi on a fait un tas avec toutes nos armes, c'était un bien petit tas. Mais on avait déjà connu tout ça. Je pense qu'on devait être quelque part entre Pine Ridge et Wounded Knee. On se tenait autant que possible dans les tipis, à côté du feu, parce qu'on était en décembre et qu'il faisait très froid, ça gelait dur. La terre était couverte de neige. Personne ne savait ce qui allait se passer, ni à quoi les soldats voulaient en venir. L'inquiétude gagnait. Même nous les enfants, on pouvait s'en rendre compte. Soudain on a entendu le canon. Ça faisait un bruit continu, comme si on avait déchiré une couverture d'un bout à l'autre. Je savais qu'il arrivait quelque chose de grave, rien qu'à regarder le visage de mes parents. C'est à ce moment que les soldats ont tué ceux de Big Foot — qu'ils les ont tués tous : les femmes, les hommes et les enfants. Nous ne devions pas être bien loin pour entendre la canonnade comme ça. Ils ont laissé les corps sur le sol toute la nuit, des cadavres glacés, on voyait surtout les bras et les jambes. Au matin ils les ont mis dans des camions, ils ont creusé une longue tranchée, ils les ont jetés dedans et après ils ont recouvert la tranchée. Notre camp a eu de la chance. Ça aurait pu nous arriver. Tout compte fait, il apparaissait que ces chemises n'étaient pas à l'épreuve des balles... »

Quand les plus courageux sont retournés sur place pour chercher les survivants, ils ont trouvé quatre bébés qui étaient encore en vie. Les mères agonisantes les avaient soigneusement enveloppés dans leurs châles. Leurs dernières pensées avaient été pour eux. Une femme ou deux avaient survécu également. Elles étaient restées là pendant trois jours, sous les rafales de neige et perdant leur sang. C'étaient des femmes robustes. Parmi les enfants survivants, une petite fille, *Sintkala Noni*, Oiseau Perdu. On a dit que sur son bonnet, un motif de perles représentait le drapeau américain.

J'essaie de remettre en honneur la danse des fantômes, mais en l'interprétant d'une façon nouvelle. Je pense qu'elle a été mal comprise ; après quatre-vingts ans, je crois de plus en plus qu'il est possible d'en saisir l'esprit : quand nous prions pour un nouveau monde, ce ne sont plus seulement les Indiens mais l'espèce humaine qui est aujourd'hui menacée. Aussi, laissez les Indiens prier pour que renaisse une terre sans pollution ni guerre. Balayons ce monde pourri. Ce serait une bonne chose.

CHAPITRE XV

LES CONTRAIRES

Maintenant je vais vous raconter une histoire de clowns ; ce ne sera pas une histoire drôle. Pour nous, Indiens, tout a un sens profond. Ce que nous faisons est toujours relié à notre religion ; d'une façon ou d'une autre. Ainsi en est-il pour le clown. A nos yeux, c'est un être sacré, fort, ridicule, honteux, visionnaire. Il est cela et bien plus encore. A faire le bouffon, le clown accomplit en réalité une cérémonie rituelle. Il détient un pouvoir. Ce pouvoir lui vient des êtres du tonnerre, non des animaux ou de la terre. Selon notre croyance indienne, un clown est plus puissant que la bombe atomique. Sa puissance pourrait faire sauter le dôme du Capitole. Je vous ai dit qu'une fois, j'ai fait le clown dans un rodéo. Etre clown, pour moi, c'est un peu comme être voyant-guérisseur. C'est du même genre.

Dans notre langue, on appelle un clown : *heyoka*. Il est l'homme qui fait tout à l'envers, met le haut en bas, les choses sens dessus dessous, dit oui pour non. N'importe qui peut être changé en clown d'un jour à l'autre, que cela lui plaise ou non. Il est très facile de devenir *heyoka*. Il suffit de rêver à la foudre, aux oiseaux du tonnerre, et, en se réveillant le matin, on est devenu un *heyoka*.

C'est irrémédiable. Etre clown apporte l'honneur, mais aussi la honte. On devient possesseur d'un pouvoir, mais il faut en payer le prix.

Un *heyoka* se comporte bizarrement. Il dit oui quand il veut dire non. Il monte son cheval à l'envers. Il porte ses mocassins ou ses bottes en se trompant de pied. S'il arrive, c'est pour partir. S'il fait un temps à suffoquer, le *heyoka* frissonne, s'enfouit sous les couvertures, fait un grand feu et déclare qu'il meurt de froid. L'hiver, quand vraiment il gèle à pierre fendre et que la tempête fait rage, le *heyoka* transpire ; il enfile un maillot de bain et déclare qu'il va nager pour se rafraîchir. Ma grand-maman me parlait d'un clown qui se promenait autant dire nu des heures durant par une température glaciale, avec seulement une ceinture en étoffe autour des reins — sans cesser de se plaindre de la chaleur. On l'appelait *Heyoka Osni* — le Fou du Froid. Un autre clown s'appelait l'aplatisseur. On le voyait toujours muni d'un marteau, essayant d'aplatir des objets ronds ou incurvés, des objets comme les assiettes à soupe, les balles, les anneaux, les roues de charrettes — les œufs aussi. Ma grand-mère avait une lampe à pétrole avec un grand verre cylindrique. Il l'a aplati. Il n'est pas facile d'être *heyoka.* Mais il est moins facile encore d'avoir un *heyoka* dans sa famille.

Les bons à rien et les ivrognes tournent les *heyokas* en dérision, mais les personnes avisées, d'un certain âge, savent que les clowns sont des visionnaires. Ce sont les forces du tonnerre qui leur commandent d'agir de façon absurde, chacun selon sa vision. Ils savent aussi que les *heyokas* préservent les hommes de la foudre et des orages, et que leurs facéties, qui font rire, sont sacrées. Le rire — voilà bien ce que nous, Indiens, considérons comme particulièrement sacré. Pour des pauvres tels que nous, qui ont tout perdu, qui si souvent se sont trouvés devant la mort et le malheur, le rire est un don précieux. Quand, tels des mouches, nous mourions des maladies de l'homme blanc, quand nous étions parqués dans des réserves, quand les rations du gouvernement n'arrivaient pas et que la famine nous harcelait — ah ! c'est dans ces moments-là que les forces d'un *heyoka* étaient une bénédiction.

Nous, Indiens, aimons rire. Pendant les nuits glaciales où

nous avions faim, les histoires des *heyokas* pouvaient nous faire oublier nos malheurs — ainsi celle du *heyoka* qui prétend ne pas comprendre l'anglais. Dans une cafétéria, il désigne du doigt un sandwich et dit : « Donne-moi ce fils de pute au jambon et au fromage. » Ou bien une jeune fille offre à son frère de beaux mocassins. « Tiens, dit-elle, *Ohan ;* enfile-les. » Le frère est un *heyoka*. Il revient bientôt avec une marmite de soupe bouillante. Dedans, il y a les mocassins coupés en morceaux. Il est en train de les manger. « Que fais-tu des beaux mocassins que je t'ai donnés ? » se récrie la jeune fille.

« Mais, tu m'as bien dit *wohan !,* que c'était pour les faire cuire ? », rétorque le clown.

Vous avez peut-être entendu parler du *heyoka* qui se rend dans un magasin pour acheter des boîtes de conserve. Il ne sait ni lire ni écrire. Il regarde les images sur les boîtes. Il y voit des haricots, des pois, du poulet. Tout ce qui lui semble appétissant, il l'achète. Voilà une boîte de nourriture pour chiens avec l'image d'un chiot grassouillet. Après en avoir mangé le contenu, il s'exclame : « Dites donc, ce chiot a drôlement bon goût ! »

Il y a aussi le *heyoka*-tortue et son ami le *heyoka*-grenouille. Ils sont assis sur une grosse pierre devant un lac. Il se met à pleuvoir. « Dépêchons-nous, on va être saucés », dit le *heyoka*-tortue à son copain. « Oui, mettons-nous à l'abri de la pluie », dit le *heyoka*-grenouille. A ce moment, ils sautent ensemble dans le lac. Peut-être qu'un Blanc ne trouve pas ces histoires très drôles, mais nous, elles nous font rire chaque fois, même si on les a souvent entendues.

Le clown tient ses pouvoirs étranges des *wakinyan,* les oiseaux-tonnerre qui sont les êtres sacrés de la foudre. Laissez-moi vous parler d'eux. Nous croyons qu'aux commencements, quand la terre était jeune, les oiseaux-tonnerre étaient des géants. Ils creusaient les lits des rivières pour que les eaux puissent couler. Ils régnaient sur les eaux. Ils combattirent *unktegila,* le puissant monstre aquatique, qui avait une grande colonne vertébrale semblable à une scie, des poils rouges sur le corps, un œil et une corne au milieu du front. Ceux qui le voyaient devenaient aveugles le premier jour, *witko*, fous, le deuxième, et mouraient le troisième. Vous pouvez trouver des os d'*unktegila* dans les Badlands, confondus avec les restes de tortues et de coquillages pétrifiés. Quoi que vous puissiez dire, vous savez que notre terre fut un vaste océan — que tout commença par les eaux.

Quand les oiseaux-tonnerre vivaient sur la terre, ils n'avaient pas d'ailes et les pluies s'abattaient sans qu'on entende le tonnerre. A leur mort, leur esprit gagnait aussitôt le ciel et les nuages. Ces esprits étaient changés en créatures ailées, en *wakinyan*. Les corps terrestres, eux, se transformaient en pierres semblables aux os géants du monstre marin *unktegila*. Leurs restes étaient dispersés aussi à travers les Badlands. Dans les Badlands vous trouvez encore de nombreux *kangi tame* — des éclats de la foudre métamorphosés en pierres noires en forme de pointes de lances.

Loin au-dessus des nuages, dans la région de la fin du monde où se couche le soleil, là se trouve la montagne où les *wakinyan* demeurent. Quatre sentiers conduisent à cette montagne. L'entrée en est gardée à l'est par un papillon, à l'ouest par un ours, au nord par un cerf et au sud par un castor. Les oiseaux-tonnerre ont un nid gigantesque fait d'ossements. Dans ce nid est couvé l'œuf des oisillons-tonnerre. Cet œuf est vraiment énorme, plus grand que le Sud Dakota.

Il y a quatre grands anciens oiseaux-tonnerre. Le grand *wakinyan* de l'ouest est des quatre le premier et le plus illustre. Il est vêtu de nuages. Son corps n'a pas de forme, mais il a des ailes immenses qui s'articulent en quatre parties. Il n'a pas de pattes, mais il a des griffes, des griffes énormes. Il n'a pas de tête, mais il a un bec prodigieux avec des rangées de dents acérées. Il est noir. Le second oiseau-tonnerre est rouge. Il a des ailes à huit jointures. Le troisième oiseau-tonnerre est jaune. Le quatrième est bleu. Celui-là n'a ni yeux ni oreilles.

Quand je tente ainsi de décrire les oiseaux de la foudre, je me sens bien impuissant. Un visage sans traits, une forme sans forme, des griffes sans pattes, des yeux qui ne sont pas des yeux. De temps à autre, quelques-uns de nos saints hommes des anciens temps ont contemplé ces êtres dans leur voyance ; mais aucun d'entre eux, même en rêve, n'en a eu la vision absolue. Qui sait ce que sont vraiment les grands êtres de la foudre ? Qui sait à quoi ressemble Dieu ? Nous ne savons rien de plus que ce que nous ont décrit nos Anciens et ce que nous suggèrent nos propres visions.

Ces oiseaux-tonnerre constituent *wakan oyate* — la nation de l'Esprit. Ils ne sont pas comme des êtres vivants. Vous pourriez les appeler des dieux gigantesques. Quand ils ouvrent la bouche, ils parlent foudre, et les petits oiseaux de la foudre répètent foudre après eux. C'est pour cette raison que vous entendez d'abord un grand coup de tonnerre suivi de faibles grondements. Quand les *wakinyan* ouvrent les yeux, l'éclair en sort comme une flèche, même dans le cas de l'oiseau de la foudre qui n'a pas d'yeux. Il a des demi-lunes à la place d'yeux, mais il n'en lance pas moins ses éclairs.

Les oiseaux-tonnerre sont partie du Grand Esprit. Il n'y a guère dans l'univers de pouvoir comparable au leur. Ce pouvoir est celui de l'eau et du froid qui combat au-dessus des nuages. Il est l'éclair — l'éclair bleu du soleil. Il est comme une fusion colossale, la création d'un autre soleil. Il est comme le pouvoir atomique. Le pouvoir de la foudre protège et détruit. Il est à la fois bon et mauvais, comme la nature, comme vous et moi sommes bons et mauvais. Il est le grand pouvoir ailé. Quand nous dessinons l'éclair, c'est par une ligne en zigzag prolongée en fourche.

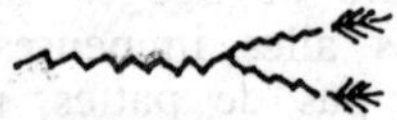

A chaque extrémité de la fourche figurent des touffes de plumes pour symboliser le pouvoir ailé. Nous croyons que l'éclair se divise en deux parties : une bonne et une mauvaise.

La partie bonne est la lumière. Elle provient du Grand Esprit. Elle contient la première étincelle qui illumina la terre quand régnait encore le chaos — pas de lumière alors, seulement les ténèbres. Et le Grand Esprit, le Dieu de Lumière, fit cette lumière. Parfois, vous voyez l'éclair s'abattre comme d'un seul trait, sans former de fourche à son extrémité. Cette lumière est bénédiction. Elle fait s'épanouir la terre. Elle fait s'éclairer votre esprit. Elle nous procure la voyance. Cet éclair est un lien supplémentaire entre le ciel et la terre, comme le tuyau et la fumée de notre pipe sainte. Cette lumière a donné à l'homme le premier feu. Le tonnerre fut le premier son, la première parole peut-être. Longtemps avant la venue du premier homme blanc, nous avions cette vision de la lumière et savions ce qu'elle représentait.

Le pouvoir de l'éclair est terrifiant, il remplit d'effroi. Nous redoutons sa force de destruction. L'éclair du sud annonce le danger. L'éclair se heurte au vent. S'il entre en collision avec un autre éclair — c'est une collision mondiale qui peut tout anéantir. Aucun avocat, juge ou prédicateur ne peut vous aider. Nous appelons cet éclair du sud *tonwan,* le coup de foudre — la flèche lancée par un dieu. Parfois la flèche frappe un cheval. Vous voyez brûler ses veines, comme sous l'effet d'un rayon X. Après quoi vous trouvez, à l'endroit où la foudre est tombée, ces pierres noires dont je vous parlais, incrustées dans le sol. Les Anciens avaient coutume de dire que les dégâts causés par les éclairs sont dus à des oiseaux de la foudre inexpérimentés. D'eux provient le mal. Ce sont des farceurs, des bouffons. Les vieux oiseaux de la foudre étaient plus avisés. Ils ne tuaient jamais personne. Du moins c'est ce que les Anciens affirmaient.

Nous jurons par les pouvoirs de la foudre, par les *wakinyan.* Vous racontez une histoire et quelqu'un ne vous croit pas, met votre parole en doute. Alors vous dites : « *Na ecel lila wakinyan agli — wakinyan namahon.* » La question est réglée. Tout le monde sait que vous avez dit la pure vérité. Autrement vous seriez frappé par la foudre. De même, si vous jurez sur le calumet en le tenant dans les mains, vous ne pouvez pas mentir, sinon vous seriez exterminé par les créatures du tonnerre.

Quand ces créatures veulent se manifester sur terre, établir leur pouvoir, elles visitent un homme à l'aide d'un rêve émanant d'eux, où figurent le tonnerre et l'éclair. Par ce rêve, il lui est intimé d'user, à la façon des hommes, du pouvoir dont il a reçu délégation. C'est cela qui le fait *heyoka.* Il n'est même pas indispensable que dans son rêve il voie vraiment l'éclair, qu'il y entende distinctement le tonnerre. S'il rêve d'une certaine espèce de cheval venant à sa rencontre, ou de certains cavaliers avec de l'herbe dans les cheveux ou à la ceinture, il sait que c'est là l'œuvre des *wakinyan.* Tout rêve porteur d'un quelconque symbole des pouvoirs du tonnerre peut rendre *heyoka.*

Supposez que vous ayez un tel rêve. Que ressentez-vous alors ? Une impression très désagréable. Dès son réveil l'homme qui a rêvé des oiseaux de la foudre, se sent pris d'une grande angoisse, l'angoisse de jouer le rôle qui lui est dévolu. Laissez-moi vous en dire la principale raison. Il va devoir jouer ce rôle en public. Dans le temps, une fille qui montrait sa jambe, disons, à la hauteur du genou, commettait un acte d'indécence. Nous sommes une race pudique, et dans son rêve le pauvre *heyoka* était probablement nu, sans le plus modeste cache-sexe. Si l'on sait qu'il va lui falloir aller ainsi, tout nu, dans la foule, on peut comprendre son appréhension.

Maintenant nous voici à une époque où il n'y a plus de honte. Regardez autour de vous, allez au cinéma, aujourd'hui vous pouvez faire à peu près n'importe quoi. De ce fait, la nudité n'est plus terrifiante, elle n'est plus cause d'indicibles cauchemars. Mais s'il me venait maintenant un rêve de *heyoka* que je devrais reproduire en public, l'être de la foudre y introduirait de quoi me faire honte. Honte en public, honte d'avouer la vérité. Je répugnerais à jouer ce rôle. Et c'est ce qui me tourmenterait. Après ce rêve, dès mon lever le matin, j'entendrais gronder sous mes pieds le tonnerre. Je saurais qu'avant la fin du jour, la foudre viendrait me frapper, à moins que je ne donne mon rêve en représentation. Je serais terrifié, je me cacherais dans la cave, je pleurerais, j'appellerais au secours, mais je saurais qu'il n'y a pas de remède tant que je n'aurais pas accompli l'acte attendu de moi-même. Lui seul pourrait me libérer. Peut-être que dans son accomplissement, quelque pouvoir me serait donné, mais comme n'importe qui, j'aimerais mieux tout oublier le plus tôt possible.

Laissez-moi vous dire ce qui est arrivé à un *heyoka* qui a joué son rêve en public. Cela s'est passé à Manderson, dans les années vingt, un 4 juillet. L'homme en question avait tout l'air d'y aller bon jeu bon argent. Il faisait des sauts périlleux et une bande de jeunes cow-boys le poursuivaient à cheval. Ils ne parvenaient pas à s'approcher de lui. Ils essayaient de le prendre au lasso, mais il s'en fallait qu'ils y réussissent. Le *heyoka* courait devant eux et parfois faisait encore des culbutes. De temps à autre, il se retournait et se mettait à courir en arrière, et à leur approche, se retournait encore et s'échappait. A la fin, quand il a retiré la toile de sac enfilée sur ses vêtements, avec des trous pour voir — on a découvert un vieillard de plus de soixante-dix ans. Comment s'appelait-il ? Je ne m'en souviens pas. Un grand-père en tout cas, avec des cheveux blancs, mais les êtres du tonnerre lui avaient donné l'agilité de la jeunesse.

Un *heyoka* doit suivre son rêve à la lettre, il doit s'accoutrer tel qu'il s'est vu dans son rêve. Mais voici le plus étrange. Si vous faites partie des personnes présentes dans son rêve, vous devez aussi vous trouver dans la réalité à l'endroit et à l'heure où il joue son rêve. Vous y serez pour le regarder, que vous ayez décidé d'être là ou pas. Il est impossible que vous n'y soyez pas. C'est difficile à croire. Certains disent que c'est extravagant, d'autres que c'est absurde, mais il en est ainsi.

Si vous êtes un *heyoka*, en général vous ne voulez pas le rester, continuer votre vie durant à faire tout à l'envers, à faire le bouffon, à être un perpétuel contraire. Vous désirez vous débarrasser de ce rôle, faire place nette. Jouer votre rêve, subir la honte, être humilié au point de ne plus oser vous montrer à découvert, c'est déjà vous libérer en partie, mais seulement en partie. La cérémonie, à certains égards, est effrayante.

Il faut demander l'aide des voyants-guérisseurs et de tous les *heyokas*. Un voyant du loup ou du cheval fait plusieurs fois le tour de l'assistance. Il fait savoir qu'un homme a rêvé des oiseaux-tonnerre et doit matérialiser sa vision. (Le *heyoka* peut être aussi une femme, mais cela n'arrive pas souvent.) L'homme qui a été visité par le rêve invite ceux qui sont *heyokas* — ou l'ont été — à se joindre à la cérémonie.

Tout d'abord, les *heyokas* prennent un bain de vapeur et sont sanctifiés par l'odeur de la glycérie. Le Grand

Esprit veut un homme préalablement purifié pour cette cérémonie. Il en est ainsi des cérémonies où l'on commence par le rite de l'étuve. Le bain même est comme les autres, seulement ceux qui ont pénétré dans la hutte chantent des chansons de *heyokas*. De même, la hutte de l'étuve est toujours située face à l'est, et non face à l'ouest. Je sais que les livres disent qu'une hutte d'étuve est située face à l'est. Celui qui a écrit cela le premier a dû se référer au rite réservé au *heyoka*, ou bien peut-être avait-il compris de travers, et ses successeurs ont-ils reproduit son erreur. Nos huttes d'étuve font toujours face au soleil couchant.

Une cérémonie *heyoka* commence par une danse. Je veux que vous compreniez bien que nos danses ne sont pas de simples powwows — il ne s'agit pas de bien s'amuser et de sauter d'un pied sur l'autre. Nos danses trouvent leur origine dans notre religion. Il s'est agi d'abord d'assemblées religieuses. Elles étaient sacrées. Les clowns en faisaient partie. Dans les temps les plus reculés, avant que les hommes ne sachent danser, les voyants du tonnerre furent visités par un rêve où ils couraient et sautaient à côté d'un estomac de bison dans lequel un quartier de viande était en train de bouillir. Nous n'avions pas de marmites en fonte dans ces temps-là. Cette danse est dite : danse autour du seau. Elle est célébrée en l'honneur des êtres du tonnerre, des esprits de l'éclair. C'est notre plus ancienne danse avec la danse du soleil.

Le seau est bien là, plein de viande de chien en train de bouillir sur un feu de camp. Vous devez avoir quatre officiants et quatre assistants, des hommes connaissant les chansons *heyokas*. Tous devraient être *heyokas*, mais aujourd'hui il n'y en a plus assez, aussi faut-il faire appel à des remplaçants. Les vrais *heyokas*, ceux qui sont ou ont été des clowns de la foudre, portent une tenue spécialement conçue, faite de plumes d'aigle, et que prolonge une traîne. Ils portent aussi une ceinture dite de corbeau, où s'entremêlent les plumes de toutes sortes d'oiseaux — corbeaux, aigles, hiboux, piverts. Ils sont munis de hochets faits avec les sabots du cerf. Nous honorons ces ornements. Ils sont *wakan*.

Les danseurs auxquels on fait appel, faute de *heyokas*, ne portent pas ces vêtements. Ils ont des touffes d'herbe à la ceinture et dans les cheveux. C'est à eux qu'on s'en remet pour nos danses de société — la danse de l'herbe, la danse des Omahas [1], les danses de divertissement. Ces danses sont devenues des danses modernes, mais leur origine se trouve dans notre religion. Pour nous, danser et prier se confondent. Même dans nos powwows, où chacun rit et s'amuse, nous commençons par faire venir et honorer les *heyokas*. A l'occasion des powwows, nous procédons à des remises de présents pour honorer nos morts, en consolant les personnes en deuil, en aidant les uns et les autres. Il ne s'agit pas seulement de sautiller pour le plaisir.

Bon, les *heyokas* dansent autour de la marmite bouillante. Ils chantent et agissent à rebours de tout le monde. Si le voyant annonce : « Il fera beau demain », sans nul doute le temps sera épouvantable. S'il dit : « Il fera mauvais temps demain avec des orages du matin au soir », sachez bien que vous pourrez sortir sans parapluie. Vous n'en aurez pas besoin, il fera un temps superbe. Si un *heyoka* rencontre un malade et dit : « Celui-ci va mourir », le malade sera tout sourire car il saura qu'il va vivre. Mais si le *heyoka* dit : « Celui-là va guérir », le pauvre homme à qui il s'adresse peut aussi bien faire son testament.

Durant ce temps, l'eau bout dans le seau chauffé au rouge. Elle bout à gros bouillons. Le chien y est bien tout entier, la tête, l'échine et la queue d'un seul tenant, avec des quartiers de viande qui tournent, tournent et remontent à la surface. Le voyant-guérisseur chante une chanson très particulière, composée pour la circonstance. Trois fois, le voyant du tonnerre s'approche du seau en esquissant un pas de danse, et chaque fois la tête du chien se redresse bizarrement, comme si elle voulait s'échapper.

A la fin, le *heyoka* se précipite sur le seau et plonge son bras nu dans l'eau bouillante. Il farfouille là-dedans, retire la tête du chien et l'expose aux quatre vents. Puis il se met à courir avec elle, guidé par l'esprit, par son rêve, pour savoir à qui remettre la tête du chien. Il la donne à un homme — ou à une femme — en mauvaise santé,

1. Les Omahas constituent l'une des tribus sioux ou apparentées du Nebraska. Ils ont été rassemblés dans une réserve au nord-est de cet Etat. N.d.T.

qui est ébouillanté. Il la jette alors à un homme qui se brûle, puis encore à cinq ou six autres, qui la lâchent aussitôt parce qu'elle est trop chaude. Mais lui tient son pouvoir du tonnerre. Il ne s'agit pas là d'un vulgaire tour de passe-passe.

Après quoi les autres *heyokas* s'emparent du seau, trempent aussi les bras dedans et en retirent les quartiers de viande. Que l'eau soit bouillante leur importe peu. Ils donnent cette viande aux pauvres et aux malades parce que leurs rêves leur ont ordonné d'agir ainsi. Voilà de la bonne médecine, cent fois supérieure à vos comprimés, et à vos antibiotiques et à tout ce que vous voudrez, parce qu'elle guérit les maladies sur-le-champ, pendant la cérémonie. Il en est ainsi chaque année, j'en ai été souvent le témoin.

Mais comment se fait-il que le *heyoka* ne soit pas ébouillanté ? Vous pouvez vous approcher de lui et regarder de près ses mains et ses bras. Vous n'y découvrirez pas une ampoule, pas même la rougeur habituelle due au contact avec de l'eau très chaude. Il existe une herbe spéciale dont j'ai entendu parler, une sorte de mousse grisâtre — dont la racine s'appelle *heyoka tapejuta*. Si vous la mâchez, puis si vous vous en enduisez les bras, vous pouvez les plonger dans l'eau bouillante sans qu'elle vous brûle. Mais vous devez être un *heyoka* pour que cette herbe vous soit propice. Celui qui n'est pas un *heyoka* ne pourra jamais supporter l'eau bouillante. Il ne lui resterait plus de bras. Il n'a ni la vision ni le pouvoir. Une fois la viande remise aux malades, un homme se présente avec un bâton fourchu, retire ce qui reste de la viande et en donne à tous ceux qui en désirent ; ainsi s'achève la cérémonie.

Nous disions que le *heyoka* est un bouffon à deux visages, qui met tout sens dessus dessous et fait tout à l'envers, mais son double visage est honnête. C'est ouvertement qu'il œuvre à l'envers. Par dive bouteille, c'est bien bouteille vide qu'il veut dire. Vous savez ce qu'il a en tête. Il ne dit pas : « Si je suis élu au Congrès, je ferai ci et ça encore. » Il ne fait pas de promesses. Il a tout à la fois le pouvoir, l'honneur et la honte. Et pour tout cela, il paie le prix.

Je crois que les clowns sont sacrés aux yeux de tous les Indiens, pas seulement aux yeux de nous, les Sioux. J'ai entendu parler des clowns au masque de boue des Zuni, dans le Nouveau-Mexique. On m'a dit qu'ils couraient de-ci de-là armés d'un gourdin représentant le sexe de l'homme et promenant un grotesque mannequin de femme. Ces clowns s'imaginaient avoir fait l'amour avec la femme. Seulement aucun d'entre eux ne l'avait pu parce que pas un seul ne savait comment s'y prendre. Le village regardait et souriait, les vieilles et les petits enfants aussi, parce qu'il s'agissait là d'un spectacle sacré [1], partie d'une danse sainte pour le renouveau de la nature — d'une prière pour la pluie. C'est apparemment très différent de ce qui a lieu chez nous, mais pourtant c'est le même principe. Différent mais identique — ce que fait le *heyoka* a la même signification. Je crois qu'en fin de compte toutes les religions indiennes relèvent d'une même croyance, d'un même mystère. En fait notre unité, elle est là.

Bon, il se fait tard, l'heure d'aller se reposer. Ne rêvez pas des êtres du tonnerre, Richard. De la façon dont est fait votre cerveau, et à croire les histoires que vous racontez, si vous aviez à jouer vos rêves en public, ce pourrait être très délicat !

1. Consacré à l'enfant mythique de l'inceste primordial, objet de représentation Katchina et de danse chez les Indiens Zuni. N.d.E.

CHAPITRE XVI

SANG CHANGE EN PIERRE

Un vieux conte de notre peuple, que les grands-parents transmettent aux petits-enfants à travers les générations, dit qu'un jour les eaux, tel un océan, submergèrent les prairies. Parmi les hommes vivant en ces temps très reculés, il y en eut qui se réfugièrent au sommet d'une haute montagne. Mais il s'agissait d'un déluge. Les eaux gagnèrent jusque-là, les roulèrent dans leurs flots, ravageant les terres et anéantissant dans leur violence toutes créatures vivantes. La chair et les os des humains se transformèrent en une monstrueuse nappe de sang. Le sang se congela, et au bout d'un certain temps, il se solidifia en catlinite rouge. La catlinite existe toujours dans le sud-ouest du Minnesota, seul endroit sur la terre où l'on puisse trouver cette pierre sacrée, couleur du sang [1].

Une jeune et belle femme survécut au déluge. Alors que les eaux la cernaient, un aigle immense émergea des nuages et fondit sur elle, l'emportant sur une haute montagne où elle fut à l'abri des flots. Elle donna naissance à des jumeaux qui grandirent et devinrent les ancêtres de la

1. La catlinite est le nom minéralogique de cette roche, en anglais *pipe-stone* : à la lettre, pierre de pipe (ou de calumet). N.d.T.

nation sioux. C'est ce que les Anciens nous ont appris.

Cette nappe de sang est évoquée dans différents autres contes qui remontent à un passé si lointain qu'il n'y a plus personne aujourd'hui pour les savoir en entier. Mon grand-père me racontait l'histoire du lapin. Il était une fois un lapin qui se trouva devant une nappe de sang. Il la réduisit en caillot à force de tourner autour d'elle et lui donna la forme d'un nain. Mais cette forme de nain était faite de sang et non de chair. Le lapin continua de la tasser à coups de pattes jusqu'à ce qu'elle se transforme en un petit intestin. Puis il persista à triturer cette matière jusqu'à ce que se forment des os et, triturant toujours, à la fin, il donna naissance à un être humain, qui était un garçon. Le lapin vêtit ce garçon de beaux habits en peau de daim peinte en rouge et ornée de piquants de porc-épic ; il le nomma Garçon Lapin.

Garçon Lapin se mit en route et se trouva bientôt dans un village habité par des créatures humaines. Il y fit la connaissance de nombreux autres garçons. Ils lui demandèrent d'où il venait. Il répondit : « Je viens d'un autre village », mais il n'y avait pas d'autre village. Le village où il était parvenu était le seul village de la terre. Néanmoins, Garçon Lapin ajouta : « C'est un lieu tellement beau que je ne peux vous y conduire. Avec vos habits vous y seriez vraiment déplacés. »

Il y avait une jeune vierge dans le village. Les habitants se dirent que ce serait bien de lui faire épouser Garçon Lapin, car il semblait posséder d'étranges pouvoirs et ils auraient grand intérêt à l'avoir dans leur parenté. Mais Iktomé, l'homme-araignée, un faisant et un intrigant, prêt à tirer profit du malheur des autres, convoitait la jeune vierge. Il influença les villageois, les détournant de Garçon Lapin, et les rendant jaloux de ses beaux habits. L'un des garçons du village dit : « Je connais un maléfice. Je vais en user aux dépens de Garçon Lapin. Je vais l'attraper avec un grand anneau. » Il fit comme il avait dit, et alors les autres s'approchèrent et ils dépouillèrent Garçon Lapin de sa tunique en peau de daim couleur de sang. Et comme Garçon Lapin résistait, ils le ligotèrent. Le fourbe Iktomé les encourageait : « Découpons-le en morceaux avec un couteau de boucherie. » Garçon Lapin, bien que ligoté dans des peaux de bêtes, restait debout. Il dit : « Si vous êtes sur le point de me tuer, je vais chanter le chant de ma mort », et il chanta :

Ami, ami,
J'ai combattu le soleil.
Il tenta de me brûler tout entier,
Mais il ne put y parvenir.
Même luttant contre le soleil,
J'ai sauvé ma vie.

Ils découpèrent Garçon Lapin en une pile de morceaux de viande égaux, pour en faire de la soupe. Un grand orage s'éleva. Il y eut de la pluie, de la grêle et des inondations. Un nuage s'abattit sur la terre et la recouvrit. Quand il eut disparu, les morceaux de viande n'étaient plus là. Certains s'étaient aperçus que, reconstitués, ils avaient redonné consistance à Garçon Lapin. Il était revenu à la vie et s'était élevé dans les airs avec le nuage.

De nouveau, des voix s'exclamèrent : « Garçon Lapin est sacré. Il a un don magique. Marions-le à la jeune fille. » Iktome, lui, insistait : « Mais non, oublions-le. Je suis aussi fort que lui. Ligotez-moi. Coupez-moi en morceaux. » (Il se rappelait ce qu'avait chanté Garçon Lapin et croyait que ses pouvoirs tenaient aux paroles du chant.) Alors il chanta à son tour :

Ami, ami,
J'ai combattu le soleil.
Il tenta de me brûler tout entier,
Mais il ne put y parvenir
Même luttant contre le soleil,
J'ai sauvé ma vie.

Ils coupèrent Iktome en morceaux, mais il ne revint jamais à la vie. Il resta seulement de lui quelques morceaux de chair.

De façon tout à fait semblable à Garçon Lapin — que nous appelons *Weota-wicasa*, ou l'Homme au Sang d'Abondance — d'autres créatures sont nées dans nos contes — comme l'élan et le bison, que nous tenons pour sacrés — parce qu'elles s'étaient offertes à notre peuple pour sa nourriture. Je ne vous raconterai pas tout, parce que pour tout raconter, ou même écouter ces légendes, il faut jeûner pendant deux jours et se purifier dans l'étuve. Mais voici ce qui peut être dit.

Une troisième fois, la nappe de sang réapparaît dans nos contes. Un homme d'Allen, Howard Ours Rouge, qui vécut presque jusqu'à l'âge de cent ans, avait coutume de relater une histoire qu'il tenait de son grand-père. Suivant le récit, il était une fois un jeune homme — il y a bien des générations de cela — qui fut parmi les premiers à prier avec le saint calumet pour le bien de la tribu. En ce temps-là, il n'existait qu'un seul calumet et il leur avait été offert par la Femme Enfant Bison Blanc. Le jeune homme se rendit sur un haut rocher à l'écart. Les autres membres de la tribu étaient demeurés en arrière, attendant qu'il ait fini ses prières. Ils attendirent en vain, car il ne retourna jamais parmi eux.

Au bout de quatre jours, ils allèrent le chercher, et au pied de ce rocher lointain, où ils l'avaient vu pour la dernière fois, ils trouvèrent une nappe de sang et le calumet du Petit Bison. Ils campèrent là quatre jours de plus, pleurant sa disparition. Un homme pria pour lui, la tête appuyée contre le rocher, et il perçut une voix venue des entrailles de la terre : « Ceci est mon sang offert pour votre bien. » Et aussitôt le sang se changea de nouveau en catlinite rouge.

Il est bien que ces anciennes légendes, transmises de génération en génération, nous disent que c'est notre sang, le sang de la nation sioux, qui se changea en pierre, cette pierre dont est fait le calumet saint. Parce que le calumet, c'est nous. Le tuyau est notre épine dorsale, le fourneau est notre tête. La pierre est notre sang, rouge comme notre peau. L'ouverture du fourneau est notre bouche et la fumée qui s'en élève notre haleine, l'haleine visible de notre peuple.

De la grand-mère terre, nous élevons en prière le calumet sacré, son tuyau forme le pont qui va à travers nos corps de la terre au ciel, jusqu'à *Wakan Tanka,* l'esprit grand-père. Comme la pipe est bourrée du tabac saint d'écorce de saule rouge, chaque minuscule grain de tabac représente l'une des formes vivantes de cette terre. Toutes les créations du Grand Esprit, l'univers entier, se trouvent dans la pipe sacrée. Nous existons en elle au moment de la prière. Parfois, à cette seule idée, nous sommes en proie à une telle émotion que nous fondons en larmes en élevant le calumet vers les nuages.

Notre calumet saint — j'ai ajourné son évocation jusqu'à la fin, pour deux motifs. Il est ce que nous avons de plus sacré. Notre religion se fonde sur lui. Le calumet saint est au centre de nos rites, si différents soient-ils les uns des autres. Les pleurs du voyant, les souffrances de la danse du soleil, celles du *yuwipi* dans sa nuit de vigile, la hutte de l'étuve — le calumet est sans cesse présent, au cœur même de notre vie. Nous le vénérons autant que les Cheyennes vénèrent leurs faisceaux de flèches. Plus même, parce que les flèches ne concernent que les Cheyennes, alors que nous fumons aussi le calumet dans la pensée des autres tribus de ce continent, et de toute existence sur la terre.

C'est en raison de ce caractère sacré qu'on ne doit parler du calumet qu'à la fin, tout le reste étant dit. Mais il y a une autre raison qui m'a fait attendre si longtemps pour l'évoquer ; le calumet me fait peur. Si un Indien essaie d'en parler, il s'égare facilement. Nous n'avons pas un cerveau fait pour comprendre tout ce qui s'y rapporte. Il est si vénérable que je me trouve comme retenu pour vous confier ce que j'en sais. Malgré l'âge que j'ai atteint, le temps consacré à méditer à son sujet, et ce que j'ai appris, je ne me sens jamais vraiment prêt à l'évoquer. Parfois je rêve à la possibilité d'écrire notre livre uniquement sur le calumet, parce qu'en lui réside toute la sagesse indienne. Mais, comme je disais, il me fait peur et m'accable de sa majesté.

Nos grands-parents nous ont dit comment le calumet saint est parvenu à nos tribus. Un été, il y a de cela un grand nombre de vies d'hommes, nos différentes bandes s'étaient réunies comme chaque année. La terre était belle, couverte de hautes herbes et de fleurs, mais le peuple avait faim. Cela se passait longtemps avant que nous n'ayons des fusils et des chevaux, et la vie du chasseur était dure et hasardeuse. Parmi les Sioux, les *Itazipcho* — la tribu des Sans-Arcs — n'avaient pas mangé de viande depuis longtemps. Ils décidèrent de dépêcher deux éclaireurs, espérant qu'ils rencontreraient des bisons.

Les deux hommes cherchèrent longuement du gibier, mais en vain. Ils parvinrent enfin au sommet d'une colline d'où l'on avait une bonne vue, et là ils distinguèrent une silhouette qui s'avançait dans leur direction. Tout d'abord ils crurent à un bison, mais bientôt ils s'aperçurent qu'il s'agissait d'une belle jeune femme, la plus belle qu'ils aient jamais vue. Elle portait une tunique de peau de daim si délicatement cousue et décorée qu'elle ne pouvait être l'œuvre d'une main humaine. Sa chevelure flottait, sauf sur la gauche où elle était retenue par un bandeau fait avec la crinière du bison. Elle portait un sac sur le dos et tenait à la main un éventail de feuilles de sauge.

Cette belle femme adressa la parole aux deux chasseurs : « N'ayez nulle peur. Je suis venue de la nation bison avec un message pour votre peuple, un message heureux. » Levant les yeux sur elle, l'aîné des deux chasseurs fut pris du désir ardent de la posséder. Il avança la main dans sa direction, mais la Femme Bison Blanc était *lila wakan* plus qu'humaine — et nullement venue pour satisfaire la concupiscence d'un homme. On raconte à ce sujet qu'au moment même où le chasseur voulut l'approcher, un nuage descendit et le recouvrit. Quand le nuage se fut dissipé, il ne resta plus de lui qu'un tas d'os desséchés. Ce n'est pas là l'unique version du conte, et ce n'est pas tout à fait celle-là que je tiens des esprits. Quand le moment propice sera venu et si je m'en sens capable, je m'exprimerai plus longuement là-dessus. Mais une chose est certaine — le désir tua cet homme, comme il en a tué bien d'autres avant et après lui. Si jamais cette terre doit être détruite, elle le sera par le désir, par la convoitise qu'il entraîne, par un besoin d'assouvissement, par l'avidité de peaux de grenouilles vertes, par de pauvres hommes soucieux exclusivement de leur propre intérêt, oublieux des besoins d'autrui.

Ainsi il ne restait qu'un chasseur, et la Femme Bison Blanc lui dit de retourner chez les siens et de les préparer à sa venue. Elle expliqua ce qu'elle attendait d'eux. Ils auraient à mettre en place un grand tipi et à dresser à l'intérieur un *owanka wakan,* un autel de terre. Elle désirait aussi qu'ils déposent à l'intérieur du tipi un crâne de bison et un support fait de trois bâtons.

Le jeune homme retourna chez les siens et raconta ce qui était arrivé à son compagnon et à lui-même. Il leur dit qu'une sainte femme viendrait le matin suivant avec un message de la nation bison. Il leur fit part de ce qu'elle souhaitait qu'ils fassent, et on agit suivant ses instructions.

Le jour suivant, le crieur appela les présents à s'assembler dans le tipi sacré, et comme le soleil se levait, ils virent la Femme Bison Blanc avancer vers eux de sa démarche sainte. Au lieu de l'éventail de sauge, elle avait en mains la pipe sacrée. Elle tenait le tuyau de la main droite et le fourneau de la gauche, et c'est ainsi que nous avons tenu le calumet jusqu'à aujourd'hui.

La Femme Bison Blanc pénétra dans le tipi où l'attendaient les sages de la tribu. Ils dirent : « Sœur, nous sommes heureux que tu sois venue. Nous n'avons pas eu de viande depuis un certain temps et nous n'avons que de l'eau à t'offrir. » Ils trempèrent dans une gourde quelques poignées de *wacanga,* de glycérie, et les lui présentèrent, et aujourd'hui encore nous trempons de la glycérie ou une plume d'aigle dans l'eau pour asperger ceux qu'au cours d'une cérémonie nous voulons purifier ou guérir. La plupart de nos rites prennent fin quand nous buvons de l'eau, et cela nous remet constamment à l'esprit la Femme Bison Blanc.

Ensuite elle instruisit nos Anciens, leur montrant comment se servir de la pipe. Elle la bourra de tabac d'écorce de saule rouge. Puis elle fit le tour de l'autel dans le sens du soleil, ou des aiguilles d'une montre. Elle figurait de cette façon le cercle sans fin, la route de l'homme, de la jeunesse à l'âge serein, de l'ignorance au savoir. C'est là le symbole de la vie. Aussi quand maintenant nous célébrons une cérémonie, nous marchons en cercle de cette même façon avant de nous mettre à fumer. La Femme Bison Blanc alluma ensuite un morceau de viande sèche de bison — pendant de nombreuses générations, ce fut la seule manière convenable de s'y prendre, mais de nos jours, nous nous servons évidemment d'allumettes la plupart du temps.

Après cela, la Femme Bison Blanc enseigna à prier avec le calumet, en l'élevant vers le ciel, puis en le pointant vers la terre, et ensuite dans les quatre directions d'où le vent souffle. Dresser le calumet vers le ciel, c'est ce que nous appelons *hupa gluza*. La Femme Bison Blanc déclara : « Avec cette pipe sacrée vous marcherez comme une prière vivante, vos pieds reposant sur la grand-mère, le tuyau de la pipe accomplissant tout le trajet jusqu'au ciel où se tient le grand-père, votre corps joignant le sacré d'En bas au sacré d'En haut. Le sourire de *Wakan Tanka* est sur nous parce qu'en ce moment nous sommes tous en un — la terre, le ciel, toutes les créatures vivantes, et les *ikse wicasa* — les êtres humains. En ce moment, nous formons une grande famille. Le calumet nous unit. C'est un pacificateur. Quelque part existe une nappe de sang, c'est le lieu de votre origine. Vous verrez que ce sang s'est pétrifié et qu'il est rouge. Il provient d'un point sacré que tous les hommes ont en commun, par lequel les ennemis sont changés en amis et en parents. » Et c'est sans doute de ce moment que date chez le peuple sioux la coutume de clore les cérémonies importantes par les mots *mitakuye oyasin* — tous les miens — les plantes, les animaux, les humains, une même grande famille universelle.

La Femme Bison Blanc se tourna alors vers les femmes, leur disant que le travail de leurs mains et le fruit de leurs entrailles sont bien ce qui garde la tribu en vie. « Vous êtes de la terre mère, leur dit-elle. La tâche qui vous a été donnée est aussi importante que celle du guerrier et du chasseur. » Ainsi le calumet sacré est aussi ce qui lie les hommes et les femmes dans un cercle d'affection. Il est le seul objet rituel qui soit l'œuvre commune de l'homme et de la femme : de l'homme pour son tuyau et son fourneau, de la femme pour sa décoration de plumes d'oiseaux. Pendant une cérémonie de mariage indienne, l'époux et l'épouse se saisissent du calumet en même temps, et on leur passe aux mains le lien d'étoffe rouge qui les unit pour la vie.

La Femme Bison Blanc s'adressa ensuite aux enfants, parce que les petits Indiens sont en avance pour leur âge, et parce que, chez nous, ils ont droit au même respect que les adultes. Elle dit aux enfants que les hommes et les femmes œuvrent pour eux. Qu'ils sont ce qu'il y a de plus précieux dans la nation, parce qu'ils représentent les générations à venir, la vie du peuple indien, le cercle sans fin. « Souvenez-vous-en et grandissez à votre tour, et enseignez vos enfants le moment venu », leur dit-elle.

Quand la Femme Bison Blanc eut fini de parler, elle déposa le calumet dans le sac qu'elle portait sur son dos et elle le remit au vieux chef des Sans-Arcs pour qu'il le garde avec un grand soin. Quelquefois, on appelle cet homme Corne Creuse Debout, quelquefois Bison Debout. En même temps que le calumet, la Femme Bison Blanc donna au peuple une pierre ronde couleur de sang. Sur cette pierre étaient inscrits sept cercles, symbolisant les sept feux de camp des Lakotas, ou les sept cérémonies auxquelles le calumet est associé. Ainsi une fois de plus la pierre représentait, pour ceux qui savaient lire ses signes, l'univers entier.

Ayant accompli sa mission, la Femme Bison Blanc se retira, remettant ses pas dans ses pas ; elle chantait, *Niya taniya mawani ye,* ce qui fut traduit par : « Avec mon haleine visible, je marche. » Si l'on s'y arrête un peu, le sens est plus profond que cette traduction ne le dit. Tout d'abord, *niya taniya* ne signifie pas seulement haleine et respiration, mais aussi être en vie et la vie même. Cela sous-entend qu'aussi longtemps que nous honorerons le calumet, nous vivrons, demeurerons nous-mêmes. Et l'idée « d'haleine visible » peut être traduite par la fumée du calumet, laquelle est l'haleine de notre peuple. Elle rappelle aussi l'haleine du bison telle qu'elle apparaît par un jour de grand froid. Elle souligne le fait qu'à nos yeux le calumet, l'homme et le bison ne font qu'un.

Alors que tous la regardaient s'éloigner, la belle femme fut changée en bison blanc. Et bison blanc, elle poursuivit sa route vers l'horizon où elle s'évanouit. Cela aussi mérite réflexion et semble aisé à comprendre. Le bison est partie de nous, sa chair et son sang étant absorbés par nous jusqu'à ce qu'ils deviennent notre chair et notre sang. Nos vêtements, nos tipis, tout ce dont nous avions besoin pour vivre provenait du corps du bison. Il est difficile de dire où finissait le corps de l'animal et où commençait celui de l'homme. Depuis les origines, la peau du bison blanc a été ce qu'une tribu peut posséder de plus rare et de plus précieux. Une tribu aurait donné tous ses biens en échange d'une telle dépouille de fourrure blanche. Quand le bison disparut, l'Indien traditionnel et sauvage disparut aussi. Il existe des réserves où sont préservées les quelques troupeaux de bisons qui survivent — dans le Nord Dakota, le Sud Dakota, le Wyoming et le Montana. Ils y sont surveillés par des gardes forestiers et les touristes leur jettent un regard vide. Si frère bison pouvait parler, il dirait : « Comme les Indiens, ils m'ont mis dans une réserve. » Dans la vie et dans la mort, nous et le bison avons toujours partagé le même destin.

La pipe qui nous a été donnée par la Femme Bison Blanc est conservée par la tribu ; elle est son bien ancestral le plus vénéré. On l'appelle *Ptehincala Huhu Canunpa* — la Pipe en Os du Petit Bison. Elle ne ressemble à aucune autre pipe. Son tuyau est fait avec le jarret d'un petit bison. Elle est enveloppée dans de la fourrure laineuse de bison, elle-même enveloppée dans de la flanelle rouge. Des plumes d'aigle rouge, quatre petits scalps et des peaux d'oiseaux y sont attachés. Son ancienneté l'a rendue fragile et friable. Elle est, depuis quatorze générations, sous la garde de la famille Tête d'Elan, de la tribu Itazipcho de la nation sioux. Depuis que nous avons été jetés dans des réserves, elle se trouve à Green Grass, au nord d'Eagle Butte, dans la réserve de Cheyenne River. On dit que ceux qui veillent sur cette vénérable pipe deviennent presque tous centenaires.

Outre la *Ptehincala Huhu Canunpa,* il revenait à cette famille de veiller sur un autre calumet révéré par la tribu, un des premiers faits avec la catlinite rouge de la façon enseignée au peuple par la Femme Bison Blanc. Cet ancien calumet servit dès lors de modèle à tous les autres calumets. Il y est attaché une plume d'aigle rouge. Cela, en souvenir de l'aigle qui sauva la seule survivante du déluge, laquelle donna naissance aux jumeaux qui à leur tour donnèrent naissance à la nation sioux. Cela en souvenir également de l'aigle, symbole de sagesse : l'aigle est à nos yeux presque aussi important que le bison. Pour cette raison, nombre de voyants-guérisseurs ont une plume d'aigle à leur calumet. Durant un rite de guérison, cette plume est attachée vers le haut du tuyau. Si l'on y recourt pour aplanir une difficulté de famille, on la fixe au milieu du tuyau. Si l'on désire acquérir du savoir, on la place au point de jonction de la poignée et du fourneau. Le haut du calumet à cette forme-ci :

La forme d'un T à l'envers. Mais il s'agit là de la pipe des pères, des hommes qui ont déjà fondé une famille. La pipe des célibataires a la forme d'un L couché :

c'est-à-dire que l'extrémité horizontale a disparu. Rien d'important, en bien ou en mal, ne se produit chez nous sans le calumet. Si un homme tue un autre homme — son frère au sein de la tribu — que ce soit dans un mouvement de colère ou par acccident, le cercle sacré se trouve rompu et une blessure est infligée à tout le peuple. Le tueur voit son visage reflété dans l'eau chaque fois qu'il boit. Quand le sang a été versé, il est indispensable qu'ait lieu une cérémonie où les liens sont symboliquement dénoués, afin de rasséréner les esprits et de réconcilier les familles. Le calumet y joue son rôle.

Si la parole d'une personne est mise en doute, celui qui s'estime insulté peut déclarer qu'il va « mordre le couteau ». Par cette déclaration, on sait qu'il dit la vérité, car il serait voué au malheur si ses lèvres touchaient du métal après avoir menti. Depuis bien des années, je n'ai plus entendu parler de quelqu'un ayant « mordu le couteau ». On ne semble plus ajouter foi à cette coutume. Mais le calumet est une autre affaire. Nul ne serait assez insensé pour dire un mensonge pendant qu'on est en train de fumer le calumet. Infailliblement, il en mourrait. Et de cela nous sommes profondément convaincus, aujourd'hui encore.

Le calumet doit être fumé respectueusement, chaque personne assise à sa place, assignée dans le cercle, la pipe circulant de la lumière à l'obscurité, selon le rite, parce qu'il s'agit de constituer ainsi un autel ; ce qui n'est pas le cas dans les églises des Blancs, où l'on s'installe n'importe comment, ici et là, tout comme dans une cafétéria. Mon grand-père avait coutume de dire : « La terre est rouge, le sang est rouge, le soleil est rouge quand il se lève et quand il se couche, et nos corps sont rouges. Et nous devons suivre la route rouge, la bonne route nord-sud, qui est le chemin de la vie. Ainsi l'Indien et la pierre rouge du calumet appartiennent l'un à l'autre. »

Les carrières du Minnesota sont le seul endroit au monde où l'on puisse trouver cette pierre sacrée. On en a fait maintenant un site historique, mais nous, Indiens, sommes autorisés à nous y rendre et à creuser la roche rouge avec laquelle nous faisons le fourneau du calumet. Ces carrières sont au cœur de l'ancien pays des Sioux. Nos tribus orientales — les Wahpeton, les Sissetons et les Wahpekute — ont possédé cette terre jusqu'en 1851, où ils ont été contraints de la céder aux Blancs. Mais nous avons passé un traité d'après lequel nous pouvons toujours y aller pour nous procurer la pierre sacrée.

Jadis on faisait la pipe de la bonne manière. On se purifiait et on présentait aux esprits des offrandes de tabac. Il y a là trois grands blocs de pierre dressés à la verticale, dont on dit qu'ils sont des Indiens des temps reculés changés en pierre ; on leur offrait des nœuds de tabac et parfois aussi une plume d'aigle. Du fait même que l'on creusait dans la pierre, on se mettait en prière. Les motifs gravés dans le fourneau du calumet étaient, eux aussi, des prières. Un calumet fait de cette manière-là était chargé de pouvoirs.

Aujourd'hui, les calumets sont fabriqués commercialement, avec des machines et une foreuse électrique. Il est facile de les fabriquer, trop facile. Ces calumets-là n'ont guère de pouvoirs. Les carrières sont enjolivées désormais : des pelouses, des arroseurs, un musée. A peine êtes-vous arrivés qu'un haut-parleur raconte, mêlées dans une totale confusion, la Femme Bison Blanc et d'autres légendes indiennes. Un bruissement annonce bientôt qu'on va passer les diapositives. Des guides en uniformes mènent la visite, expliquant aux touristes la signification du calumet. Mais comment pourraient-ils expliquer ce qu'ils ne peuvent saisir eux-mêmes ? C'est extra : l'air conditionné, les cabinets modernes, etc. mais moi, je ferme les yeux et j'essaie de revoir le paysage tel qu'il était avant ces « améliorations et embellissements ».

Un de mes amis, un jeune voyant-guérisseur, est allé dans la carrière, et un type de la police lui a dit qu'il pouvait emporter un morceau de pierre, une livre de pierre, pour un dollar, par faveur spéciale parce qu'il était Indien. Mon ami s'est fâché. Pas à cause de l'argent, vous comprenez bien, mais il leur a dit : « Je suis un Sioux, je suis sur ma propre terre ; cette pierre est ma pierre, j'emporterai ce que je veux et je ne paierai rien du tout. » Il y avait un autre type qui avait l'air d'un Indien. Il a opiné : « T'as raison », et il a emmené mon jeune ami à un endroit où la veine de catlinite parcourt la roche comme un long serpent rouge, lui disant de se servir, avec la gracieuse autorisation du service des parcs nationaux ! Mon ami est revenu avec de quoi remplir un baril. Ce sont de petites victoires comme celle-là qui remontent le moral indien, aujourd'hui.

J'ai trouvé dans votre bibliothèque un vieux livre de George Catlin, imprimé il y a plus de cent ans. J'aime feuilleter ce livre, regarder ses illustrations marron et beige, fanées et tachetées. Je suis tombé sur les lignes où il décrit sa visite aux carrières dans les années 1830. Il a peut-être été le premier homme blanc à les voir. En un sens, il a dû être aussi le premier touriste : il s'adressait à nous avec un interprète. Il s'est parfois trompé — ou bien est-ce les interprètes qui n'ont pas été à la hauteur ? Mais Catlin était un artiste ; il ouvrait les yeux ; sur plusieurs points, ce qu'il dit est à peu près exact, et, d'une certaine façon, recoupe ce que nous, Indiens, savons. Mais c'est vrai, les détails qu'il donne sont souvent approximatifs et quand il n'est pas sûr de lui, il s'abrite derrière un flot de mots — seulement, sous le verbiage on parvient cependant, en ce qui concerne le calumet, à saisir l'essentiel.

Il savait, par exemple, que la pierre était la chair des Indiens. Il avait entendu parler du déluge qui avait changé le sang du peuple en pierre rouge. Il avait aussi recueilli la légende des bisons précipités du haut des escarpements et changés eux aussi en pierre. Je n'ai jamais entendu nos jeunes parler de cela, mais celui qui raconta ces détails à Catlin, il y a cent quarante ans, avait bien le sentiment que l'Indien, le bison et le calumet ne font qu'un.

Un guerrier sioux déclara à Catlin que cette pierre rouge était partie de la chair indienne et qu'il serait néfaste à l'homme blanc de s'en emparer ; elle ferait un trou dans sa chair et on ne pourrait plus empêcher le sang de couler.

Un autre Indien lui dit : « Ce calumet rouge a été donné aux hommes rouges par le Grand Esprit. Il fait partie de notre chair et il est sacré. Nous savons que les Blancs sont comme un grand nuage levé à l'est et qui s'étendra à tout le pays. Nous savons qu'ils prendront nos terres. Mais nous voulons garder ce lieu sacré. » C'est ce que j'aurais pu dire si j'avais vécu à l'époque.

Catlin a fait également état d'oiseaux fabuleux qui auraient, à un moment donné, nidifié dans les carrières, et d'après sa description on peut penser qu'il avait en tête les *wakinyan,* les oiseaux-tonnerre. Là encore, d'après ce que je sais, les oiseaux-tonnerre ne se rapportent pas au calumet ; Catlin continue en expliquant qu'à l'époque des bisons il y avait sur ces terres de nombreuses légendes. Encore aujourd'hui certains vieux croient qu'il y a, dans la roche, des esprits, sortes de fantômes humains, à peu près de la longueur du doigt, qui se déplacent vite, vite et sont difficiles à apercevoir.

Dans la tribu Omaha existait une légende au sujet de ces carrières. Il y a très longtemps vivait une femme omaha nommée Wahegela. Elle était mariée à un guerrier sioux. Un jour, elle se trouva face à face avec un bison blanc. Comme en état de transe, elle suivit cet animal vénéré. Voyant le bison frapper à grands coups de patte d'énormes morceaux de roche rouge abandonnés, elle sut aussitôt que c'étaient là les corps pétrifiés de ses aïeux. C'est ainsi qu'elle découvrit les carrières. Les Sioux et les Omahas étaient ennemis, mais ils convinrent de ne jamais se combattre en ce lieu sacré. La terre appartenait aux Sioux, mais la pierre était à tous les Indiens honorant le calumet.

C'est différent de ce que nous croyons, mais de nouveau, le récit recoupe notre légende de la Femme Bison Blanc, parce que, malgré une certaine confusion, tous les éléments sont là : la femme, le bison blanc, le sang indien changé en pierre, le calumet comme médiateur. Ces nombreuses légendes montrent que, quelles que soient les différences, le calumet est sacré dans toutes les tribus.

Voici un an, j'assistai à un colloque entre de nombreuses tribus dont l'objet était de travailler à promouvoir l'unité indienne. J'avais avec moi le vieux calumet dont je me suis servi pendant plus de trente années. Nous avons tenu une excellente cérémonie durant la nuit, jusqu'au point du jour, et cinquante-quatre tribus ont fumé ma pipe. Je l'ai allumée pour eux, et cent soixante et une personnes l'ont fumée, et elle ne s'est pas éteinte. Elle a brasillé pendant toute la célébration. Les voyants-guérisseurs présents ont pointé le calumet vers les cieux, implorant le Grand Esprit dans leurs propres parlers que je ne comprenais pas. Mais, sur un autre plan, je les comprenais tous. Le calumet nous a donné une langue et une façon de voir communes. Quelques reporters ont essayé de prendre des photos, mais pas un de nous ne s'est montré. De tous ces points d'où l'on aurait dû voir bien en évidence le calumet, l'on ne pouvait distinguer qu'une sorte de brouillard. Ce vieux calumet ! il ne voulait sûrement pas être photographié à ce moment-là. Beaucoup d'hommes, dans nos réserves, ont leur propre pipe sacrée. Je ne me sentirai en paix que le jour où il y en aura une dans chaque famille. Un Sioux sans son calumet est une moitié d'Indien, une moitié d'homme.

Après la dernière personne portant le nom de Tête d'Elan, la garde de nos deux pipes les plus vénérées a été confiée à Stanley Air de Cheval puis à son fils Orval, qui font partie du clan Tête d'Elan. Orval est le dix-neuvième dans la ligne de succession. Très peu, même dans notre propre tribu, ont vu ces deux pipes retirées de leur gaine spéciale. C'est seulement une fois dans le cours d'une vie — et encore — que l'on a la chance de voir ces deux biens très vénérés de notre patrimoine. Je suis l'un des rares hommes à qui il a été donné de les tenir dans ses mains et de les fumer. Ma vie devait en être profondément changée.

Un hiver, il y a de cela de nombreuses années, quand j'étais jeune homme, je me rendis à North Grass où j'avais entendu dire que le calumet du Petit Bison était conservé.

Quelque chose en moi me poussait, des voix me disaient que je devais prier avec la pipe vénérée. C'était comme si un autre s'était emparé de ma volonté, sans me demander : « Est-ce cela que tu veux faire ? » J'étais comme une voiture ; quelqu'un tenait le volant et me conduisait. La route était ardue. Un vent coupant, un froid glacial, des rafales de neige. La neige même était dure et luisante, comme du verre. Je pensais que le calumet serait sous la garde d'un homme, mais je m'aperçus qu'il s'agissait d'une femme, la sœur aînée du chef Tête d'Elan qui avait eu le calumet sous sa garde avant elle. Il me fut dit : « Si vous voulez voir cette femme, alors dépêchez-vous, parce qu'elle est en train de mourir. »

Je gagnai sa cabane en rondins sous la tempête de neige. Je vis la vieille femme assise sur le plancher au milieu de la pièce. Elle n'avait plus que la peau et les os. Elle était si frêle qu'un coup de vent l'aurait emportée. Ses lèvres semblaient lui rentrer dans la bouche et elles étaient si sèches que je dus les humecter avec un linge humide. La voyant dans cet état, je ne lui en donnais que pour un jour ou deux.

Je remarquai dans sa cabane les préparatifs d'une célébration — de la sauge sur le plancher, du cèdre, de la glycérie... — Je lui dis : « Qui va célébrer ici une cérémonie ? » Elle me répondit : « Vous. J'ai eu la vision qu'un jeune homme du Sud viendrait et me guérirait. Je ne vous connais pas. Je n'ai jamais jeté les yeux sur vous jusqu'à maintenant, mais c'est bien de vous qu'il s'agit. Mes petits-enfants sont devenus chrétiens et ont renoncé à nos anciennes pratiques. Demain, il cessera de neiger et le soleil brillera. Il n'y aura pas de tempête et le pays, la terre entière rayonneront. Je vais vous montrer le calumet sacré en os de bison. Vous prierez, et vous me guérirez. Soyez ici demain dès que le soleil se lèvera. »

Je me rendis dans une maison de Green Grass où je savais que l'on m'accueillerait pour la nuit. On me dit : « Vous racontez des âneries. La météo affirme que les tempêtes de neige vont continuer sans désemparer. La tempête durera au moins huit jours. » Le vent hurlait, pas de doute là-dessus. Il contournait la maison comme un espion, harcelant les portes et les fenêtres.

Avant l'aube, je me réveillai soudain dans l'obscurité. Je me demandai ce qui avait pu me tirer du sommeil. Puis je me rendis compte que c'était l'accalmie. La tempête s'était dissipée, tout était serein. Aucun bruit ne parvenait jusqu'à moi. Je me levai, avalai une gorgée d'eau et sortis. Rien ne bougeait. C'était comme si la terre était au point mort. Je remarquai un réchauffement de l'air. Le soleil se leva. Il était si épanoui, si rouge et d'un tel éclat que je dus fermer les yeux. Même après avoir détourné le regard, je ne pouvais m'empêcher de ciller. La neige reflétait le rouge vif de l'astre. Elle scintillait de millions et de millions de cristaux. Un soleil en chacun d'eux. Je me mis à marcher et j'entendis la neige. Elle craquait avec un bruit de coquille d'œufs écrasés. Mais il n'y avait aucun autre bruit.

Quand je parvins à la cabane de la sœur de Tête d'Elan, elle se tenait de nouveau au milieu de la pièce, m'attendant. On sentait une odeur, celle de la fumée de cèdre et de glycérie. La demeure avait déjà été sanctifiée. Je m'assis du côté de l'ouest. Je remarquai un grand sac de toile rude, à peu près de la taille d'un homme. La vieille femme me demanda de l'ouvrir. Le sac contenait sept peaux, de bison ou de cerf, et de la flanelle bleu et rouge. Tout au fond était le calumet, *Ptehincala Huhu Canunpa,* le calumet de l'enfant bison, à mes yeux ce qui existait au monde de plus sacré. Il y avait un second sac et je l'ouvris aussi. Il contenait l'autre calumet sacré de la tribu, fait aussi de catlinite rouge. Celui-là était très grand. Le calumet de l'Enfant Bison était petit.

La sœur de Tête d'Elan m'engagea à prendre les deux calumets dans la main, le grand dessous et le petit dessus. « Takoja, petit-fils, dit-elle, priez avec eux. La vision m'a dit que vous viendriez, et vous voici. Passez toujours le calumet vers la gauche. Prenez-le à droite. Priez avec votre cœur, tenez l'extrémité près du cœur. Que l'esprit soit sur vous. » La vieille femme me parlait en indien, dans une langue secrète que moi seul pouvais comprendre.

Je tenais les calumets. Leurs fourneaux étaient ma chair. Le tuyau représentait chaque génération. Je sentais mon sang pénétrer dans le calumet, je le sentais refluer vers moi, tourner dans ma tête à la façon d'un esprit. Je sentais les calumets naître à la vie entre mes mains, et remuer. Je sentais leur pouvoir surgir d'eux et pénétrer mon corps, l'emplir tout entier. Des pleurs inondaient mon visage. Et il me vint en pensée un aperçu de la signification du calumet : grâce à celui du Bison Enfant, je me connaissais moi-même, je découvrais la terre autour de moi. La cécité de mon cœur disparaissait et me faisait voir un autre monde au-delà du quotidien de la peau de grenouille verte. Je compris que le calumet était mon église. Ce petit objet de bois et de pierre, aussi longtemps qu'il serait à moi, je n'aurais besoin de rien d'autre. Je sus que le calumet renferme en lui les pouvoirs de la nature, et que j'étais moi-même à l'intérieur du calumet. Je sus qu'en fumant le calumet, je me tenais au centre du monde, m'abandonnant moi-même au Grand Esprit, et que tout autre Indien priant avec le calumet devait avoir, à un moment ou l'autre, la même sensation. Je sus qu'en libérant la fumée vers le ciel, je libérais aussi en moi ce qui devait être libre, et qu'ainsi je faisais la joie de toutes les plantes et de tous les animaux de la terre. Tout cela, j'avais le pouvoir de le comprendre avec le cœur et le sang, de la même façon, j'imagine, qu'un animal comprend le monde — pas avec le cerveau. J'ai repensé à ces révélations des années durant. Même aujourd'hui, après tant de temps, leur souvenir me tient en éveil, la nuit.

Je fus soudain convaincu que si je mêlais mon haleine à la fumée sacrée, je l'unirais à l'haleine de toute créature vivante sur cette terre, et que la lueur de la braise était le feu sacré du Grand Esprit. Ce même feu qui est dans le soleil. Je sus que dans le calumet toutes les parcelles de la nature se fondaient en une, devenaient une. La pensée me vint que si un jour je parvenais à comprendre la signification du calumet, avec les symboles qui s'y cachent, alors seulement je saurais ce que signifie : être un Indien, ce que signifie être soi-même.

Ma foi, je ne le sais toujours pas. Je m'efforce de l'apprendre. Peut-être y parviendrai-je un jour. Il est difficile de trouver des mots pour les pensées qui me vinrent alors, intuition et confusion, tristesse et bonheur mêlés. Je ne peux pas non plus décrire le pouvoir qui du calumet me pénétrait, me stimulait. Je ne le peux. Tout ce dont je fus convaincu, à tenir ainsi dans mes mains ces deux pipes sacrées, c'est que le cours de ma vie était changé à jamais.

Mes prières durent venir en aide à la sœur de Tête d'Elan, car elle se remit et vécut encore plusieurs années. Avant que je ne la quitte, elle me dit que des envoyés du gouvernement lui avaient pris l'un des sacs où les calumets étaient enveloppés, mais qu'ils avaient eu peur et le lui avaient rapporté. Elle s'interrogeait : « Faudra-t-il que je les enterre pour qu'ils ne tombent pas entre de mauvaises mains ? » Et elle ajouta : « Le temps viendra où les Indiens se relèveront grâce au calumet sacré. Quand ils le fumeront tous. » Plus de trente années plus tard, alors que cinquante-quatre tribus priaient avec mon calumet, je me suis ressouvenu de ce que la vieille femme m'avait dit.

Après sa mort, les calumets furent confiés aux soins de Stanley Air de Cheval, également de la tribu des Sans-Arcs. Mais, à mon sens, le calumet du Bison Enfant appartient à tous les Sioux. Il appartient aux Hunkpapa de Standing Rock, chez lesquels une femme fut changée en pierre, au peuple de Sitting Bull et aux Ogallalas de Pine Ridge, la tribu de Cheval Fou. Il appartient aux Oohenunpas — les Deux Marmites —, avec qui nous partageons notre réserve, et qui doivent leur nom au fait qu'un jour, sur le point de mourir de faim, ils découvrirent de la viande — juste assez de viande pour deux marmites — enveloppée dans des peaux d'animaux. Il appartient aux Sihasapa — les Sioux Pieds-Noirs — qui, dans des temps reculés, eurent leurs mocassins noircis au cours d'une longue marche dans des terres carbonisées parce que le feu s'était déclenché dans la prairie. Il appartient aux Sinangu, le peuple des Cuisses Brûlées de Rosebud, qui souffrirent de brûlures aux jambes parce que leurs ennemis, les Pawnees, avaient incendié l'herbe autour de leur campement. Il appartient aux miens, les Mnikowoju — ceux qui sèment près de l'Eau. Et, en un sens plus général, il appartient à tous les Indiens de ce continent de la tortue.

Veiller sur le sac contenant le calumet est un grand honneur et une lourde tâche. Le jour, il devrait reposer sur un support à trois pieds, et, deux fois dans la journée, être changé d'orientation par rapport au soleil. Il n'est pas toujours possible d'observer les règles selon lesquelles le saint calumet doit être vénéré chaque jour de nos vies. J'ai entendu dire que, pendant un certain temps, faute de place, les calumets furent entreposés dans une remise. Je souhaite que nos objets sacrés puissent de nouveau prendre place à l'intérieur d'un tipi. D'après certaines rumeurs, le grand calumet aurait été perdu ou cassé. J'espère qu'il n'en est rien. Je me souviens de l'émotion des Cheyennes du nord du Montana quand ils s'aperçurent que celui d'entre eux à qui était confiée la coiffure de bison sacré l'avait emportée en voiture, avait quitté la réserve et gagné Sheridan, où quelque anthropologue blanc était susceptible de s'en emparer. Cet enlèvement ne leur plut pas du tout, et ils partirent en expédition, n'ayant de cesse qu'ils l'aient récupérée. Et ils avaient raison. Bien trop de nos objets sacrés finissent dans des musées, où leur pouvoir ne peut agir, où des visiteurs, ignorants de leur valeur, les contemplent avec des yeux ronds.

Il y a plusieurs années maintenant que nos calumets sacrés n'ont pas été montrés au peuple. Au cours de l'été 1969, nous, les voyants-guérisseurs, avons jugé le moment venu d'ouvrir les sacs où ils sont préservés. Mais quand la nouvelle s'en répandit, nous apprîmes que des équipes de cadreurs et techniciens de la télévision allaient venir sur place, proposer leur argent en échange, comme ils disent, de « droits d'exclusivité » — et nous sommes revenus sur notre décision, tels des chevaux rétifs qui s'enfuient quand on les approche de trop près, nous avions nos raisons d'agir ainsi. Nous avons remis les sacs dans leurs cachettes et chacun est rentré chez soi sans avoir vu les calumets. Mais le jour viendra où nous ouvrirons les sacs ; il faudra que ce soit un jour propice, et que ceux qui se présenteront pour cette cérémonie en soient dignes. Quand viendra ce jour, nous ne le savons pas.

Nous les Indiens, tenons dans nos mains le calumet de la paix, mais les textes religieux de l'homme blanc parlent de la guerre, et nous sommes profondément sceptiques lorsqu'il prétend améliorer le sort du monde. Nous les Indiens, devons montrer à nos frères comment vivre, non nous servir d'eux, ni les tuer ni les mutiler. Avec le calumet, qui est vivante partie de notre être, nous prierons pour la paix, la paix au Viêt-nam et dans notre propre pays. Nous les Indiens, disons « notre pays » parce que c'est toujours le nôtre, même si d'autres races se le sont approprié car la la terre n'appartient pas à un seul homme, mais à tous et aux générations futures.

Nous devons essayer de nous servir du calumet pour le bien de l'espèce humaine, qui est en voie d'autodestruction. Nous devons emprunter de nouveau le chemin rouge du calumet, le chemin même de la vie. Nous devons essayer de sauver l'homme blanc de lui-même. Cela ne peut se faire que si nous tous, Indiens et non-Indiens, sommes de nouveau à même de nous considérer comme partie de cette terre ; non comme un ennemi extérieur voulant lui imposer sa volonté. Parce que nous, qui savons la signification du calumet, savons aussi qu'étant une partie vivante de la terre, nous ne pouvons nuire à aucune autre partie sans nous nuire à nous-mêmes. Peut-être pourrons-nous nous apprendre de nouveau les uns aux autres, grâce à la pipe sacrée, à percer le nuage de pollution que les politiciens, les industriels et les autres techniciens nous présentent comme la « réalité ». Grâce au calumet, peut-être pourrons-nous faire la paix avec notre principal ennemi, celui qui se tient au plus profond de nous ? Grâce au calumet peut-être pourrons-nous reformer le cercle sans fin ?

Quand un Indien prie, il ne lit pas des mots accumulés dans un livre. Sa prière est courte. Si vous dites une longue prière, vous ne comprenez plus vous-même ce que vous dites. Enfin la dernière vérité que je puisse vous apprendre — si toutefois vous désirez apprendre quelque chose d'un vieillard vivant dans une cabane délabrée, d'un pauvre homme qui, durant huit années n'a suivi qu'une seule classe à l'école primaire — c'est la prière que je dis quand j'implore une vision :

« *Wakan Tanka, Tunkashila, onshimala...* Esprit, Esprit tulélaire, aie pitié de moi, que mon peuple vive ! »

POSTFACE

Inyan Wasicun, ou l'Homme Blanc à la pierre

Nous étions assis sur le parquet d'une grande pièce vide, mon épouse Jean, moi, nos deux adolescents et notre petite fille, en compagnie d'une quarantaine d'Indiens. Certains d'entre eux étaient d'anciennes connaissances, des amis intimes. Il y en avait d'autres que je n'avais jamais vus. Les murs auxquels nous étions adossés étaient faits de pièces et de morceaux — des madriers, des débris d'un vieux wagon de chemin de fer, tout ce sur quoi l'Indien qui avait construit la maison, de nombreuses années plus tôt, avait pu mettre la main. Un énorme tronc d'arbre soutenait le plafond défaillant. Une lampe à pétrole projetait une pauvre lueur sur les couvertures bigarrées posées aux murs. A côté de moi trônait une marmite imposante, pleine de viande de chien. La tête du chien flottait à la surface et me fixait d'un air grimaçant. Il y avait les objets dont on se sert pour une cérémonie *yuwipi* — les oriflammes, les têtes d'aigles, des pierres de formes bizarres, des crécelles, la pipe sacrée.

On éteignit la lumière et nous nous retrouvâmes seuls avec nos pensées, îlots humains dans une mer de ténèbres. Les tambours battaient tandis que s'élevaient les voix nombreuses d'un chant chevroté. Le rythme régulier des tambours se communiquait aux murs, me prenait aux épaules, résonnait dans mon corps. Je n'entendais pas seulement les tambours, je les ressentais physiquement. Des lueurs émergeaient de nulle part comme autant de lucioles. Elles flottaient dans l'obscurité, une fraction de seconde, puis disparaissaient sans que le regard ou le cerveau aient eu le temps de fixer leur présence. Les esprits se glissaient dans la maison.

Une scène familière dont j'avais été déjà témoin, une douzaine de fois auparavant et pourtant il n'en était pas moins étrange et invraisemblable que moi, Viennois d'origine, né dans l'ancien Empire austro-hongrois, je me trouve assis là dans la prairie du Dakota, avec un groupe d'amis indiens, qui se trouvaient être des voyants-guérisseurs.

J'avais été élevé dans des villes de style baroque, à l'ombre des gargouilles des cathédrales, dans des rues aux maisons à colombages. J'avais voyagé à pied, sac au dos, à travers l'Europe, faisant trente kilomètres par jour, absorbant la culture par les semelles de mes souliers. Jamais dans mes rêves les plus fous, je ne m'étais imaginé en Amérique, le pays des gratte-ciel et de l'hypertechnocratie dont la philosophie du temps-c'est-de-l'argent m'avait toujours effrayé. Il paraissait aussi invraisemblable que je rencontre jamais de vrais Indiens, et plus encore, de les avoir pour amis. Les voyants-guérisseurs regardent l'existence comme une longue suite de symboles qui doivent être vécus, et qui déterminent le passé, le futur et le présent des humains. Ils me dirent qu'il n'y avait aucun moyen pour moi d'échapper à mon séjour dans le Sud Dakota ; que la route symbolique qu'il me fallait parcourir conduisait inévitablement au point où l'Austro-Hongrois rencontrerait les Sioux.

Comme la plupart des enfants européens, j'étais prédisposé à aimer les Indiens. Avec mes amis, je fréquentais assidûment ce que nous nommions « l'opéra du sang » — un cinéma de Vienne spécialisé dans les westerns. Nous acclamions les Indiens et n'avions que des huées pour les cow-boys et la troupe montée. C'est un certain Karl May qui nous inspirait ainsi.

May avait débuté dans la vie comme pickpocket et cambrioleur. Ce sont des talents qu'il exerçait en Saxe, l'un des petits royaumes de l'empire du Kaiser. Et il opérait avec un certain style. Il se présentait dans les boutiques et rayons d'alimentation comme détective travaillant pour le compte de la brigade royale de lutte contre la fausse monnaie. Il examinait les caisses enregistreuses, et invariablement découvrait quelques faux billets ; au nom de l'Etat il les empochait. Il laissait toujours derrière lui des reçus en bonne et due forme — des papiers d'apparence officielle aux armes du royaume. Mais comme il se confinait dans un périmètre exigu (il ne possédait même pas de bicyclette et montait dans l'omnibus tiré par les chevaux), il ne tarda pas à être arrêté. Cette escroquerie à la fausse monnaie n'étant pas son premier délit, il fut condamné à passer quelques années dans une sinistre prison du genre citadelle moyenâgeuse.

La bibliothèque de la prison contenait de nombreux livres sur les Indiens et l'Ouest américain. Il y trouva l'inspiration des romans à deux sous qu'il se mit à écrire et qui eurent un succès incroyable. Quand il fut libéré, May était, non seulement illustre, mais à la tête d'une petite fortune. Son héros de prédilection, Winnetou, était un jeune chef indien d'une noblesse, d'une force physique et d'un courage surhumains. Winnetou avait un acolyte en la personne d'un trappeur allemand, Old Shatterhand — à rebours des histoires de Loue Ranger et de Tonto [1] ! Winnetou était indéniablement une grande âme, mais c'était un tissu d'erreurs anthropologiques. L'auteur en avait fait un Apache vivant dans la fraîcheur de sombres forêts parsemées de lacs. Winnetou se déplaçait dans un canoë d'écorce de bouleau, ou bien il chassait le bison à travers la prairie sur un cheval blanc à demi-sauvage de la pampa. Il prenait le sentier de la guerre avec une coiffure de circonstance formant traîne à la façon des Indiens vivant en rase campagne — dans un film réalisé par un Blanc, il avait même, en guise de totem, planté un mât devant son *wigwam* [2]. Winnetou ne tuait jamais ses ennemis, il se contentait de les estourbir de ses poings robustes. Je lui portais une admiration sans borne, ignorant qu'Apaches et canoës en bouleau ne vont pas de pair.

Je suis la personnification vivante du vieil Empire austro-hongrois multiracial et multilingue. Je suis en partie catholique, protestant et juif, en partie autrichien, hongrois et tchèque. J'ai vécu à Vienne, à Berlin, à Budapest, à Francfort, à

1. Héros d'une série de westerns célèbres aux Etats-Unis avant la guerre. Tonto, un authentique Indien Iroquois, natif de la réserve des Six Nations au Canada, figurait l'image stéréotype d'un « bon » Indien allié aux Blancs contre les Indiens « Sauvages ». N.d.E.

2. Wigwam : hutte des Indiens vivant dans la région des grands lacs ou à l'est de celle-ci. N.d.T.

Paris, dans les Balkans et en Italie. Mon père étant mort quatre semaines avant ma naissance, j'ai été élevé par différents parents. Petit garçon, dans les années vingt, quand Vienne était en proie à la faim et à l'inflation, j'ai été expédié chez des oncles et tantes susceptibles de me faire prendre un peu de poids. Je me suis d'abord retrouvé en Autriche chez une tante catholique qui gérait sa petite ferme. Elle était si pieuse qu'elle recevait régulièrement la visite de saint Joseph et de saint Jude, ses deux saints préférés. Je pouvais parfois l'entendre s'adresser à eux par les nuits sans lune. Une fois, elle rencontra le Christ à la lumière du jour. C'était sur le Reichsbrücke, le grand pont du Danube à proximité de Vienne. Elle fit semblant de trébucher et de tomber à terre pour être en mesure de l'adorer. Elle n'avait pas osé s'y prendre ouvertement de peur qu'on ne la croie dérangée et qu'on ne l'emmène à l'asile. Elle se reprocha toute sa vie de n'avoir pas osé reconnaître son Dieu publiquement. Elle assistait chaque matin à la messe basse de 5 heures et regagnait sa maison qui était pleine de puces. En moins d'une demi-heure, j'attrapais toutes ses puces. Ma tante en conclut que mon sang était plus doux que le sien.

C'est à Budapest que je fus envoyé ensuite pour prendre du poids, chez un grand-père juif. Il m'emmenait avec lui à la synagogue et nous rapportions un maigre *jeshive bocher* qui nous faisait un repas sans bourse délier. Ce grand-père m'apprit bien des choses — à jouer aux tarots, à partager ma nourriture avec les pauvres et à ne pas toucher au jambon. Sa bonne était une paysanne hongroise au teint mat et à la poitrine imposante. Nous filions ensemble, elle et moi, pour nous régaler d'une tranche de lard salé recouvert d'une fine poudre de paprika rouge. Un gros péché, mais comme c'était bon !

Ensuite je me retrouvai chez des parents protestants qui me conduisirent à Wittenberg pour écouter un prêche dans une vieille église médiévale, Schlosskirche. C'est sur la porte de cette église que Luther cloua ses quatre-vingt-quinze propositions, donnant ainsi naissance à une religion nouvelle. On m'emmena aussi au château de Wartburg où Luther traduisit la Bible en allemand. Là un diable exécrable lui apparaissait fréquemment, interrompant son œuvre en cours. On me montra la marque sombre faite sur le mur par Luther, le jour où il avait projeté son encrier sur l'importun. Il y avait aussi une tache jaunâtre (de soufre, sans aucun doute), à l'endroit où le diable, dans son impatience à fuir cet enragé réformateur, avait lâché un pet.

J'ai même passé quelque temps chez une tante par alliance qui était une musulmane de Sarajevo. Un cousin de ma mère, qui avait construit des chemins de fer en Bosnie et dans d'autres provinces de l'Empire austro-hongrois, avait fait sa connaissance dans un bazar oriental, l'avait épousée puis avait passé l'arme à gauche. Et elle se trouvait là et je me trouvais là. Cette tante me fit jeûner du lever au coucher du soleil pendant le ramadan — la tombée de la nuit étant le signal de festins gargantuesques. Elle moulait elle-même son café dans un long moulin cylindrique de cuivre jaune couvert d'inscriptions arabes. La journée s'achevait sur une petite tasse de café bien tassé avec un pétale de rose flottant à la surface. Ma tante chantait des mélodies d'une douceur obsédante, à moitié turques à moitié arabes, s'interrompant de temps à autre pour pousser des trilles rauques assez semblables aux cris de guerre des Indiens.

Ces différentes religions me brouillaient les idées. Quelle était la bonne ? J'essayais de le démêler, mais sans succès. Cela me tracassait. Les différents dieux — celui des catholiques, celui des juifs, celui des protestants, celui des mahométans — avaient l'air très chatouilleux sur la façon dont je devais me comporter pour devenir leur protégé. Je ne pouvais pas plaire à l'un sans offenser les autres. Une bonne âme résolut mon problème en m'emmenant au planétarium. Je contemplai l'insignifiante chiure de mouche qu'on appelle la terre, et les millions de soleils et de systèmes solaires, et conclus que celui qui avait la charge de ces ouailles-là n'aurait pas une crise de nerfs si je mangeais du jambon, ou de la viande le vendredi, ou si je ne jeûnais pas dans la journée pendant la période du ramadan. Après cela, je me sentis mieux, et pendant un certain temps, je me pris d'un vif intérêt pour l'astronomie.

Pendant deux ans, je fréquentai l'Odenwald Schule, un pensionnat expérimental d'avant-garde où garçons et filles s'exerçaient en plein air dans le costume d'Adam et Eve. Il n'y avait dans cette école ni professeurs ni classes. Un jeune homme ou une jeune fille nous emmenait dans les bois et nous montrait quels sont les champignons comestibles et quels sont les vénéneux. Cela comptait pour une leçon. Le directeur de cette école, un patriarche biblique avec une barbe blanche qui lui tombait sur la poitrine, ressemblait à un grand-père hippie. Il portait un short, des sandales et une chemise de Wandervögel [1], bleue à col ouvert. Il me confia la volière de l'école, un

1. Wandervögel : Mouvement de jeunesse allemand des années 20. N.d.E.

enclos boisé où s'ébattait une population variée d'oiseaux et d'autres créatures.

J'avais dix ans alors, j'étais très timide et renfermé. Partout où je m'étais trouvé jusque-là, j'avais appartenu à la religion qu'il ne fallait pas, parlé la langue qu'il ne fallait pas, et m'étais tenu d'une façon bizarre, celle qu'il ne fallait pas non plus. Aux yeux des Allemands, j'étais une moule d'Autrichien, à ceux des Autrichiens un *Saupreuss*, un cochon d'Allemand. Aux yeux des Hongrois, j'étais le rejeton des Habsbourg, des oppresseurs. Les Bosniens me tenaient pour un *Schwob* — un Hongrois chauvin qui se croit en pays conquis. Les Français me traitaient de sale petit boche. Selon l'endroit où je me trouvais, j'étais un exécrable papiste, un hérétique luthérien, un fils de Juif, un Gentil. Il ne s'agissait jamais là de compliments.

A cette époque, j'avais peur de n'importe qui, surtout des étrangers, et je trouvais refuge dans un monde imaginaire, auprès des livres et des animaux. Je passais donc une grande partie de mon temps dans la volière avec de petits hiboux que je nourrissais de hamburgers crus et, par inadvertance, de petits morceaux de chair, quand ils me mordaient le bout des doigts. J'aimais grimper en haut des arbres et m'installer à la fourche de deux branches, avec une des histoires d'animaux d'Ernest Thompson Seton, et l'un de ces oisillons aux yeux endormis. Je m'attachai à un couple de jeunes géologues, que j'aidais à extraire des fossiles des falaises crayeuses du jurassique. J'essayai de domestiquer une des petites vipères qui vivent dans les landes et les bruyères, mais je dus la rendre à son habitat naturel. Même à l'école libérée d'Odenwald, les vipères n'étaient pas admises au même titre que les chiens et les chats.

L'oncle et la tante chargés de mon éducation s'installèrent à Berlin et m'envoyèrent alors dans une école vieux jeu, du genre spartiate. Désormais, partout où j'allais, la nouvelle se répandait que j'avais fréquenté l'école païenne et subversive d'Odenwald où des enfants dépravés des deux sexes font des galipettes dans les bois, où dire des gros mots n'est pas puni, où l'on apprend aux enfants à cueillir des champignons comestibles au lieu de leur enseigner la géométrie.

J'essayai de me rendre aimable. En histoire, je faisais savoir que le grand Frédéric ne s'adressait en allemand qu'à ses chiens, qu'il était défaillant avec les femmes, qu'il avait essayé de sodomiser Voltaire, qu'il avait dit à ses soldats : « Si vous n'étiez pas des crétins pareils, il y a belle lurette que vous vous seriez tirés. » Cela m'aurait valu la meilleure note en Autriche où Frédéric était considéré comme le plus fourbe des vassaux qui avait poignardé son empereur dans le dos. Mais, à Berlin, je récoltai seulement une volée infligée avec une canne de bambou. Le professeur outragé, qui avait la moustache du Kaiser et les dents jaunies par le tabac, me dit que j'étais un nouvel Erostrate (ce Grec qui pour son seul plaisir brûla à Ephèse le temple de Diane considéré comme l'une des sept merveilles du monde...) Le professeur m'expliqua que par mes remarques éhontées, je contribuais à détruire ce que la mère patrie a de plus précieux et sacré.

Je passai immédiatement pour l'élève le plus corrompu de la classe et fus traité en conséquence. Personne ne s'approchait plus de ce pestiféré, si ce n'étaient quelques autres garçons à peu près aussi pestiférés que lui. Mais, après l'enseignement secondaire, les hors-la-loi se soutinrent les uns les autres, déjà en 1932, quand les chemises brunes s'installèrent dans le voisinage, établissant leur quartier-général dans une brasserie. Nous étions leur gibier de prédilection. Nous devions nous déplacer en groupe pour survivre. La police ne nous protégeait plus. L'hitlérisme était dans l'air. Quand les nazis vinrent au pouvoir, nous devînmes des clandestins. Le père de l'un de mes amis les plus proches avait une petite imprimerie. La nuit, quand il était parti se coucher, nous imprimions un journal. Nous fûmes vendus. La plupart d'entre nous furent arrêtés et disparurent dans des camps de concentration, certains pour n'en plus revenir. Celui de mes amis dont le père possédait l'imprimerie fut condamné à être décapité. Mais peu de gens avaient les moyens de se faire couper la tête. Les parents du condamné durent payer les frais de l'exécution — l'équivalent de quelque huit cents dollars. Cette somme comprenait les frais du bourreau et de ses aides, qui avaient dû louer des smokings et des gants blancs pour leur travail.

Je menais une vie très heureuse. Je fus arrêté par un policier qui avait l'air d'une brute mais il m'emmena dans un parc isolé où il éclata en sanglots. Il me dit qu'il avait un garçon de mon âge qui me ressemblait. Lui-même était un vieux social-démocrate. Il n'allait quand même pas livrer des enfants comme nous à une bande de gangsters assoiffés de sang ! A la fin il se ressaisit et essuya ses larmes. Son visage me parut soudain d'une grande beauté. Il me donna assez d'argent pour prendre un billet de troisième classe à destination de l'Autriche, et me dit d'aller directement à la gare, sans regarder ni à droite ni à gauche. Il me fit ses adieux à l'ancienne mode, *Gott befolgen, mein Junge,* me recommandant à la grâce de Dieu.

A Vienne, j'étudiai les beaux-arts, je vécus des amours sans lendemain. Je voyageai en Italie et en France. Un jour de mars 1938, au retour de vacances de neige, je trouvai installés à Vienne l'armée allemande, la gestapo et les S.S. J'entrai une nouvelle fois dans la clandestinité. A tous mes péchés, j'avais ajouté des caricatures pour les journaux, dessinant des Hitler peu germaniques, des Goering gras et lippus, des Gœbbels nains. Je me cachai ici et là, ne passant qu'un temps très court au même endroit. A deux reprises, je n'eus rien à manger pendant trois jours.

J'étais un bon Européen, essayant de m'accrocher au continent, ne reculant que d'une frontière à la fois, mais en 1940, je me retrouvai sur l'océan Atlantique à bord d'un bateau britannique qui se rendait aux Etats-Unis. Nous accostâmes à New York dans la nuit. Des amis viennois qui m'avaient précédé de deux ans m'emmenèrent dans leur appartement, près d'Inwood Park. A l'aube, je me précipitai à la fenêtre pour voir les gratte-ciel mais découvris seulement quelques rochers, des écureuils, qui se faisaient la chasse autour d'un arbre et des geais bleus poussant des cris rauques. Je me sentis vraiment soulagé. Je me ferais à l'Amérique.

Ainsi que je l'ai dit déjà, certains de mes amis indiens ont tendance à regarder la vie comme une longue suite d'images symboliques où l'on distingue clairement une harmonie des éléments. Ils voient l'homme non comme une entité distincte se détachant sur un arrière-plan donné, mais comme partie de la terre sur laquelle il marche ; une sorte de plante dont les racines et les fibres se ramifient en bon nombre de directions, échangeant leurs sucs avec celui d'autres plantes ; cette plante, mangée par quelque créature, devient un nouvel organisme vivant se nourrissant de ce qui l'entoure et doté de certains pouvoirs propres à la nature. Aux yeux des Indiens, l'homme est une particule de l'univers, humble mais essentielle, liée à toutes choses vivantes par des cordons ombilicaux invisibles mais extrêmement ténus. Il est difficile de faire entrer dans cette conception l'homme blanc qui vit dans un appartement, dans une ville. Les voyants-guérisseurs, néanmoins, n'éprouvent aucun mal à me situer, lorsque nous échangeons des anecdotes ou des récits.

Cerf Boiteux dirait : « Du moins avez-vous eu une tante habitée par des visions. Peu importe que ces visions n'aient existé que dans son imagination ou qu'elle ait été folle. Elle y croyait. Et ces parents qui vous ont montré l'endroit où *wakan-sica*, le vieux diable, a été visé par l'encrier de Luther, croyaient à l'existence possible d'un esprit maléfique venu troubler un saint homme. Les religions, toutes les sages croyances, reposent sur telle ou telle vision. En ce qui concerne la religion des Blancs en Amérique, voilà la contradiction : si je dis à un prédicateur que j'ai rencontré Jésus se tenant à côté de moi au supermarché, il me répondra que cela n'a pu se produire. Il s'écriera : « C'est de l'imposture ! Vous êtes fou. » Mais en disant cela, il nie sa propre religion. Il n'y a aucun endroit où il puisse aller. Les chrétiens qui ne croient plus qu'il soit possible de se trouver nez à nez avec le Christ au coin de la rue, qu'est-ce qu'ils sont ? Les Juifs qui ne pensent plus qu'ils pourraient voir Dieu dans une colonne de feu, sont-ils dignes d'être juifs ? Au moins vous, vous venez de pays où quelques Blancs peuvent être saisis d'un révérencieux effroi devant le surnaturel ; pressentir qu'il y a un autre monde au-delà de celui de la peau de grenouille verte. »

Cerf Boiteux essaierait de m'analyser et conclurait à peu près ainsi : « Vous avez été chassé de votre propre terre, comme nous. Vous êtes un artiste et par conséquent vous pouvez regarder au-delà de ce qu'on essaie de nous vendre au rabais comme étant la « réalité ». Vous êtes resté perplexe autant que nous devant la religion de l'homme blanc. Lorsque vous étiez petit garçon, que vous passiez des heures à rêver dans les arbres, ou que vous vous sentiez mieux dans l'intimité des animaux que dans celle des hommes — c'était une sorte de quête visionnaire. Ce n'était peut-être pas beaucoup, mais c'était essentiel. De même, vous ramassez des pierres de forme bizarre, des cailloux, des fossiles ; vous dites que vous le faites parce que vous en avez envie ; mais moi je sais ce qu'il en est. Dans votre tréfonds, vous devez avoir conscience du pouvoir des pierres, des esprits qu'il y a en elles ; sinon pourquoi les ramasseriez-vous ? Les caresseriez-vous comme je vous ai vu le faire ? J'ai toujours désiré que quelqu'un m'aide à écrire un livre sur la religion et la médecine indiennes, et dès que je vous ai vu, j'ai su que vous seriez celui-là. Votre présence n'était pas accidentelle. »

Que j'aie été prédestiné à rencontrer Cerf Boiteux ou non, je ne pensais pas à Winnetou ou aux Indiens pendant mes premières années en Amérique. J'aimais New York et j'en étais surpris ; j'aimais mon travail d'illustrateur. J'épousai une Américaine, une artiste comme moi, et j'élevai trois enfants. J'étais heureux de ne plus être pierre qui roule, et d'une vie qui me donnait une impression de stabilité : si l'on frappait chez moi à quatre heures du matin, il s'agissait du laitier ou de l'éboueur, pas de la Gestapo.

Mais après une douzaine d'années passées à me fixer, à prendre racine, j'éprouvai de nouveau le besoin de changer, de ne pas m'encroûter. Je parvins à me procurer des reportages pour différentes publications et j'achetai une voiture imposante pouvant transporter un équipement de camping et les enfants, non seulement les nôtres, mais aussi un petit camarade ou deux pris du désir de nous accompagner. Ma manie des voyages, mon besoin d'errance se communiquèrent à Jean, ma femme, une fille de la nature, nullement désemparée, tout à fait à l'aise au contraire, dans une tempête de neige ou dans un orage du désert, ce qui fut probablement l'une des raisons pour lesquelles nous nous sommes mariés.

Ma première rencontre avec l'Ouest américain me laissa une impression extrêmement étrange. Elle eut lieu bien entendu dans le Sud Dakota. Durant la journée, nous avions traversé le pays du maïs, plat et assez monotone — des fermes espacées cernées de clôtures à piquets blancs, chacune au centre de champs de maïs interminables. Après avoir franchi le Missouri, la vieille grand-route commença à onduler, une descente, une montée, une descente, une montée, comme les montagnes russes. Encore une descente et tout à coup nous nous trouvâmes dans un autre monde. En dehors de la route, rien ne rappelait l'existence des hommes. Devant moi se déployaient — à perte de vue, comme un océan — des mamelons couverts de sauge et d'herbe de la prairie. Celle-ci nuancée d'argent, de brun et d'ocre subtils, de jaune pâle et d'orange. Mais surtout, au-dessus de cette étendue se déployait le ciel le plus immense que j'aie jamais vu. Rien jusque-là dans ma vie ne m'avait préparé à une telle confrontation avec un semblable paysage d'ultime délaissement.

J'arrêtai la voiture et nous descendîmes. Dans le silence, quelques appels d'oiseaux invisibles ne faisaient qu'accentuer cette sensation initiale de délaissement. J'étais submergé par une extraordinaire impression, celle d'être libéré, d'être livré à l'espace. J'éprouvai un moment d'exultation. Les enfants aussi eurent la même réaction et même Jean, qui avait pourtant déjà vu ce pays. De tout le jour, l'exultation ne nous quitta plus. Jean me rappela d'ailleurs plus tard que je n'avais pas cessé de chanter pendant que nous cherchions un endroit où camper.

Cette nuit-là, en buvant le café près du feu de camp, je fis part à Jean du bouleversement que j'éprouvais devant ce paysage. Non qu'il ait été beau au sens convenu du mot. Ce n'était pas ça. Mais il m'avait marqué plus intensément que les vitraux de la Sainte-Chapelle, les collines de Rome, les Alpes autrichiennes ou le Val de Loire, que chacun s'accorde à dire inoubliables. Je pense que c'est de se sentir si complètement absorbé dans la nature qui donne à la prairie ce puissant attrait. Il n'y a rien de tel dans toute l'Europe. D'un glacier des Alpes suisses, on prend conscience des villages, tels des jouets, du paysage bien entretenu de champs multicolores, d'une cloche qui résonne dans le lointain. C'est très beau, mais on n'atteint pas à cette libération que la prairie communique, à l'exaltation de se perdre soi-même, de l'évasion ultime. Je crois avec les Indiens que le lieu où l'on vit vous influence et vous modèle, que l'on ne peut comprendre quelqu'un et se lier avec lui sans comprendre et sans aimer également sa terre.

Mes premières excursions dans l'Ouest ne me

mirent pas immédiatement en contact avec les Indiens. J'écrivais et illustrais des récits sur les villes abandonnées, la vie des régions sauvages, la flore et la faune, le camping. En 1952, l'un de mes rédacteurs en chef, un fanatique du rail, me demanda d'évoquer les chemins de fer des villes minières du XIXe. Au cours de ce reportage, nous nous trouvâmes par hasard dans une réserve indienne. Ses habitants nous accueillirent avec une méfiance hostile, une femme en particulier qui, de toute évidence, ne voulait pas entendre parler des Blancs. Devant la misère dans laquelle vivent les Indiens, et sachant comment ils ont été traités, je trouvais leur attitude à notre égard compréhensible, mais personnellement pénible à supporter. Nous avions passé là une journée et nous apprêtions à plier bagages, quand cette même femme qui nous avait traités jusque-là comme des pestiférés s'approcha soudain en souriant, nous prit par le bras et nous pria d'entrer chez elle pour partager le dîner de sa famille. Il y a bien longtemps de cela ; depuis, cette femme et les siens sont devenus des amis précieux ; mais j'eus beau lui demander souvent la raison de son soudain revirement à notre égard, je n'obtins jamais de réponse satisfaisante. Je dus me contenter d'un aimable sourire énigmatique.

A les connaître mieux, mes idées préconçues sur les Indiens — stoïques, le visage fermé, secrets et taciturnes — ont été réduites à néant. Je n'avais jamais rencontré encore d'êtres tels que mes nouveaux amis — à ce point joyeux dans la compagnie les uns des autres, toujours à se rendre visite, doués d'un humour pince-sans-rire aussi naturel, riant et pleurant avec une telle facilité.

Nous étions si heureux dans leur compagnie que nous n'avions plus envie de les quitter et que nous les avons invités à venir à New York avec nous. L'océan Atlantique les a laissés bouche bée, c'est ce qui leur a fait la plus profonde impression. Ils vivent dans une contrée aride et désertique, et toute étendue d'eau était pour eux un objet de profonde stupéfaction et d'émerveillement. Nous avons pris l'habitude de rendre visite à cette famille chaque fois que nous nous trouvons dans un rayon de cinq cent miles de chez eux. Nos enfants jouent avec les leurs et nous éprouvons une grande joie à les revoir.

Nous avions coutume de nous rendre ensemble dans les tribus avoisinantes où nos amis avaient des amis, qui peu à peu sont devenus les nôtres. De cette façon nous allions de tribu en tribu, et en 1964 nous nous sommes trouvés chez les Sioux. A différentes reprises, j'essayai d'intéresser les directeurs de périodiques aux Indiens et à leurs problèmes. Je me suis heurté à un mur. A l'époque, je m'entendais invariablement répondre que les Indiens ne font pas recette, que personne ne s'intéresse à eux, que ce sujet fait baisser le tirage. Aussi je me mis à écrire sur la terre, la capture des chevaux en liberté ; je racontai un voyage sur les rivières Green et Yampa. Bref, je parlais de tout ce qui pouvait nous rapprocher de nos amis indiens.

En 1967, nous avons hébergé une soixantaine d'Indiens dans notre appartement de New York. Vingt-six Sioux y étaient venus afin de prendre part à la marche pour la paix de Martin Luther King, de se mêler au monde extérieur, de lever le rideau baissé comme à jamais sur eux. Ils décidèrent tout à trac de venir ensuite dîner à la maison. La nouvelle se répandit, et apparemment tout Indien dans un rayon de cinquante miles de New York se mit en tête de prendre la même direction. Un groupe « d'Indiens blancs » — garçons et filles aux cheveux longs pris dans des serre-tête ornés de perles, avec des colliers clinquants — les mirent sur le sentier de l'appartement. Je les découvris par hasard dans la chambre à coucher en train de fumer leur drogue dans différentes positions du Kama Soutra. Il y avait tellement de monde que je me promenais chez moi hébété. Cerf Boiteux était là. Il jouait du tambour et chantait l'hymne national sioux. Dans l'atelier, un groupe entonnait des chansons omaha. Il n'était pas vraiment possible de faire la connaissance de tout le monde, même de se rappeler chaque visage. Par la suite, quand nous nous retrouvions à Rosebud ou à Pine Ridge, il n'était pas rare que des étrangers s'avancent vers nous la main tendue : « Vous vous souvenez de moi ? J'ai dîné chez vous. » Ils se mirent également à appeler notre rue, la 89e rue, « Sioux East », et à débarquer à l'improviste, n'importe quand, sans s'annoncer. Un vieil homme resta trois mois. Il m'arrivait aussi de recevoir d'endroits bizarres des coups de téléphone mystérieux. Une nuit, une voix désincarnée m'interpella dans un anglais saccadé : « Hé, ami, tu te rappelles de moi ? Je suis en panne entre Upper Cut Meat et Wanblee. J'ai pas d'argent pour l'essence. Il me faut six dollars cinquante cents pour rentrer. Envoie-moi la somme par mandat télégraphique. »

Il me fallut expliquer qu'un dimanche à quatre heures du matin, ce serait le diable de trouver un bureau de la Western Union encore ouvert : Est-ce que, peut-être, il ne pourrait pas trouver quelqu'un plus près de chez lui ? La réplique fut sans appel : « Mais, tu es le seul type que je connaisse, dans le monde entier, à avoir le téléphone. »

Cerf Boiteux nous invita à la danse du soleil qu'il organisait dans sa ville de Winner, dans le Sud Dakota. Il me présenta à plusieurs voyants-guérisseurs. Je me trouvai prendre part, à ma vive surprise, à des rites que je croyais depuis longtemps révolus. John me fit cadeau du crâne de bison qui avait servi pour la danse du soleil. Il me dit de revenir. Nous nous sommes revus souvent, allant l'un chez l'autre, voyageant ensemble, passant des jours à bavarder. L'idée d'écrire un livre nous est venue spontanément, sans hésitation, comme si nous en avions, depuis longtemps, établi le plan. A ce moment-là, j'avais déjà rempli beaucoup de carnets de notes avec nos conversations et enregistré de nombreuses bandes au magnétophone. Mais je me disais, qu'en plus de Cerf Boiteux, je devrais rencontrer d'autres voyants-guérisseurs pour compléter le livre et lui donner une plus ample perspective. Aussi fis-je un nouveau voyage dans les Dakotas, et j'emmenai ma famille avec moi.

Un jour, nous étions assis chez un jeune voyant-guérisseur, Leonard Chien Corbeau. John et lui évoquaient l'impression désastreuse qu'ils avaient ressentie devant la commercialisation de la danse du soleil — les billets vendus, l'atmosphère de cirque, la profanation. Cerf Boiteux s'écria : « Quelques-uns d'entre nous devraient se réunir pour changer tout ça. » Leonard fit une suggestion : « Charles Tue l'Ennemi et John Strike n'habitent pas loin d'ici. Quelqu'un devrait aller les chercher maintenant. » En très peu de temps, sept voyants-guérisseurs se trouvèrent rassemblés pour discuter de la danse du soleil. L'occasion était bonne de tenir une cérémonie *yuwipi*. Je fus invité à entrer avec eux dans l'étuve. Après quoi, je fis un saut à Mission afin d'y quérir de la nourriture pour les participants. De retour chez Chien Corbeau, je vis que la nouvelle de la cérémonie s'était répandue. Des voitures arrivaient, et une vieille dame déclara : « Je sais qu'on n'organise pas la cérémonie pour moi, mais peut-être que le *yuwipi* me guérira malgré tout. »

Je connaissais tous les voyants-guérisseurs sauf deux. Quatre étaient venus me rendre visite à New York. Ils me dirent d'amener ma famille, et qu'ils ne voyaient pas d'inconvénients à ce que je prenne des photos et que j'enregistre la cérémonie. Ils avaient entendu parler du livre que John et moi étions en train d'écrire et s'en déclaraient heureux. « Nous sommes entièrement avec vous. Tout cela doit être écrit. Ainsi nos petits-enfants en auront connaissance. »

De la sorte, il advint que moi, le Viennois devenu new-yorkais, me trouvai assis dans l'obscurité à côté d'une marmite de viande de chien. Alors que la cérémonie battait son plein, j'ai eu des ennuis. Depuis deux ans, on m'avait autorisé à me servir à ma guise du magnétophone et de la caméra pendant les cérémonies. Cette autorisation reposait sur la confiance. On savait que je ne transgressais aucune des lois implicites se rapportant aux rites. Je pouvais photographier une assemblée *yuwipi* avant l'extinction des lumières. Une fois les lumières éteintes, je ne devais plus, sous aucun prétexte, entraver le pouvoir des esprits ou essayer de braquer la caméra sur eux.

Mais je ne connais rien à la mécanique. Je me bats interminablement avec les gadgets et sors en général vaincu du combat. Je les soupçonne même de connaître les sentiments qu'ils m'inspirent et de vouloir me rendre la pareille.

Or nous étions au cœur de la cérémonie, les

petites lumières venaient de s'éteindre, les crécelles volaient en l'air. Les *yuwipi* étaient arrivés.

C'est à ce moment qu'un de mes flashs électroniques a trouvé bon de se détraquer. Il s'est mis à fonctionner de son propre gré. Tout de suite s'éleva un chœur de voix furieuses : « Eteignez cette foutue lumière ! Pas de photos ! » Je tentai frénétiquement de déconnecter la batterie, essayant de m'y retrouver dans une obscurité totale. Ça ne fit qu'empirer les choses — déclencher toute une série d'éclairs à intervalles précipités. Une sueur froide m'envahit. Que l'un ou l'autre pût croire que je profitais de la situation pour prendre des photographies fortuitement, et j'allais perdre la confiance qu'on accorde seulement à un ami. Je déclarai d'une voix forte : « Le flash s'est détraqué. J'essaie de le débrancher. J'ai déjà posé dessus mon veston. Je ne prends aucune photo. »

On me rassura sur-le-champ. « O.K., ça ne fait rien. On attendra. C'est une réunion réussie. Les esprits sont venus. » Quelqu'un poussa une couverture dans ma direction. « Tenez, couvrez-le entièrement. » Entendant parler de couverture, l'électronique capitula. La célébration reprit son cours.

Lorsqu'elle fut enfin terminée et qu'on ralluma la lampe à pétrole, on se félicita, ça avait très bien été, tous avaient éprouvé la présence des esprits, le pouvoir des pierres. La malade avait l'impression de se sentir mieux. Quand ce fut mon tour de dire quelques mots, je m'excusai pour la grave perturbation dont j'avais été la cause. J'ajoutai qu'il en est du flash électronique comme des esprits, comme de la religion indienne — on ne peut l'éteindre à sa guise. Tout le monde sourit à cette boutade. Celui qu'on appelait Bill, l'un des voyants-guérisseurs, poussa du pied dans ma direction une pierre ronde et grisâtre de dimensions respectables. A mes yeux, il s'agissait d'une concrétion calcaire, d'un fossile comme on en trouve dans les Badlands. J'avais cassé de nombreuses pierres de ce genre pour dégager des coquilles marines opalescentes vieilles de deux cents millions d'années. Bill me demanda :

— Vous n'avez pas de questions à me poser au sujet de cette pierre ?

— Elle a quelque chose de très particulier ?

Bill protesta que c'était une pierre quelconque, semblable à des milliers d'autres. Pourtant je l'avais vue déjà, soigneusement enveloppée de flanelle rouge, dans le sac aux remèdes de l'un d'entre eux.

— Est-ce qu'il s'y attache un message particulier ?

Bill répondit que, sur certaines pierres, la nature a inscrit son message. Ce qu'il en était de celle-là, il l'ignorait.

— Mais est-ce que cette pierre a quelque chose à voir avec moi ?

Bill prétendit ne pas le savoir. Je ne voyais pas quoi lui demander encore. Bill parut déçu, comme si j'étais incapable de répondre à son appel. Je me sentais stupide.

Tout à trac, les voyants-guérisseurs s'emparèrent de moi et m'attirèrent au centre de la pièce, là où avait été dressé l'autel. Deux d'entre eux me maintenaient les bras pendant que Cerf Boiteux posait sur ma tête la tête d'un aigle chauve, déclarant : « Les esprits nous ont dit de vous donner un nom, le nom d'un être humain. Désormais vous serez connu sous le nom d'Inyan Wasicun. » Quelqu'un brûlait de la glycérie, « me fumait ». Et on m'éventa avec une plume d'aigle. Puis on me reconduisit à ma place. Charles Tue l'Ennemi s'approcha et me serra la main, souriant à belles dents. « C'est un beau nom que vous recevez là, pas un de ces noms à la gomme qu'on donne à un politicien, à un gros bonnet, contre argent comptant — du genre de Grand Aigle Blanc, Aigle Orgueilleux, Aigle ci ou ça. Inyan Wasicun, c'est un nom bien, un vrai nom. »

Je savais qu'*inyan* veut dire pierre et *wasicun* veut dire homme blanc. Mon nom pouvait donc se traduire par Pierre Homme Blanc ou Homme Blanc à la Pierre. De même, le nom de Moïse en sioux, c'est Inyan Wasicun Wacun Wakan — Pierre Saint Homme Blanc, parce que Moïse est allé sur la montagne, qu'il y fut visité par une vision et qu'il en remporta une pierre avec des inscriptions — laquelle aurait fait de lui quelque chose comme un voyant-guérisseur *yuwipi.* Mais rien n'est jamais aussi simple quand il s'agit du symbolisme sioux. *Inyan* n'est pas seulement une pierre, c'est aussi l'esprit de la pierre, son message secret, le nom d'un ancien dieu. Et *wasicun* ne veut pas seulement dire homme blanc. Un dictionnaire sioux moderne définit *wasicun* ainsi :

A. L'homme blanc, dans une acception péjorative.

B. Toute personne ou chose qui est *wakan.* (Sainte, surnaturelle, spirituelle.)

C. Une personne, ayant ou étant caractérisée par des pouvoirs spéciaux participant de l'univers et regardée comme lieu ou messager du *ton* (un pouvoir spirituel, tout objet devenu *ton* par un saint homme pour la célébration de ses rites et qu'il porte avec lui dans un sac).

Je demandai à mes amis dans quel sens je devais interpréter mon nouveau nom mais je n'obtins pas de réponse claire, sauf l'assurance renouvelée que c'était un nom très bien. Leonard Chien Corbeau déclara :

— Voici ce que je dirais, d'après ma façon de voir. Inyan — c'est l'esprit dans votre corps. Inyan Wasicun accomplit ses transactions, il peut rendre la vie au corps. C'est un esprit qui vient en aide. Votre façon d'être en ce moment est selon la coutume indienne, et fait de vous un porte-parole. Jusqu'à maintenant vous parliez pour vous-même seulement. Maintenant, vous vous tenez sur cette pierre. Elle ne cassera pas. Elle habitera vos fils. Quand vous serez vieux, quand vous serez mort, quand vous ne serez plus, les plus jeunes parmi nous se souviendront de vous. Lors d'un powwow, quelqu'un fera un présent aux tambours, gagnera l'emplacement de l'annonceur et dira à l'assistance que les tambours vont jouer pour vous, pour Inyan Wasicun. »

Je me déclarai très touché, quoique pas vraiment pressé d'être honoré ainsi. John Strike me regardait d'un air heureux : « Ce livre que John et vous êtes en train d'écrire, nous sommes avec lui. Si c'est un bon livre, alors vous serez Inyan Wasicun, l'Interprète des Mystères. Mais si c'est un mauvais livre, vous serez seulement un homme blanc avec des pierres dans la tête, une tête fêlée. »

Après quoi nous avons mangé ensemble de la tête de chien et de la soupe de baies.

Richard Erdoes
New York

ULTIMES INSTRUCTIONS DU CERF BOITEUX

Mon père, Chef Cerf Boiteux, nous quitta pour le Monde des Esprits nous laissant pour tâche, à mon fils et à moi, de continuer à dispenser son enseignement spirituel à notre peuple. Je vous donne en partage ses dernières instructions.

« Enseigne à notre peuple qu'aucun fils ne peut être comme son père, aucune fille comme sa mère. L'homme ne doit pas tenter de façonner son fils à son image. Toutes les feuilles sont différentes les unes des autres et pourtant elles sont issues du même arbre (l'Arbre de Vie). Comme les feuilles, nous retournons à notre Mère la Terre pour la nourrir et la combler.

« Tu dois enseigner à notre peuple tout ce que tu as appris de ton père et de tes aïeux. Tu dois leur enseigner ce que tu as appris à travers tes propres expériences dans ce cercle de vie. Où mes pas s'arrêtent, les tiens commencent ; et où tes pas s'arrêteront, ceux de ton fils commenceront.

« Ne t'attache pas aux choses matérielles. Même à la Pipe Sacrée parce que c'est de la matière. Deviens fort au point que ta religion soit ancrée si profondément en toi que tu n'auras besoin ni d'objet ni de rituel, pour te rappeler qui tu es. Lorsque tu auras besoin d'être guidé, tourne-toi vers l'enseignement initial de la Pipe de Buffletin Sacrée. Depuis des centaines d'années, ces préceptes ont fait leur preuve au sein de notre peuple.

« Mon fils, prends ce Bonnet et cette Pipe Sacrés. Maintenant, ils t'appartiennent. La route qui t'attend sera dure. Les gens parleront de toi, ils écriront à ton sujet. Prends garde de ne jamais rendre coup pour coup sous l'emprise de la colère. Prie pour tes ennemis, dis du bien d'eux et suis ton chemin en bonne intelligence avec tous.

« Mon fils, j'ai été dans le Monde des Esprits et tes aïeux m'ont forcé à rebrousser chemin, mais je les ai vus. Aussi loin que ma vue pouvait porter, je les ai vus. Ils se tenaient là, leur Bonnet Sacré sur la tête. Nous sommes Chefs, mon fils, depuis des temps immémoriaux. J'ai questionné mon père, ton grand-père, alors que j'étais dans le Monde des Esprits, « Où est mon fils ? » Il répondit, « Le voilà, au sommet de la montagne. Il ira plus loin que toi dans la vie physique. Ne te soucie pas mais retourne-t-en et instruis-le sur ce qu'il doit faire. Il est le dernier voyant-guérisseur que tu devras former, le 24e. Alors, ta vie sera achevée. » Maintenant, je suis revenu pour m'enquérir auprès de toi de bien des choses et pour te dire ce que tu dois faire.

« Si tu ne suis pas mes instructions, si tu triches avec l'enseignement, tu deviendras vieux avant ton heure. Tu te courberas, tes cheveux blanchiront, tu seras un vieillard alors que ta jeunesse ne sera pas encore passée. Si tes enfants doivent prendre la relève, si le Monde, notre Mère la Terre doit durer, toi, tu dois essayer de la sauver. A moins que le genre humain ne change bientôt, la Terre sera détruite par des hommes avides qui placent la matérialité avant le sacré. Enseigne-leur la Terre, les plantes, les arbres, les roches, l'eau, le feu, l'air, les animaux, les poissons, le monde ailé et celui des insectes.

« Laisse-moi te raconter une vision que j'ai eue de toi, mon fils. Sur ta gauche, il y a une grande table carrée. Autour sont assis tous les chefs politiques du monde. Ils t'interpellent mais ignore-les. Va jusqu'au bout de cette table carrée.

« Retourne-toi et regarde encore une fois sur ta gauche. Là, tu verras une table ronde. Autour d'elle sont assis tous les Sages du monde – les chefs spirituels, les chefs religieux. Eux aussi t'interpelleront. Va plus loin, au-delà des deux tables où la lumière est éclatante. Nous te guiderons jusqu'au bout de ton chemin car tu es maintenant Cerf Boiteux.

« Cerf Boiteux ne meurt jamais car les enseignements de Cerf Boiteux se passent de père en fils. Certaines choses ne peuvent être dites à cause du caractère sacré des prophéties. »

Enfin mon père me dit : « Prends mon Bonnet et ma Pipe Sacrés car ils t'appartiennent en tant que Chef et Voyant-Guérisseur. Tu les passeras, le jour venu, à ton fils qui les passera à son fils. Prends-moi dans tes bras, mon fils, mets-moi sur mon lit. J'ai sommeil. Je suis fatigué. Aide-moi à me reposer. »

C'est ainsi que, pour la dernière fois, j'endormis mon père le 14 décembre 1976.

Hau. Mitakuyi Oyasin
Témoignage d'Archie Fire Lame Deer *
Santa Barbara, janvier 1985.

* Archie Fire Lame Deer est le fils de Tahca Ushte, Cerf Boiteux. Il nous a adressé ce texte en janvier 1985, afin qu'il soit inclus dans la nouvelle édition de « De mémoire indienne ».

CARTES

Carte des réserves et territoires indiens des États-Unis en 1881. Les chiffres sont ceux de la population indienne.
(D'après une carte du *Bureau of Indian affairs*, Washington 1881).

Carte des réserves indiennes des Grandes Plaines du Nord des États-Unis. 1976.

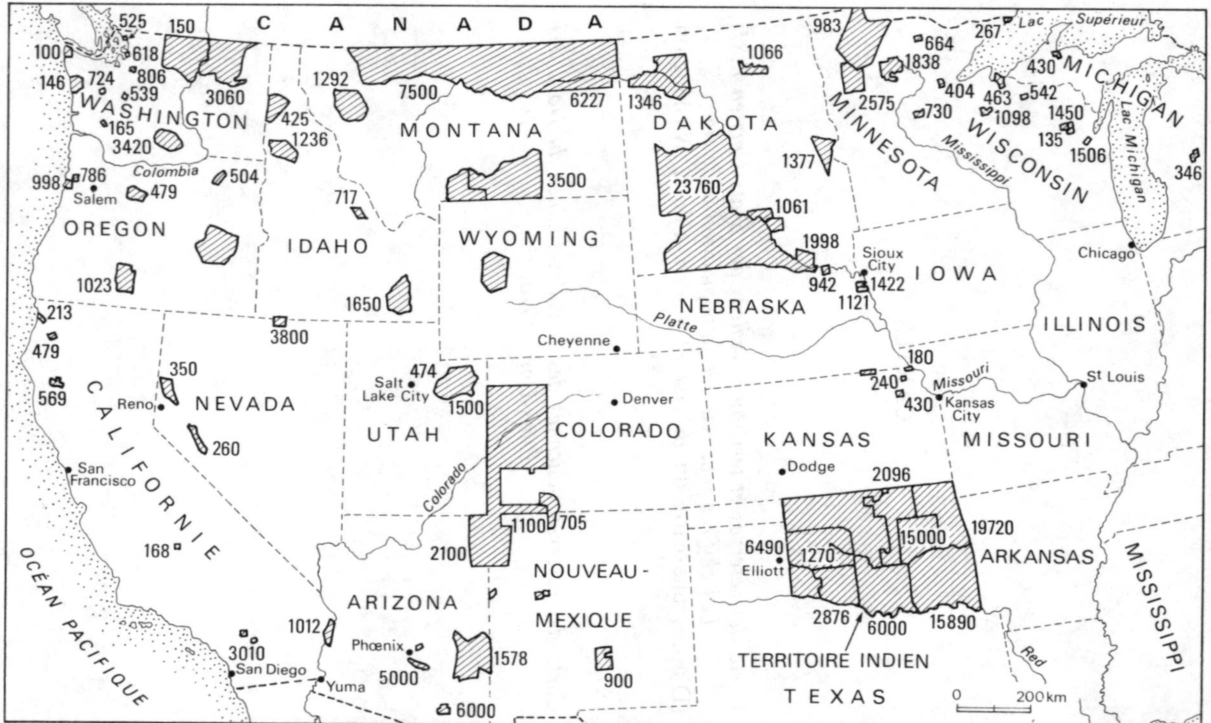
CANADA
OCÉAN PACIFIQUE
WASHINGTON
OREGON
CALIFORNIE
IDAHO
NEVADA
MONTANA
WYOMING
UTAH
ARIZONA
COLORADO
NOUVEAU-MEXIQUE
DAKOTA
NEBRASKA
KANSAS
TERRITOIRE INDIEN
TEXAS
MINNESOTA
IOWA
MISSOURI
ARKANSAS
WISCONSIN
MICHIGAN
ILLINOIS
MISSISSIPPI
Lac Supérieur
Lac Michigan
Colombia
Mississippi
Platte
Missouri
Colorado
Red
Salem
Reno
San Francisco
San Diego
Yuma
Phœnix
Salt Lake City
Cheyenne
Denver
Dodge
Elliott
Sioux City
Kansas City
St Louis
Chicago
525
150
100
618
806
146
724
539
165
3060
3420
998
786
504
479
1023
213
479
569
350
260
168
3010
1012
5000
6000
1578
900
425
1236
1292
7500
717
1650
3800
474
1500
3500
6227
1346
1100
705
2100
983
1066
23760
1061
1998
942
1377
1422
1121
180
240
430
2096
19720
15000
1270
6490
2876
6000
15890
664
1838
2575
404
730
267
430
463
542
1098
1450
135
1506
346
0
200 km

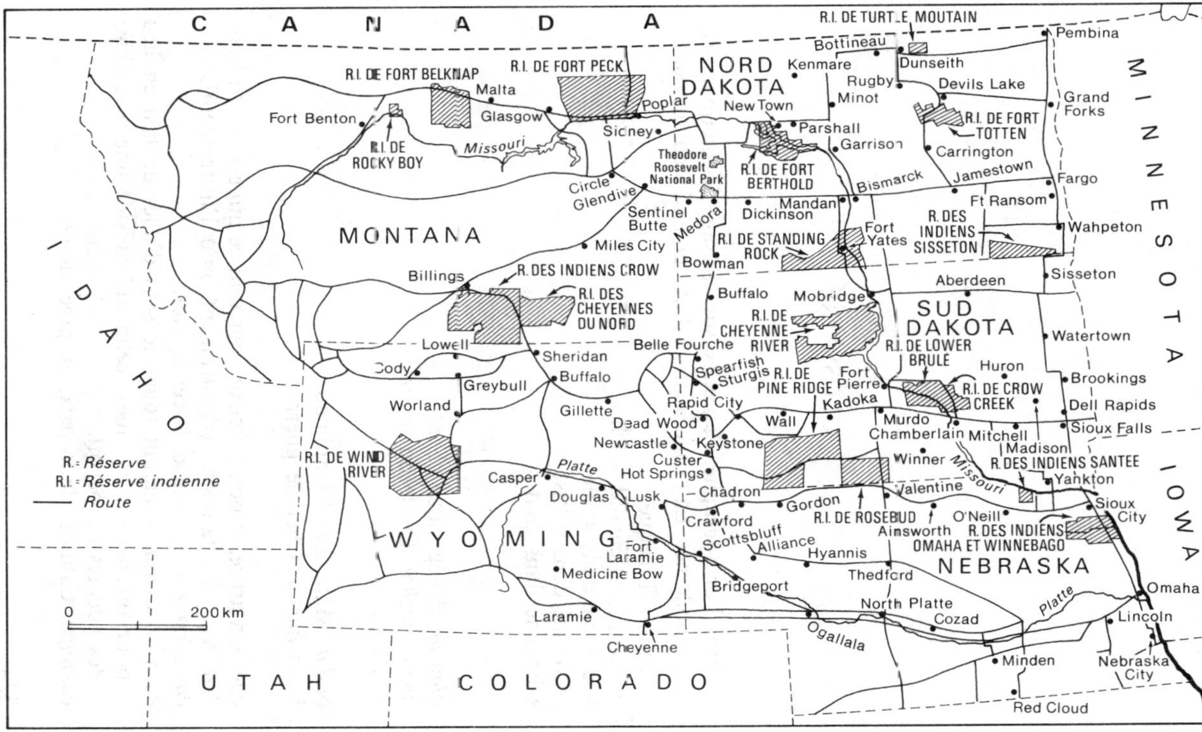
CANADA
MINNESOTA
IOWA
IDAHO
UTAH
COLORADO
MONTANA
WYOMING
NORD DAKOTA
SUD DAKOTA
NEBRASKA
R.I. DE TURTLE MOUTAIN
R.I. DE FORT BELKNAP
R.I. DE FORT PECK
R.I. DE ROCKY BOY
R.I. DE FORT TOTTEN
R.I. DE FORT BERTHOLD
R.I. DE STANDING ROCK
R. DES INDIENS SISSETON
R. DES INDIENS CROW
R.I. DES CHEYENNES DU NORD
R.I. DE CHEYENNE RIVER
R.I. DE LOWER BRULE
R.I. DE CROW CREEK
R.I. DE PINE RIDGE
R.I. DE WIND RIVER
R. DES INDIENS SANTEE
R.I. DE ROSEBUD
R. DES INDIENS OMAHA ET WINNEBAGO
Theodore Roosevelt National Park
Missouri
Platte
Pembina
Bottineau
Dunseith
Kenmare
Rugby
Devils Lake
Minot
Grand Forks
New Town
Parshall
Garrison
Carrington
Jamestown
Bismarck
Fargo
Mandan
Dickinson
Ft Ransom
Wahpeton
Fort Yates
Sentinel Butte
Medora
Bowman
Fort Benton
Malta
Glasgow
Poplar
Sidney
Circle
Glendive
Miles City
Billings
Aberdeen
Sisseton
Buffalo
Mobridge
Watertown
Lowell
Sheridan
Belle Fourche
Cody
Greybull
Spearfish
Sturgis
Fort Pierre
Huron
Brookings
Worland
Gillette
Rapid City
Kadoka
Dell Rapids
Dead Wood
Wall
Murdo
Sioux Falls
Newcastle
Keystone
Chamberlain
Mitchell
Madison
Custer
Hot Springs
Winner
Yankton
Casper
Chadron
Valentine
Douglas
Lusk
Gordon
Sioux City
Crawford
Ainsworth
O'Neill
Fort Laramie
Scottsbluff
Alliance
Hyannis
Medicine Bow
Thedford
Bridgeport
Omaha
North Platte
Cozad
Laramie
Cheyenne
Ogallala
Lincoln
Minden
Nebraska City
Red Cloud
R. = Réserve
R.I. = Réserve indienne
Route
0
200 km

GLOSSAIRE

Dans l'orthographe, l'auteur a suivi l'usage des dictionnaires sioux modernes. La prononciation doit s'entendre comme suit :

č comme Tchèque.
ḣ comme allemand « ich ».
ñ comme dans gnole.
s comme dans sottise.
ś comme dans chat.

alowan. Panégyrique chanté.
anpo wicahpi. Étoile du matin.
ate. Père.

bloka. Mâle chez les animaux.
blota hunka. Chef de guerre.

čan. Un arbre, le bois; préfixe pour tout ce qui est fait en bois.
čan cega. Le tambour (l'instrument, non l'instrumentiste).
čan gleska. Une boucle, le cercle sacré.
čankhu wicasa. Itinérant (dans le sens d'aller de lieu en lieu pour prêcher la doctrine); celui qui préside une assemblée des adeptes du peyotl.
čanunpa. Calumet de la paix, ou pipe sacrée.

čanshasha. Tabac fait avec l'écorce de saule rouge.
čante. Le cœur.

hanblečeya (*hanblechia*). L'ascèse du voyant.
hanhepi. La nuit.
hanhepi wi. La lune (le « soleil de nuit »).
heḣoka. L'élan (l'animal).
heyoka. Clown sacré.
hokśi, *hokshi*. Enfant.
hokśi cala. Bébé.
hokśila. Garçon.
hunka. Ancêtre.
hunka lowampi. La cérémonie où l'on se fait des parents.
hupa gluza. Prier en élevant le calumet.

ikce wičaśa. Le peuple, les hommes ordinaires à l'état de nature, les Indiens d'Amérique.
iktomé (*unktomi*). L'araignée, l'homme-araignée (un fourbe).
ina. Mère.
inipi. Bain de vapeur, étuve.
iśnati (*ishnati*). Avoir ses règles, se tenir à l'écart.
iśta (*ishta*). L'œil.
iñyañ. Un rocher, une pierre, un caillou.

kañkakpa. Ouvrir une veine pour faire saigner un patient.
kinnickinnick. Le tabac indien.
kola. Ami.
kunshi, *unči*. Grand-mère.

Lakota. Nom indien des Sioux de l'Ouest.
lekśi. Oncle.
luta. Rouge.

maḣpiya. Les nuages, le ciel, le paradis.
maka. La terre.
maka sitomni. Le monde, le monde entier, l'univers.
mato. Ours.
maza. Métal ; préfixe pour tout objet en métal.
mazaska. L'argent (le métal blanc).

mitakuye oyasin. Tous mes parents (ou tous les miens); ces paroles sont prononcées à la fin de nombreuses cérémonies sioux.
mni, *mini*. Eau.
mni sha. Vin.
mni wakan. Whisky, eau-de-vie.

nagi. L'esprit, l'âme, l'essence.
nape. Main.

ohitika. Brave.
oinikaga tipi. Étuve.
olowan. Chant.
owanka wakan. Lieu saint. L'autel.

peji. Herbe ou plante médicinale, l'herbe.
pejuta. Médicament, remède.
pejuta wičaśa. Voyant-guérisseur.
peta. Le feu.
peta owijhankeshni. Le feu sans fin, le feu sacré.
Pte. La femelle du bison (la bisonne, mais ce féminin est peu employé).
ptehinčala. Le petit du bison.
ptehinčala huhu čanunpa. La pipe faite avec le jarret du petit bison; la pipe sacrée des Sioux de l'Ouest.

śa, *sha*. Rouge.
sapa. Noir. (*Paha Sapa*, Black Hills).
śiča (*shiča*). Mauvais.
siyotanka. Flûte.
ska. Blanc.
śunka wakan. Cheval.

taḣca. Cerf.
taḣca ushte. Cerf boiteux.
takoja. Petit-fils.
tatanka. Le bison mâle.
tate. Le vent.
tate topa. Les quatre directions dans l'univers, la rose des vents.

tunka. Pierre sacrée.
tunkashila. Grand-père.

unčela. Peyotl.
unči kunshi. Grand-mère.

wačanga. Glycérie (brûlée, c'est de l'encens).
wagmuha. Crécelle magique, hochet, gourde.
wakan. Saint, sacré, surnaturel, mystérieux.
wakan tanka, Le Grand Esprit, le grand mystère.
wakinyan. Les oiseaux-tonnerre.
wanagi. Fantôme.
wanagi wačipi. La danse fantôme.
wanblee, *wanbli.* Aigle.
wasicun. L'homme blanc.
waśte, *washtay.* Bon.
waziya. Le pouvoir de la nature, le grand mystère du Nord; l'équivalent du père Noël; un homme-dieu de la préhistoire.
we. Le sang.
wi. Le soleil.
wičaśa (*wichasha*). L'homme, le genre humain, l'être humain.
wičinča. Une fille.
wičinčala. Une petite fille; dans l'acception la plus courante, une jolie fille.
win. Femelle (comme adjectif).
winyañ. Femme.
wiwanyank wačipi. La danse du soleil.
wolakota. Paix, amitié.
woniya. Esprit, vie, souffle de vie, haleine.
wopila. Cérémonie d'action de grâces.
wotawe. Philtre ou charme propre à une personne; charme protégeant le guerrier; moyen magique de préservation.
wohuhañ, *otuhan.* Festin au cours duquel on donne ses biens à autrui.
wowakan. Quelque chose de surnaturel.

yuwipi. Petites pierres transparentes qu'on trouve sur les fourmilières et qu'on dépose dans une sorte de gourde sacrée (elles font un bruit de crécelle); cérémonie au cours de laquelle le guérisseur est ligoté comme une momie; l'officiant de cette cérémonie.

yuwipi waśičuñ. Pierre sacrée douée de pouvoirs magiques dans les mains du guérisseur au cours d'une célébration *yuwipi*.

*
* *

L'édition française a été revue sur le plan scientifique par M. Eric Navet, ethnologue spécialisé dans l'étude des Indiens d'Amérique.

INDEX

Cet index a été établi par Michèle Therrien

INDEX DES THÈMES

INDEX DES NOMS DE PERSONNES ET DE GROUPES CULTURELS

INDEX DES LIEUX

DÉBATS ET CRITIQUES *

* Cette revue critique a été établie par la rédaction de Terre Humaine (titres Terre Humaine).

L'Indien d'Amérique face à son destin, vu par les Français

Un philosophe : 1580

« Nous les pouvons donq bien appeler barbares, eu esgard aux regles de la raison, mais non pas eu esgard à nous, qui les surpassons en toute sorte de barbarie. »

MONTAIGNE : *Essais* (Chapitre 31 : « Des cannibales »), Garnier, Paris, 1962, Tome 1, p. 240.

■■■

Un écrivain : 1791

« Quand l'Indien était nu ou vêtu de peau, il avait quelque chose de grand et de noble ; à cette heure, des haillons européens, sans couvrir sa nudité, attestent sa misère : c'est un mendiant à la porte d'un comptoir, ce n'est plus un sauvage dans sa forêt. »

CHATEAUBRIAND : *Mémoires d'outre-tombe,* 2 tomes, La Pléiade, Gallimard, Paris 1951. Tome 1, chapitre 7, page 249.

■■■

Un sociologue : 1835

« La condition morale et l'état physique de ces peuples n'ont cessé d'empirer en même temps, et ils sont devenus plus barbares à mesure qu'ils étaient plus malheureux. Toutefois, les Européens n'ont pu modifier entièrement le caractère des Indiens, et avec le pouvoir de les détruire, ils n'ont jamais eu celui de les policer et de les soumettre. »

Alexis de TOCQUEVILLE : *De la démocratie en Amérique,* Garnier-Flammarion, 1981, Tome 1, p. 429.

■■■

L'humanité face à son destin

Déclaration de Archie Fire Lame Deer*.

Mon père m'a élevé pour être un homme-médecine et un chef. Il m'a appris à cheminer sur la Terre-Mère. Nous, hommes-médecine, avons le sentiment que si nous ne parvenons pas à changer le système dans lequel nous vivons, en l'an 2000 il n'y aura plus que quatre ou cinq espèces animales vivantes. Je parle ici des prophéties de notre peuple...

Nous pensons que toute personne qui a du sang indien dans ses veines peut en être fière. En tant qu'Indiens d'Amérique, nous sentons que les racines de notre peuple vont au cœur de notre Mère, la Terre. Mais nous pensons aussi que, pour les autres peuples opprimés, Noirs, Rouges, Jaunes, et Blancs, c'est pareil, leurs racines plongent dans la Terre-Mère. Et là, au cœur, les racines se rejoignent...

Ainsi, nous, les Indiens, qui pratiquons toujours nos anciens modes de vie, souhaitons enseigner à quiconque sur cette terre, une façon de vivre qui nous permet de marcher en harmonie avec la Terre-Mère.

Notre enseignement porte dans de nombreuses directions, vers les femmes et vers les hommes. Nous enseignons dans les voies de la médecine que le corps dans lequel nous vivons ne nous appartient pas ; il appartient au Créateur et nous y sommes seulement pour un moment. Nous sommes dans un cercle de vie, et nous croyons qu'il n'y a pas de mort, seulement un changement de monde, un autre lieu, un autre cercle. Nous ne croyons pas en la réincarnation. Pendant que nous sommes dans ces corps, nous devons en prendre soin, spirituellement, mentalement et physiquement. En tant qu'hommes-médecine, nous croyons que tout être, quel que soit le corps qu'il occupe, quelle que soit sa couleur, est sacré.

Suivant notre spiritualité, nous ne nous sommes jamais écartés de la voie traditionnelle, nous n'avons jamais adopté le système dominant. C'est l'une des raisons pour lesquelles nous avons été capables, en tant qu'Indiens d'Amérique, de résister si longtemps au gouvernement des États-Unis. Nous pensons qu'aussi longtemps que nous pratiquerons notre spiritualité et notre culture, nous ne serons pas détruits. Et nous pensons aussi que quand les Indiens d'Amérique auront disparu de la face du monde, le monde, lui aussi, aura disparu...

Nous regardons nos frères d'Orient, de Nagasaki et d'Hiroshima... Il faut vraiment avoir vu ceux qui souffrent encore aujourd'hui pour vraiment comprendre la réalité de l'affrontement de deux super-puissances qui manquent beaucoup de maturité... Allons-nous laisser faire, et laisser deux grandes puissances immatures détruire l'espèce humaine ?

* Fils de Tahca Ushte, il est le guide spirituel du Mouvement des Indiens d'Amérique (A.I.M.) (extraits d'une conférence de presse tenue à Paris en mai 1982).

La pensée sioux : Un exemple de spiritualité

Peut-être est-on arrivé à saturation de ces confessions de sorciers navajos ou de ces autobiographies de Cheyennes délurés ? Mais Tahca Ushte, qui est sioux et qui vient de mourir à l'âge de soixante-quatorze ans, c'est différent. C'est un autre saint Paul qui aurait trouvé son chemin de Damas en fuyant obstinément les Blancs et leur civilisation. C'est un Marc Aurèle de la Prairie dont on voudrait inscrire les pensées sur les murs (et le plafond, ô Montaigne) de nos chambres comme cet admirable « J'avais été dépouillé de tout sauf de moi-même. » Ce visionnaire sait nous faire partager ses visions qui, dans son peuple, remplacent la loi. L'œil a enfin la parole. On en reste ébloui pour longtemps.
Tahca Ushte a voulu tout connaître, « la pauvreté, la vie dure, le rire, la honte, l'aventure ». Il a tout connu et c'est ce qui donne à sa bible indienne des allures de roman picaresque et un ton inimitable. C'est écrit avec une lenteur gourmande. Aidé par le journaliste Richard Erdoes, Tahca Ushte prend son temps et, en même temps, nous apprend à le prendre.

Jean CHALON, *Le Figaro,* 1977.

▪▪▪

[...] Pour un Indien, le spirituel est intimement associé à la vie. Toute réalité n'est en fait que le signe d'une vérité plus haute. Cette certitude met l'Indien en communion avec les forces naturelles, lui en dévoile les secrets, lui en fait hériter le pouvoir.
Lorsque Tahca Ushte dégage le sens profond des rites de son peuple, il nous initie non seulement à une mythologie, mais encore à une véritable cosmogonie indienne. La purification dans l'étuve, la danse du soleil où la tribu s'ouvre au sacré la danse des ombres qui célèbre la venue d'un monde de liberté et de bonheur, toutes manifestent la quête de cet invisible qui enveloppe les gestes quotidiens de l'Indien. Et cette recherche brûle avec une telle ardeur son âme qu'elle engendre même des rites nouveaux, comme le culte actuel du peyotl qui plonge ses adeptes dans les hallucinations sacrées, ou encore ces « liturgies » qui, opérant un singulier syncrétisme entre la Bible et le calumet, confondent le Grand Esprit et le Saint-Esprit.
Vers quel horizon s'oriente cette résurgence de la personnalité indienne ? Ushte n'appelle pas à une

révolte contre le Blanc, il convie simplement les siens à se désaltérer dans les eaux ancestrales, à renouer le lien antique avec le mystère de toute chose créée. Mais une telle conversion ne doit pas aboutir à un particularisme replié sur lui-même ; au contraire, elle doit, aux yeux de Ushte, favoriser le règne de la paix entre tous les hommes. Qui ne partagerait ce souhait ?

René ALBRECHT, *La Croix,* 1977.

▪▪▪

Il faut dire que ce sage, avant d'être sage, fut un loustic. Son itinéraire vers le Sacré emprunte des routes buisonnières. Il a consacré une bonne partie de sa vie à commettre des bêtises, ce qui fait de ses Mémoires un voyage exquis, à la trace d'un petit Indien vif comme un grain de poudre, insolent et rêveur, un peu burlesque, et très cabochard dans l'Amérique du début du siècle. Tahca Ushte (« Cerf boiteux) commence comme un champion de rodéo, esquisse une carrière de clown, se bagarre, se saoule, fait le bootlegger avec enthousiasme, couche avec toutes les filles qu'il croise, et tout cela, comprenne qui pourra, tout cela confectionne un sage. Pourtant, Tahca Uhste n'a pas connu le moindre chemin de Damas. S'il sait que le Grand Esprit existe, c'est qu'il ne l'a pas rencontré. Il ne l'a même pas cherché puisque le Grand Esprit est partout quand on sait regarder. A celui qui a la Vision, toute la nature est surnaturelle, tout parle du Sacré : le corps des filles et les histoires du vent, le bavardage des papillons, le malheur d'un peuple, la mort d'une grand-mère, une bagarre d'après-boire, le délires d'un bouffon. Ce qu'enseigne ce sage, c'est la folie. Et que le Sacré a affaire même avec le mal.

Gilles LAPOUGE, *Le Monde,* 1977.

Parler de soi, c'est parler des arbres...

« La civilisation européenne ne peut pas s'adapter aux Peaux-Rouges, leur genre de vie et leurs nécessités n'étant pas les mêmes que les nôtres. Le simple bon sens et l'expérience de ces enfants de la nature leur montrent que notre éducation, nos

institutions et nos collèges leur seraient plutôt pernicieux qu'avantageux. »

Abbé Em. DOMENECH :
Voyage pittoresque
dans les grands déserts
du Nouveau Monde,
Morizot, Paris, 1862, p. 595.

■■■

[...] On a affaire ici à une véritable biographie cosmique où les forces se répondent, à quelque endroit de l'univers qu'on se place. [...] Il y a là un type de « transcendance quotidienne » [...] où l'on a tendance à gérer les forces magiques avec les mêmes principes que son économie domestique. L'Indien Sioux vit dans un constant échange avec le cosmos, l'univers passe par lui ; il en transforme selon ses forces et ses pouvoirs les signes et les énergies : végétaux, animaux, minéraux « parlent » sans cesse la puissance du Grand Esprit divin qui s'impose comme une force créatrice anonyme et totalisante, comme la puissance de l'Être qui tend à persister immuablement dans son Être. L'humain est absorbé dans la nature jusqu'à l'exaltation simple de se perdre soi-même dans une énergie supérieure : localisation dépaysante s'il en est. Parler de soi c'est surtout parler des arbres, des papillons, du cerf, du bison, de l'ours et de l'élan, de la pierre. La biographie intime passe par la connaissance profonde, physique presque, de la nature propre à son territoire, à son lieu ; et les quelques représentations que l'on offre de ce qui a été ainsi compris, ne sont pas de simples « symboles » trahissant l'écart entre leur matérialité signifiante et l'être signifié, mais la venue de la chose elle-même à travers le signe émis et perçu. Le but même du voyant-guérisseur est de maintenir dans un plain-pied méditatif avec la nature et la totalité de l'ordre inversel, mais pour atteindre ce but il lui faut passer par la vision.

Serge MEITINGER, *Critique,* 1979.

La vision

C'est l'événement constitutif de la vocation de voyant-guérisseur : le livre s'ouvre par l'initiation de l'auteur qui constitue l'un des plus beaux textes que je connaisse. Seul, au sommet d'une colline, accroupi dans la fosse de voyance, il dut passer quatre jours et quatre nuits dans l'attente de la vision. Elle vint et lui donna son nom de Cerf Boiteux, Tahca Ushte. Par la suite, dans tout le reste de sa vie, le voyant-guérisseur ne pourra que s'y référer : elle est la preuve de son pouvoir en même temps que la figure la plus élevée de son intégration au cosmos naturel et à la force des ancêtres. La vision situe le Sioux à sa juste place en tant qu'homme ; après, il lui faut rester digne de celle-ci en entretenant sa vision, en l'approfondissant par la méditation. [...]

Serge MEITINGER, *Critique,* 1979.

Le réseau cosmique du sacré

Pour qui n'a pas étudié en détail la cosmologie et la mythologie des Indiens Sioux, il semble d'emblée difficile de trouver un principe d'ordre dans l'énumération constante et interminable que fait Tahca Ushte des diverses catégories du sacré. Il décrit un grand nombre de types possibles de guérisseurs avec des pratiques et des pouvoirs divers ; il situe de multiples forces mythologiques et naturelles qui se répartissent selon des territoires, des axes ou des modes d'action différents. L'impression qui domine est celle d'une absence de hiérarchie entre les forces et d'une réelle dispersion cosmique des éléments. La seule force qui semble universelle et première par rapport à toutes les autres est celle de Wakan Tanka, le Grand Esprit ou grand mystère : il représente la force créatrice de l'Être et semble englober en lui toutes les autres manifestations du sacré. C'est lui, en quelque sorte, le *réseau cosmique du sacré* dont toutes les manifestations particulières ne sont que des modes ou circuits les uns aux autres reliés par des lignes de force magiques et des interventions mythiques. [...]

Un objet sacré permet de faire la liaison entre tous les circuits et réalise une libre transition simultanée de l'un à l'autre : le calumet.

Le calumet est le symbole majeur de la nation indienne et de sa place dans l'univers. Présent dès l'initiation comme l'instrument idéal pour produire la vision, il fermera aussi le livre : il en est le plus parfait résumé parce qu'il se situe au centre d'un faisceau de relations universelles par sa fonction de médiateur actif entre tous les circuits du sacré. Comme tout symbole indien, il ne met pas d'écart entre lui et ce qu'il signifie : il manifeste [...].

Serge MEITINGER, *Critique,* 1979.

La folie de la « peau de grenouille verte », le dollar

On est bien loin des saints qui sont propres à nos civilisations chrétiennes et de l'ascèse que suppose leur conversion. La sagesse de Cerf Boiteux commence la révolte. Contre les écoles d'abord, la discipline quasi militaire qu'on y applique, ces casernes où la culture indienne se trouve proscrite. S'il apprend à parler anglais, à lire et à écrire, c'est dans les saloons... et en prison. Le voilà qui dénonce déjà en termes véhéments — mais avec une splendide bonne humeur — l'aliénation à laquelle consent l'homme moderne et son style de vie aseptisé. [...] Le plus simplement du monde, Tahca Ushte nous fait découvrir un univers qui a bien dû, vaille que vaille, survivre à la constante violation des traités par les Blancs, alors que l'encre de la signature n'était pas encore sèche...

[...] On découvre qu'ici la sagesse ne s'acquiert qu'au cœur du tumulte et que la quotidienneté et le spiritualisme ne font plus qu'un.

Pierre MERTENS, *Le Soir,* 1977.

Dignité

Il y a une différence énorme entre notre situation et celle des Indiens. Alors que notre dignité a été gaspillée en actes qui rétrospectivement semblent fous, celle des Indiens survit secrètement à travers des hommes comme John Fire, le chef Cerf Boiteux. Le livre qu'il a écrit avec R. Erdoes, *De mémoire indienne,* fait sentir la présence d'un homme qui a survécu à cinquante et quelques années où tout allait mal en gardant intacte sa capacité d'outrage et d'amour. [...]

Ce livre vivant et agréable à lire montre ce que c'est qu'être Indien de nos jours, habiter des villes où beaucoup de Blancs ne considèrent pas les Indiens mieux que les chiens ; c'est aussi le récit détaillé et lucide d'un mode de vie ancien et de ce qu'il en reste, où l'on voit les Indiens accomplir assez tristement les rites de leurs anciennes croyances dans des rodéos.

William KITTREDGE, *Harper's Magazine*, 1972.

Comment le livre fut conçu et écrit

« Quel sera l'avenir de cette race à laquelle nous autres Français avons le devoir de nous intéresser tout particulièrement, car elle a été pendant plus d'un siècle notre fidèle alliée (...) ? Il se fait en ce moment dans l'Ouest une immense transformation. Les plaines jusqu'à présent réservées aux buffalos et aux Indiens sont envahies par les troupeaux qu'y amènent les cow-boys américains. C'est la vie pastorale qui succède à la vie sauvage, là, comme cela a eu lieu autrefois dans bien d'autres pays du vieux continent (...) Le Far-West *est appelé à devenir la manufacture de viande où viendra se fournir une bonne partie du monde civilisé. Il me semble que les Indiens devraient facilement trouver une place dans ce nouvel état social. »*

Baron E. de MANDAT-GRANCEY :
Dans les montagnes rocheuses,
Paris : E. Plon, Nourrit et Cie,
1894, p. 31-32.

■■■

La medicine-man Tahca Ushte se situe dans la filiation spirituelle de Hehaca Sapa dont les paroles aussi ont été recueillies par des écrivains qui, comme Richard Erdoes, savaient que la pensée amérindienne peut être harmonie et poésie.

Rigoureuse et authentique, l'autobiographie de John (Fire) Lame Deer démontre de façon éclatante que ni la grande misère économique ni le pouvoir étatique n'ont réussi à briser de façon définitive la culture amérindienne.

[...] Cet ouvrage était déjà paru aux États-Unis en 1972, sous le titre *Lame Deer, Seeker of Vision*. (New York, Simon and Schuster.) Les événements dont Wounded Knee fut le théâtre l'année suivante, constituèrent l'illustration de certaines propositions énoncées par

Lame Deer dans son livre, et en particulier de celles qui concernaient la reviviscence, au niveau tribal de rituels comme ceux de la pipe sacrée ou de la danse du soleil.

Conçu lentement au fil des mois, grâce à une profonde amitié entre Richard Erdoes et John (Fire) Lame Deer, ce livre a connu un vif succès en Amérique du Nord. Les Indiens connaissent cet ouvrage dont la date de parution a coïncidé de surcroît avec un besoin impératif pour eux d'avoir en main des écrits qui témoignent de leurs exigences politiques et religieuses. Seule, la nouvelle littérature amérindienne, avec des exceptions en ce qui concerne les travaux rédigés par des Indo-Américains, pouvait combler cette double nécessité.

A la même époque, curieusement, mais il n'y a là aucun paradoxe, ce livre suscitait les passions de jeunes Américains soit dans leur quête absolue d'un gourou, soit par les enseignements de leurs maîtres locaux. Déjà les premiers écrits de Carlos Castaneda mettaient en évidence les pouvoirs visionnaires d'un Indien yaqui. D'une certaine façon, Tahca Ushte deviendra pour eux, à son corps défendant, un autre Don Juan. Mais il ne refusera pas de recevoir chez lui dans sa petite maison de Winner, au sud du Dakota, ces « Jésus » comme il les appelle affectueusement.

[...] Ces pages n'ont pas seulement pour fonction de divertir le lecteur, certes, elles sont drôles, mais elles sont aussi un témoignage capital sur la belle santé morale d'un peuple face au malheur que les « Wasicun » (les « Blancs ») lui ont imposé.

Pierrette DÉSY, *La Quinzaine littéraire,* 1977.

Ultimes testaments

... Comme ces gens, quand ils dénoncent les crimes commis contre leur peuple, *prophétisent l'autodestruction de la civilisation industrielle !* Ultimes rescapés d'ethnocides, chroniqueurs tragiques de cultures assassinées, ces naufragés de l'Histoire diagnostiquent les cancers de leurs vainqueurs. Moralistes, non sans grandeur, ils montrent [...] écologistes visionnaires, comme Tahca Ushte, que le Blanc dénaturé s'est converti en machine. Sans pontifier, ces anciens savent communiquer à leurs graves avertissements toute la saveur d'épreuves pratiques accumulées au cours de vies si longues, si remplies, exemplaires mais préservées des ennuyeuses vertus judéo-chrétiennes. [...]

Solide buveur [...] capable de ne pas dessoûler pendant des semaines, grand trousseur de jupons, vedette de radio, routard impénitent, mais initié, dès son adolescence, à recevoir les visions de voyant-guérisseur, Tahca Ushte, né en 1903, finit par se ranger et découvre sa voie : conserver à la nation sioux l'essentiel de sa religion authentique, rendre à la culture ancestrale sa grandeur passée, éviter à ses frères de race les pièges de la civilisation américaine. [...]

Les Mémoires et d'autres ouvrages consacrés aux versions indiennes de l'expansion américaine ont été *best-sellers* aux États-Unis : temps de la mauvaise conscience, fouettée par d'actives contestations indiennes. Mais en France, quelle impulsion entraîne les maisons d'édition à importer mémoralistes indiens et historiens de la conquête de l'Ouest ? Une mode ? Une offensive commerciale ? Et après ! N'est-ce pas une contribution à la défense des Indiens, plus largement une invite à l'écoute des *minorités opprimées,* ici même, sur notre propre sol ?

Je ne suis pas de cet avis. Dans ces livres, je ne vois guère de projets, de politiques, mais plutôt *d'ultimes testaments,* comme si la disparition de ces derniers héros sonnait définitivement le glas des minorités indiennes. Et pourtant, elles se buttent durement depuis des années, il suffit de lire les journaux ! Pourquoi cette réanimation de la résistance passe-t-elle quasiment inaperçue, d'autant plus curieusement que ces mémorialistes indiens, même âgés, paraissent peu disposés à l'acceptation sereine de l'oppression ? C'est que la raison ethnologique investit encore ces textes, insidieusement, plus comme autrefois. Ils restituent la misère, la perte d'initiative économique, l'infantilisation politique, d'où ces vies de chômeurs, de mendiants officiels, de vagabonds, ces défonces au whisky, cette mortalité infantile, la recherche, en hiver, de la chaleur des prisons. Éclaté, foutu, le mythe pour touriste crédule ! Mais remplacé par un autre, bricolé d'un peu de fidélité et de beaucoup de trucage.

Au fond, le livre est produit par un duo, l'Indien, le rédacteur. [...] Transformations manifestes d'une parole dont j'ignore l'original et, comme en ethnologie, c'est un maître qui filtre et reconstruit tout en prétendant à l'objectivité. Malgré leur non-spécialisation, ces textes laissent reconnaître les effets de la raison ethnologique. Voici qu'une fois fermés, ces livres paraissent restituer, au travers d'une histoire individuelle, la totalité de l'expérience d'un groupe ; voici également cette impression de quasi-transparence de la société indienne manifestée en quelques traits exemplaires, et voici des narrateurs qui ne sont pas n'importe qui, chefs, fils de chefs, ritualistes renommés, hommes de notoriété et d'autorité. Aussi faut-il un peu de temps pour réaliser que l'on n'a rien appris de très concret, et que l'on ignore tout d'existences moins spectaculaires, celles d'adultes ordinaires, de femmes, de la jeunesse. Ces livres font illusion, la totalisation d'une vie contamine l'indienneté entière ; le singulier s'enfle à la dimension de l'ensemble et voilà le tout représenté, sans médiation, par l'élément. Non sans agrément : il reste encore de la chair à ces personnages et notre imaginaire se complaît aux Indiens.

Claudine VIDAL,
Cahiers internationaux de sociologie, 1978.

Le feu indien brûle toujours

Réflexions d'un ethnologue français à propos de *De Mémoire indienne.*

Après ce qu'on appella, à la fin des années 60, le « réveil rouge » ou la « renaissance des Indiens », et des événements comme la prise de l'îlot d'Alcatraz en 1969 et l'occupation de la colline de Wounded Knee par les militants de *l'American Indian Mouvement* (AIM) en 1973, qui attirèrent un moment l'attention de la presse occidentale, on aurait pu penser que cette nouvelle « mode » de l'Indien apparue alors — quand la haute couture parisienne, après les hippies, intégrait à ses fantasmes robes à franges et ceintures perlées — ne serait, comme tant d'autres, qu'un feu de paille.

Eh bien, non ! Le Feu indien brûle toujours. Il suffit pour preuve, de constater le nombre croissant de livres sur les premiers habitants de l'Amérique qui paraissent, en France notamment.

Cette littérature écrite à propos ou par des gens à tradition orale vient combler un manque ; elle nous passe un message que nos ancêtres connaissaient mais que l'écriture n'a su conserver dans la mémoire de l'homme occidental, une philosophie qui est, disons-le, une spiritualité.

L'homme occidental, avec la religion qui l'a formé, n'a eu de cesse de refuser son humanité, sa condition propre, mais sa prétention à la divinité tourne court et son projet à dominer la Nature et à se dominer lui-même met aujourd'hui en danger la survie de toutes les créatures.

Le livre de Tahca Ushte et Richard Erdoes, *De mémoire indienne,* nous parle de cette humanité ; il nous dit que l'être humain est esprit et chair, et que pour s'accomplir il ne doit refuser ni l'un ni l'autre. Le chaman, le « voyant-guérisseur », le sait qui se lance à corps perdu dans toute expérience qui se présente. « Vous devez être dieu et diable à la fois » dit Cerf Boiteux (p. 85). Il faut être fou, connaître sa folie, pour comprendre celle des autres.

Les sages indiens qui s'adressent à nous sauront-ils nous guérir de notre folie ? — cette folie de la « peau de grenouille verte », le dollar ; cette folie d'un monde où les seules valeurs reconnues sont celles cotées à Wall Street ; la Nature recouverte de béton, la Terre-mère éventrée par les bulldozers, les rivières empoisonnées par les déchets industriels.

« Allons-nous laisser deux puissances immatures détruire cette planète ? » C'est le fils de Lame Deer, de passage à Paris, qui nous pose cette question. Comme son père, voyant-guérisseur, il combat l'aveuglement matérialiste, matérialisme de droite et matérialisme de gauche.

Car la solution, la seule alternative, n'est pas de droite ou de gauche, elle est au cœur de nous-mêmes. C'est peut-être reconnaître que l'homme a besoin de rêver, car l'utopie est de ne pas croire à ses rêves et non de vouloir leur donner forme. La vraie subversion, la subversion nécessaire ne se fera que par un retour sur nous-mêmes, l'acceptation de notre humanité — qui est aussi animalité —, la prise en compte enfin, de la vision intérieure qui nous révèle à nous-mêmes et nous révèle aux autres.

Tahca Ushte n'enseigne pas la passivité, sa vie qu'il nous raconte est autant celle d'un homme d'action que d'un homme de réflexion. La vie d'un sage n'est pas forcément une vie de réclusion et d'indifférence aux choses de ce monde. Sitting Bull, un autre Sioux célèbre, ne disait-il pas quelque chose comme : « La nature tout entière est mon église » ?

Cette acceptation du monde tel qu'il est et sa participation pleine et entière distinguent Tahca Ushte d'autres « guru » célèbres comme Don Juan, le chaman Yaqui mis en vedette par l'anthropologue Carlos Castaneda, et qui est un nouveau Ramakrishna pour beaucoup d'Occidentaux.

Mais il y a une autre dimension propre au sage Sioux, elle teinte chacune des pages de *De mémoire indienne* et c'est l'humour. Authentique manifestation de spiritualité, au sens même que l'incroyant peut lui donner, l'humour nous libère de l'angoisse d'un monde où tout parle de mort : mort des hommes et des femmes torturés, mutilés, violés, fusillés ; mort de nos frères à quatre pattes, comme le bison exterminé pour une poignée de dollars ; mort de la beauté, apologie de la laideur...

L'homme occidental doit réapprendre ce que l'appareillage scientifique le plus sophistiqué ne lui fera jamais connaître : le sens de la vie. Pour être belle et utile, la philosophie n'a nul besoin d'être guindée ou de s'exprimer dans un langage abscons, accessible seulement à une poignée de soi-disant « spécialistes ». Il y a aussi dans le récit de Tahca Ushte un avertissement, parfois excessif quand même, aux ethnologues discoureurs et amateurs de théories savantes ; leurs écrits ne présentent souvent que des squelettes de cultures, sans âme et sans chair.

Il y a lieu, au passage, d'évoquer le succès populaire, le seul qui compte vraiment, d'une collection comme « Terre humaine » qui nous parle d'hommes et de cultures dans toute leur profondeur existentielle. Même lorsque c'est l'ethnologue, le scientifique qui se raconte, nul doute alors que c'est le « primitif », ou le poète en lui qui s'exprime.

Oui, nous sommes tous, quelque part en nous-mêmes, des primitifs. Mais il n'y a pas si longtemps que l'on soupçonne plus de sauvagerie chez le « civilisé » que chez ceux qu'il qualifiait de « chasseurs de scalps » et de « coupeurs de gorges »...

Laissons donc maintenant parler les grands hommes des petites sociétés. Ils ont une leçon de survie à nous donner : respect et amour de l'autre et de nous-mêmes, conscience de nos forces et de nos limites, de nos vertus et de nos faiblesses.

A cet égard, *De mémoire indienne* n'est pas un livre du passé, mais un livre de l'avenir. Nous aurons fait un grand pas sur le chemin de la connaissance quand nous aurons compris tout ce qu'il y a de commun entre un Sioux du Sud-Dakota et un Breton du pays Bigouden. Ne tiennent-ils pas le même discours ?

« Mais je savais aussi qu'une civilisation ne meurt jamais tout entière, qu'elle continue d'alimenter en profondeur, comme une eau souterraine, les générations qui succèdent à son apparente mort et qu'elle resurgit, tôt ou tard, en source libre ou en fontaine canalisée. »

(Pierre-Jakez Hélias : *Le Cheval d'orgueil,* « Terre humaine », 1975, p. 539.)

« Nos croyances sont enracinées dans notre terre, malgré ce que vous y avez fait et toutes les parties que vous avez recouvertes de macadam. Et si vous ne les entretenez pas pendant un an ou deux, nos plantes, nos plantes indiennes passeront à travers et de nouveau croîtront. »

(Tahca Ushte : *De mémoire indienne,* « Terre humaine », p. 181.)

Et avant de nous interroger, la larme à l'œil, sur le destin des minorités opprimées, interrogeons-nous, comme nous y invite Tahca Ushte, sur notre propre avenir, puisque nous sommes, tous et chacun, la minorité des autres, au sein de ces États-nations qui voudraient faire de nous une grande armée.

Eric NAVET, Université Paris 7,
Centre d'Études Arctiques (CNRS - EHESS)

TABLE DES ILLUSTRATIONS HORS TEXTE

1. Les Montagnes Noires, *Paha*, *sapa*, et le mont Rushmore où se trouve aujourd'hui un monument à la gloire de quatre présidents des États-Unis, sont pour les Sioux un territoire sacré, un lieu de prière et de méditation, un endroit où ils venaient chercher la « vision ». Les Sioux revendiquent cette partie du Sud Dakota et en 1970 un petit groupe, dont Tahca Ushte lui-même, l'occupa en signe de protestation (*Photo R. Erdoes*)

2. Au cours de la bataille de Little Big Horn, peinte ici par Kicking Bear Ours-qui-rue, un des Indiens qui y prirent part, quelque trois cents soldats américains périrent avec leur commandant, le général Custer, des mains des guerriers sioux et cheyennes, le 25 juin 1876. (*Ph. Courtesy, Minnesota Historical Society*).

3. Les Sioux de l'Est, ou Santee, subirent avant leurs parents des Grandes Plaines la colonisation et ses néfastes implications. En 1862, réduits à la misère dans des terres qu'on leur avait réservées le long de la rivière Minnesota, ils se soulevèrent contre les colons blancs sous la direction de leur chef, Petit Corbeau.
   Trois cents trois Sioux Santee furent condamnés à la pendaison, pour s'être opposés à l'envahissement de leurs terres, pour s'être défendus contre la rapacité et la malhonnêteté des Blancs. Le président Abraham Lincoln en

gracia une partie, mais le 26 décembre 1862, au cours de la plus grande pendaison de masse de l'histoire des États-Unis, à Mankato, trente-huit Indiens, dont quelques-uns étaient innocents des crimes dont on les accusait, furent pendus comme celui-ci, Shakopee, photographié un moment avant l'exécution. (*Ph. Ken Veeder, Southwest Museum Los Angeles*)

4. Après la révolte de Petit Corbeau les Santee, dont bon nombre n'avaient pas pris une part active aux combats, se retrouvèrent prisonniers de guerre dans des camps comme celui-ci. (*Ph. Courtesy Minnesota Historical Society*)

5. « Nous ne sommes qu'une partie de la Nature qui nous entoure, et plus nous avançons en âge, plus nous venons à lui ressembler. A la fin, nous ne sommes plus qu'une partie du paysage, le visage raviné comme les Badlands. » (Tahca Ushte) (*Ph. R. Erdoes*)

6. « Les hivers sont froids et sombres dans le Sud Dakota où se trouvent nos réserves, même le bétail que les Blancs élèvent sur nos terres gèle quelquefois. » (Tahca Ushte) (*Ph. R. Erdoes*)

7. Ours-à-la-voix-puissante, Sioux Yankton. La grande nation sioux se divise en trois groupes linguistiques : les Teton ou *Lakota*; les Santee ou *Dakota*; les Yankton ou *Nakota*. (*Ph. Courtesy Museum of the American Indian Heye Fondation*)

8. Groupe de Sioux devant un tipi à Fort Laramie, Wyoming, probablement dans les années 1880. Le Fort Laramie fut construit en 1834; il devint une étape importante sur la « piste de l'Oregon », l'une des principales voies de la colonisation. Il fut aussi le lieu d'un traité historique conclu en 1868 entre les représentants du gouvernement américain et les principales tribus sioux. (*Ph. Courtesy, Museum of the American Indian Heye Fondation*)

9. Jeunes garçons sioux à l'École fédérale de Rosebud. Lorsque les Sioux furent mis en « réserves », les enfants indiens

furent envoyés dans des écoles où on leur coupait les cheveux et les revêtait d'uniformes avant de leur inculquer les vertus chrétiennes et de faire disparaître en eux toute trace de « sauvagerie ». Le but avoué de cette politique menée conjointement par l'administration et les différentes sectes religieuses, était l'assimilation des Indiens à la société occidentale. (*Ph. Bureau of Indian Affairs, National Archives*)

10. Ces femmes sioux représentent cinq générations de la même famille. Noter les vêtements européens et particulièrement les couvertures des deux plus âgées; ces couvertures étaient alors un des principaux biens d'échange, elles remplacèrent les couvertures en peaux de bison, lorsque cet animal fut pratiquement exterminé par les chasseurs blancs. (*Ph. R. Erdoes*)

11. Famille sioux en vêtements européens (Rosebud?). Les dames de la « bonne société puritaine » espéraient qu'en vêtant les Indiens de la dépouille de l'homme blanc, elles contribueraient à les « civiliser » et à effacer en eux toute trace de paganisme. (*Ph. Anderson. Coll. Jack R. Williams*)

12. Groupe de Sioux Brûlés (Réserve de Rosebud). Bien qu'ils soient dans l'ensemble en tenue traditionnelle (les plumes indiquent qu'il s'agit de personnages importants, membres sans doute du conseil tribal), ils portent tous des couvertures européennes. L'influence prépondérante des missionnaires se remarque, par exemple, au crucifix porté par le troisième personnage debout à gauche. (*Ph. Anderson. Coll. Jack R. Williams*)

13. Blancs et Indiens sont réunis à l'intérieur de ce comptoir en 1893, autour d'un poêle central. Dans ces magasins établis dans leurs réserves, les Indiens pouvaient se procurer les produits européens d'usage courant et la nourriture dont ils dépendaient pour leur survie, puisque les ressources traditionnelles avaient disparu. La plupart des trafiquants blancs exploitaient les Indiens en imposant des prix prohibitifs ou en détournant les marchandises fournies par le gouvernement. La malhonnêteté de ces commerçants fut la cause de bien des troubles, et, notamment, de la révolte des Sioux Santee en 1862. (*Ph. Anderson. Coll. Jack R. Williams*)

14. Confinés dans des réserves à la fin du XIXe siècle, les Sioux dépendaient de la charité du gouvernement pour leur subsistance. C'est ainsi que pour remplacer le bison disparu dans les Grandes Plaines, le Bureau des Affaires indiennes distribuait des rations de bœuf aux familles qu'on voit ici rassemblées. *(Ph. Anderson. Coll. Jack R. Williams)*

15. Les Sioux n'enterraient pas leurs morts, ils les plaçaient sur des constructions funéraires comme celle-ci, avec un certain nombre d'objets pour le voyage dans l'autre monde. Les corps, s'ils n'étaient pas la proie des charognards, finissaient par se décomposer. (*Ph. Courtesy. Museum of the American Indian Heye Fondation*)

16. Convoi funèbre chrétien, dans une réserve sioux du Sud Dakota à la fin du XIXe siècle; le mort est placé sur un chariot tiré par des mules; en tête du cortège, la police tribale en uniforme. (*Ph. Anderson. Coll. Jack R. Williams*)

17. Taureau Fou, un voyant-guérisseur en costume traditionnel, photographié en 1900. Noter le collier en griffes d'ours et le bouclier en cuir brut (*rawhide*) sur lequel est figuré un dessin correspondant à la vision du propriétaire. (*Ph. Anderson. Coll. Jack R. Williams*)

18. La « Danse du Bison Blanc » était aussi un rite de puberté pour les filles. Ici, le voyant-guérisseur s'apprête à consacrer de la nourriture, d'origine européenne, qui sera distribuée aux récipiendaires, groupées à droite de la photo. *(Ph. Anderson. Coll. Jack R. Williams)*

19. « *Inipi*, le bain de vapeur, précède toutes nos cérémonies importantes. Il est lui-même une cérémonie » (Tahca Ushte). Les pierres que l'on voit au centre sont chauffées ; de l'eau versée sur ces pierres se transforme en vapeur purificatrice. (*Ph. R. Erdoes*)

20. Charpente d'un abri à sudation dans le village de Lame Deer, réserve des Indiens Cheyenne, Montana. (*Ph. Courtesy. Museum of the American Indian Heye Fondation*)

21. Les sorciers et les chefs sioux accomplissent une danse

guerrière devant l'auteur du dessin, le célèbre artiste George Catlin (à droite), entre 1832 et 1840. (*Ph. Usis*)

22. L'un des rites de la danse du soleil est le sacrifice d'un chien que l'on voit ici, attaché, à gauche. Après la mise à mort, il sera cuit suivant une technique ancienne, dans un récipient en peau plein d'eau que l'on chauffe de l'intérieur en y jetant des pierres chauffées. Aujourd'hui encore, dans les familles pauvres, il arrive que les Sioux mangent de la viande de chien. *(Ph. Anderson. Coll. Jack R. Williams)*

23. « Danse des femmes » dans une réserve sioux en 1893. En général, les hommes et les femmes avaient des danses particulières, mais dans quelques cas, les sexes étaient mêlés. *(Ph. Anderson. Coll. Jack R. Williams)*

24. En 1888, Jack Wilson, un Paiute du Nevada dont le nom indien était Woyoka, eut une vision; le monde des Blancs allait être « roulé » avec toutes ses productions : les villes, les clôtures, le bétail, etc., et de nouveau allait apparaître le monde naturel, celui d'avant les Blancs. La danse des fantômes qui était l'expression de cette vision prophétique et d'une nouvelle religion se propagea chez les Sioux en 1890. Longtemps interdite, elle renaît aujourd'hui, comme ici dans le domaine d'un grand voyant-guérisseur sioux : Crow Dog, en 1974, dans la réserve de Rosebud, Sud Dakota. *(Ph. R. Erdoes)*

25. « Il y a quarante ans, je suis venu rechercher la vision sur cette colline, seul, sans eau et sans nourriture, priant, attendant un rêve. » (Tahca Ushte.) *(Ph. R. Erdoes)*

26. « Me voici dans un tipi traditionnel, le dos appuyé contre un de nos anciens sièges en branches de saule, tenant à la main un bouquet de sauge sacrée. » (Tahca Ushte.) *(Ph. R. Erdoes)*

27. « La danse du soleil est la plus sacrée de nos cérémonies, une prière adressée au soleil et au bison » (Cerf Boiteux). Les participants portent une longue jupe et des anneaux de sauge sacrée aux chevilles, aux poignets et autour de

la tête. Ils soufflent dans des sifflets en os d'aigle. *(Ph. R. Erdoes)*

28. Chaque danseur a la poitrine percée; une cheville de bois est passée dans la blessure et reliée à une lanière attachée au poteau central. Pendant des heures, il va tourner en fixant le soleil jusqu'à ce que la chair se rompe. *(Ph. R. Erdoes)*

29. « Après un bon rodéo, nous, les participants, nous nous réunissions pour devenir « Lila Itomni. » « ivres morts... » Les rodéos et les fêtes en général sont un prétexte pour abuser de l'alcool, ce cadeau empoisonné de l'homme blanc qui demeure un fléau endémique dans les réserves indiennes. (*Ph. R. Erdoes*)

30. Groupe de chanteurs-musiciens sioux au cours d'un pow-wow à Rosebud, Sud Dakota. Ces fêtes ont lieu une ou deux fois par an dans de nombreuses réserves indiennes de l'Ouest américain et certaines régions méridionales du Canada. Elles sont pour les Indiens l'occasion de se réunir et d'exprimer leur identité culturelle : « Le battement du tambour est le battement de notre cœur, la voix de notre peuple. » (Tahca Ushte.) *(Ph. R. Erdoes)*

31. Parallèlement à la résurgence des cultures indiennes, on assiste depuis quelques années à un réveil de l'esprit militant. Devant les multiples agressions dont ils restent l'objet, l'injustice sociale, la discrimination raciale, etc., certains groupes s'organisent pour manifester leurs justes revendications. Ainsi en novembre 1972, devant la mauvaise volonté de l'administration, un groupe d'Indiens formant « la caravane des traités rompus » *(Trail of broken treaties)* occupa plusieurs jours les locaux du Bureau des Affaires indiennes à Washington. *(Ph. R. Erdoes)*

32. En 1890, l'armée américaine massacra sur la colline de Wounded Knee, réserve de Pine Ridge, Sud Dakota, plus de trois cents Sioux, en majorité des femmes et des enfants. Ici, des Sioux viennent honorer leurs morts enterrés dans une fosse commune. Au début de l'année 1973, cette même colline a été occupée par deux à trois cents Indiens dont plusieurs trouvèrent la mort au cours d'affrontements

armés avec les forces combinées de l'armée et de la police américaines, qui les assiégèrent pendant quelque deux mois. *(Ph. R. Erdoes)*

33. Cerf Boiteux portant sa coiffure en plumes d'aigle au sommet d'un building à New York. L'opposition de deux systèmes de valeurs, l'« Indien » lié à la Nature, et l'« Occidental » dressé contre la Nature... *(Ph. R. Erdoes)*

TABLE DES MATIÈRES

TERRE HUMAINE

CIVILISATIONS ET SOCIÉTÉS
COLLECTION D'ÉTUDES ET DE TÉMOIGNAGES DIRIGÉE PAR JEAN MALAURIE

La difficile exploration humaine est à jamais condamnée si elle prétend devenir une « science exacte » ou procéder par affinités électives.

C'est dans sa mouvante complexité que réside son unité. Aussi la collection TERRE HUMAINE se fonde-t-elle sur la confrontation. Confrontation d'idées avec des faits, de sociétés archaïques avec des civilisations modernes, de l'homme avec lui-même. Les itinéraires intérieurs les plus divers, voire les plus opposés, s'y rejoignent. Comme en contrepoint de la réalité, chacun de ces regards, tel le faisceau d'un prisme, tout en la déformant, la recrée : regard d'un Indien Hopi, d'un anthropologue ou d'un agronome français, d'un modeste instituteur turc, d'un capitaine de pêche ou d'un poète...

Pensées primitives, instinctives ou élaborées en interrogeant l'histoire témoignent de leurs propres mouvements. Et ces réflexions sont d'autant plus aiguës que l'auteur, soit comme acteur de l'expérience, soit au travers des méandres d'un « voyage philosophique », se situe dans un moment où la société qu'il décrit vit une brutale mutation.

Comme l'affirme James AGEE, sans doute le plus visionnaire des écrivains de cette collection :

« Toute chose est plus riche de signification à mesure qu'elle est mieux perçue de nous, à la fois dans ses propres termes de singularité et dans la famille de ramifications qui la lie à toute autre réalité, probablement par identification cachée. »

Tissée de ces « ramifications » liées selon un même principe d'intériorité à une commune perspective, TERRE HUMAINE retient toute approche qui contribue à une plus large intelligence de l'homme.

ACHEVÉ D'IMPRIMER LE 28 FÉVRIER 1990
SUR LES PRESSES DE L'IMPRIMERIE HÉRISSEY
POUR LE COMPTE DE FRANCE LOISIRS
123, BOULEVARD DE GRENELLE, PARIS

Imprimé en France

Dépôt légal : Février 1990
N° d'imprimeur : 50788 — N° d'éditeur : 16450